W0248857

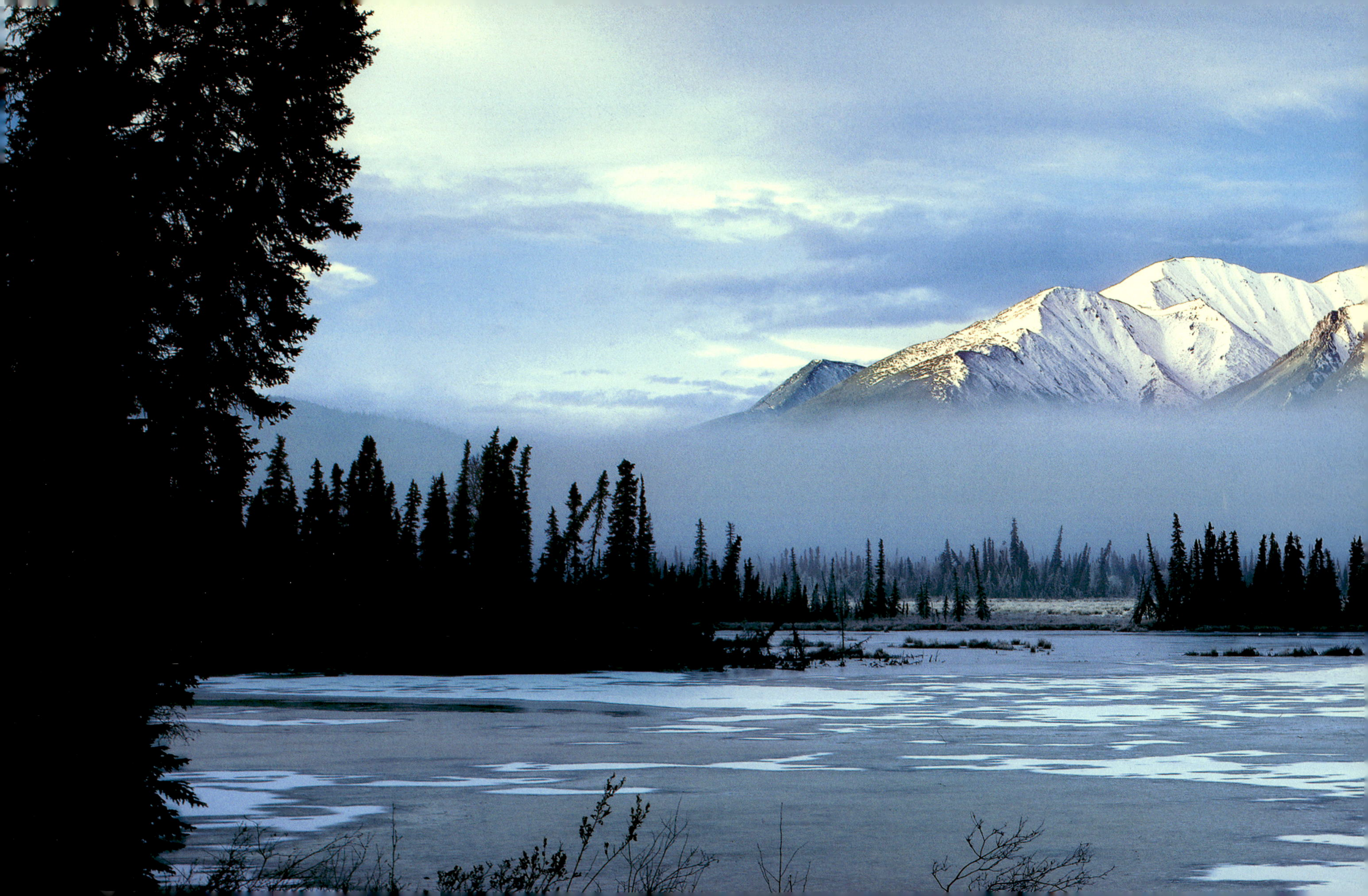

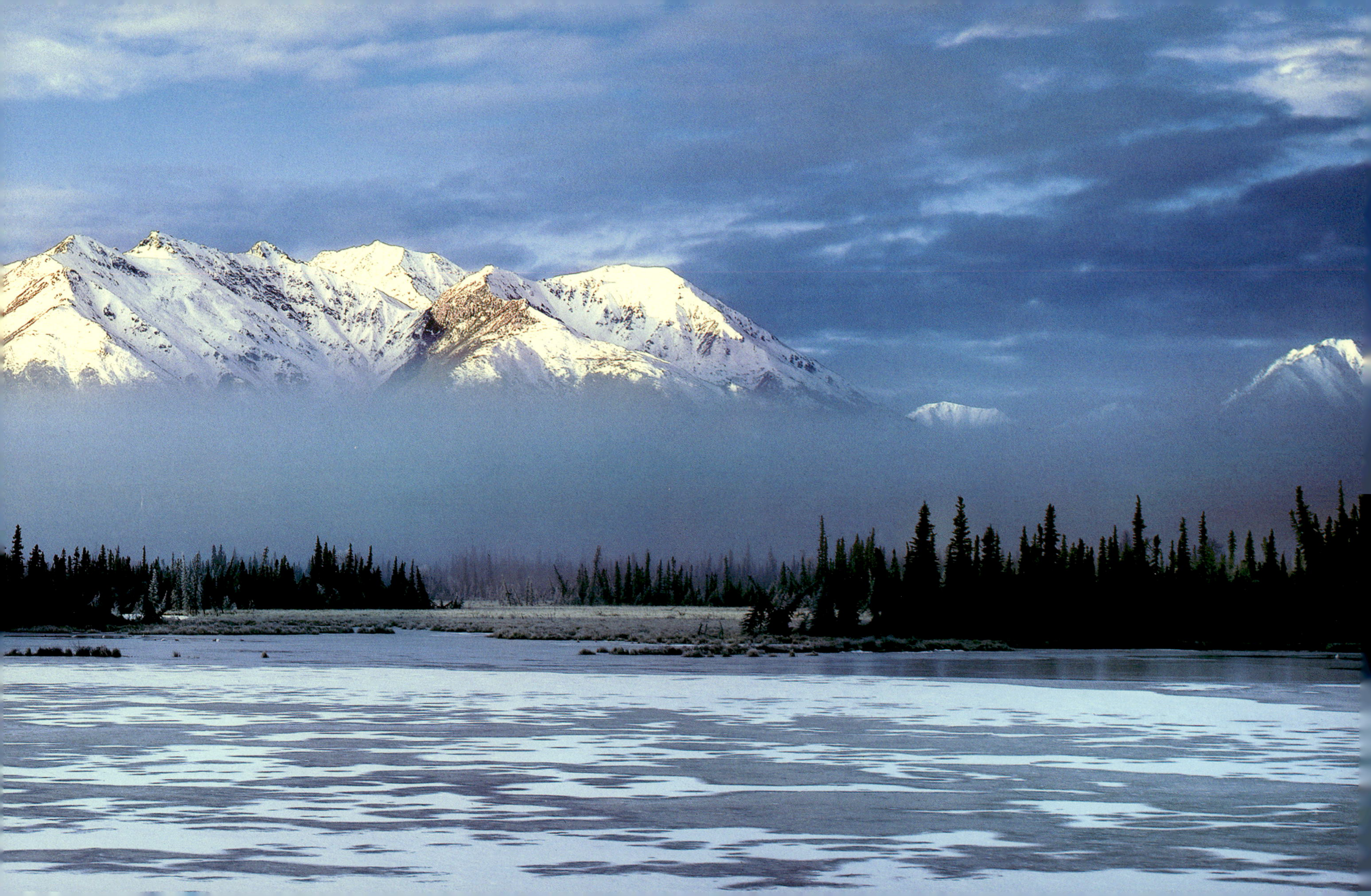

Edita
ACCION PRESS, S.A.

Director editorial
Rodrigo Hernández Cabos

Director ejecutivo
Ricardo Recio Cardona

Directores de la edición
Herminio M. Muñiz
Diego López Álvarez

Equipo técnico
Rafael Ramos Pérez
Javier Ramos Pérez
Daniel Montero

Diseño y Maquetación
Anuska Hervás Martín
ACCION PRESS, S.A.

Diseño portada y contraportada
Diego López Álvarez

Gestión de Color
José Ignacio Pérez Lozano

Traducción del texto en inglés
Sara Sánchez-Rivas

Imprime
IMPRIMEX

Fotomecánica
ACCION PRESS, S.A.
José Ignacio Pérez Lozano

Redacción y equipo técnico
c/ Bailén 6, Portal 1 2º A
41500 Alcalá de Guadaíra, SEVILLA
visionsalvaje@euromodelismo.com

Administración y Publicidad
ACCION PRESS, S.A.
c/. Ezequiel Solana, 16, 28017 MADRID
Telf.: 914 08 61 35 y 913 67 57 08
Fax.: 914 08 58 41
publicidad@euromodelismo.com

ISBN: 978-84-95464-62-0
Depósito Legal: M-3449-2007

Queda rigurosamente prohibida la reproducción total o parcial de esta obra por cualquier medio o procedimiento, sin el permiso expreso y por escrito de los titulares de los derechos.

VISIÓN SALVAJE no se hace necesariamente solidaria de las opiniones expresadas por sus colaboradores.

© de las fotografías pertenece a cada uno de los autores.

© maquetación y textos de Visión Salvaje.

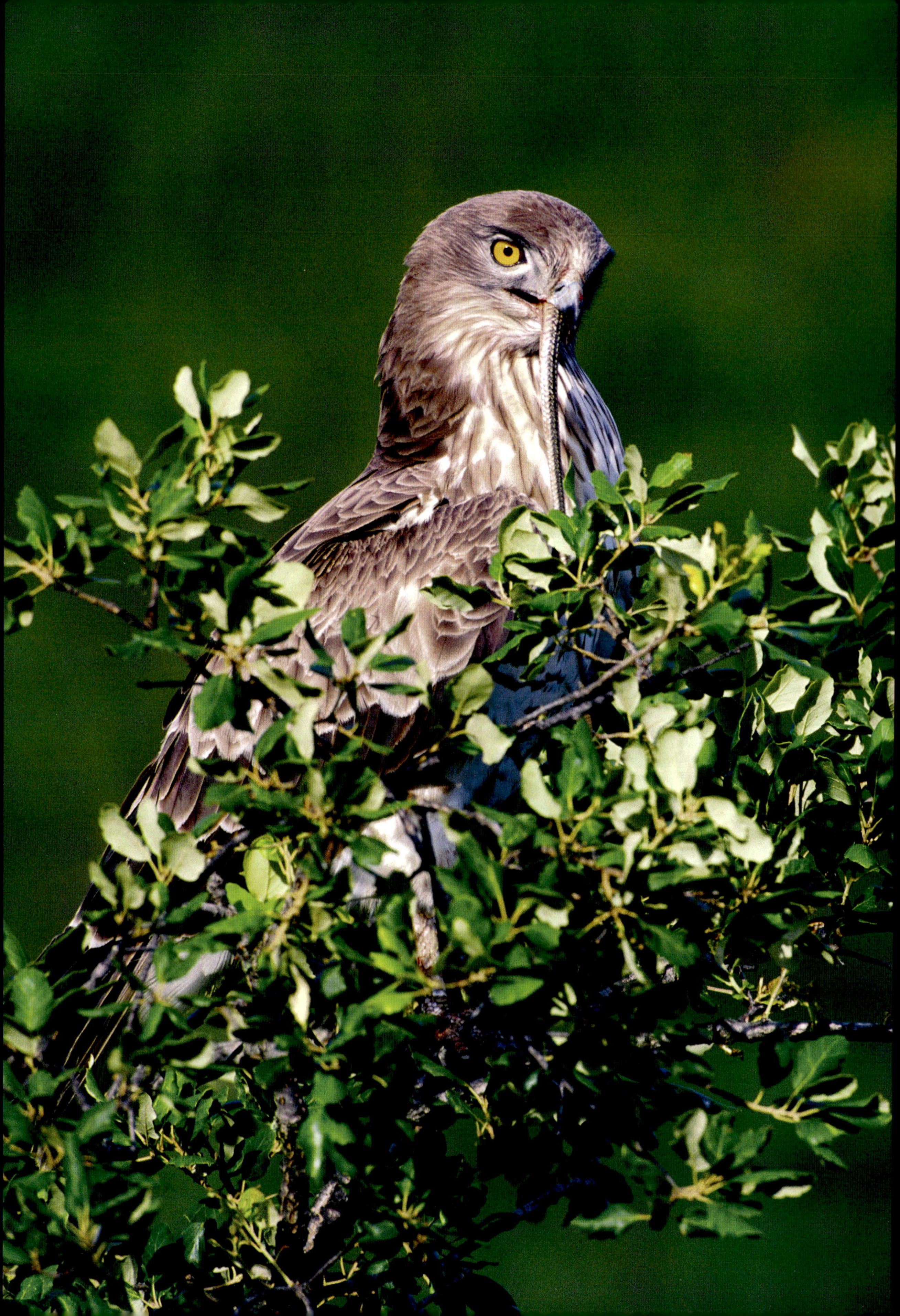

Águila culebrera
HERMINIO M. MUÑIZ

En un recóndito barranco en el corazón de Sierra Morena, a media ladera junto a un claro de la vegetación, habían construido las águilas culebreras su nido. Cada vez que accedían a él, optaban primero por detenerse en otro árbol próximo donde tenían el posadero.
Nikon F5, Nikkor 500mm f/4 AFI, IF-ED, trípode Gitzo, hide

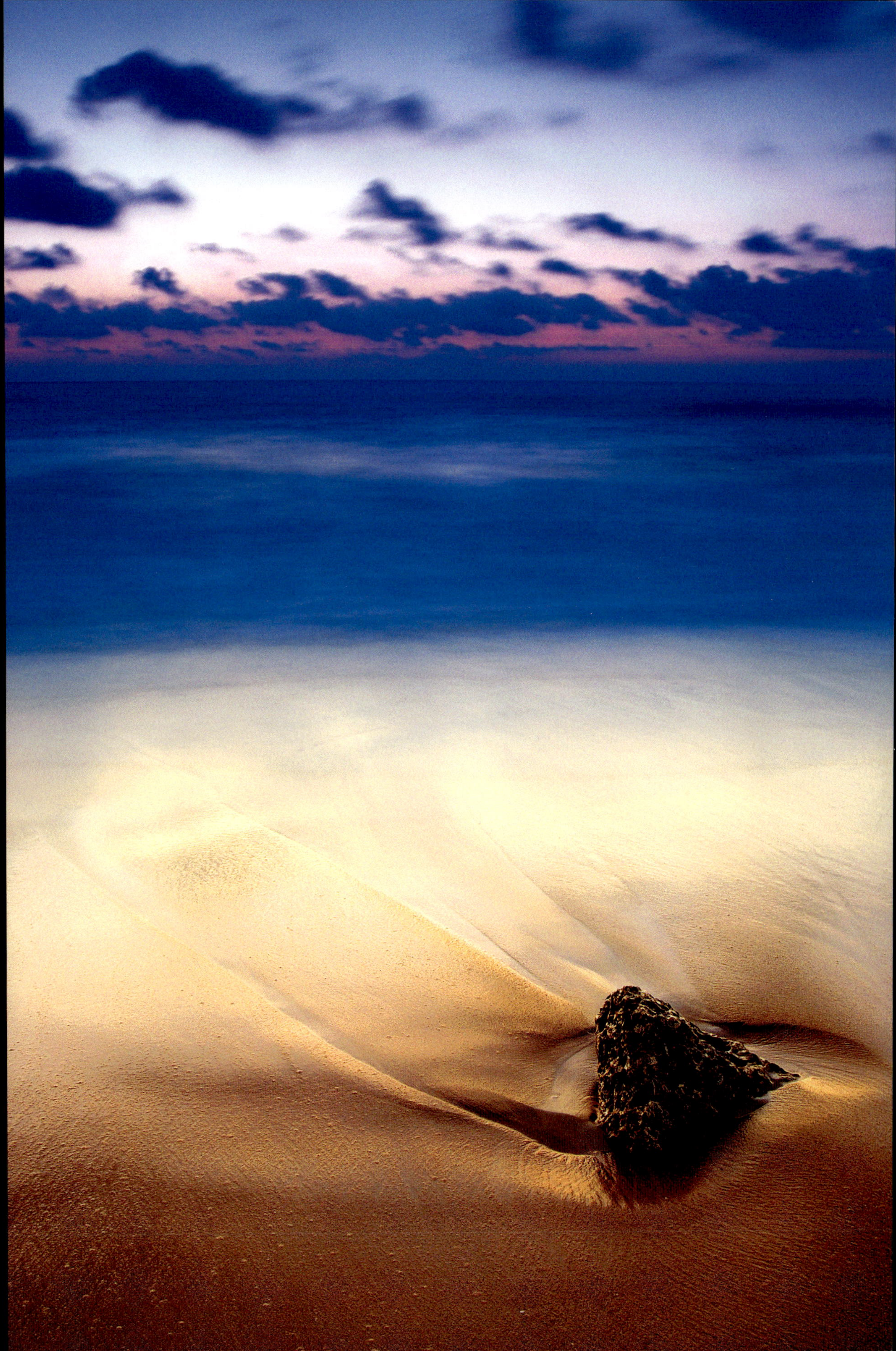

Entre la tierra y el mar, Conil, Cadiz
DIEGO LOPEZ

Nikon D200, Sigma 12-24 EX DG, trípode Manfrotto, ISO 100.

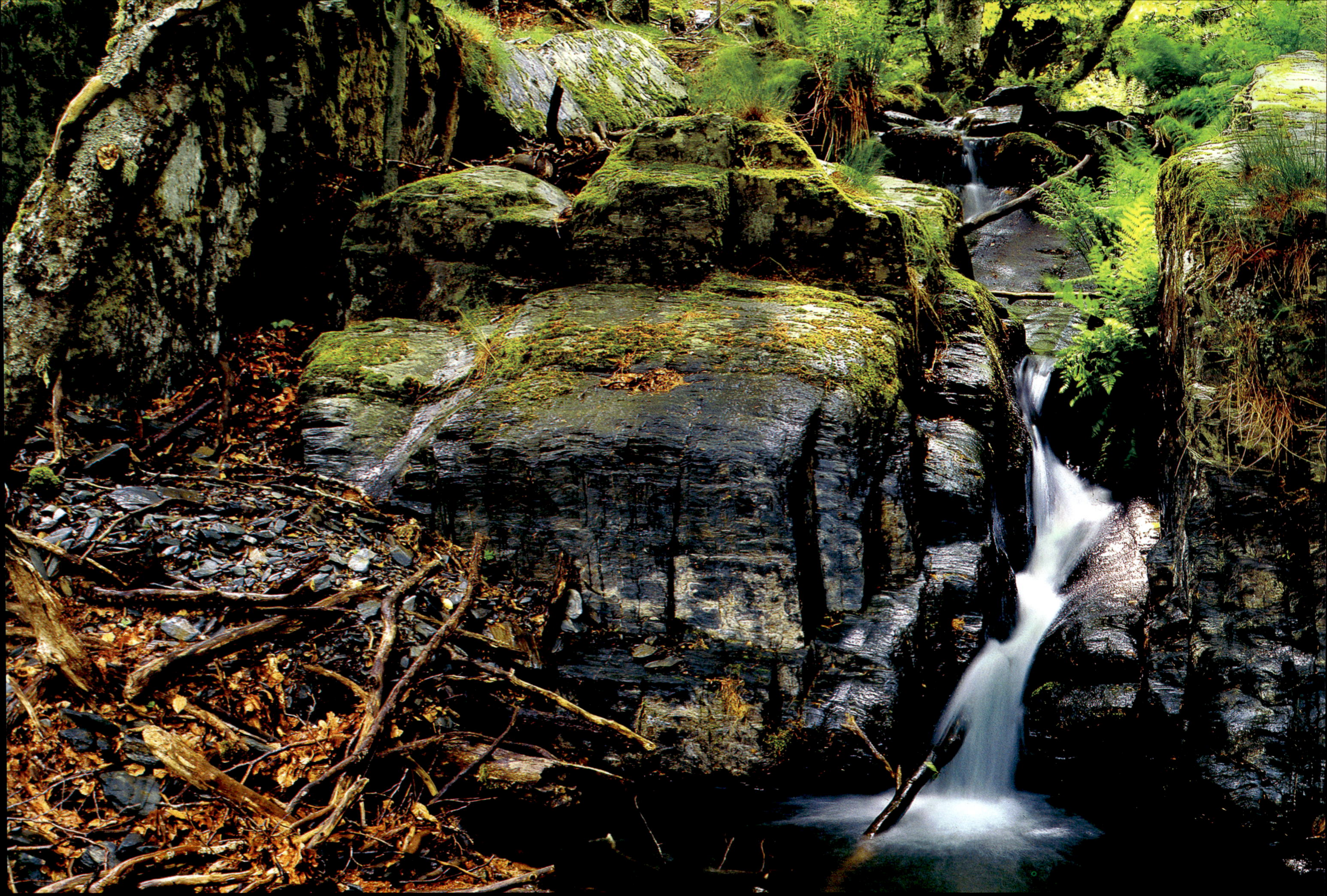

Después del chaparrón
Parque Natural La Tejera Negra, Guadalajara.
RODRIGO HERNANDEZ CABOS

Mamiya 645, Hoya 58mm PL-CR, f/22, 3 seg. Fuji Velvia 50, trípode Manfroto 055PRO

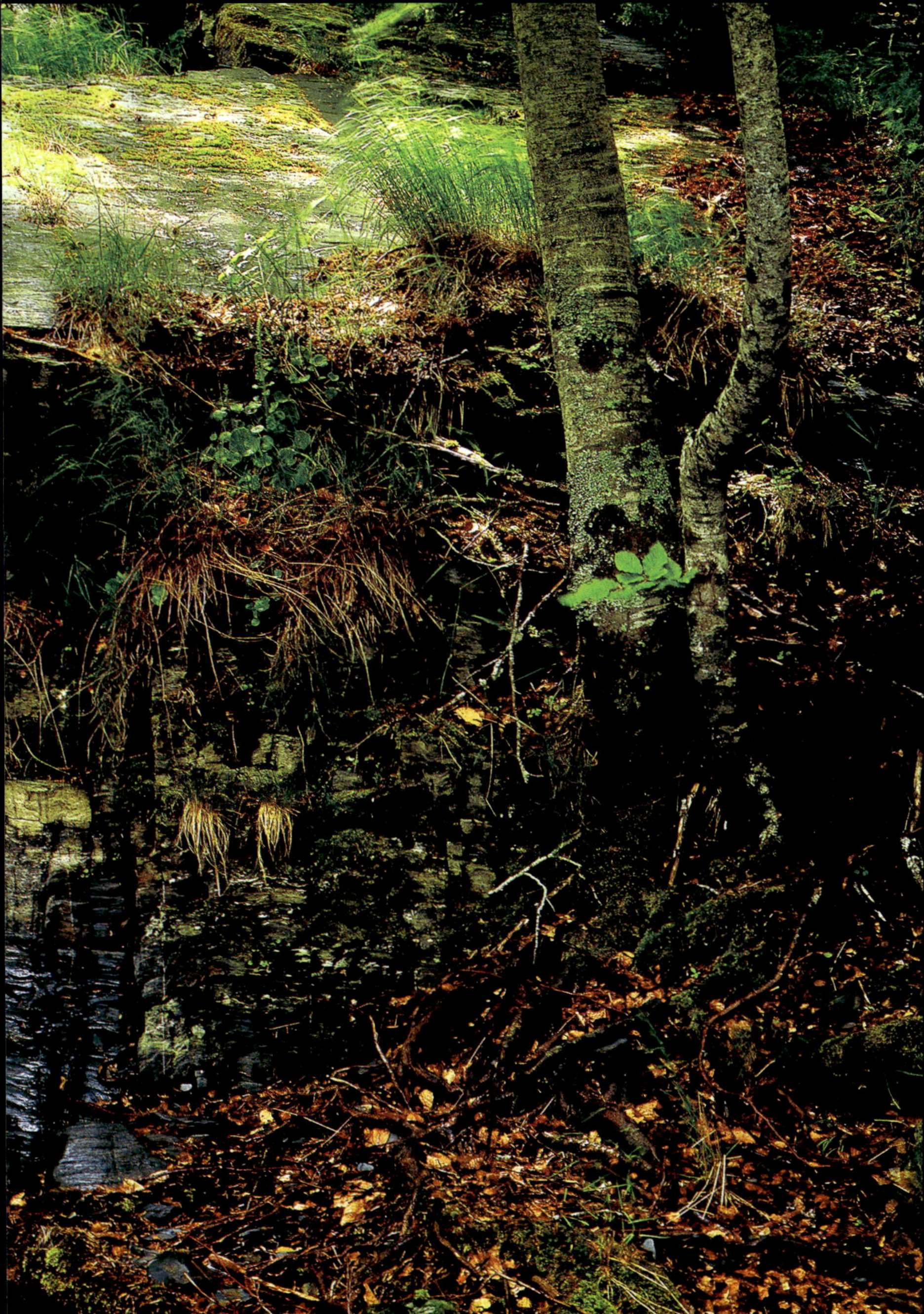

Fotógrafos 2006

Rodrígo Hernández Cabos

"Tengo un nido de halcones a un metro de mi ventana. Desde esta primavera han estado criando dos poyuelos. Es increíble la cantidad y variedad de especies que continuamente cazaban para cebar a estos dos poyuelos. Desde el principio los estuve fotografiando aunque sólo dispongo de una cámara compacta digital. Me imagino que para ti serán fotografías malas, pero hacerlas me ha hecho una gran ilusión."

Esto es lo que me comentaba un amigo tras saber que soy editor de una revista de naturaleza. Así de sencillo es fotografiar naturaleza, a veces en el lugar más inesperado surge una oportunidad única.

Posiblemente la fotografía de naturaleza sea hoy por hoy una de las aficiones más apasionantes, reconfortantes y satisfactorias que se puede concebir, entre otros motivos porque los temas son ilimitados y porque se puede practicar en cualquier época del año y en cualquier lugar; a poco que busquemos siempre encontraremos un tema interesante y un reto que superar.

Desde hace ya unas cuantas décadas destaca un número importante de fotógrafos españoles de naturaleza. Al principio constituían un círculo pequeño, aunque muy prestigioso, que hacía auténticas hazañas para conseguir sus fotografías. Con el paso del tiempo este círculo ha creciendo de forma exponencial. De hecho, la participación española en numerosos concursos internacionales ha dado muchos frutos en forma de reconocimiento y premios en los más prestigiosos certámenes.

Este fenómeno es fruto de la decantación técnica y conceptual. El fotógrafo intuitivo sigue existiendo. Por otra parte, los niveles técnico-artísticos han cobrado carta de naturaleza y no son uno ni dos, sino que se pueden contar por docenas, incluso por centenares. Cada día algún fotógrafo desconocido sorprende con una obra magistral que no queda como un hecho aislado. También aparecen nuevos fotógrafos con igual o incluso superior calidad y con una afán de superación constante; ésta es la impronta del nuevo fotógrafo de naturaleza.

La aparición de la fotografía digital, aunque costosa en la adquisición del equipo básico, es posteriormente muy asequible en la toma de imágenes y, sobre todo, permite aprender sobre la marcha, con lo que el balance acierto-error es muy positivo.

Por su parte, la plataforma Internet, que suele ser de gran ayuda, está aportando un medio rápido para dar a conocer multitud de trabajos y comentarios sobre los mismos. Los cursos sobre distintas especialidades de fotografía que actualmente se organizan en Internet aportan una cualificación idónea que eleva cada vez más el nivel medio.

Finalmente, y no por ello menos importante, la aparición de libros artístico-técnico-didácticos (donde los autores con un auténtico espíritu de generosidad ponen al descubierto sus sistemas, trucos y experiencias) está potenciando las oportunidades para la idónea formación de numerosos fotógrafos con variado grado de experiencia.

Llegados a este punto nos parece indispensable que tanto esfuerzo y talento tenga que materializarse en algo tan sólido y perdurable como este libro-guía con el que hemos pretendido dar a conocer a la mayor cantidad posible de estos fotógrafos. En cualquier caso se trata de una muestra reducida. En futuras ediciones ampliaremos esta muestra con los trabajos de otros autores.

Desde el punto de vista editorial, hemos hecho un gran esfuerzo y hemos puesto los medios más avanzados de reproducción con el fin de estar a la misma altura que las magníficas obras que ilustran este libro.

Momentos de fotografía

Daniel Montero

Recientemente Art Wolfe escribía que "la fotografía permite a millones de personas un vislumbre de la naturaleza que, tristemente, en su mayoría nunca verían en persona". Este gran fotógrafo también comenta que "el fotógrafo necesita estar fresco y captar la instantánea que realmente importa, el disparo que va más allá de la visión previa de ciertos sitios o animales".

Precisamente ayer mismo hablaba con un educador ambiental sobre el valor de la fotografía de naturaleza como herramienta para concienciar al gran público del valor de lo que nos rodea, desde los grandes espacios protegidos o las especies amenazadas, hasta los paisajes cotidianos o los pequeños detalles que tenemos a nuestro alcance diariamente. Conservar y divulgar, para así educar y por consiguiente proteger entre todos. Destacábamos el valor educativo de una fotografía que tenga la fuerza de transmitir, de captar la atención del que la observa, de conseguir que el espectador se detenga en ella entre miles de fotos.

Art Wolfe apunta que es nuestro deber como fotógrafos ensanchar los horizontes del espectador. Por suerte, esta tarea ya no es patrimonio de unos pocos, sino de muchos… y cada vez de más. La revolución digital ha conseguido que el número de divulgadores-fotógrafos haya aumentado mucho. De esta manera, los fotógrafos también nos hemos convertido en espectadores de otros fotógrafos. Y los espectadores tienen más fácil convertirse también en fotógrafos. La capacidad de compartir imágenes ha crecido enormemente y con ella la capacidad de divulgar, así que, siguiendo las recomendaciones de Art Wolfe, debemos ensanchar nuestros horizontes como fotógrafos a base de observar y recibir los puntos de vista de otros fotógrafos sobre los motivos que nosotros mismos fotografiamos. En definitiva, compartir.

Las fotografías que aquí se recogen hablan por sí mismas, divulgan, dan a conocer lugares, especies o situaciones únicas, pero también cuentan las historias de alguien que las ideó, que las persiguió, que las consiguió ver y que las supo recoger con su cámara. Efectivamente no sólo la fotografía de naturaleza es la protagonista. También el fotógrafo de naturaleza lo es por sí mismo. El fotógrafo utiliza la fotografía como vehículo de expresión artística personal. El fotógrafo transmite sus sensaciones, sus vivencias, sus momentos. Comparte, divulga, disfruta… colecciona momentos.

Este grupo de fotografías ha sido seleccionado entre una cantidad enorme de imágenes. Pero ésta también es una reunión de fotógrafos, de amigos y amigas, que compartimos momentos apasionantes, vivencias, que disfrutamos de las pequeñas cosas que nos muestra la naturaleza. La conjunción de fotografía y fotógrafo ha hecho posible la colección de momentos de fotografía que aquí se recopila. Momentos íntimos, plasmados con delicadeza y pasión. Composiciones que reflejan fusiones casi espirituales con lugares especiales en momentos también especiales. Encuentros con animales que a través de los visores se convierten en fascinantes criaturas con diseños evolutivos casi mágicos. Descubrimientos de formas vegetales casi imposibles. En definitiva, una colección intimista, que transmite, que divulga, que habla de mil historias.

Aunque los protagonistas son las fotos y los fotógrafos, las palabras a veces acompañan estas imágenes como adornos discretos. He querido reunir algunos momentos descritos por fotógrafos, amigos, que trasmiten la esencia, el alma de esta colección:

… Fui en busca de niebla, ya que habían anunciado tiempo inestable por esa zona y en un momento al pasar unos árboles y girar la cabeza mis ojos contemplaron esta maravilla. El momento os aseguro que fue inolvidable. En mi cara se dibujó una sonrisa que no desapareció hasta que me metí en la cama para tratar de soñar con el momento que había vivido…

Asier Castro de la Fuente

… Estuve completamente sola durante 3 horas en este pequeño hayedo (Barazar, Bizkaia). El tiempo amaneció muy cerrado, lluvias intensas, nieblas… justo lo que estaba esperando para ir a este lugar. Al principio, la fotografía me tenía tan concentrada, que he de reconocer que no percibía la belleza, el misterio, la atmósfera, la trascendencia de todo lo que me rodeaba. Sujetar el paraguas, secar el filtro, componer, las patas del trípode oxidadas que ni entraban ni salían… todo me mantenía ajena al tremendo espectáculo que tenía ante mí. Pero de repente, sentí como si un duende me hubiera tocado la mano. Miré a las hayas y me pareció que se movían. El bosque se volvió intenso, vivo, extraordinario. A partir de ese momento se apagó mi inspiración fotográfica, y al cabo de unos minutos regrese a casa.

Isabel Díez San Vicente

… Ha sido genial tenerle en el visor por primera vez, me impactó tanto que no pude disparar. La segunda vez ya empecé a disfrutar, y mucho... Ahora empiezo a entender a los viciados del hide...

Myriam Fidalgo Hidalgo

…A treinta metros de profundidad todo se nos presenta con un tono azulado, verdoso, gris, imaginaros la sorpresa cuando, a unas decenas de metros más, un disparo de flash nos reencuentra con el naranja eléctrico de una gorgonia o el rojo extremo de una esponja. A esta profundidad la ligera narcosis debida al nitrógeno nos llena de una agradable embriaguez y la luz del flash desgarrando las tinieblas intensifica maravillosamente esta deliciosa sensación de euforia.

Pere Rubio Rocabert

… Llegado al sitio y con el sol aún alto preparo la cámara, decido quitar el polarizador porque sé que voy a hacer tomas a contraluz y tras seleccionar el degradado adecuado empiezo a buscar composiciones. Poco a poco el mar de nubes se va tornando dorado, me pongo nervioso, todo es espléndido, no se qué encuadre sacar. Lo que veo por el visor no me gusta para lo que mis ojos contemplan, hago mil fotos de un mismo encuadre variando exposiciones, filtros,... Las nubes pasan del dorado al naranja, el sol acelera su paso inexorable para ocultarse tras las montañas, la nieve refleja sus maravillosos colores y mi nerviosismo se acrecienta. No dejo de hacer fotos y sentir el dolor que el frío causa en mis manos. Todo es grandioso, la soledad me rodea, el aire ruge a mi alrededor, pero yo sigo hipnotizado por el juego de luces.

Enrique Fernández Ferrá

…Es impresionante ver estos bichos de cerca, concretamente este aguilucho lagunero, y más impresionante todavía cuando a través del visor a veces ocurre el cruce de miradas. Recuerdo perfectamente este momento. Se produce, me lo vais a permitir, un momento mágico; todo se paraliza y, si puedes, le das al disparador.

Rafael Ramos Pérez

… Estas mosquitas diminutas, de escasos milímetros, se encuentran en estas fechas. Creo que por segunda vez cada año, haciendo pequeños bailes nupciales muy curiosos. Cada una en una ramita, hoja, donde sea, suben y bajan el abdomen, mueven sus alas, giran, pelean entre ellas. Hay que ser una persona tranquila y algo boba para observarlas, pero a mi me gustan mucho….

Juan A. Guerrero Escobar

Sobran más palabras. Sobran más comentarios. Sólo leer estos fragmentos de fotógrafos sobre fotografías. Sólo aspirar la esencia que desprenden. Sólo sentir lo que estos amigos transmiten. Sólo admirar esta colección de momentos de fotografía… y disfrutar…

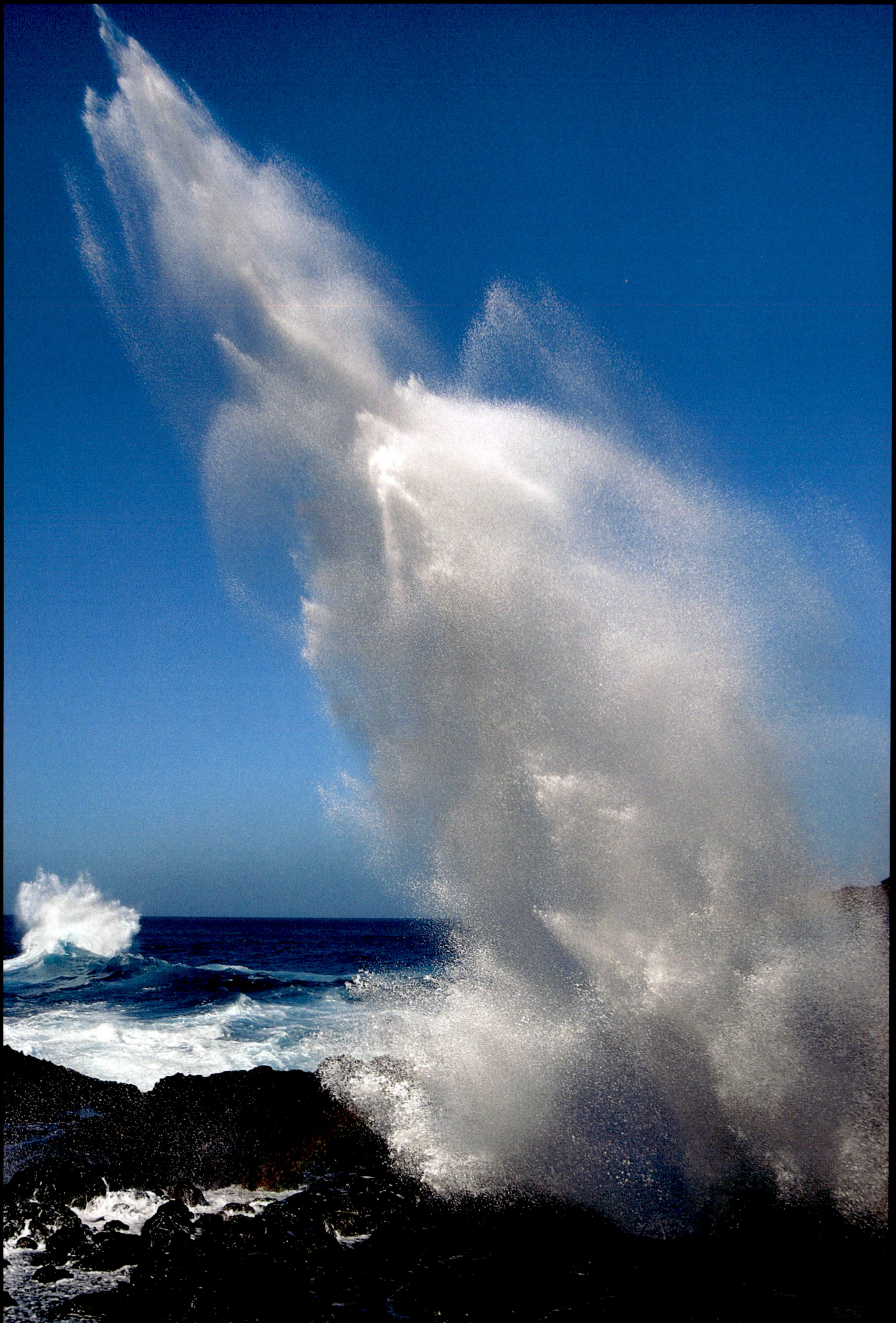

DANIEL MONTERO

Fotonatura.org

La red de los fotógrafos de naturaleza

El día 1 de enero de 2000, nacía www.fotonatura.org como una pequeña página web que recogía las fichas de una docena escasa de fotógrafos de naturaleza, integrantes de una lista de correo electrónico. Una foto, los datos básicos de contacto y una pequeña presentación del trabajo de cada uno, eran junto con una colección de enlaces, todos los contenidos disponibles en aquella dirección web.

Seis años más tarde Fotonatura.org ha crecido hasta convertirse en una gran comunidad virtual en la que cada día miles de personas comparten su pasión por la fotografía de naturaleza, muestran sus imágenes y se relacionan con personas a las que igual no conocen y con las que sin embargo, les une una especial relación: son de Fotonatura.

En estos años mucha gente ha recalado en Fotonatura y cada uno ha encontrado algo distinto en ella. Los fotógrafos nóveles han podido descubrir y aprender el trabajo de otros compañeros más veteranos, los más experimentados mostrar a colegas de afición sus trabajos, enriqueciéndose con las experiencias de los demás, y a todos conocer desde cualquier rincón del mundo a otras personas con las que compartir una pasión.

Personas que en muchos casos no se conocen entre si, pero que forman parte unos y otros de su día a día, que conocen sus logros con la cámara y que les animan. Para muchos Fotonatura ha sido el origen de muchas cosas y desde el web han conocido a gente con la que compartir experiencias en la naturaleza y han podido crecer en esta apasionante actividad. Algo que forma una parte importante de sus vidas, un antes y un después.

Las miles de imágenes publicadas en el web han convertido las galerías en un enorme escaparate donde disfrutar, aprender y compartir. Donde sorprenderse con el trabajo de alguien cercano pero que sin embargo puede estar a cientos o miles de kilómetros. En los trabajos publicados hemos podido ser testigos de instantes irrepetibles, visiones singulares y parajes desconocidos. Hemos vivido los cambios estacionales, la evolución del trabajo fotográfico de mucha gente y las experiencias de los fotógrafos con muchas especies salvajes fotografiadas.

Pero lo que destaca por encima de todo es el sentimiento de comunidad, de formar parte de algo que traspasa la pantalla del ordenador y que ha sido el germen de amistades y proyectos. Desde Fotonatura.org hemos vivido momentos dramáticos que nos han unido, como fueron la reciente perdida de nuestro compañero David Gómez o la experiencia de participar en un reportaje colectivo durante la marea negra del Prestige y tantas historias y encuentros de mucha gente que forma parte del recorrido de estos seis años en la red.

El libro que tienes en tus manos tiene su origen en el trabajo de un grupo de personas que unidas por Fotonatura.org han iniciado la andadura de la revista Visión Salvaje, un proyecto editorial que nace del más puro espíritu del web.

Las imágenes que lo ilustran son una cuidada selección del trabajo de los fotógrafos que forman parte de Fotonatura.org. Detrás de cada imagen hay mucho trabajo, paciencia y dedicación para captar la intimidad de un animal salvaje, inmortalizar la mágica luz que incide sobre un paisaje o registrar la belleza de un bosque en otoño.

Espero querido lector que contemplando las fotografías puedas sentir la pasión y dedicación que hay detrás del trabajo de los fotógrafos de naturaleza.

Fernando Ortega
Fundador de Fotonatura.org

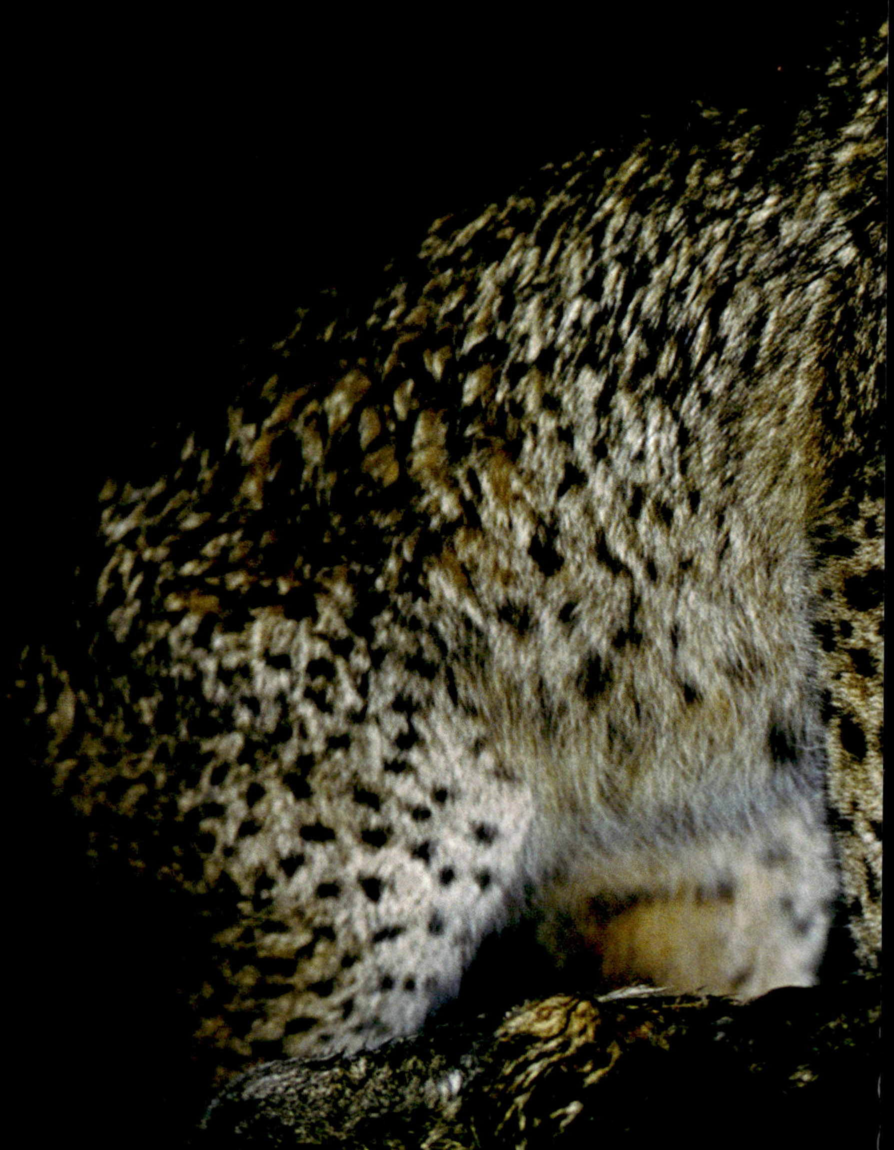

HERMINIO M. MUÑIZ

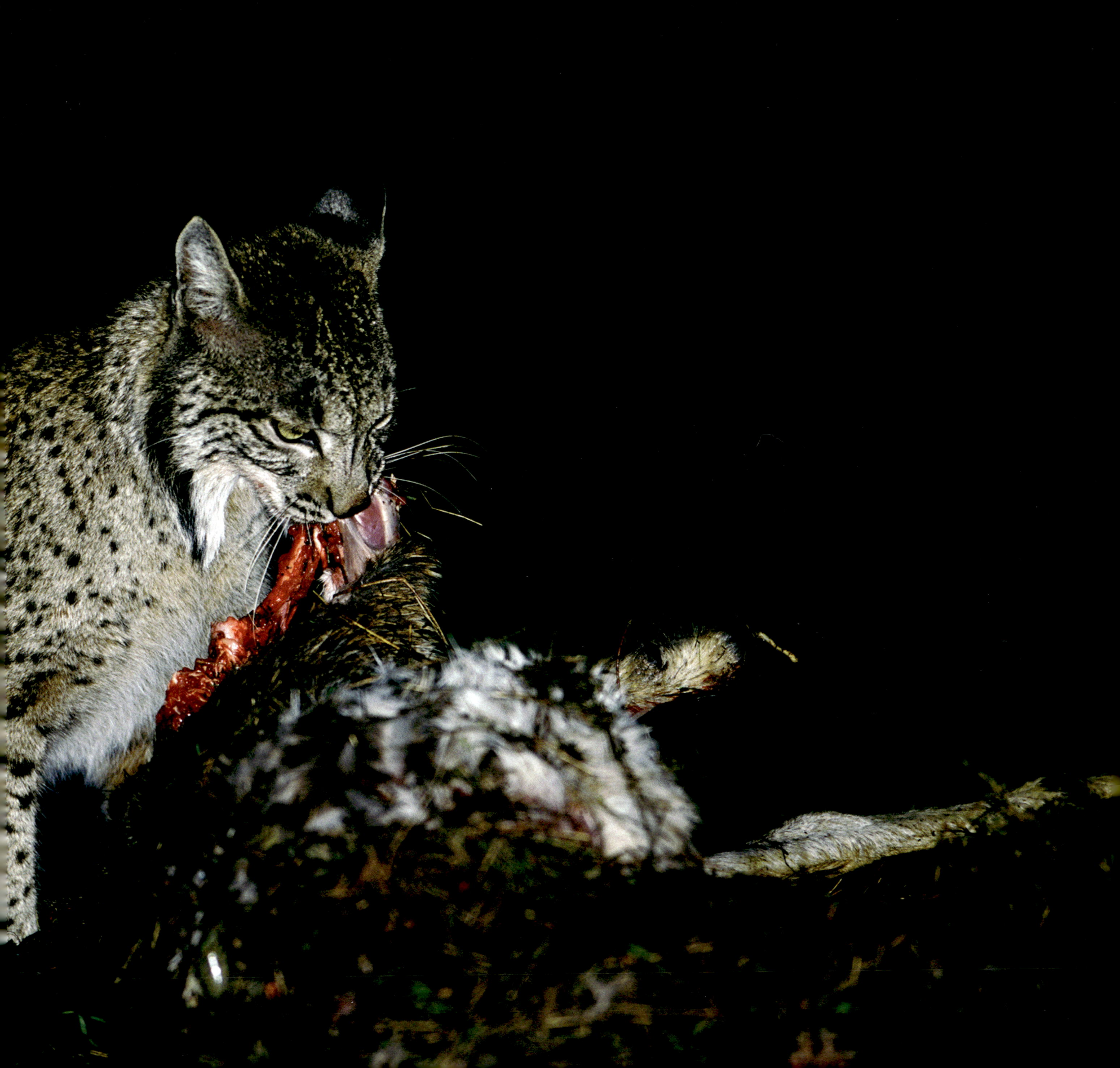

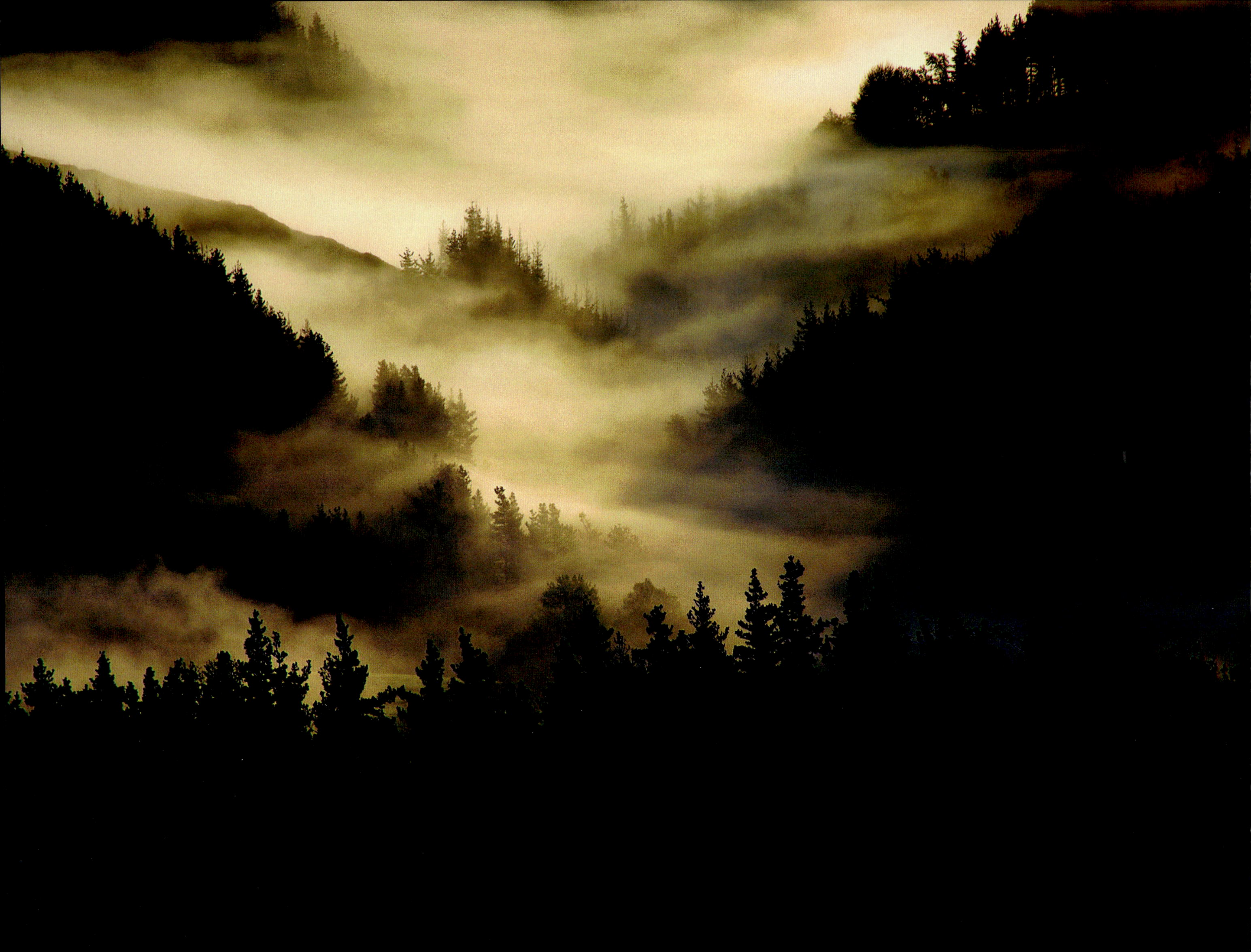

Tinieblas, Gipuzkoa
ASIER CASTRO

Gipuzkoa es una comunidad propensa a que se formen nieblas matinales. Me situé en una posición alta, desde donde podía contemplar todo el valle y como los primeros rayos de luz iluminaban y doraban la niebla.
Nikon D2x, Nikkor 80-400VR, vel 1/80 seg., f10, polarizador, ISO 100, trípode Manfrotto

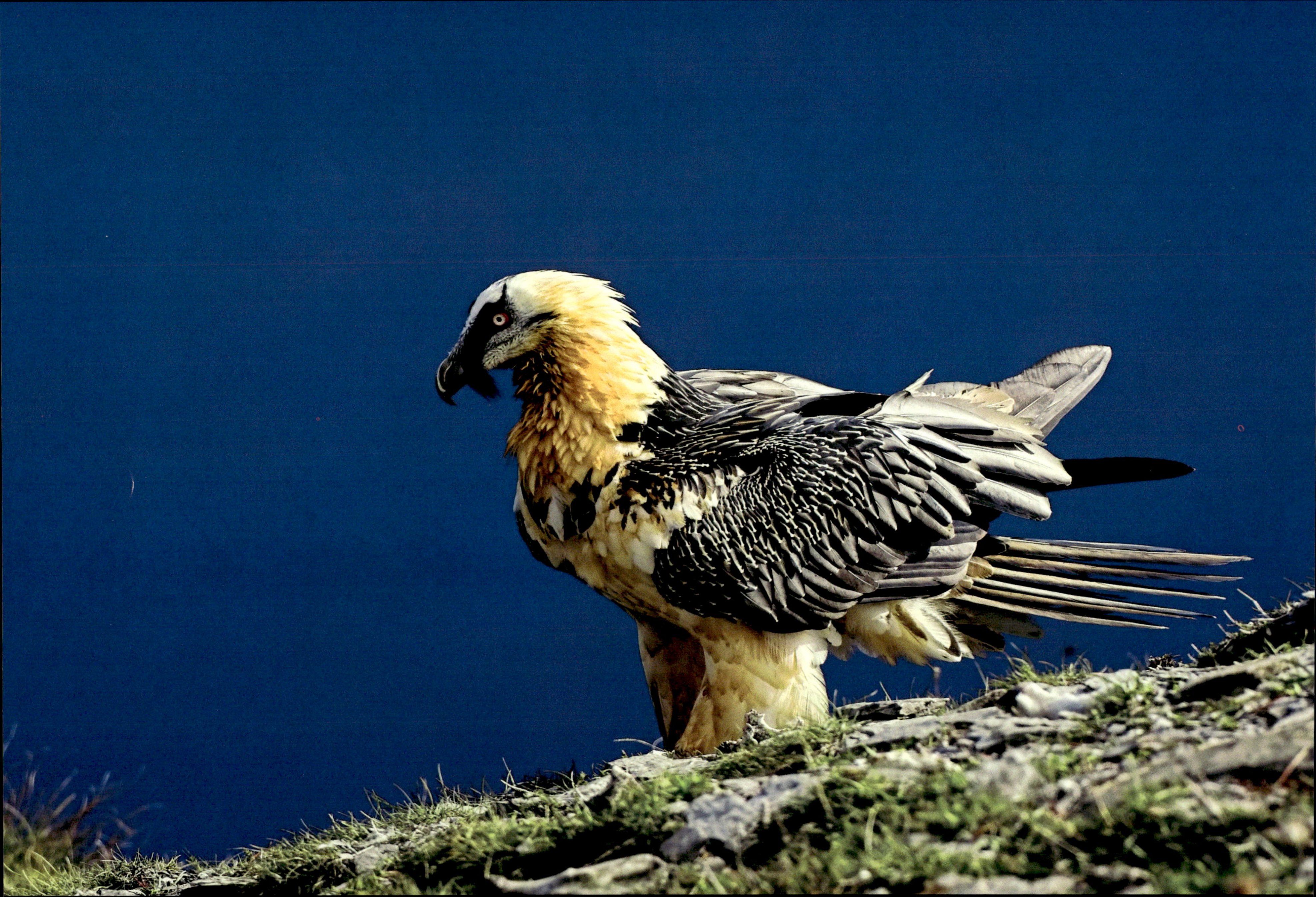

Quebrantahuesos (Gypaetus barbatus), Ordesa, Pirineo Aragonés, España
JAVIER MARTÍN

El quebrantahuesos es la única ave osteófaga (comedora de huesos) del planeta.
Ave de impresionante aspecto y colorido que a finales del siglo XIX era posible avistar en todas las cadenas montañosas de la península ibérica. En la actualidad se encuentra restringida a los Pirineos donde existe una población estable aunque muy cerca del límite de viabilidad genética.
Canon EOS 1D-Mark II, Canon EF 500mm L f/4, vel. 1/1000 seg., f/8, trípode Manfrotto, ISO 250

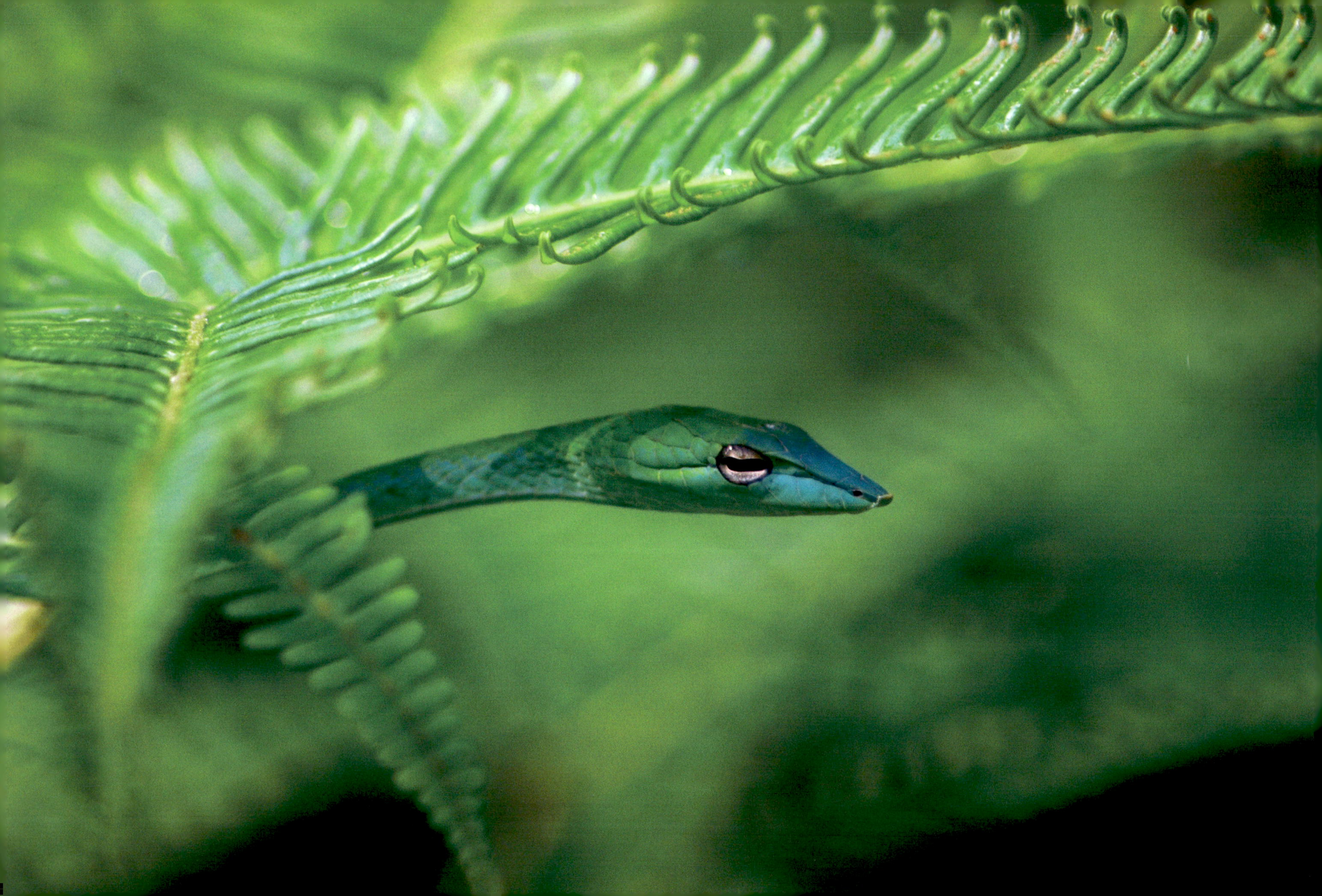

Verde que te quiero verde,
Kalimantan (Borneo), Indonesia
CARLES BARÉS LLAURADÓ

Visitando el Parque Nacional de TANJUNG PUTING me encontré con esta preciosidad de serpiente.
En Fotonatura me apuntan que es una Ahaetulla nasuta.
Estaba encima de unos helechos y muy quieta. Mi compañera y el guía pasaron a escasos 2 metros de ella, sin verla. Me dió tiempo a cambiar de objetivo y tirarle unas cuantas fotos, a pulso, con iluminación de primera hora de la mañana y enfoque manual.
Nikon D70, Nikkor 70-300mm 1.4 - 5.6 G, vel.1/160 seg., f5.6, ISO 200

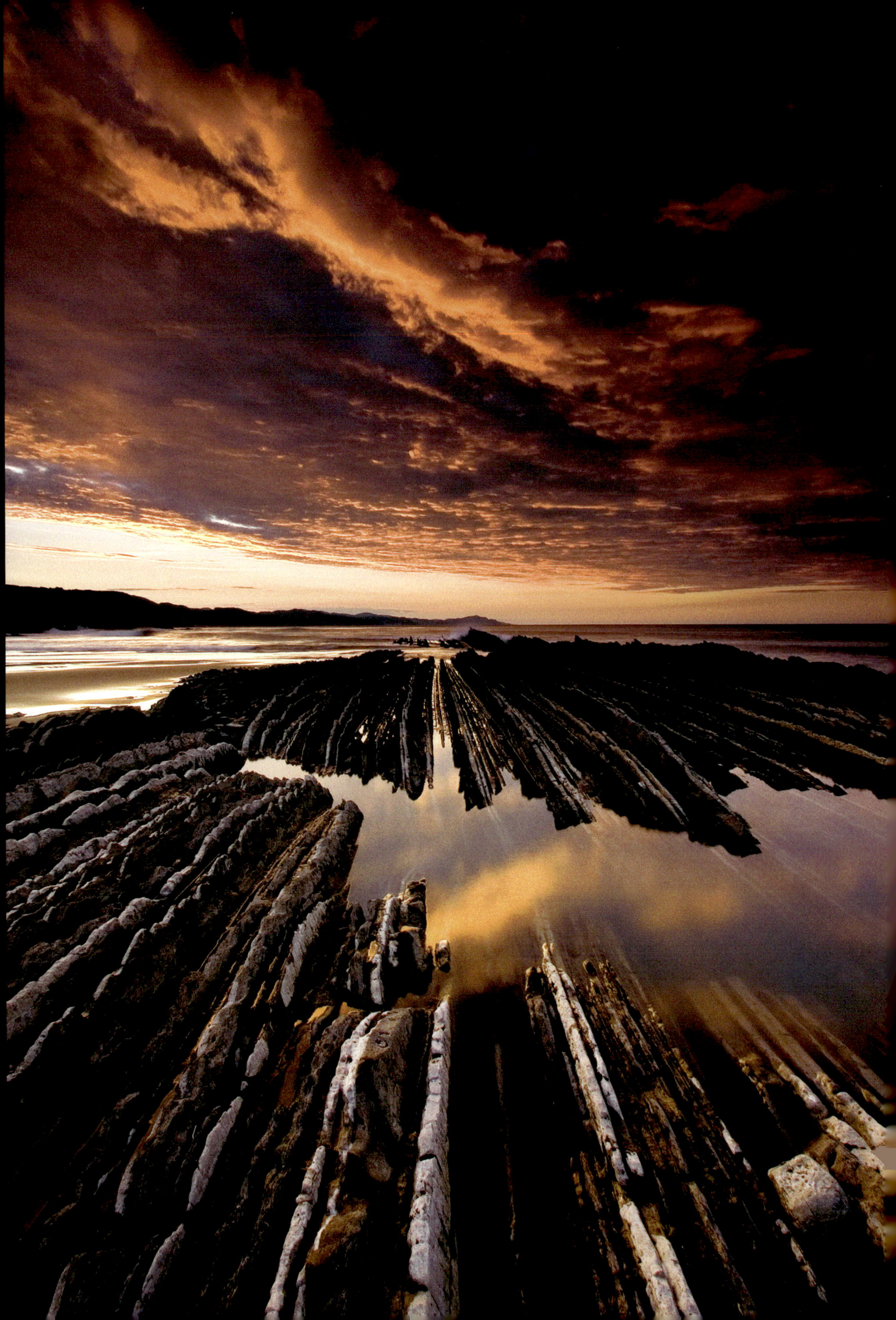

Atardecer en Zumaia
ENRIQUE FERNANDEZ FERRA

Cuando esa tarde, mi compañero y yo marchábamos para Zumaia no nos podíamos ni imaginar el regalo que nos haría la Madre Naturaleza. Situados en el lugar adecuado no tuvimos más que esperar a que la nube sobre nuestras cabeza fuera tiñéndose de rojo aportando un dramatismo único a la escena.
Canon EOS 20D, Canon EF-S 10-22 f3.5 - 4.5 USM, degradado neutro inverso -3 Singh-Ray, trípode Manfrotto

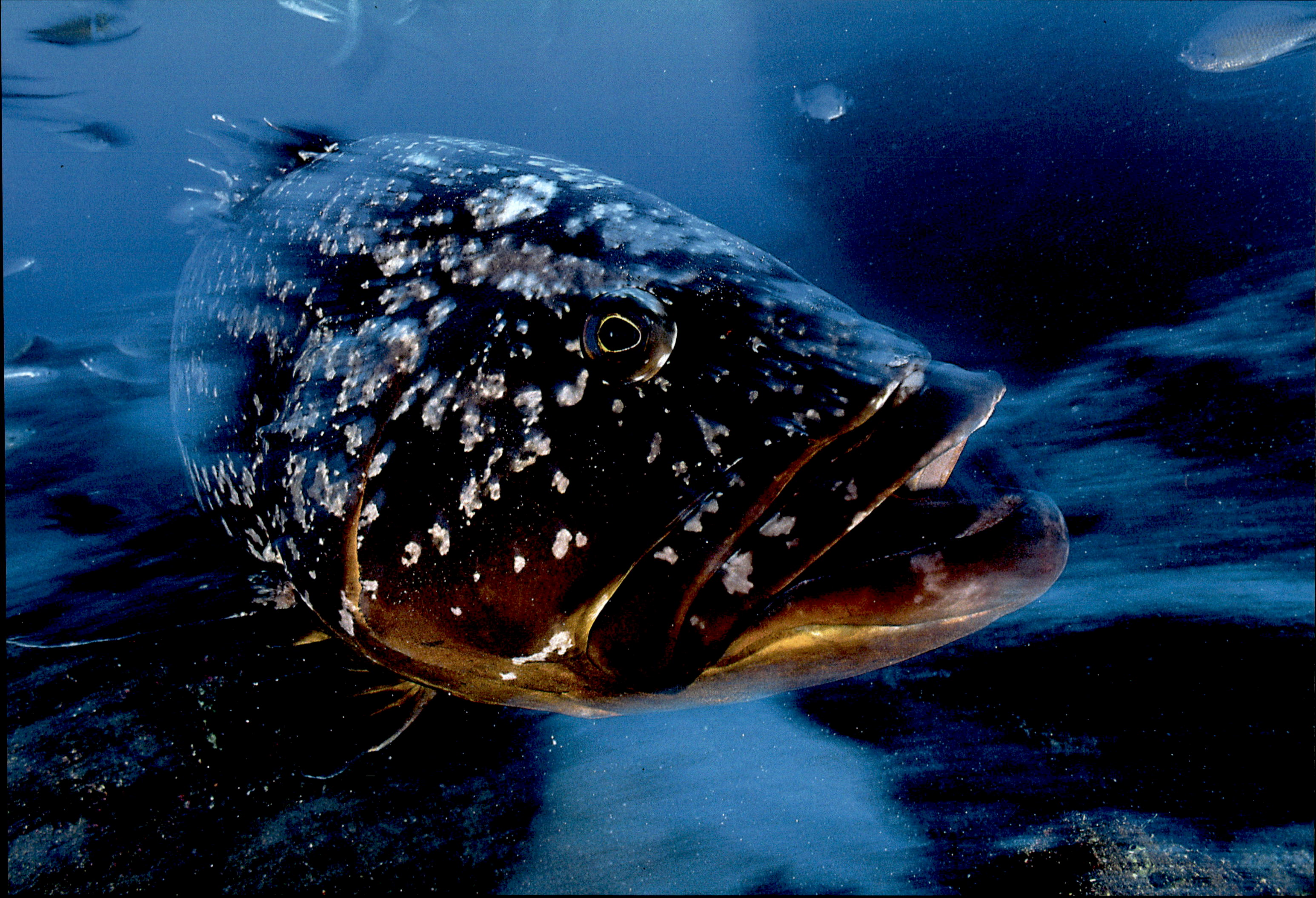

Atlántico en otoño, Puerto del Carmen, Isla de Lanzarote

CARLOS SUÁREZ

Llega el otoño y el océano atlántico comienza a enfriarse. Los días son cada vez más cortos, pero no por ello deja de haber actividad bajo sus aguas. Los grandes meros Epinephelus marginatus, son una verdadera atracción en estas fechas. Se preparan para pasar el invierno donde los temporales y el agua fría no les promocionarán facilidades para su supervivencia.

Nikon F90x en caja estanca Aquatica 90, AF-S Nikkor 17-35 f2.8 ED, 2 flashes Subtronic en brazos TLC, vel. 1/10 seg., f11

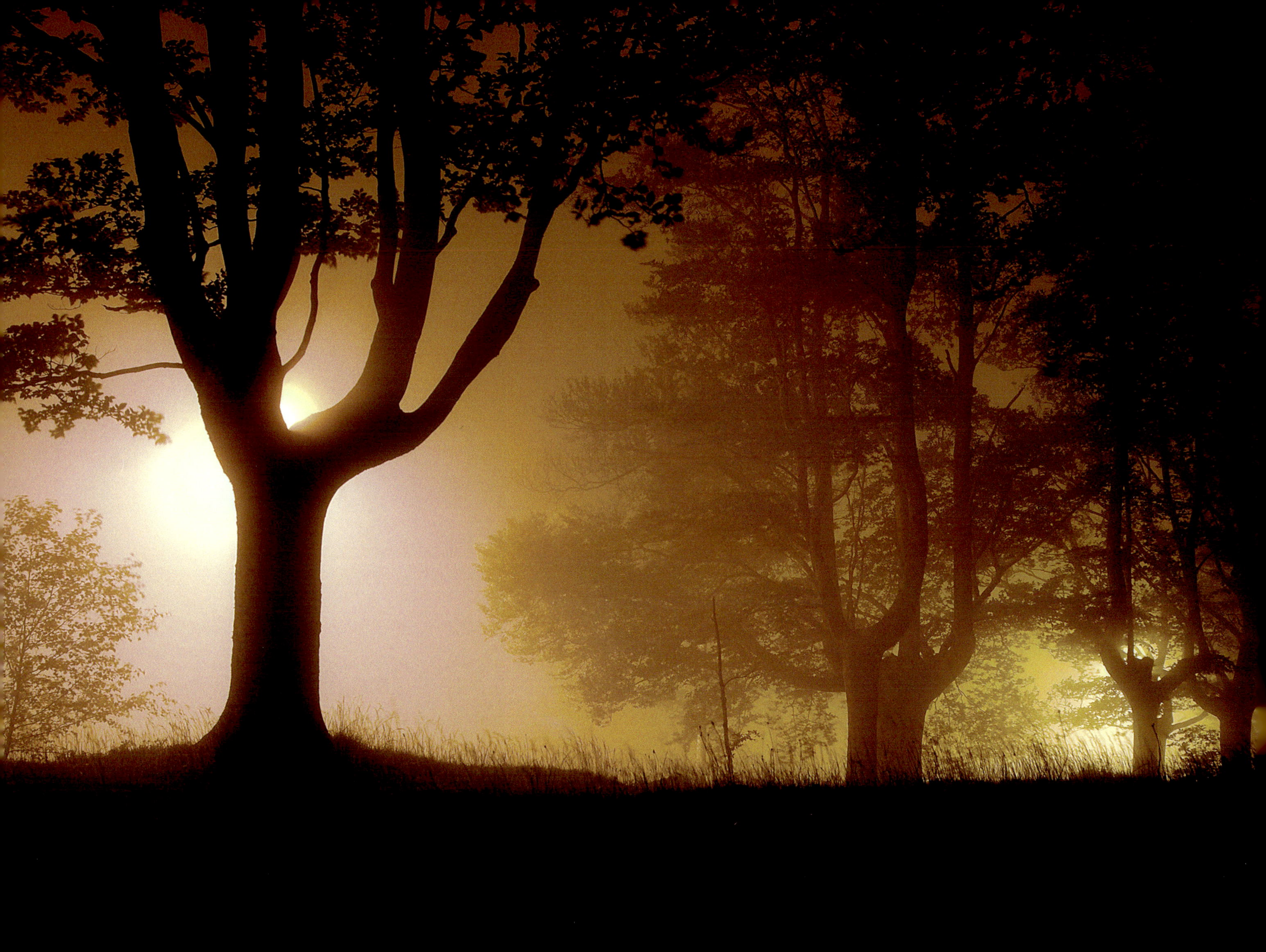

Soles Nocturnos, Bizkaia, Parque Natural de Urkiola
ASIER CASTRO

La niebla actuaba como reflector-difusor sobre la iluminación artificial de las farolas, a la vez que dejaba un fondo totalmente uniforme y sin distracciones. La composición en muchas ocasiones se veía forzada por las farolas, ya que había que ocultarlas con el tronco-ramas de las hayas. Como apenas había viento arriesgué con una exposición larga para no aumentar el ISO. Nikon D2x, Tamron 28-300 a 28mm, f7.1, vel. 15 seg., -0.7 EV, ISO 100, trípode Manfrotto

Búho chico, Soria
JAVIER ALONSO HUERTA

Al caer el sol, las especies que durante el día se esconden y dormitan salen al exterior, la lucha por la supervivencia continúa. Oculto en la oscuridad y gracias a su fino oído y su vuelo silencioso el Búho Chico es uno de los grandes cazadores nocturnos.
Nikon D100, Sigma 24mm, Flash Nikon Sb80 y 2 Mezt mz 40, barrera de infrarojos, vel. 1/60 seg., f18, trípode Manfrotto

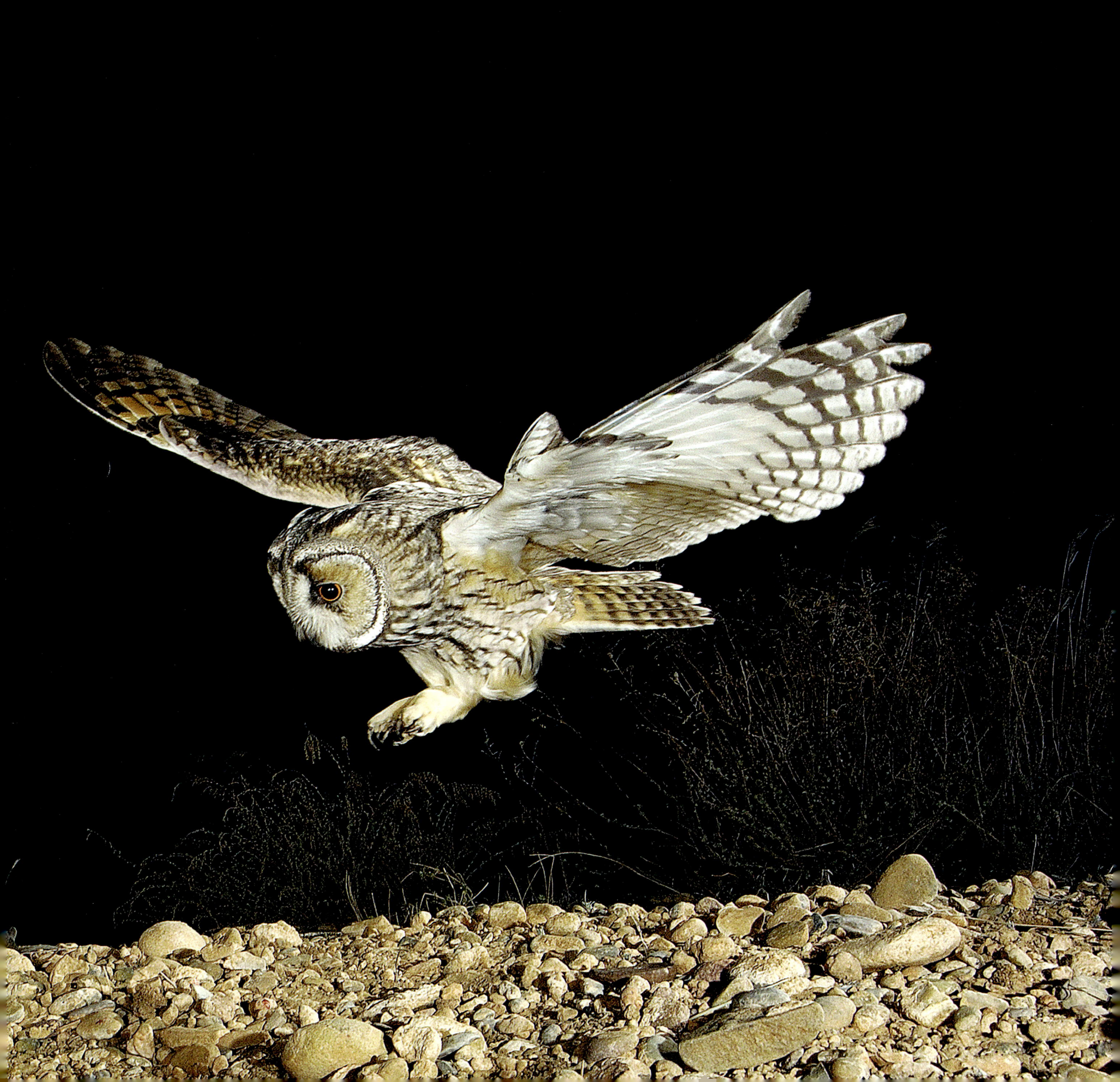

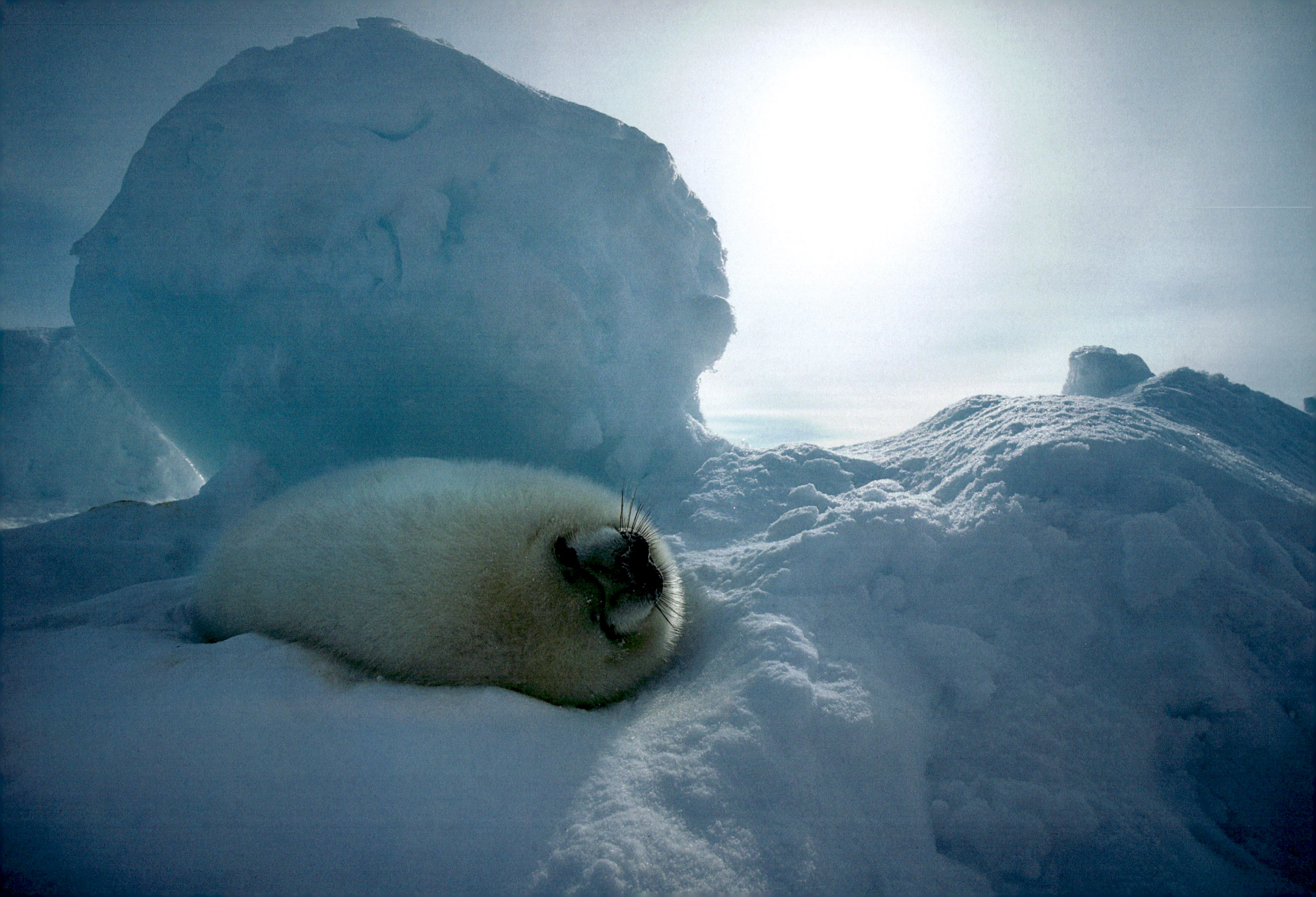

Cachorro de Foca de Groenladia (Phoca groenlandica),
Golfo de San Lorenzo, Canadá.
ENRIQUE R. AGUIRRE

A principios de marzo las focas de Groenlandia dan a luz sobre la banquisa en el golfo de San Lorenzo. Tras ser amamantados por sus madres los cachorros deben esperar en sus cunas de hielo a que la banquisa se frangmente para poder salir al mar y alimentarse por su cuenta.
Para trasladarnos a los campos de hielo usamos dos helicopteros desde los cuales buscabamos grupos nutridos de focas en zonas donde el hielo fuese suficientemente grueso como para poder caminar por el con seguridad.
Las mareas, las corrientes marinas y el viento hacen que el hielo cambie minuto a minuto. Esto junto con temperaturas cercanas a los -20°C hace que la experiencia resulte tan emocionante como peligrosa.
Canon EOS 1Ds, Canon EF 17-40mm f4, vel 1/200 seg., f20 ISO100, trípode Gitzo

Valle de Lastur
GAIZKA BILBAO

En un paseo por el Valle de Lastur encontré esta preciosa florecilla, habitada por un fotogénico saltamontes, el fondo verde en contraste con el naranja de la flor, daba el toque de color.
Canon 20D, Sigma 105 macro, vel. 1/200 seg., f4, ISO 100, trípode Manfrotto, cable disparador.

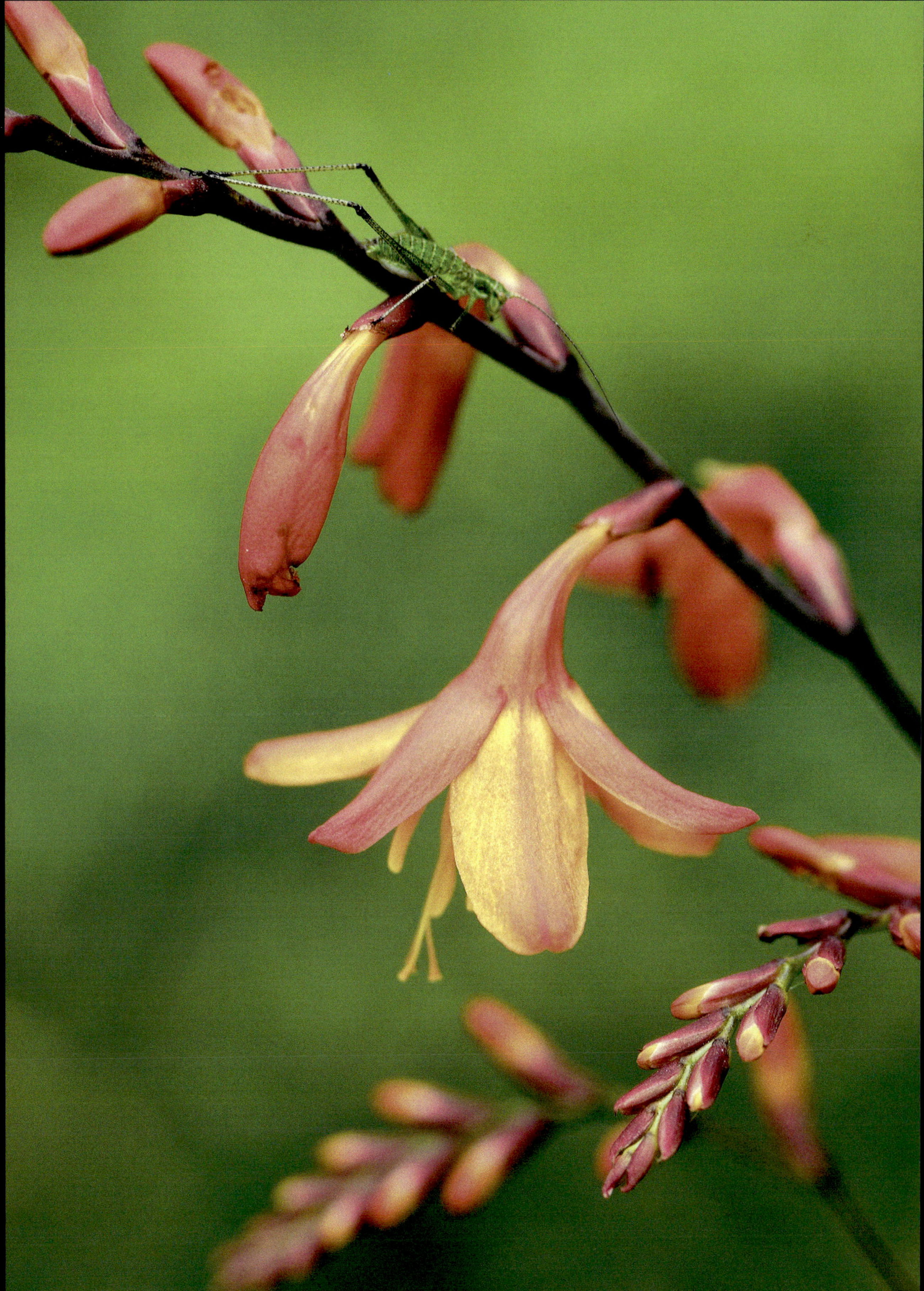

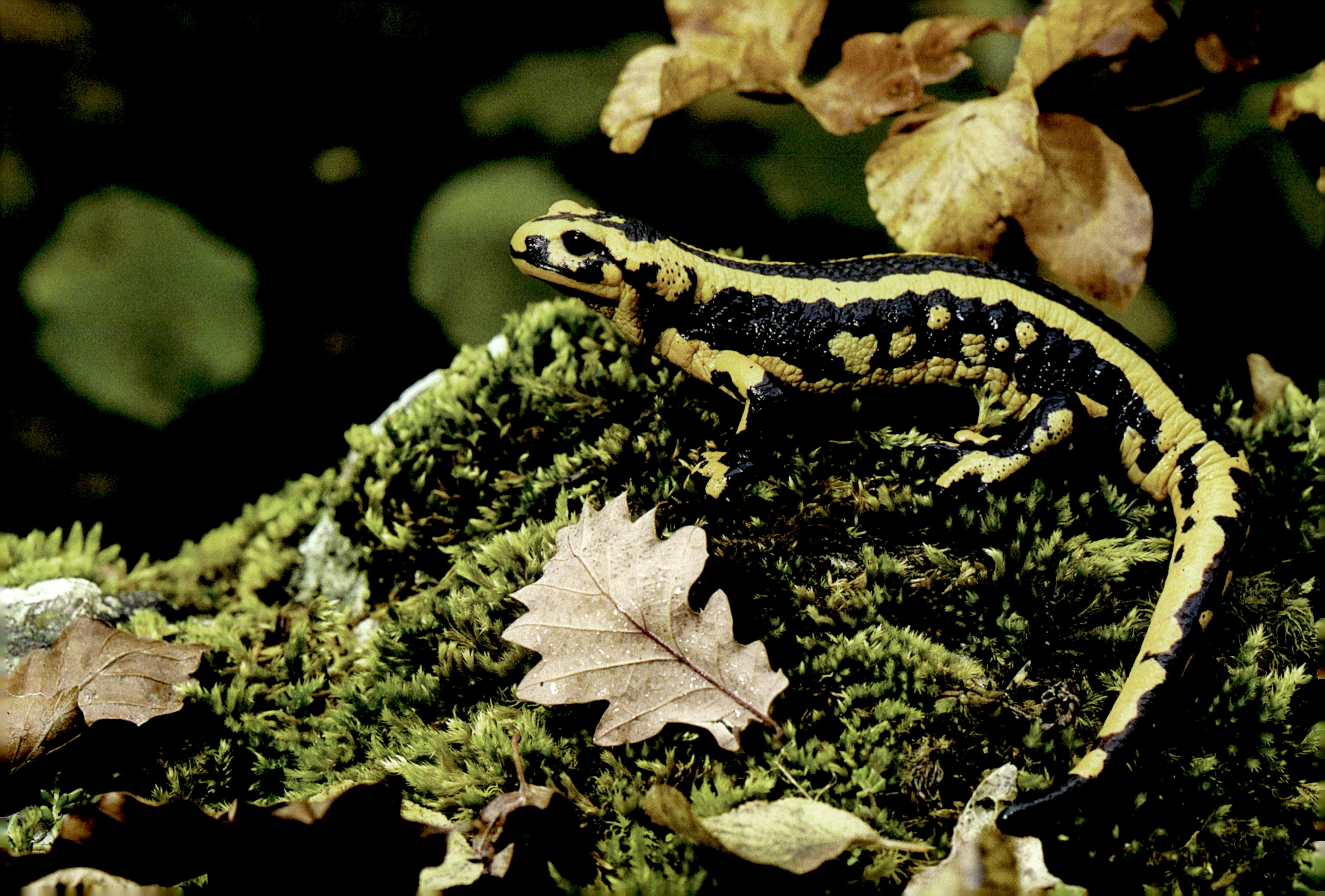

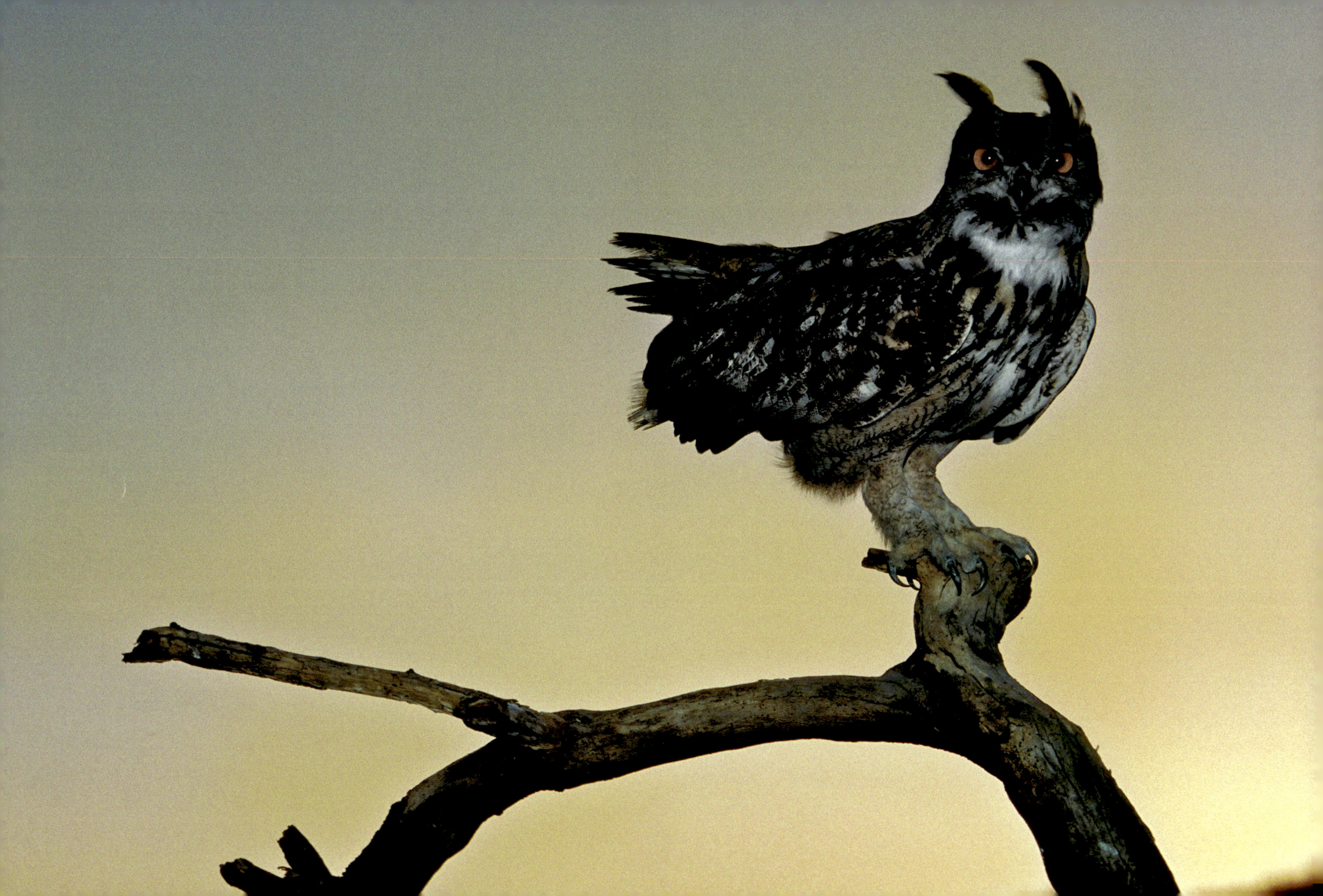

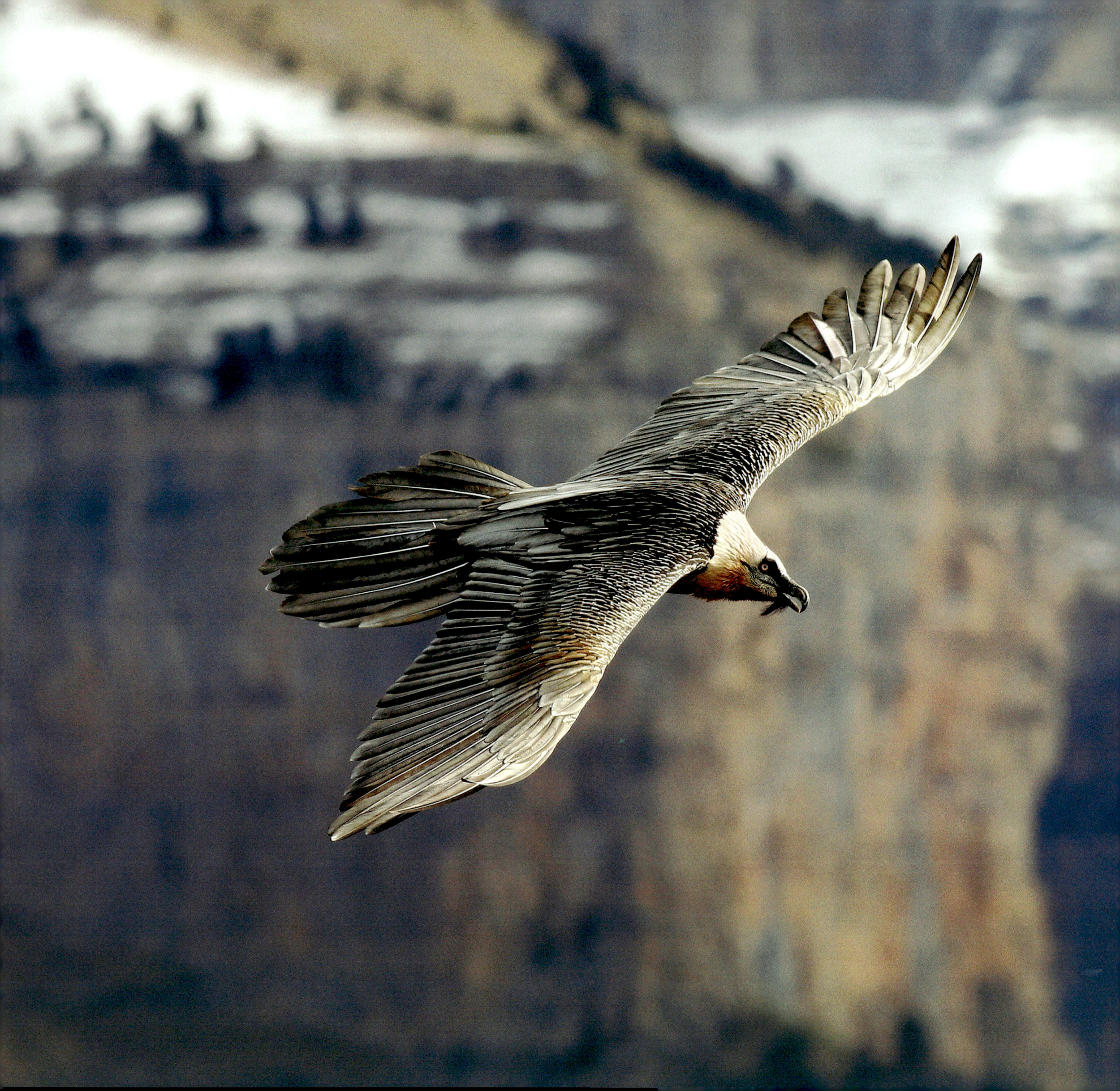

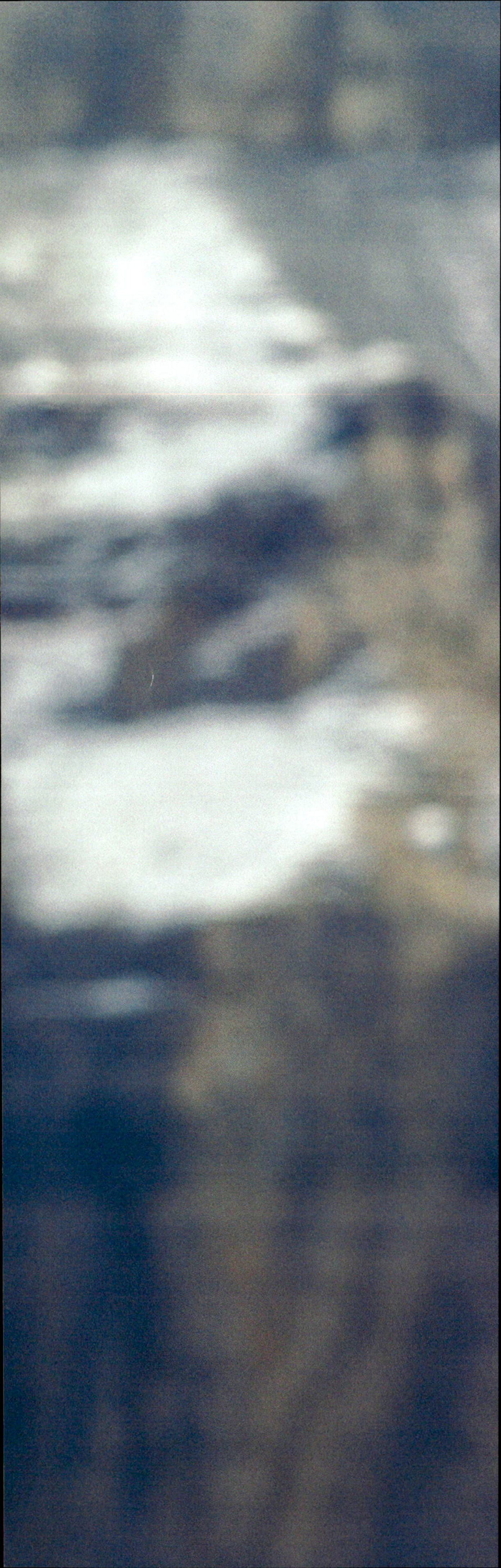

Velas de pizarra, Valle de Ordesa
JAVIER ARA

Impulsado por los poderosos vientos de alta montaña, un quebrantahuesos adulto surca los aires, entre la accidentada orografía de su territorio.
Canon EOS 20D, Canon 400mm f5,6, vel. 1/500 seg., f8, trípode Manfrotto, hide, 400 ASA

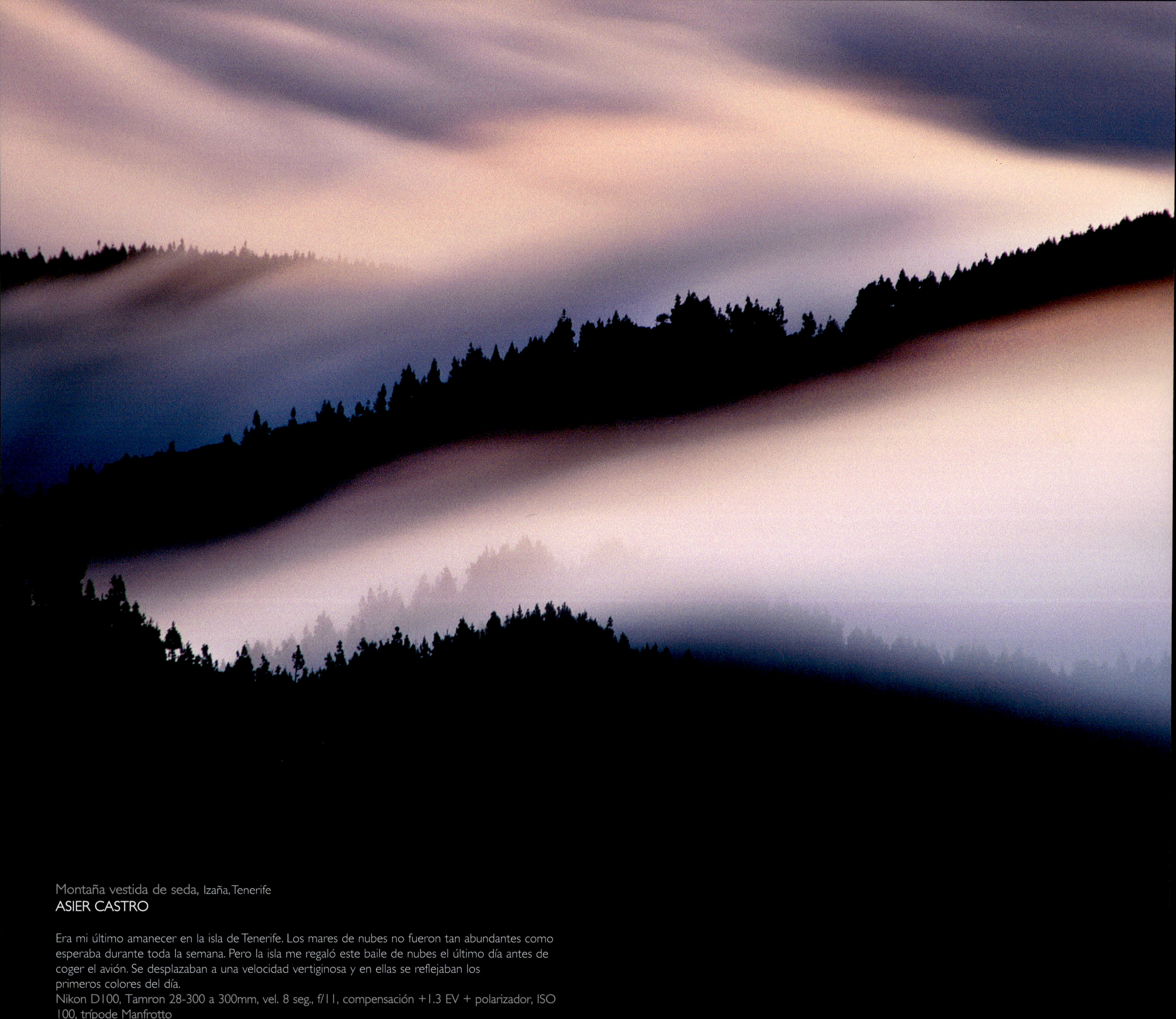

Montaña vestida de seda, Izaña, Tenerife
ASIER CASTRO

Era mi último amanecer en la isla de Tenerife. Los mares de nubes no fueron tan abundantes como esperaba durante toda la semana. Pero la isla me regaló este baile de nubes el último día antes de coger el avión. Se desplazaban a una velocidad vertiginosa y en ellas se reflejaban los primeros colores del día.
Nikon D100, Tamron 28-300 a 300mm, vel. 8 seg., f/11, compensación +1.3 EV + polarizador, ISO 100, trípode Manfrotto

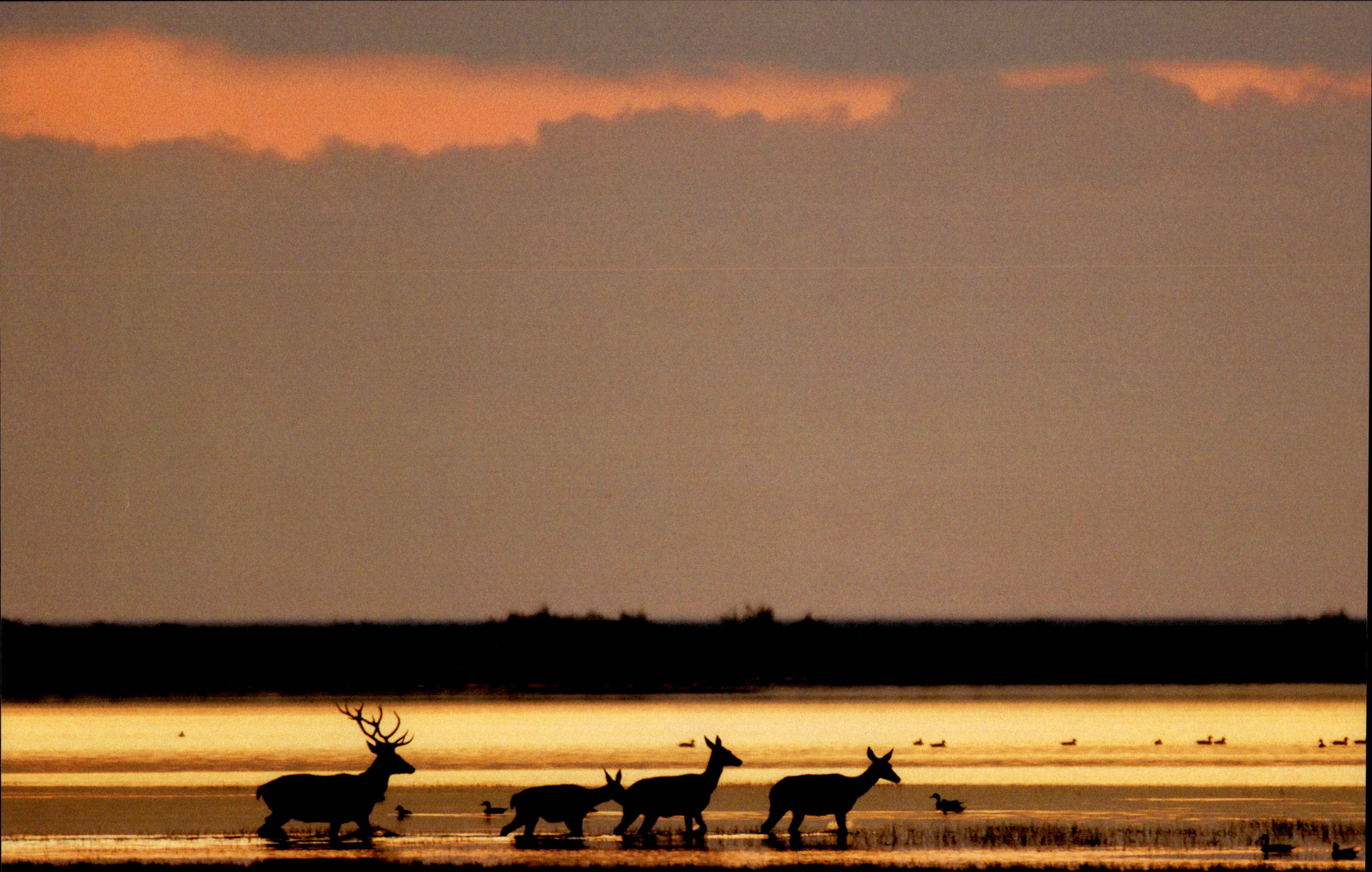

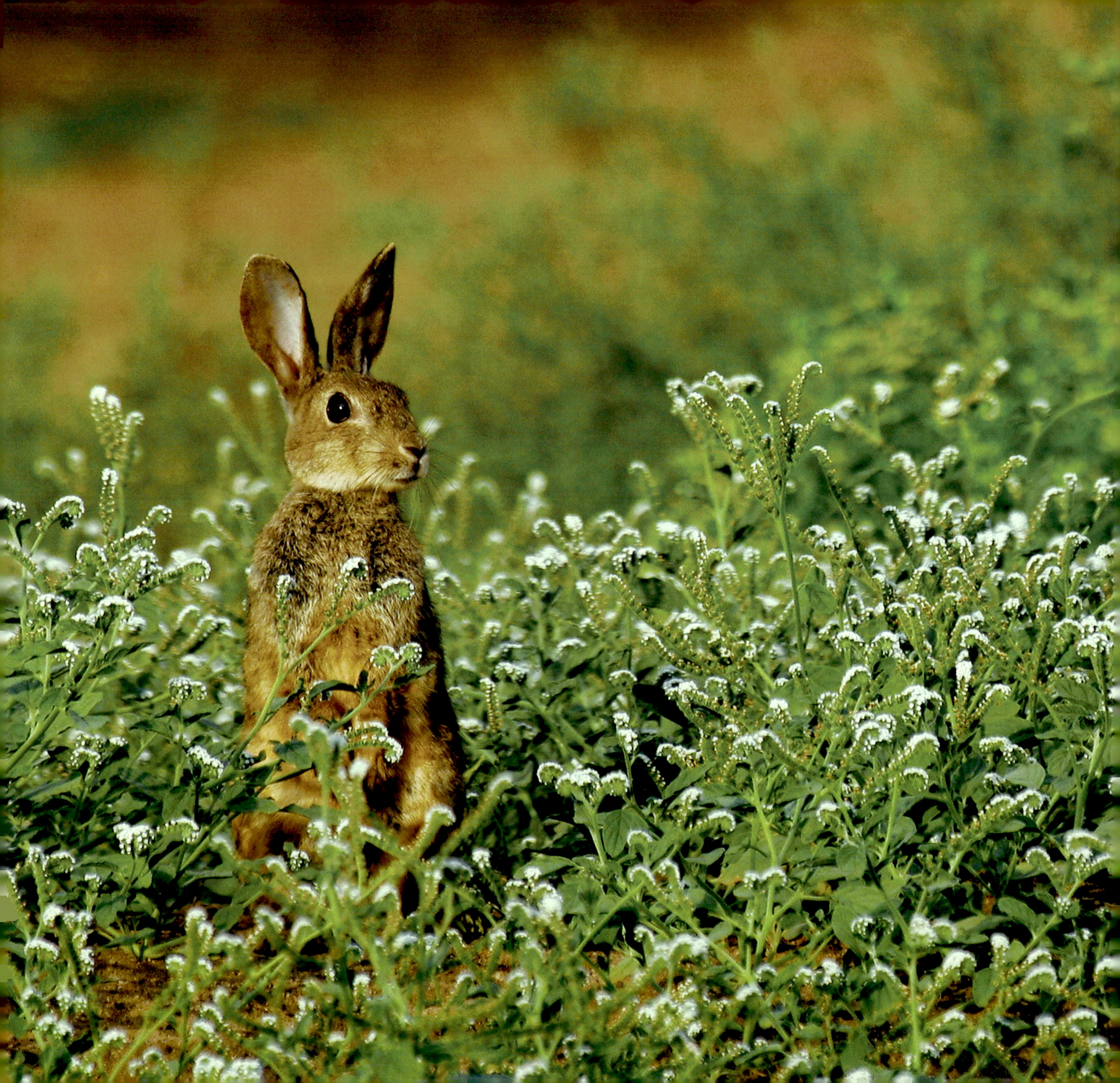

salvajes, hay casos en los que cada fotógrafo utiliza otros métodos. El utilizado para estos roedores es el rececho, siempre con viento en contra y en lugares arenosos para que no detecten ruido alguno. Aún así a unos ocho metros, este ejemplar detectó que algo podía cambiar su tranquilidad.

Canon EOS 20D, Canon 100-400 IS, vel. 1/320 seg., f/8, ISO 200, trípode Manfrotto

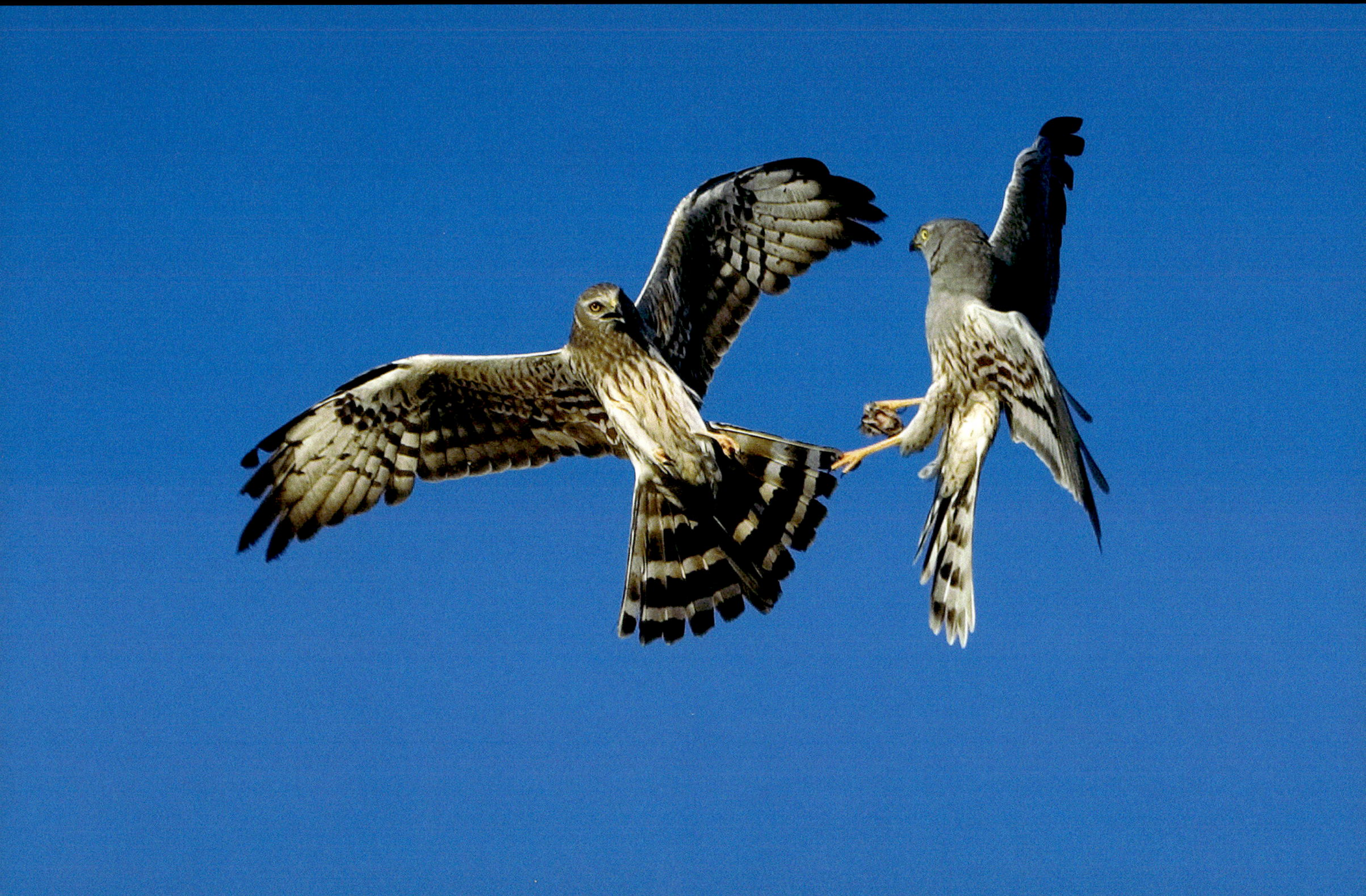

Cenizos Pelea

JAVIER MILLA LOPEZ

Foto tomada en una colonia cerca de Jaén, con todos los permisos correspondientes en la primavera del 2005.

Canon EOS 10D, EF 100-400L IS, vel. 1/1000, seg., f5.6, ISO 200, trípode Manfrotto, hide

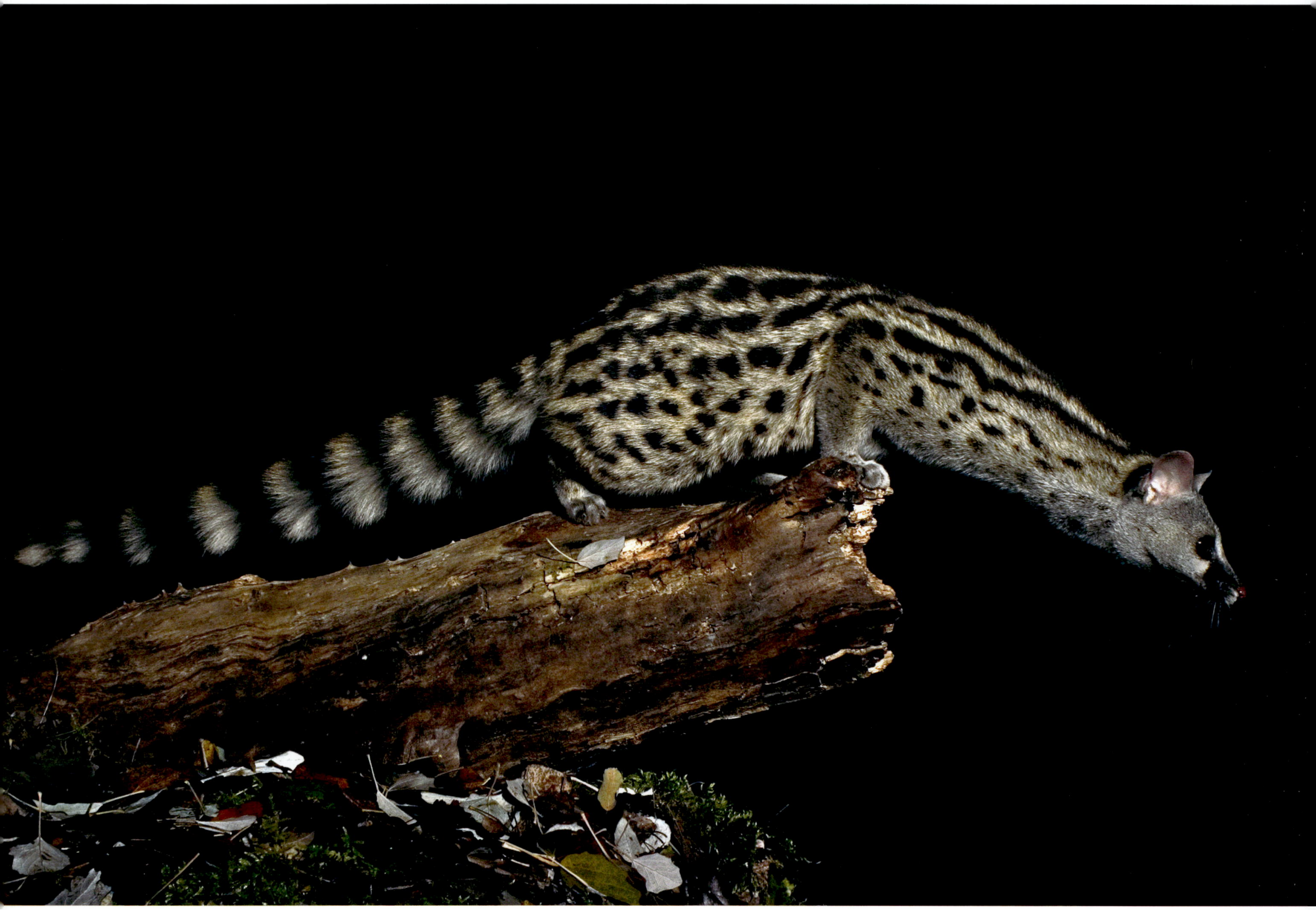

Rompiendo la noche, Raimat- Lleida

FELIX FERNANDEZ CALVILLO

Uno de los animales más desconocidos y espectaculares de los que disfruta la noche es la gineta, incansable y tremendamente ágil. En cuatro meses este macho ha estado acudiendo a la cita noche tras noche, nunca le he visto pero el ha estado cargando generosamente mi cámara de imágenes y a mi de emociones y experiencias que no olvidaré jamás.
Canon EOS 10D, Canon 28-90 a 32 de focal, vel. 200 seg., f16, ISO 100, tripode Manfrotto, barrera casera y tres flashes 1 Metz 44AF-4c y 2 Starbliz 200A

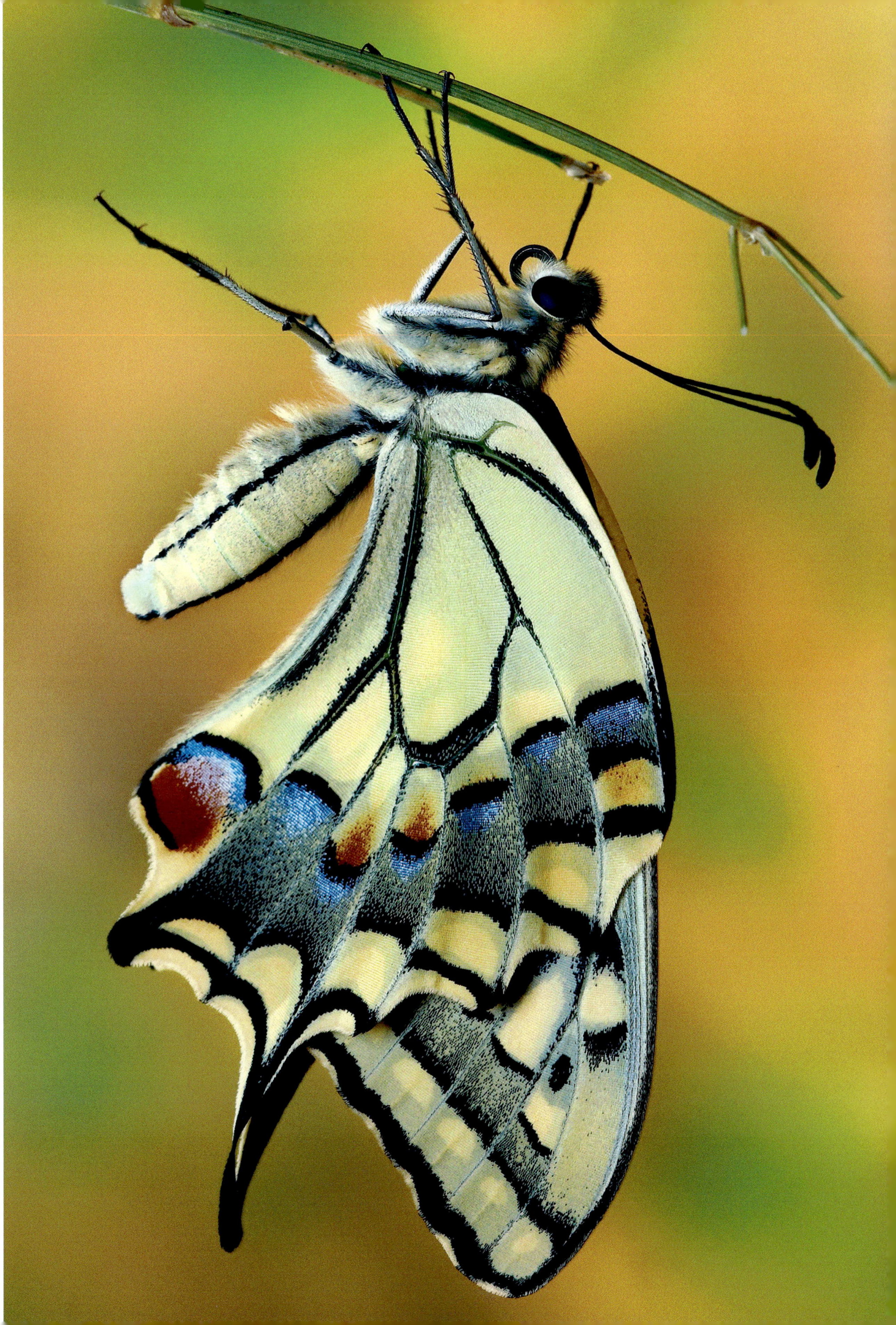

Macaón Recien Nacida, Sant Joan Despí

JOAN GUILLAMAT CASTELL

Encontré esta oruga cerca de mi casa en una planta de hinojo. Despues de alimentarla durante unos dias y ver como triplicó su tamaño se encerró en un capullo. Al cabo de 14 dias salió esta preciosa mariposa. Aprovechando que estaba secando las alas y todavía no podía volar le hice una serie de tomas.
Canon 10D + BG-ED3, Canon 100mm f2.8 USM Macro, f/11, prioridad a la abertura a -1.3EV, dos flashes, vel.1.3 seg, trípode Manfrotto, ISO 200

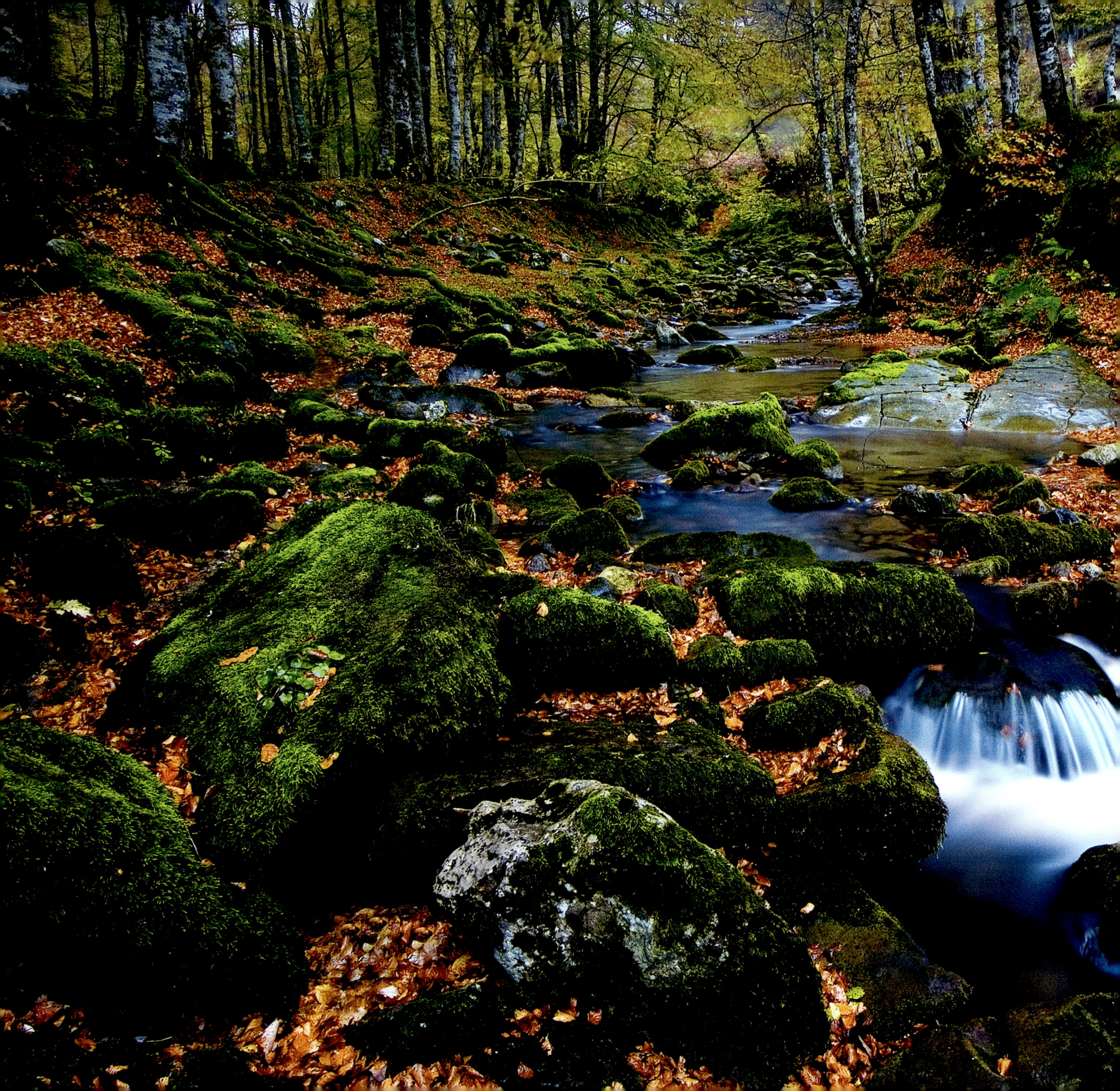

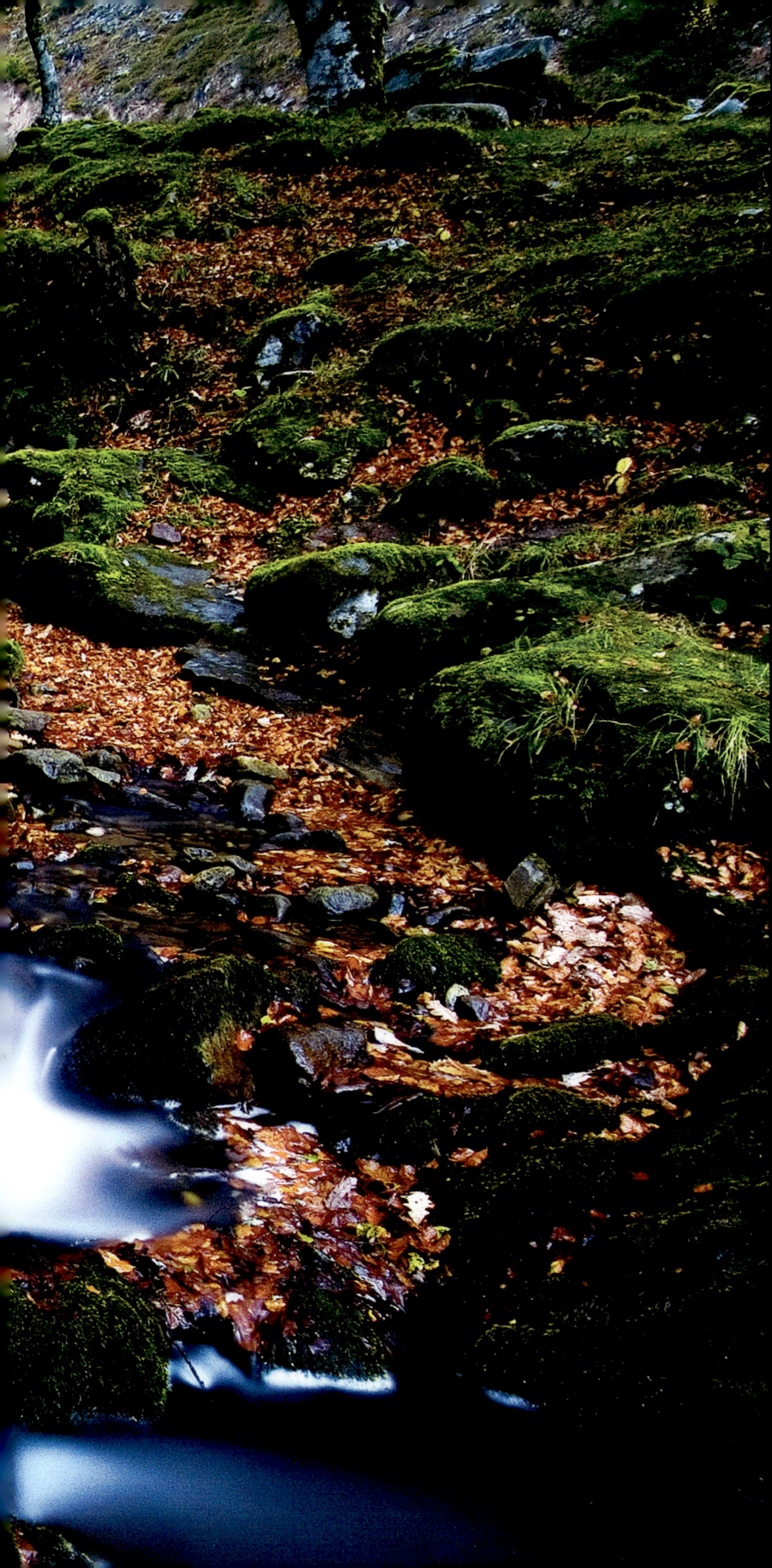

El río de la vida, Parque Natural Saja-Besaya
ENRIQUE FERNANDEZ FERRA

Esa tarde llovía de forma persistente y fue, de hecho, la última foto que tomé debido a la poca luz que ya reinaba. Para realizar esta foto tuve que ayudarme de mi reloj para calcular los 3 minutos de exposición que duró la toma mientras con la otra mano trataba de cubrir el objetivo para que no se mojara. Todo un reto.
Canon EOS 20D, Canon EF-S 10-22 f3,5 - 4,5 USM, polarizador, trípode Manfrotto

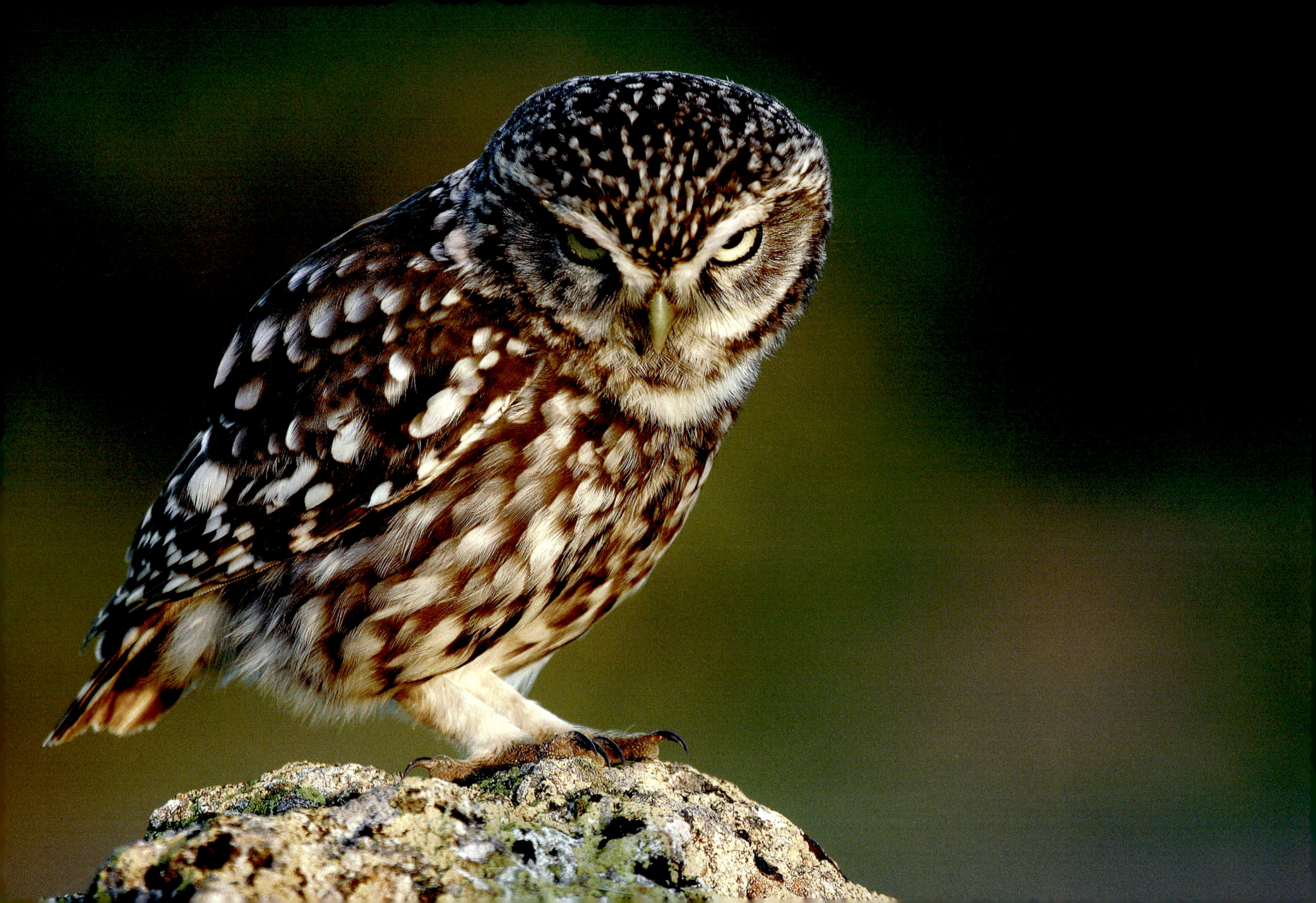

Desafiante mirada
Comarca de los Alcores (Alcalá de Guadaíra)
JAVIER RAMOS

Iluminado por la cálida luz en una tarde a finales de invierno, este Mochuelo Europeo se calentaba en uno de sus habituales posaderos, el repentino ruido del obturador llamo poderosamente su atención hacia el objetivo de la cámara, clavando su desafiante mirada en este.
Canon EOS 20D, Canon 100-400mm L IS USM, vel. 1/60 seg., f5.6 -1/3 , ISO 200, luz natural, trípode Manfrotto, hide.

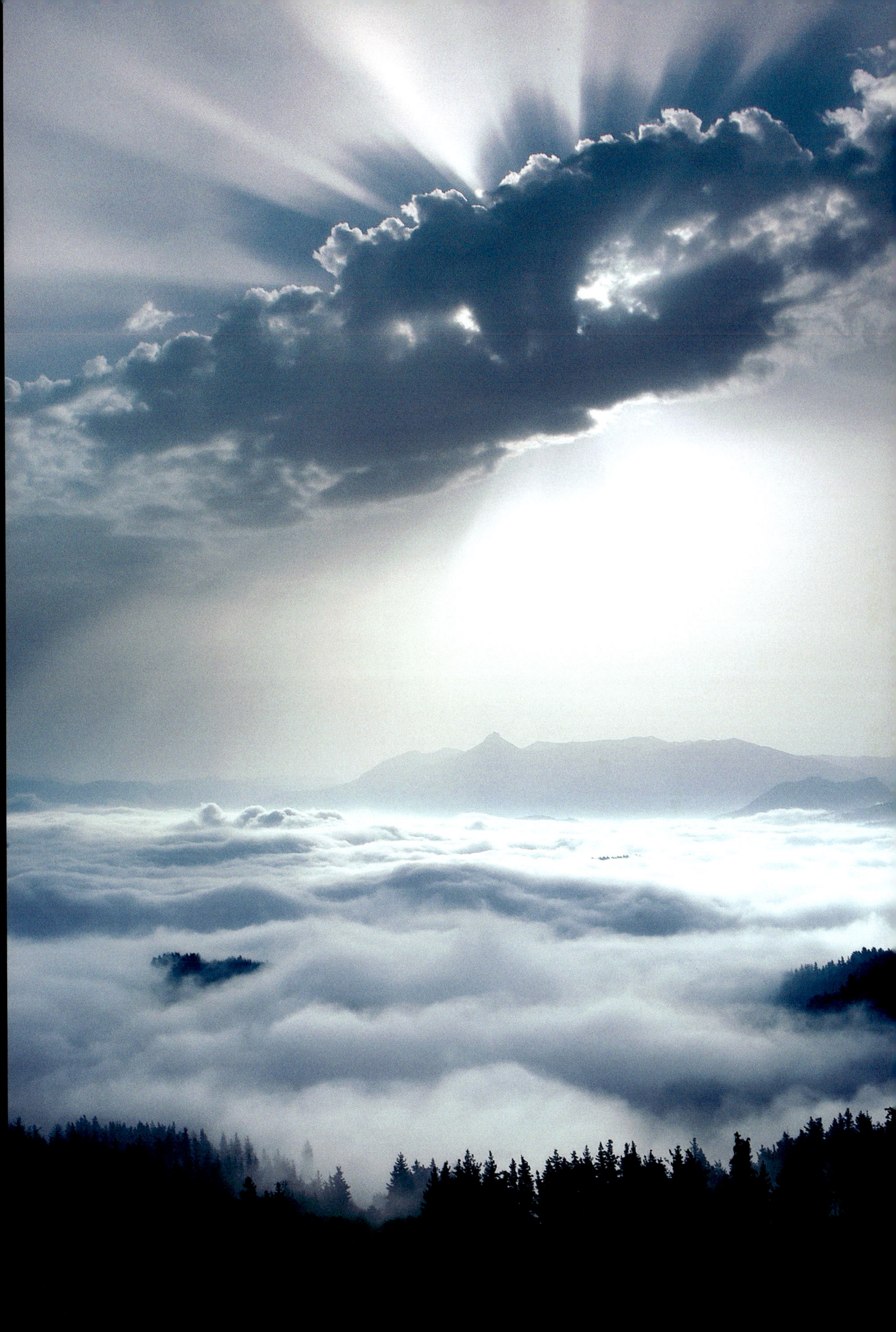

Cuando estuve en el cielo
Guipúzcoa, Monte Txindoki al fondo
ASIER CASTRO

Iba en busca de niebla, ya que habían anunciado tiempo inestable por esa zona. Al pasar unos árboles y girar la cabeza mis ojos contemplaron esta maravilla. La luz era extremadamente dura (convirtiendo al paisaje en un B&N) En unos minutos una nube se puso frente al sol para crear un paisaje aún más idílico e inolvidable.
Nikon D100, Tamron 28-300 a 28mm, f/13, vel. 1/160 seg., degradado 121 compensación +2.7 EV, ISO 100, trípode Manfrotto

La noche no me confunde

ANTONIO SANTANA

Domingo antes del amanecer, creo que es casi imposible hacer este tipo de toma de dia debido a que este pez muy tipico en Canarias no te permite acercar demasiado. Esto de noche es una caja de sorpresas. Saludos a todos desde Gran Canaria.
Nikon D100, Nikkor 60mm, duplicador, subtronic

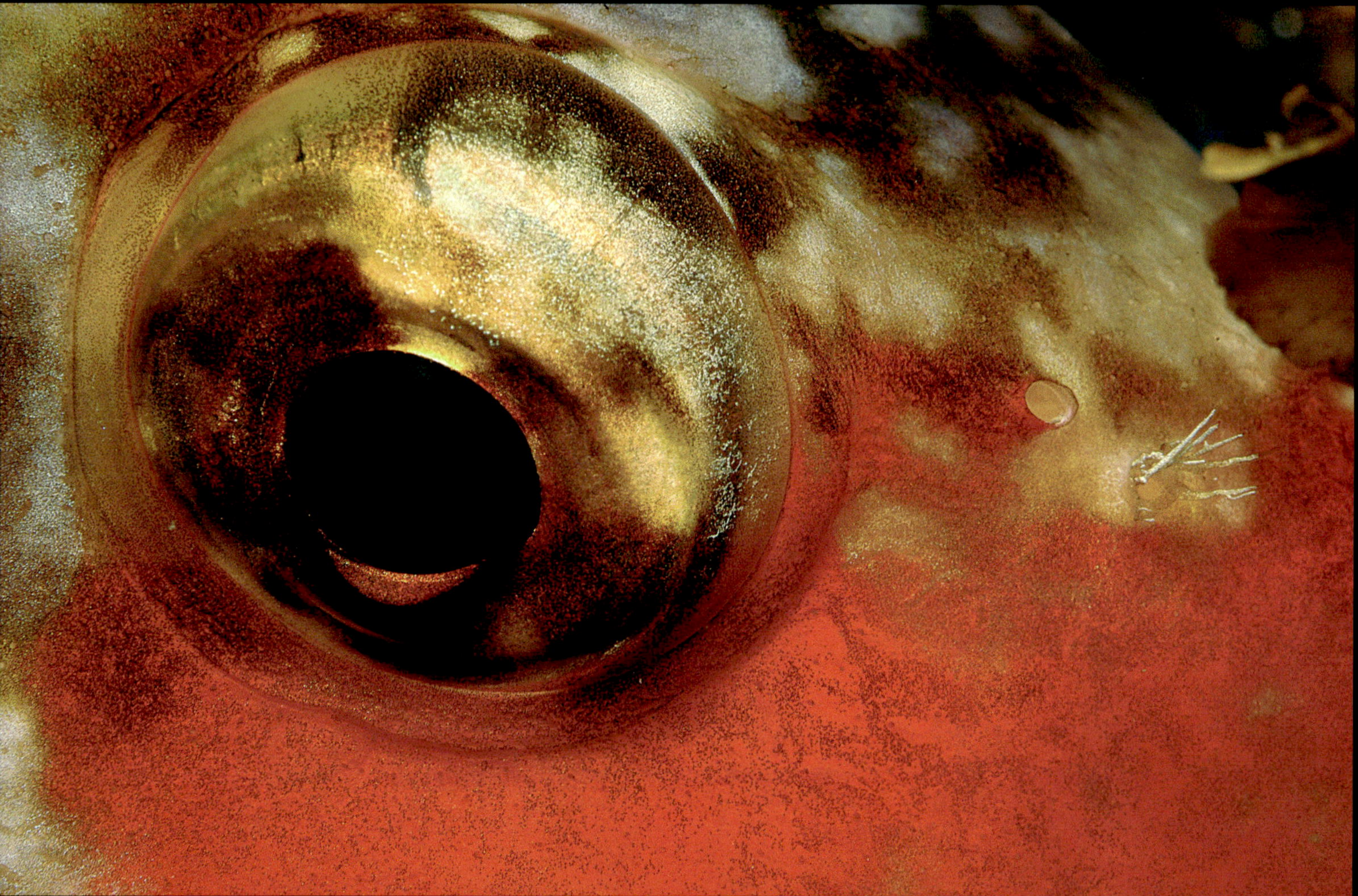

Pingüino rey con cielo de tormenta, Malvinas

IÑAKI RELANZON

Esta imagen refleja a una pareja de pingüinos rey con un cielo amenazador, típico de las Islas Malvinas.
Nikon F5, óptica 17-35 mm f/2.8. Película Fujichrome Velvia, trípode Gitzo

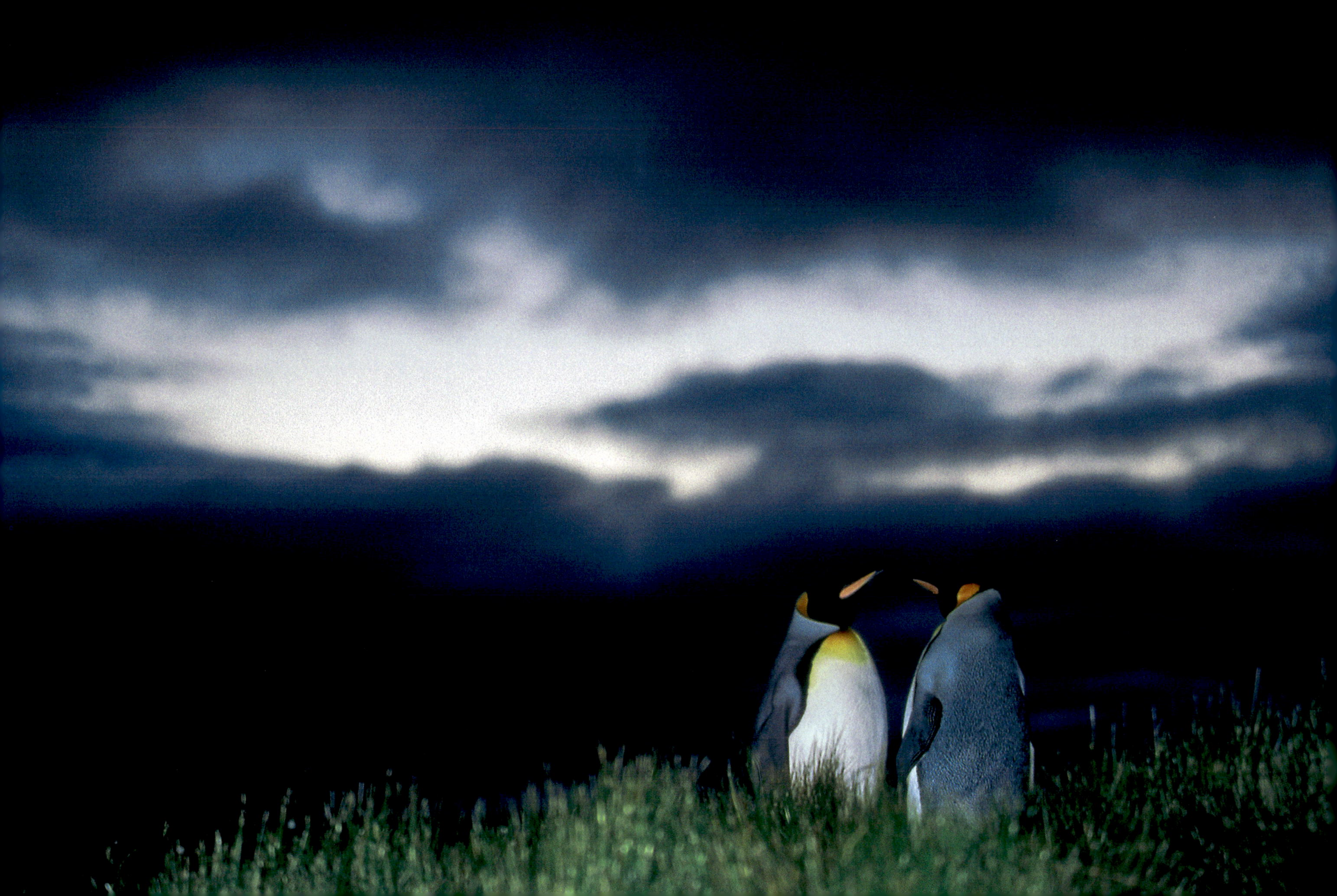

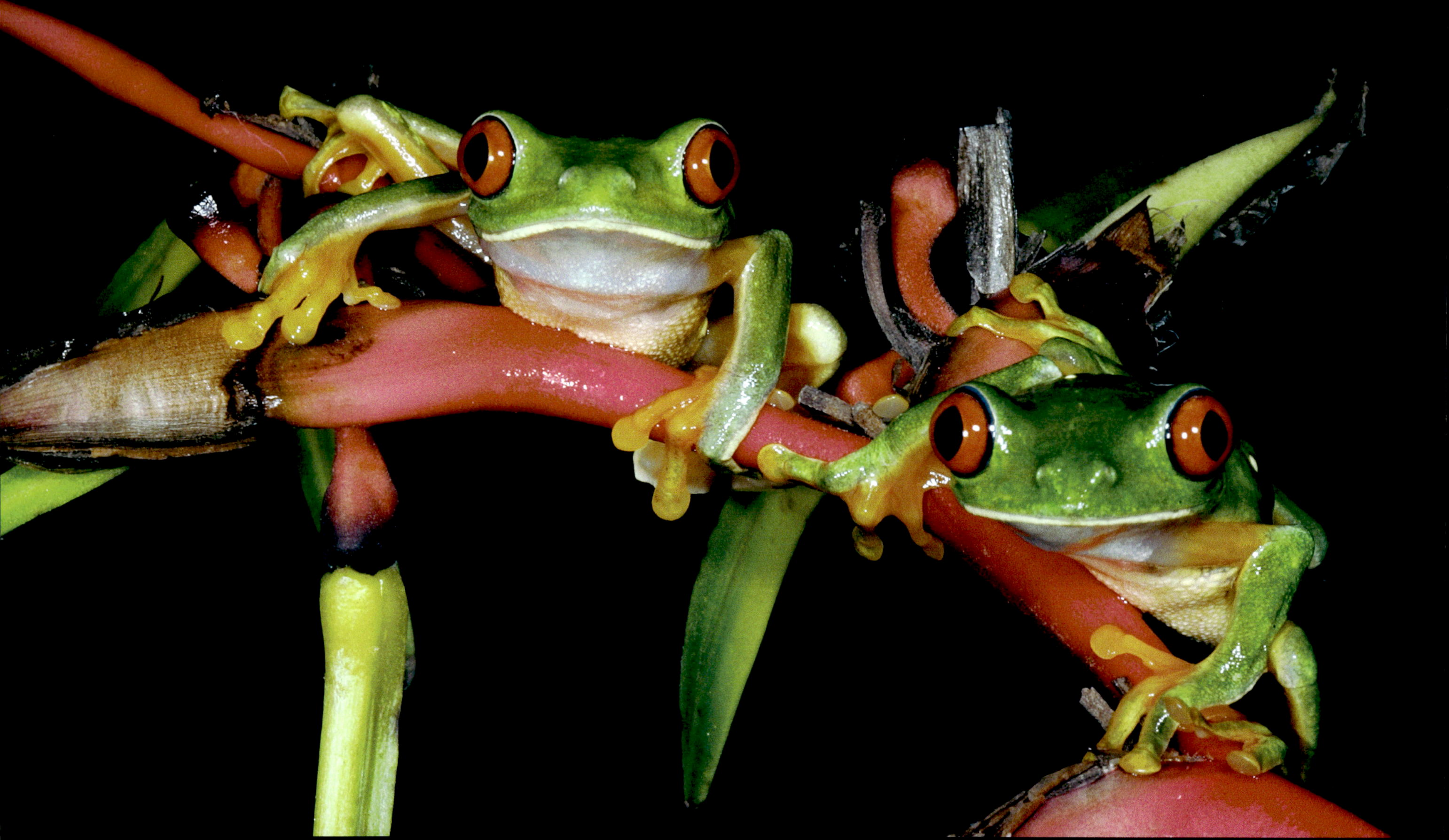

Dos ranas
JOSE BERGADA

Realizada en Platanillo Costa Rica. Noche calurosa después de una tormenta.
Canon EOS-1D Mark II, Objetivo macro lens EF 100mm USM f 1:2,8, prioridad Av F32, 100 ASA,
Flash Canon Macro doble MT-24EX, ratio A:B 1/2

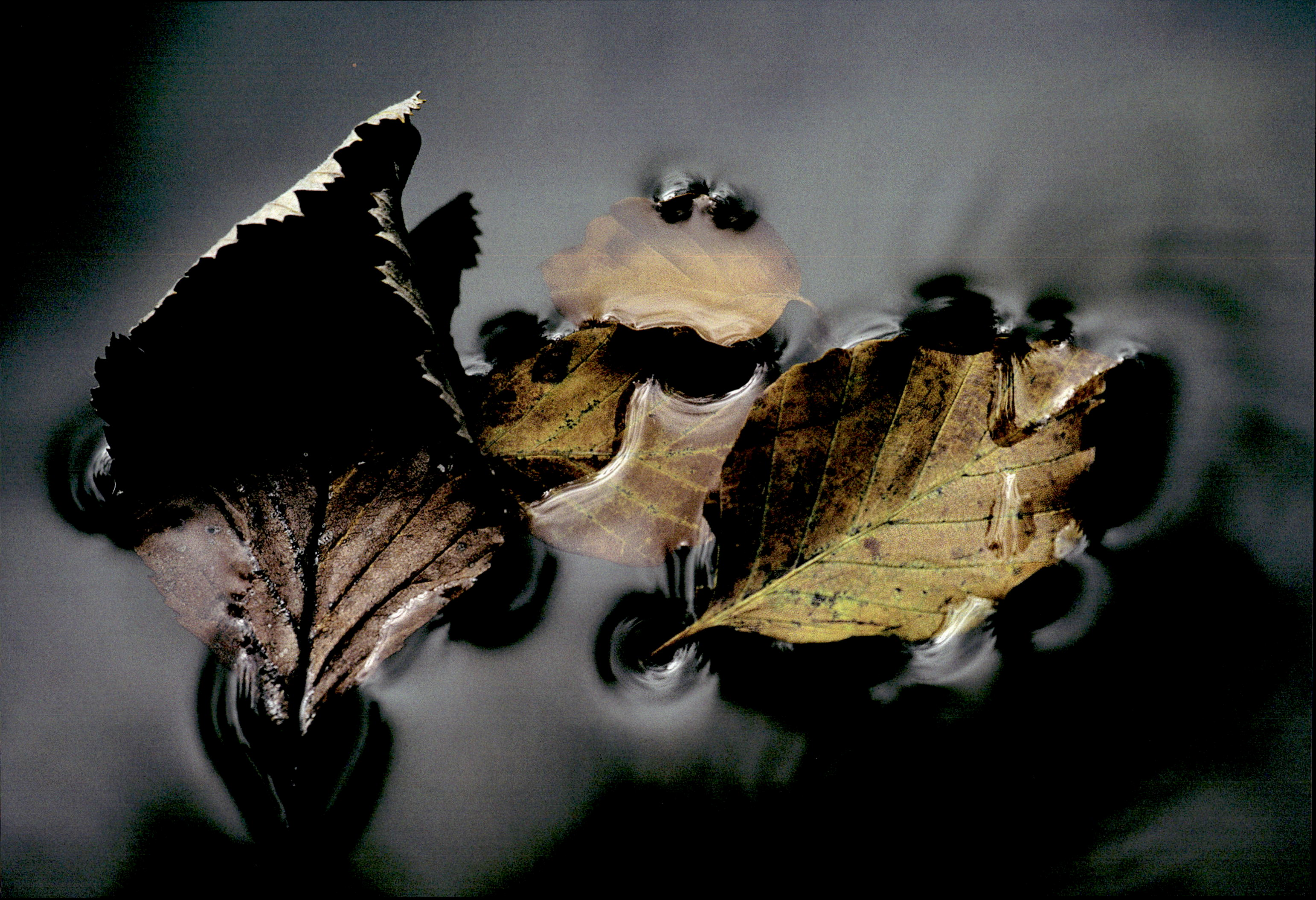

Otoño, (Huesca)
ISABEL DIEZ

Hojas de Fagus sylvatica en un remanso del río Ara en el valle de Bujaruelo.. Cámara EOS3, Canon 100-400 f4,5-5,6 IS L, trípode Manfrotto, Velvia 50, ISO 40, prioridad a la apertura con diafragma muy abierto f4.5 para conseguir una velocidad de obturación lo más alta posible, medición puntual en la hoja central (la imagen ha quedado ligeramente subexpuesta por los brillos del agua en esa zona), no se usó filtro polarizador para conservar los brillos metálicos de la superficie del agua.

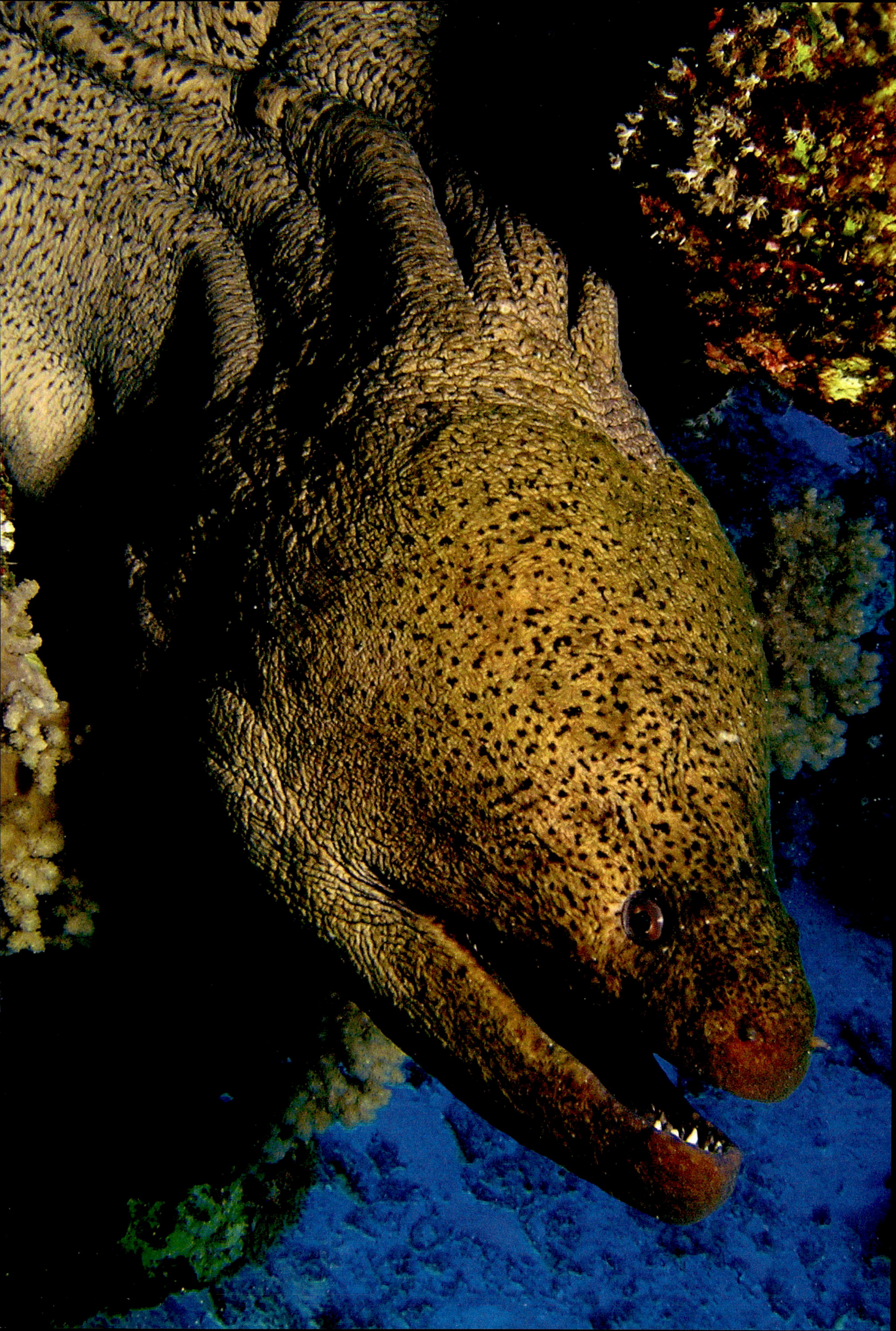

Morena gigante, Marsa Alam, sur del Mar Rojo
FRANCESC FONTANALS VILLAZON

Morena gigante (Gymnothorax javanicus) puede llegar a medir hasta 3 metros.
Olympus 5060, flash subtronic, f 5,6 vel. 1/125 seg., ISO 80

Dorsirrojo en rosa
ANDRES M. DOMINGUEZ

Uno de los objetivos, aunque no prioritarios de mi visita a Polonia, era fotografiar un alcaudón dorsirrojo adulto en uno de esos campos de flores que todavía persisten en agosto en esas latitudes. Lo que no sabía es que iba a encontrar enormes praderas rosas de salicaria, motivación extra para convertirse en uno de mis deseos fotográficos.
Canon EOS 20D, Canon 100-400 IS, vel. 1/320 seg., f/8, ISO 200

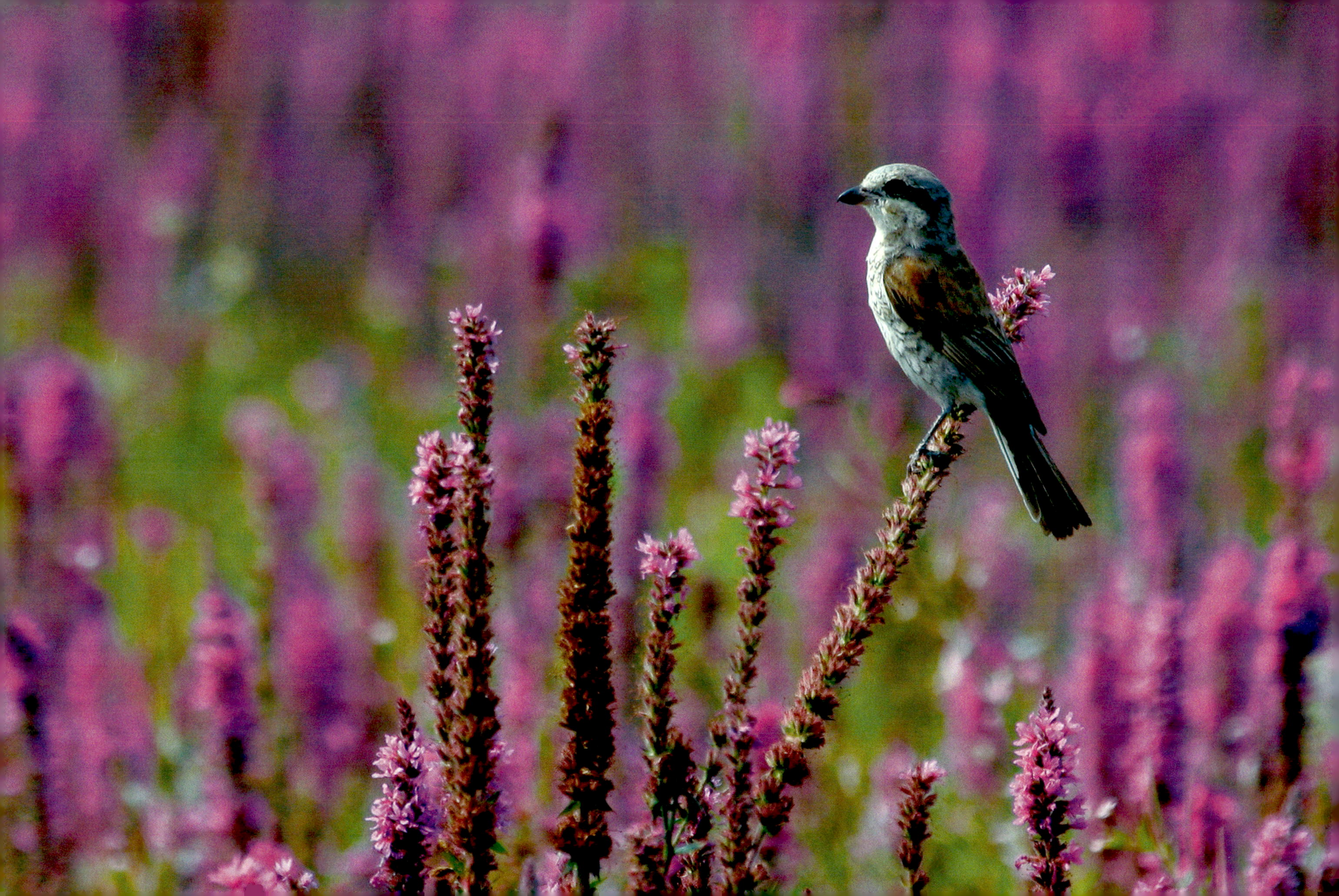

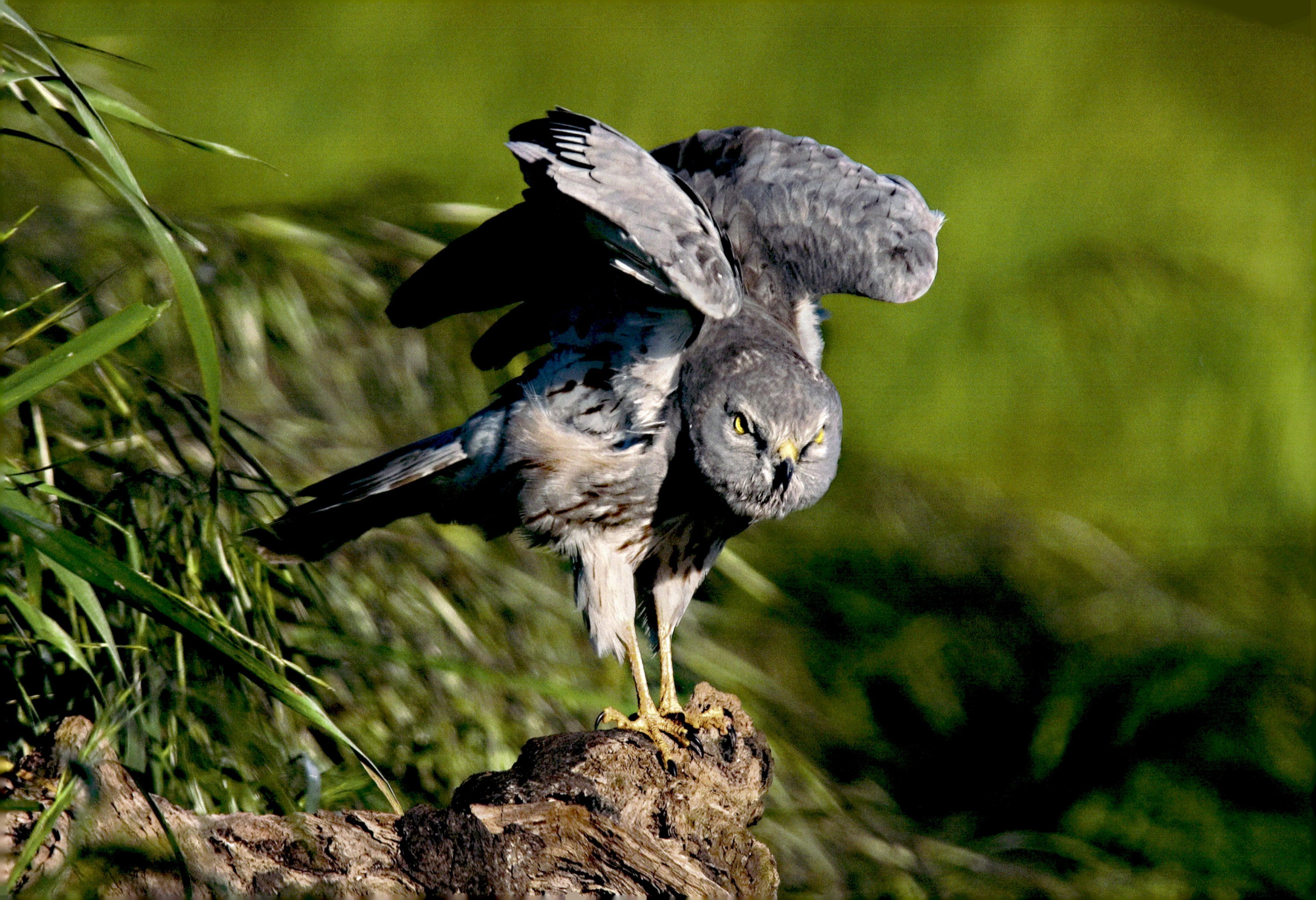

Desperezando una mañana de mayo
Los secanos de Bellmunt-Lleida
FELIX FERNANDEZ CALVILLO

En la inmensidad de los campos de cereal, el aguilucho cenizo es el dueño indiscutible de sus cielos. Este preparaba su jornada de caza minutos después de que el sol iluminara una preciosa mañana de mayo, eso si después de que la hembra le "animara" a hacerlo con un par de rapapolvos.
Canon EOS 10D, Sigma 100-300 HSM, f-4 y multiplicador Canon 1.4x y hide, vel. 1/500 seg., f6.7, ISO 100, compen. de exposición -1/2

Curiosidad, Sierra de Gredos
ANTONIO LIEBANA

La capacidad de transmitir de una toma depende en gran medida de la interpretación de la realidad por parte del fotógrafo, en esta toma un macho de montes mientras pastaba en el piornal, al oír el obturador de la cámara alzo la cabeza y se quedó un rato mirándome intentando saber que pasaba, dando a la toma una sensación de curiosidad por parte de la cabra.
Canon EOS 20D, Sigma 50-500, vel. 1/125, f8, trípode Manfrotto, hide

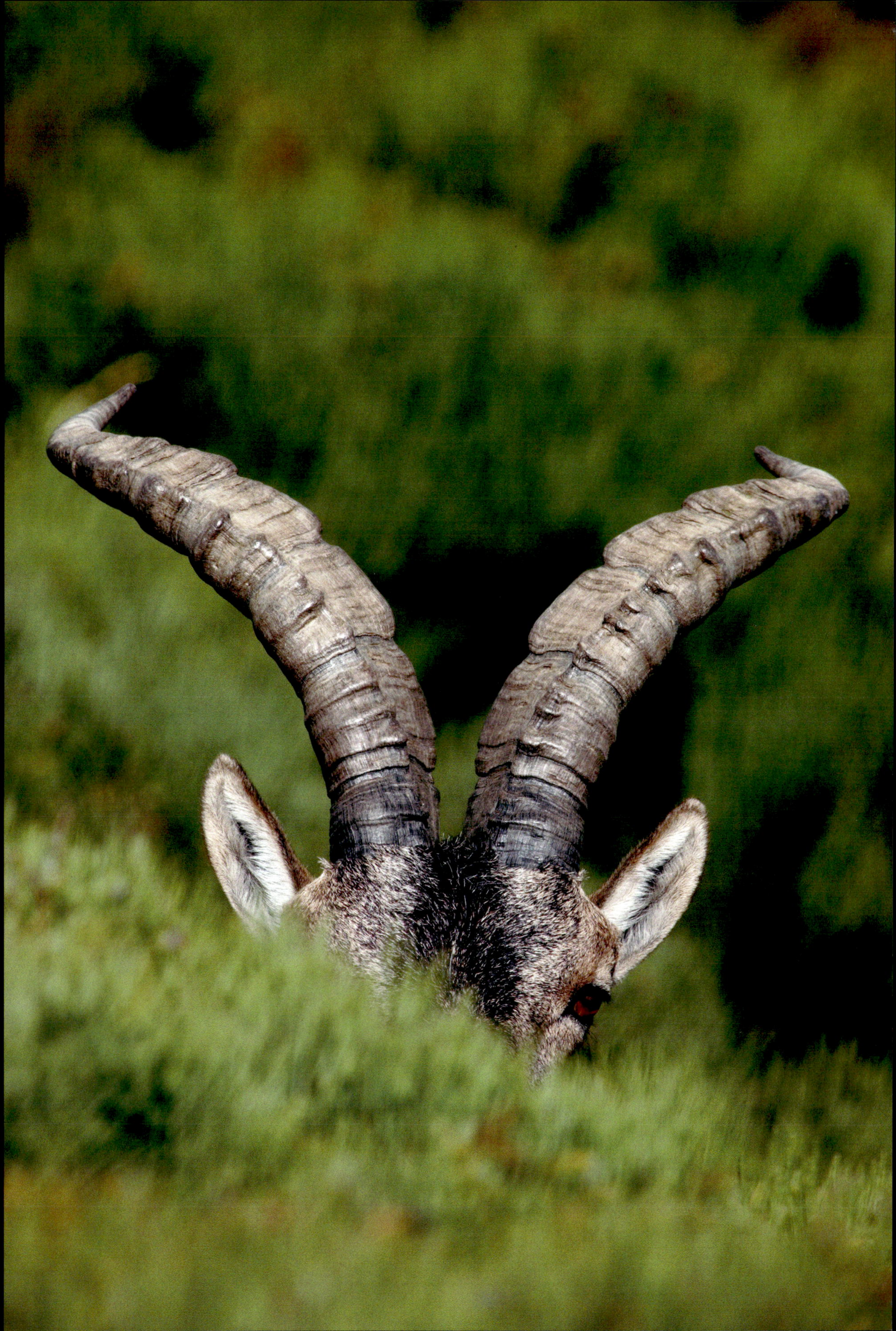

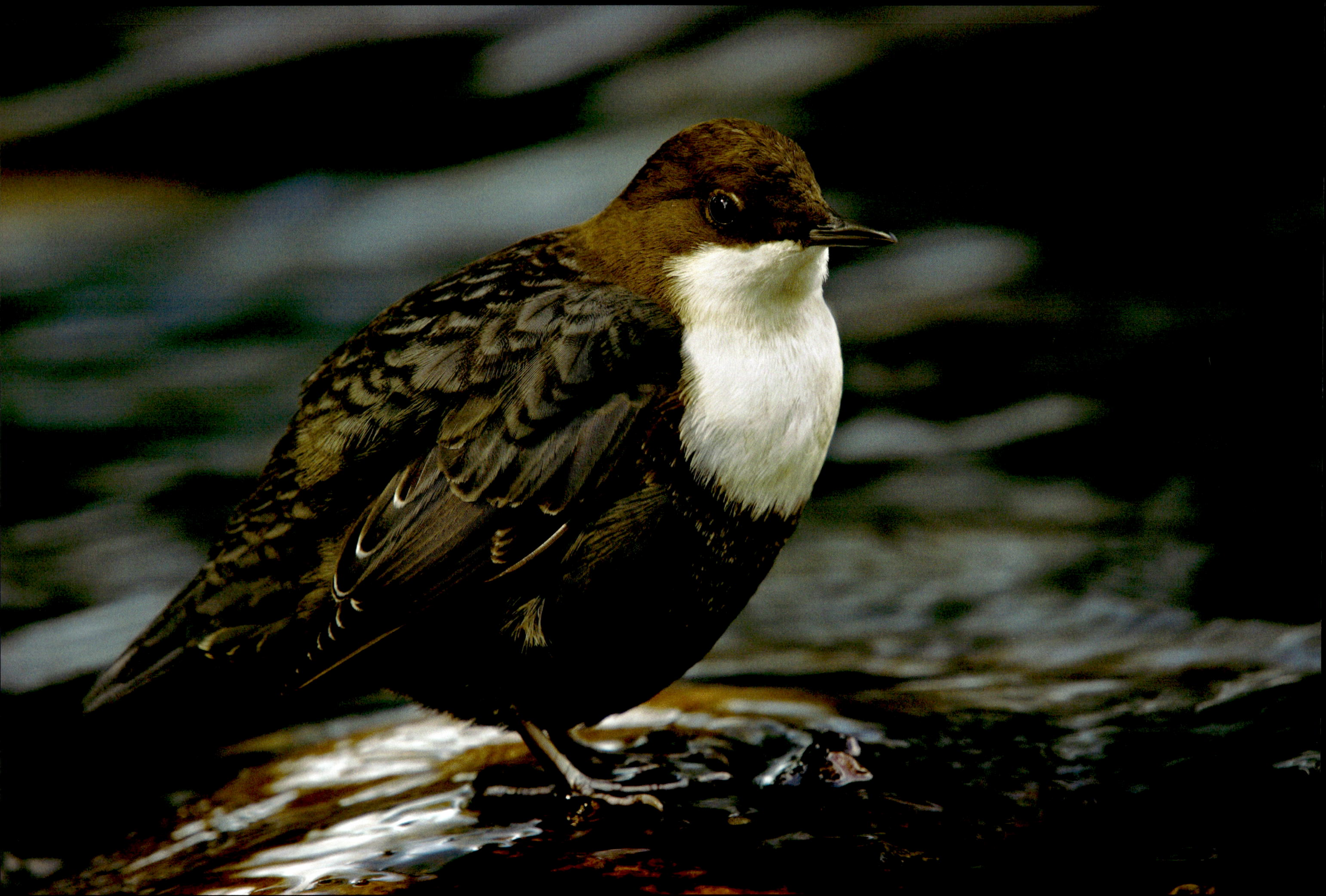

Mirlo acuático, Omaña (León)
ANTONIO LIEBANA

En un paseo por el río Omaña, observé las idas y venidas de tan singular ave, tras una paciente observación, llegue a observar que tenía unas rocas preferidas desde donde observar su parcela de río, así que, coloqué el hide y pude realizar una gran cantidad de tomas de este bioindicador de nuestros ríos
Canon EOS 20D, Sigma 50-500,vel. 1/30 seg., f6.7, trípode Manfrotto, hide, aros de extensión de 12mm, ISO 100

Punta Santa Anna, Blanes (Girona)
JEP FLAQUE

Un atardecer donde las nubes cobraron todo el protagonismo en esta pequeña cala de la Costa Brava. En un instante los cúmulos parecían arder...
Canon 10D, Canon 17-40mm, vel. 5 seg., f22, ISO 100, trípode Manfrotto, polarizador, degradado neutro -3

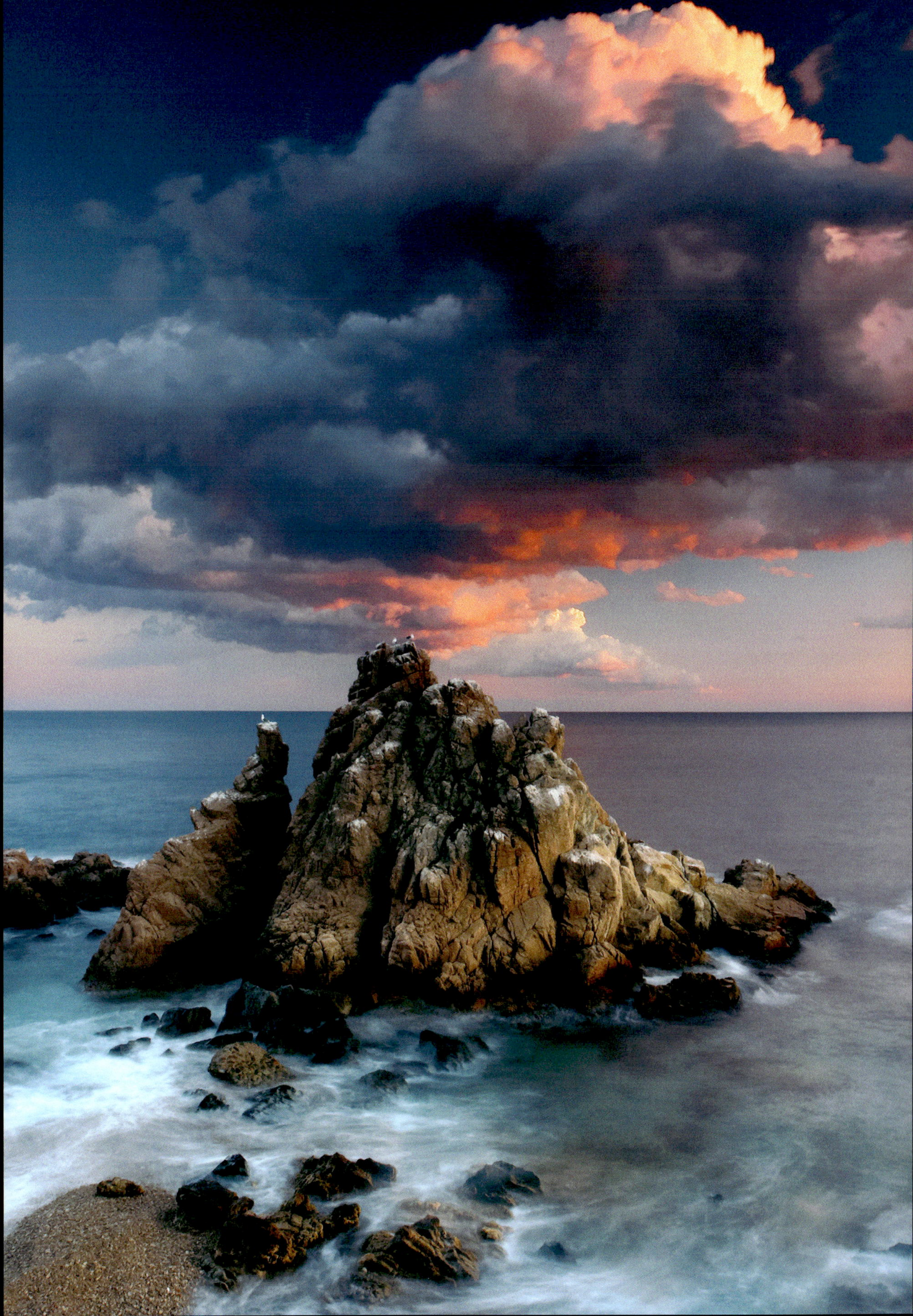

Corales Blandos, Islas Fiji (Melanesia)
CARLOS MINGUELL

nmersión, es una explosión de color, en pocos lugares he visto tal concentración y colorido de corales blandos.
en caja estanca Subal, 2 flashes anfibios, vel. 1/90 seg., f8, Fuji Provia 100

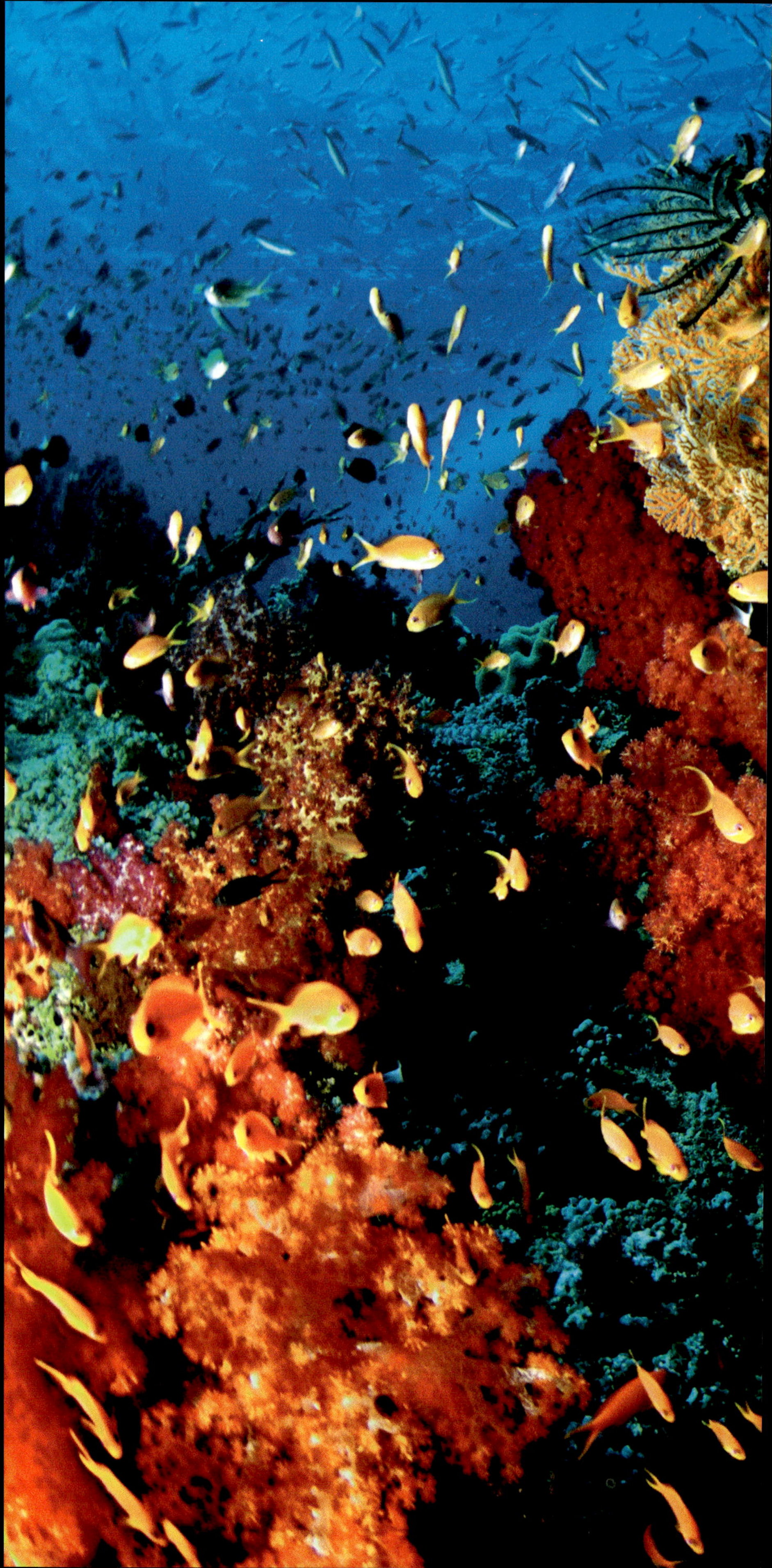

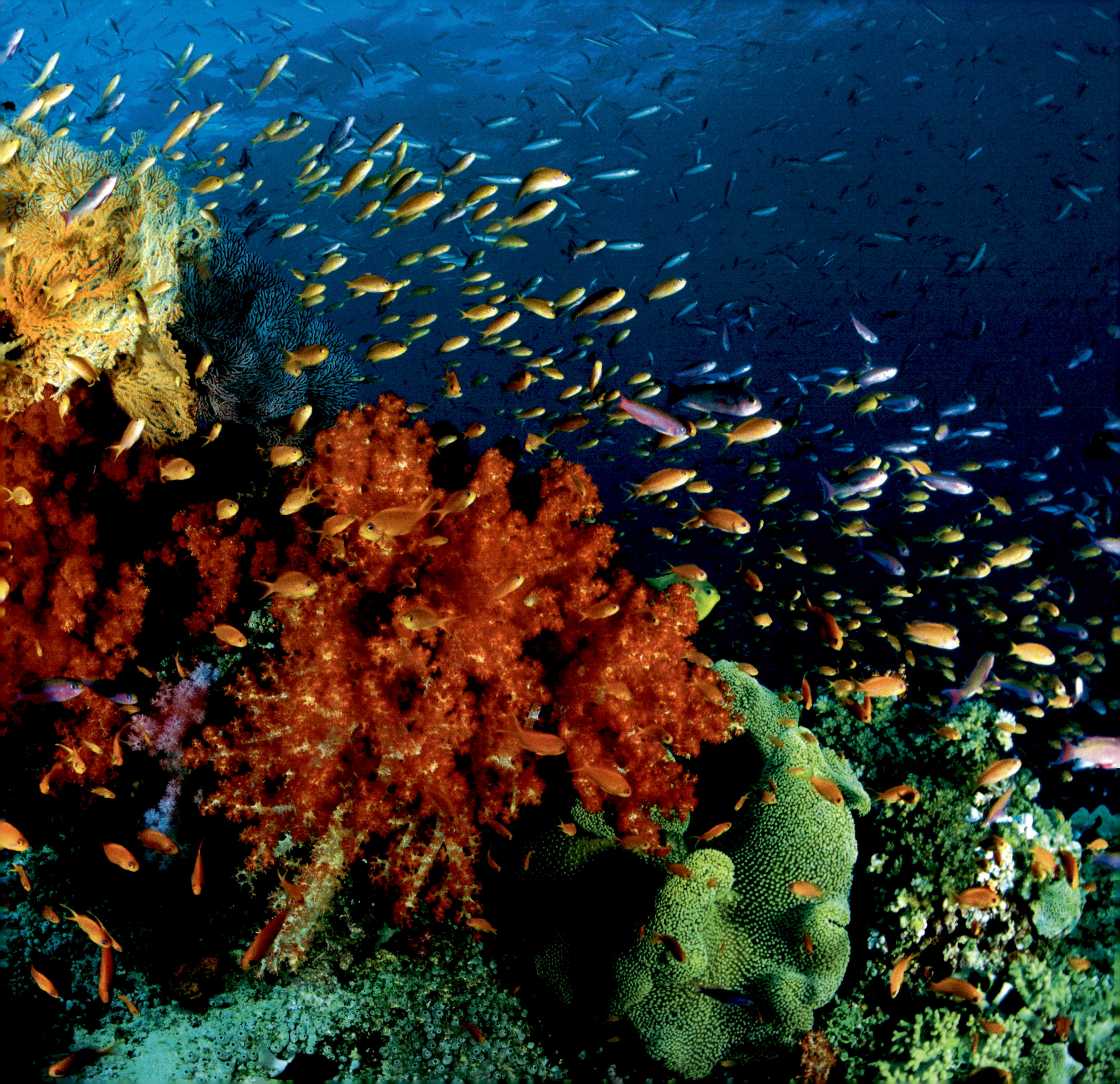

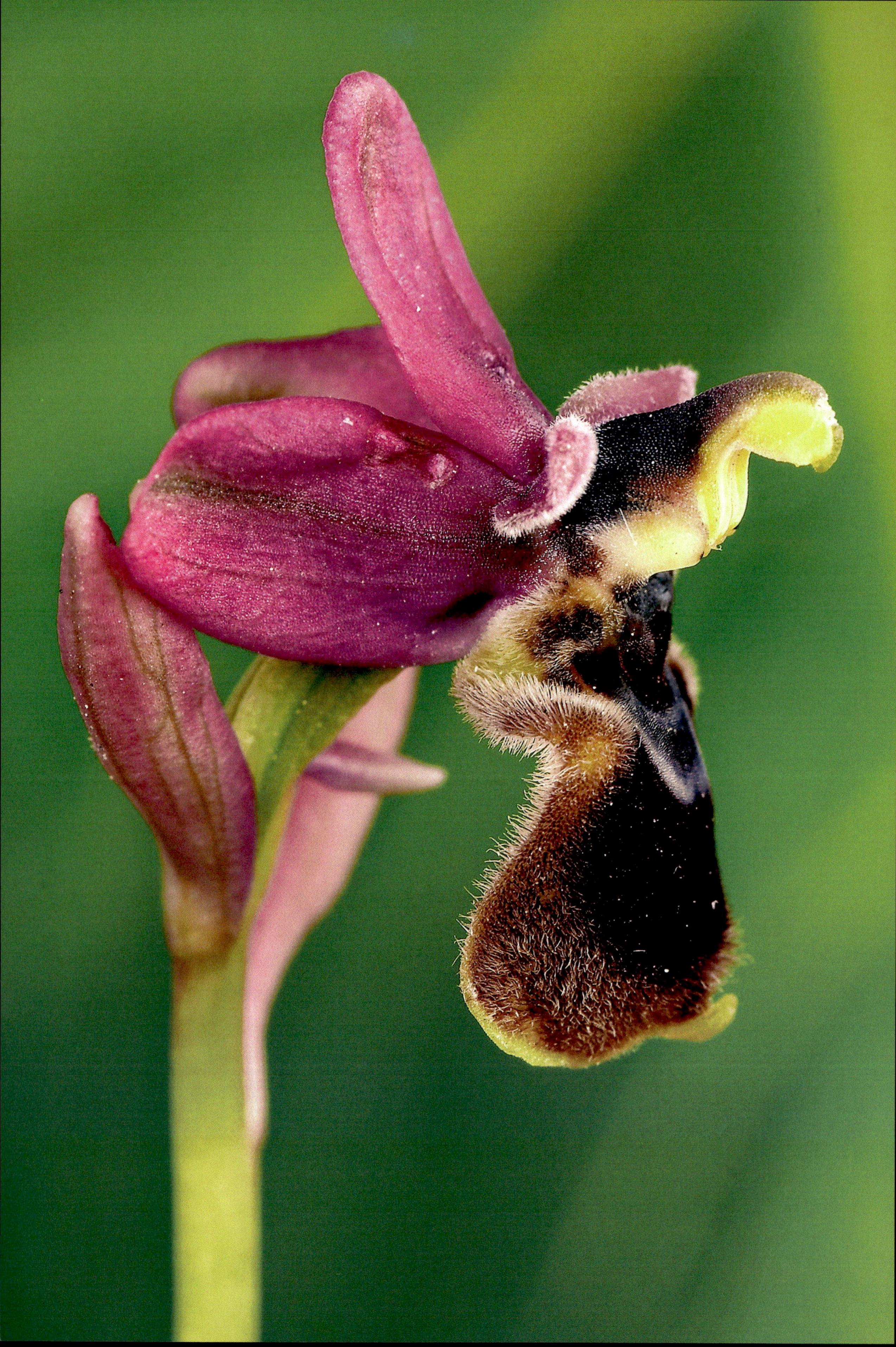

Oprhys tenthredinifera, Delta del Llobregat (Barcelona)
JEP FLAQUE

Día nublado y con mucho tiempo para encontrar un ejemplar aislado y poder fotografiarlo buscando un contraste de vivos colores.
Canon 10D, Sigma 105mm, vel.1/15 seg., f13, 100 ISO, trípode Manfrotto, flash Canon Speedlite 550 subexpuesto -2/3

Ola rompiendo, Isla de Yap (Micronesia)
CARLOS MINGUELL

Vista submarina de una ola rompiendo sobre la superficie del arrecife coralino.
Nikon F100 con lente zoom Nikon 17-35/2.8 en caja estanca Subal y flash anfibio, vel. 1/125 seg., f8, Fuji Provia 100

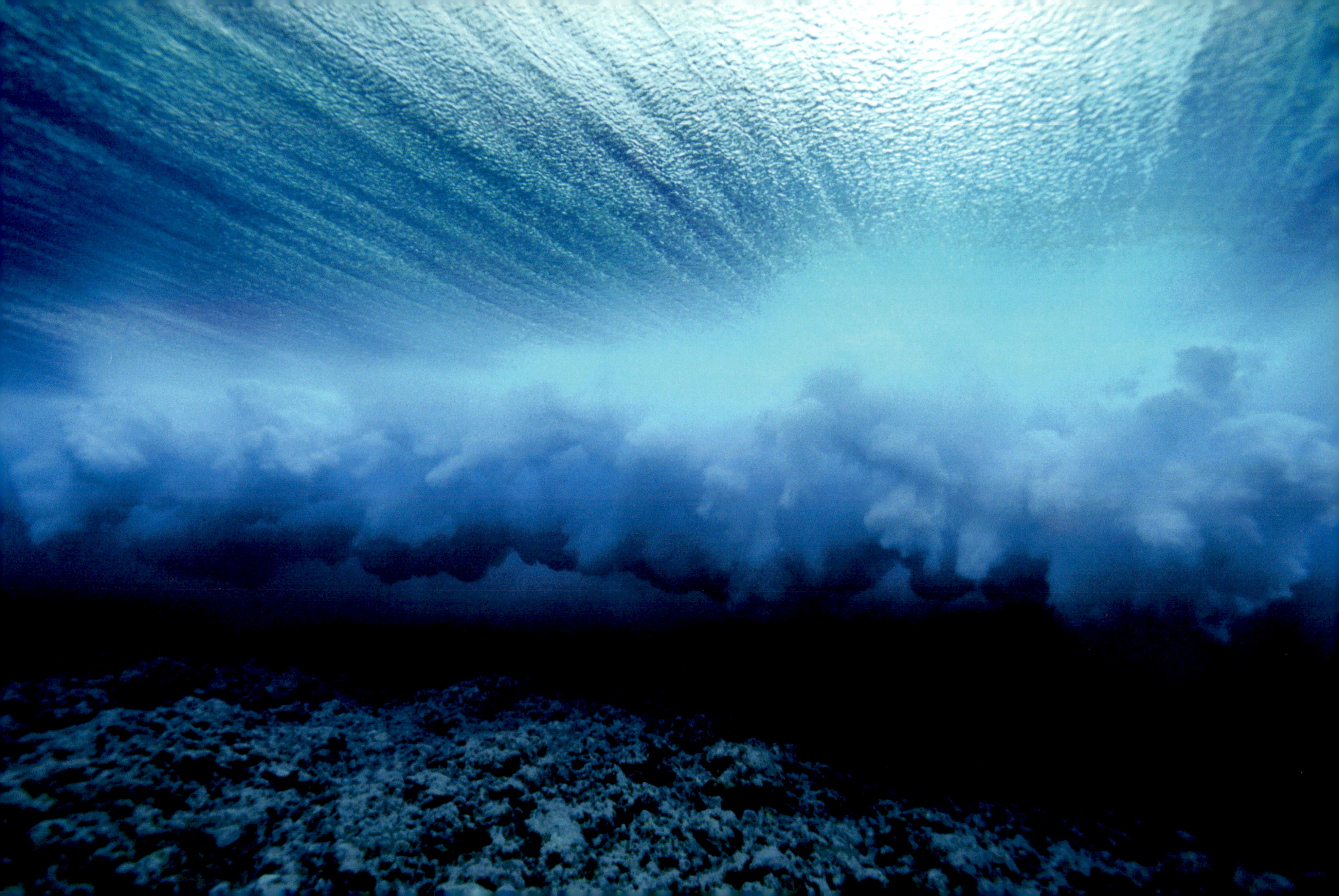

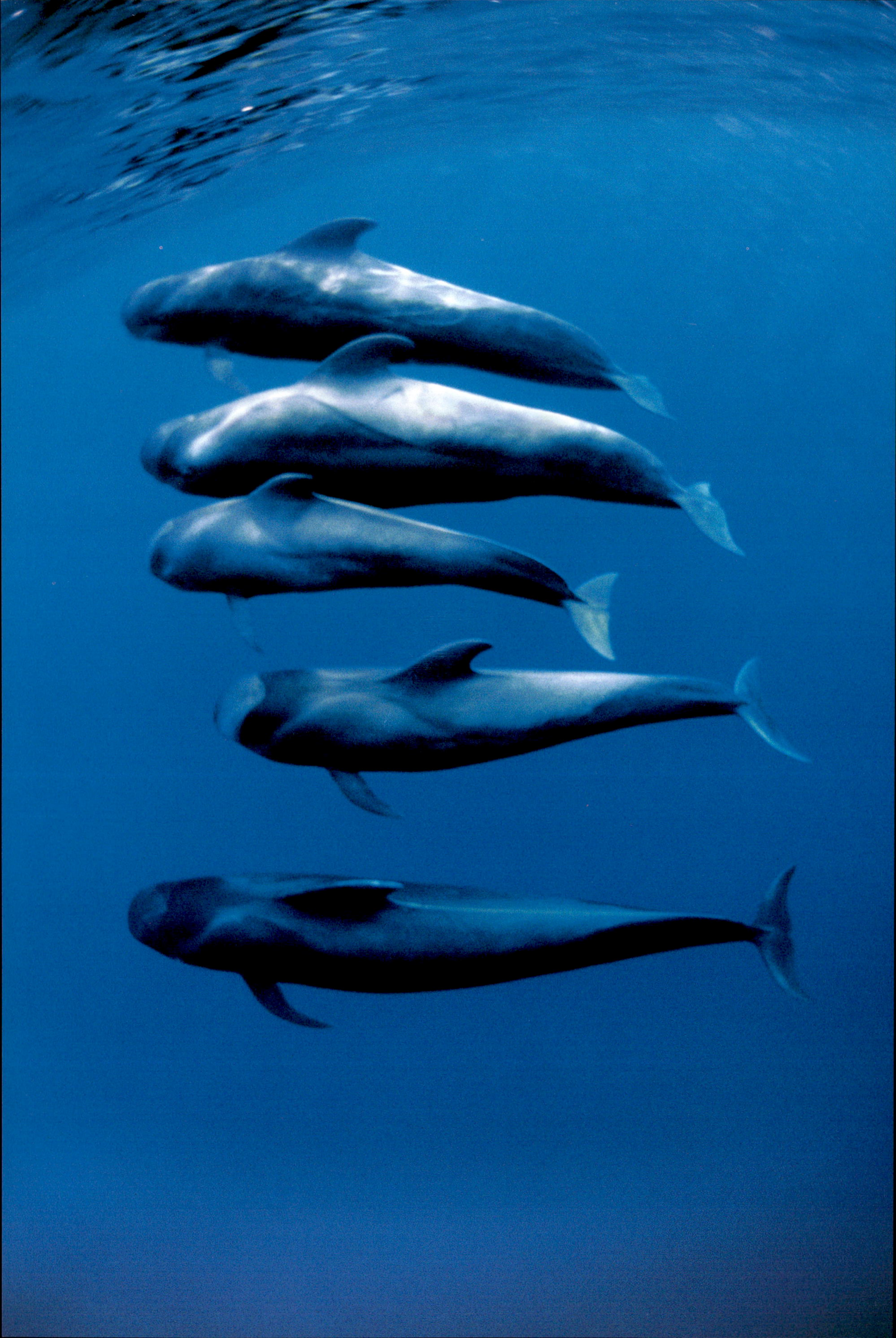

Paralelo, Suroeste de Tenerife
JAVIER CAMPOS

El Calderón Tropical también conocido como ballena piloto, no es difícil verlos alineados debido a sus grandes vínculos familiares y a su forma de navegar, que suelen hacerlo en paralelo para peinar la zona en busca de alimentos, basada principalmente en calamares.
Nikon F100, Nikkor 16mm, vel. 1/125 seg., Kodak VS100

Disputándose la comida...
Comarca de la Vega del Guadalquivir, Sevilla.
JOSE MANUEL REYES

Recién llegados de un largo viaje, la hambruna hace que cuando aún no ha despuntado el sol por el horizonte se sucedan las peleas por algo que echarse a la boca... A pesar de que la hembra de cernícalo primilla fué quien trajo la presa, es finalmente la de cernícalo vulgar la que tras una intensa lucha se hace con ella...
Canon 20D, Canon 17-40, trípode Manfrotto, dos unidades de flash, f4, vel. 1/250 seg., -1 EV, ISO 400, control remoto

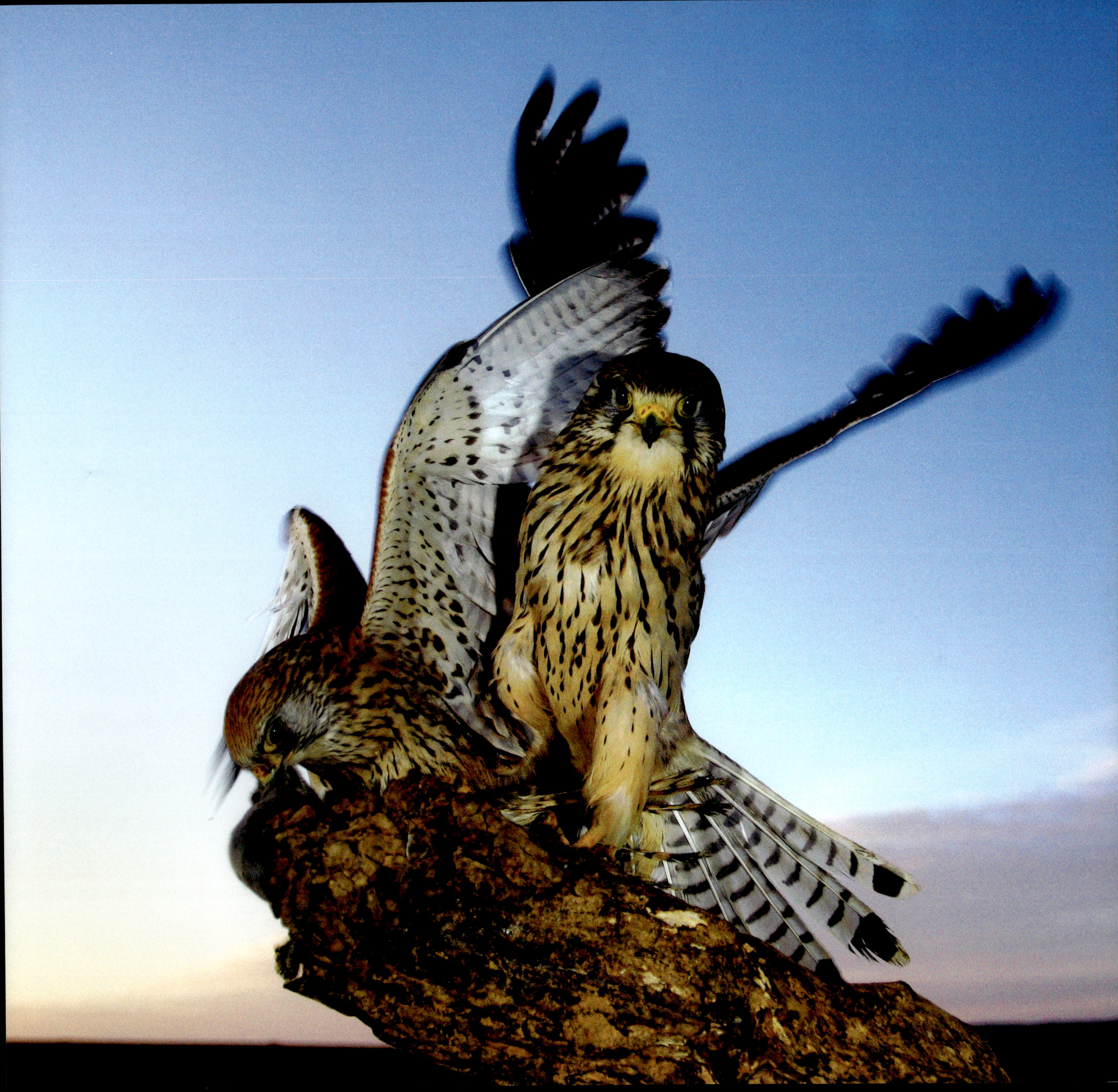

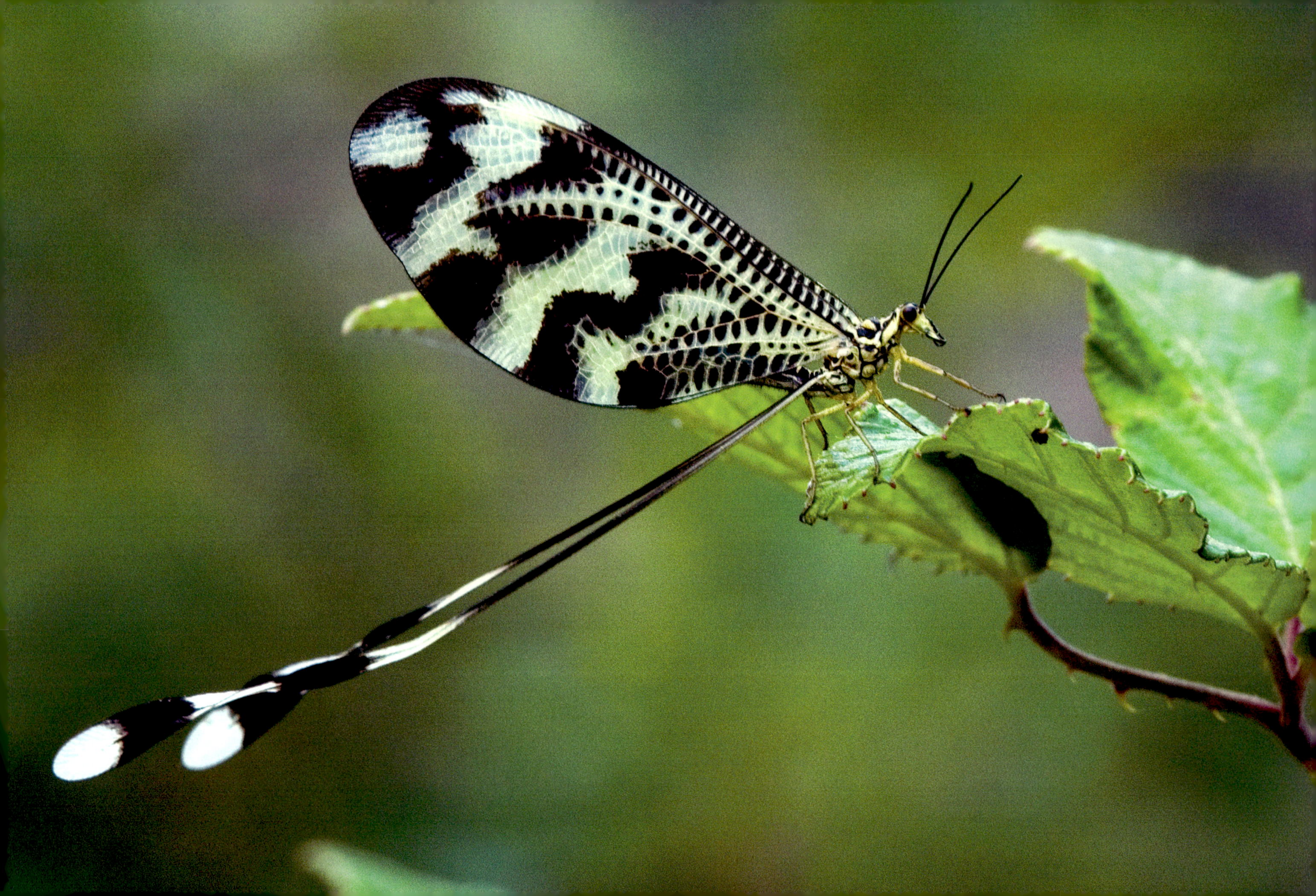

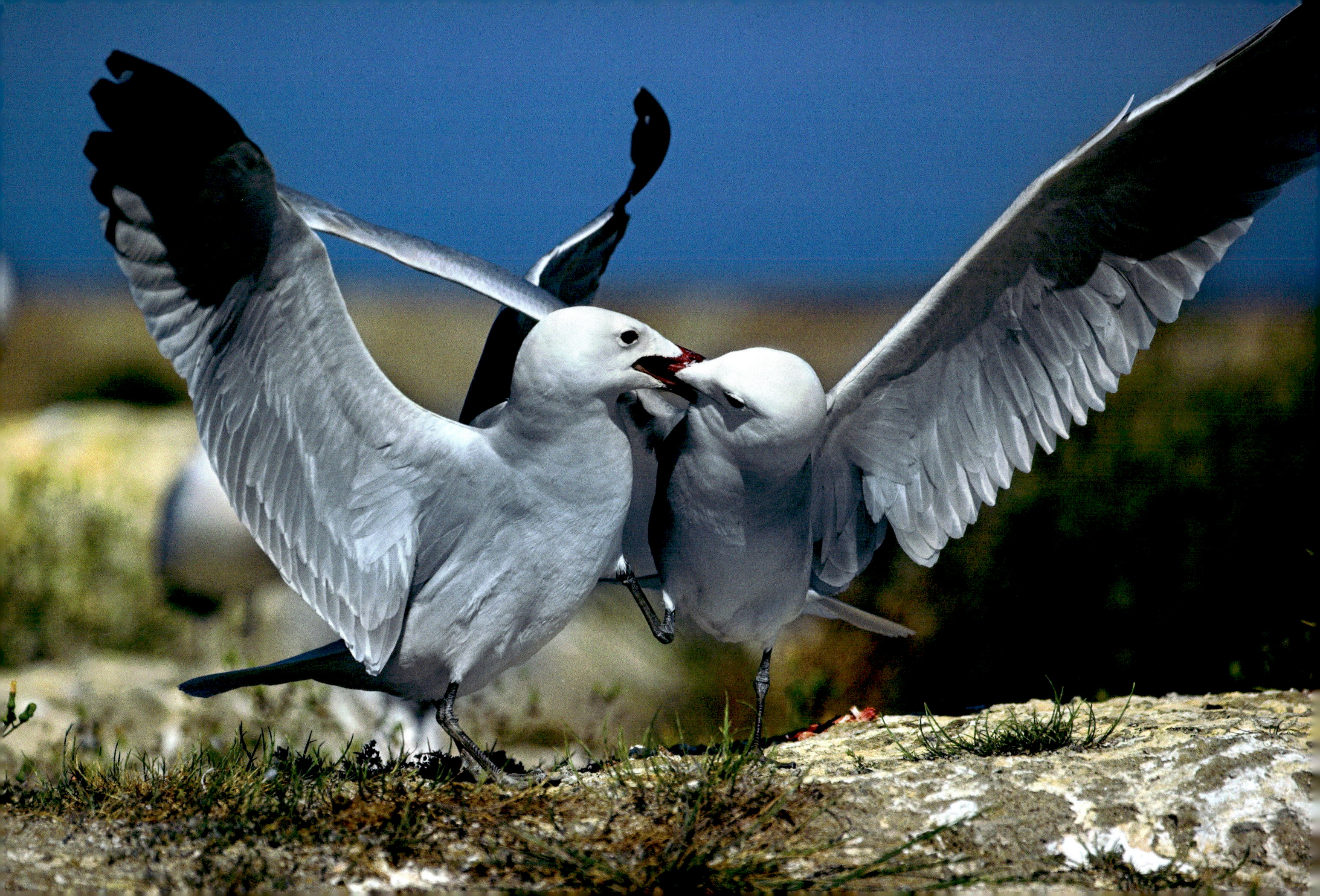

Culebra de collar, Sanderton, Dorset, Inglaterra
JAVIER MARTIN

La culebra de collar es la especie de reptil de mayor tamaño y la más común en el Reino Unido. Prefieren vivir en terrenos con hierbas altas, se las puede encontrar cerca de ríos y riachuelos, son estupendas nadadoras. A pesar de ser frecuentemente atacada por el ser humano no es una especie venenosa ni agresiva.
Canon EOS 1D-Mark II, Tamron 180mm f/3.5 DI, vel. 1/500 seg., f/8, trípode Gitzo

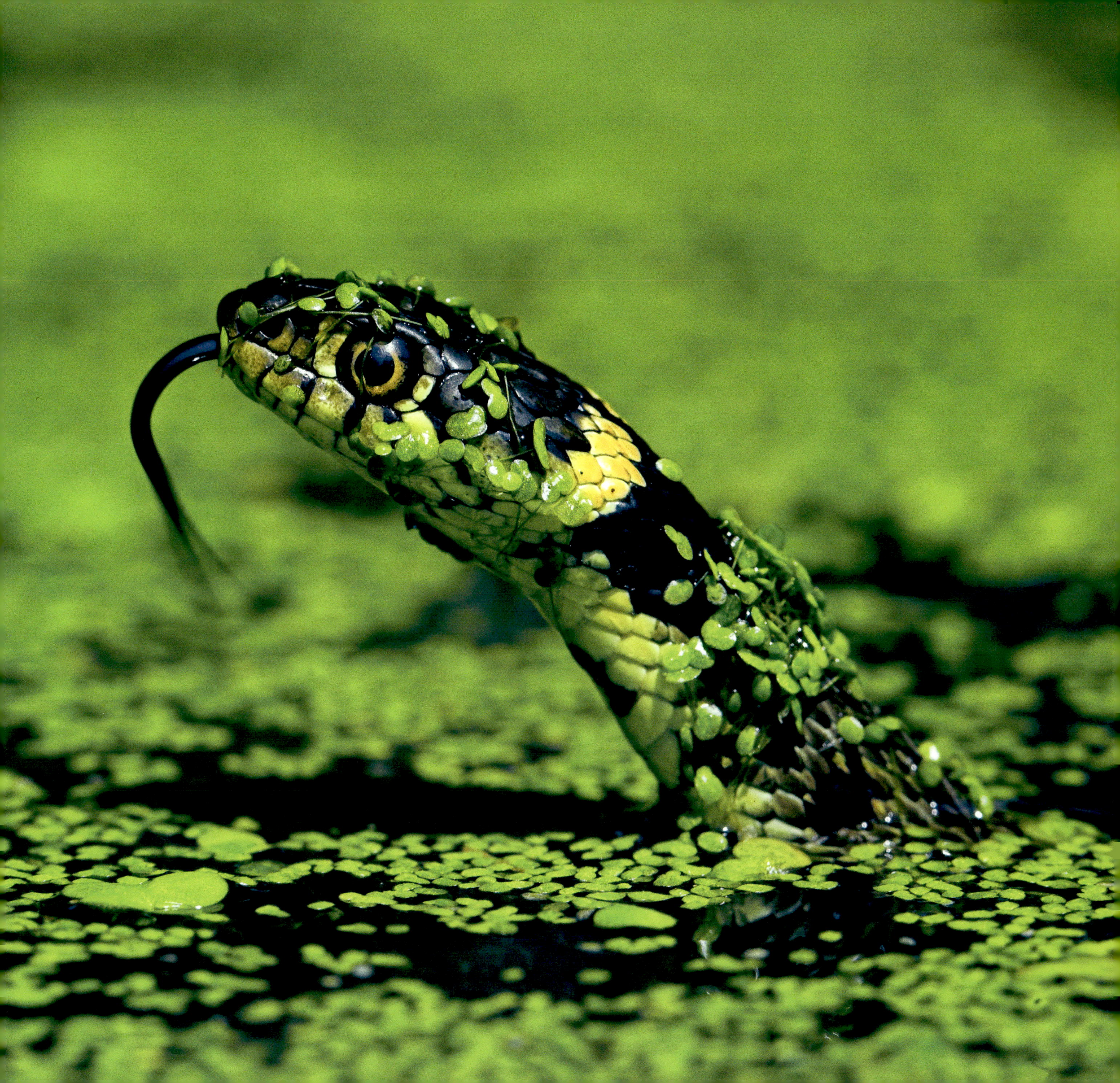

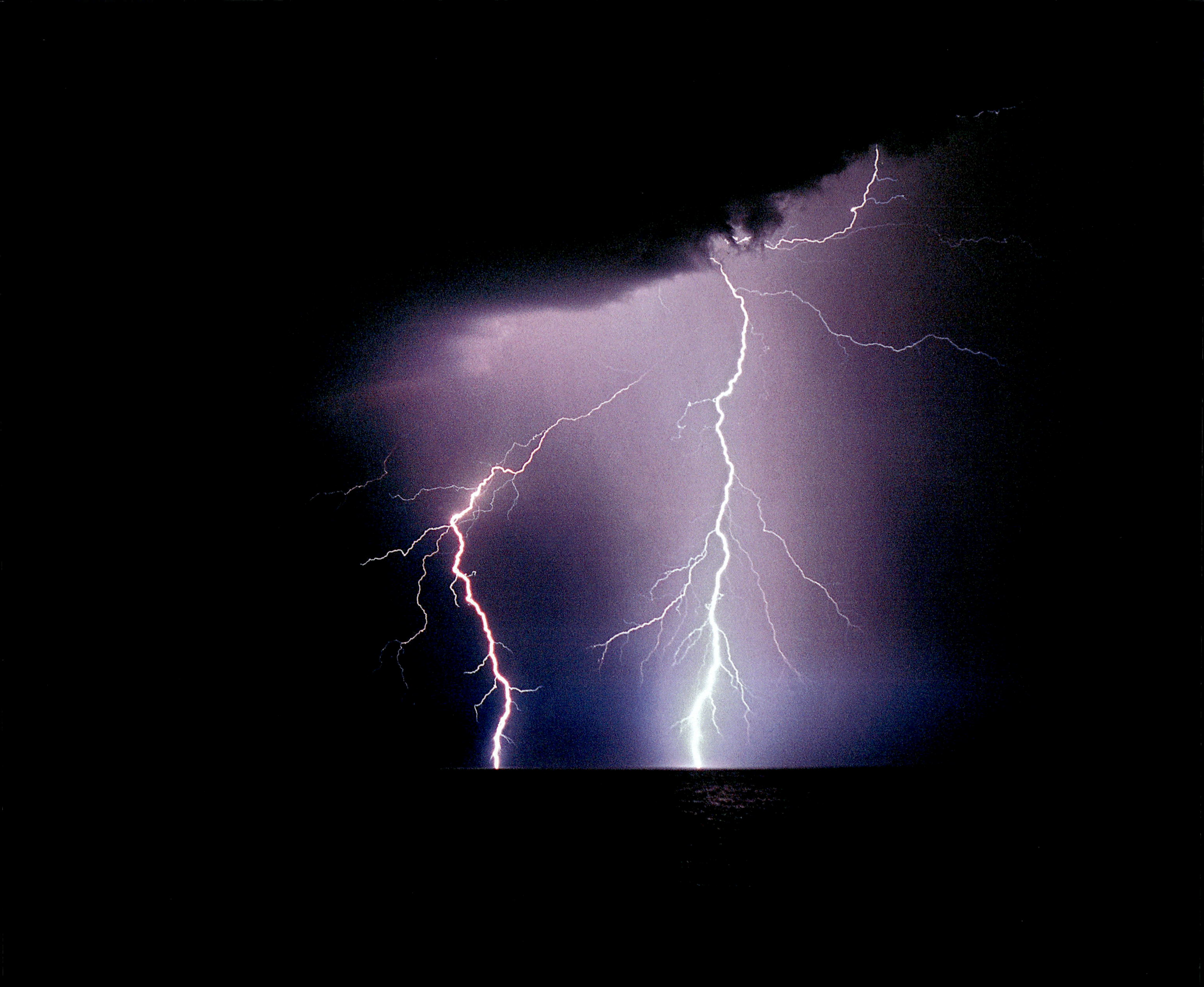

Rayos en el horizonte, Costa oeste de la isla de Ibiza
JOSE A. PORRAS

Pude disparar una interesante serie durante una media hora, antes de que la tormenta descargara sobre mí. La frecuencia e intensidad de las descargas facilitó el trabajo así como su cercanía y ausencia de nubes.
Pentax me super, Lente: 50 mm 2.8 , Provia 100, f4 , 3', trípode Manfrotto

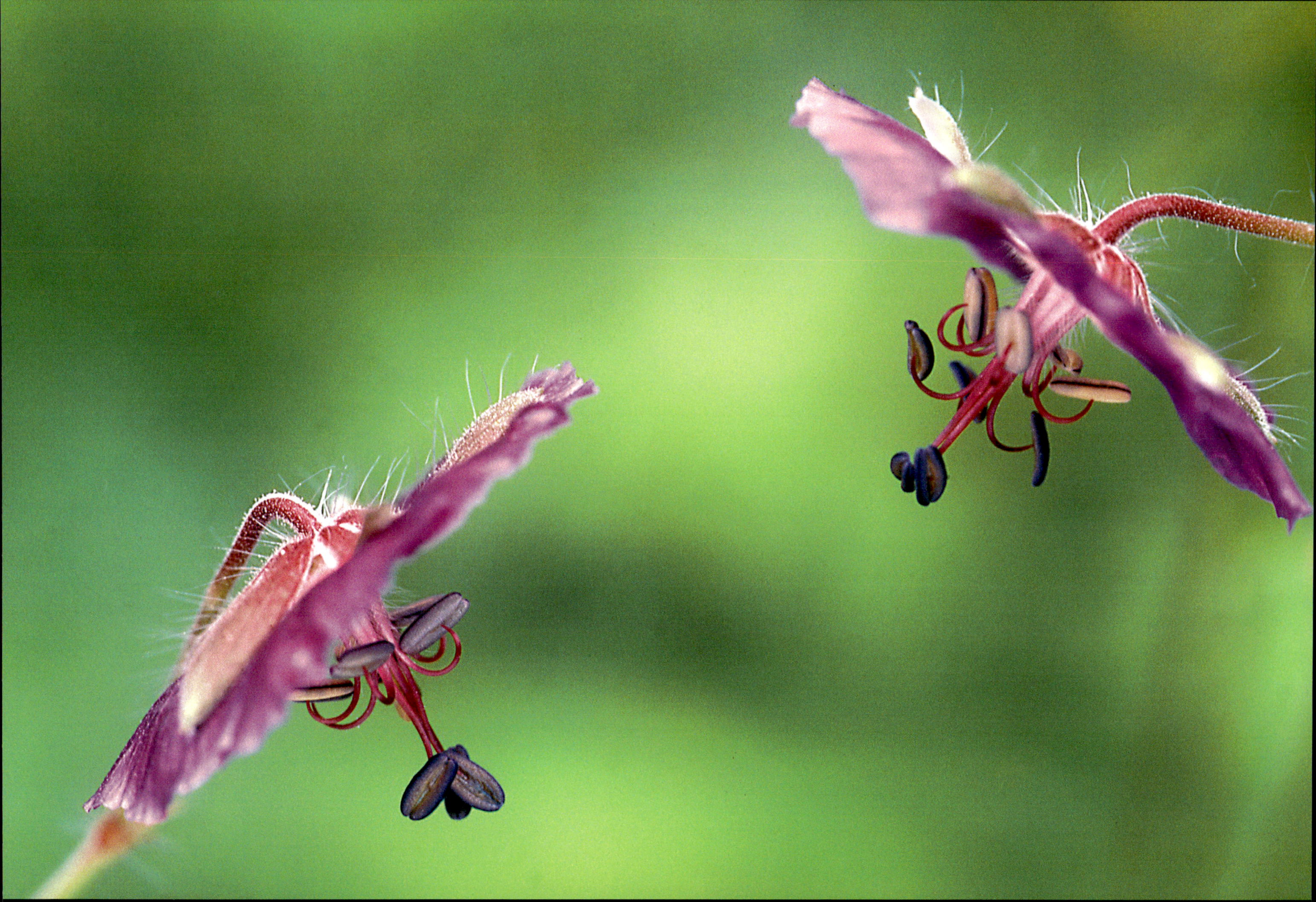

Flores del genero geranium, Paraje de La Artiga de Lin, Valle de Arán, (Lleida)
JOSEP RAMON SALAS

En primavera, en los prados alpinos del Valle de Arán, es posible encontrar multitud de especies de flores alpinas. El perfil de estas flores fue lo que decidió esta toma, donde mas que el color de los pétalos, la disposición de estilos y estambres me pareció más interesante.
Nikon F5, micro Nikkor 105 (2,8), vel. 2 seg., f11, trípode Manfrotto y pantalla reflectora, Velvia 50

Narnia, Ventas de Arraitz, Valle de la Ultzama, Navarra
JOSE MANUEL MORILLO HABAS

A la vuelta de un día sin sensaciones a través del visor, al pasar por las Ventas, el espectáculo era brutal, tanto la niebla como los árboles con la helada y el sol que intentaba abrirse paso, daban unos juegos de luces y composición muy sugerentes; aparqué el coche, salí corriendo, esperando captar lo que estaba presenciando, planté el trípode... mire por el visor y esta vez sí... la magia apareció.
Canon EOS 300D, 18-55 mm, vel. 1/80 seg., f13, ISO 100, trípode Manfrotto

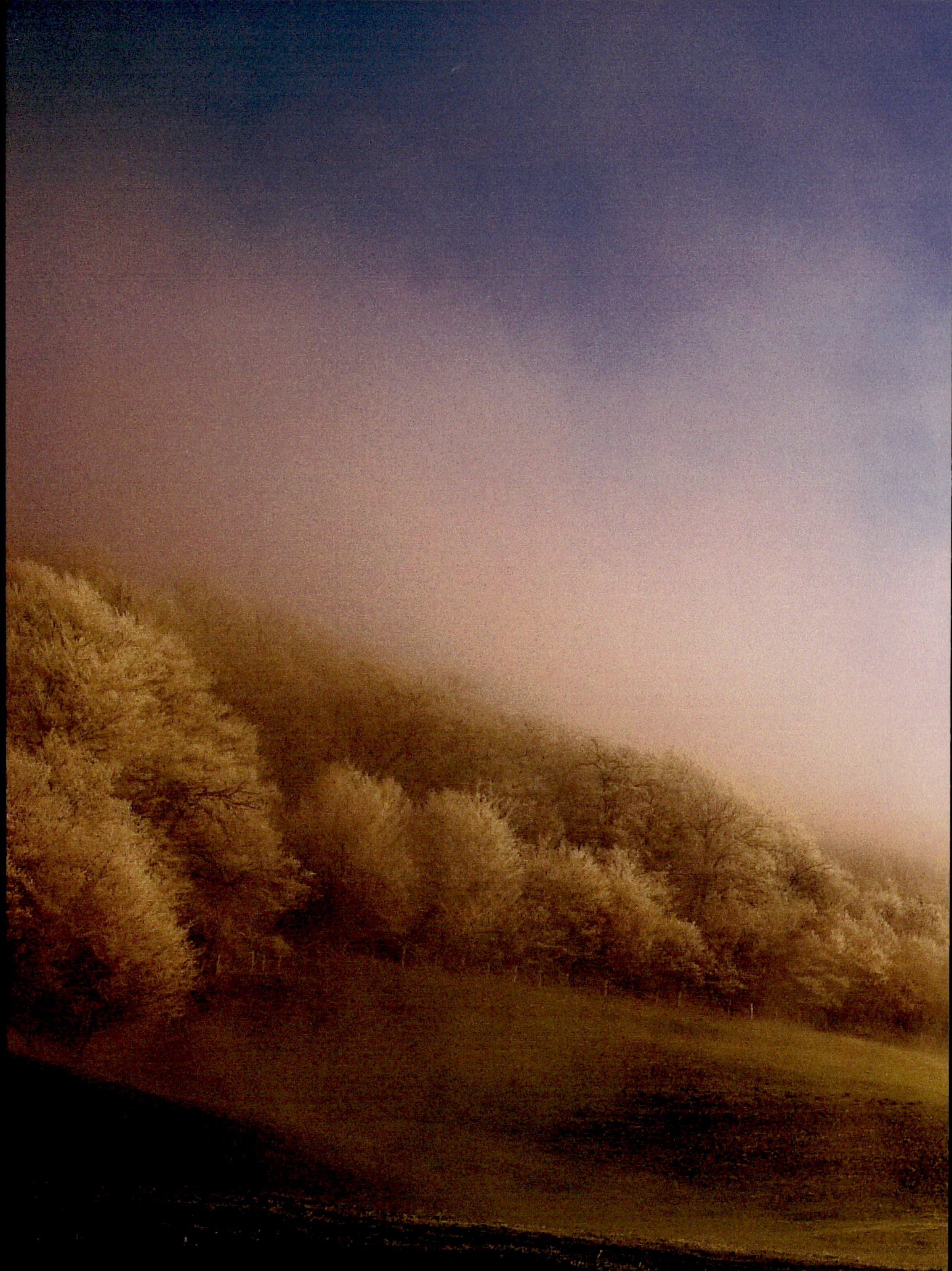

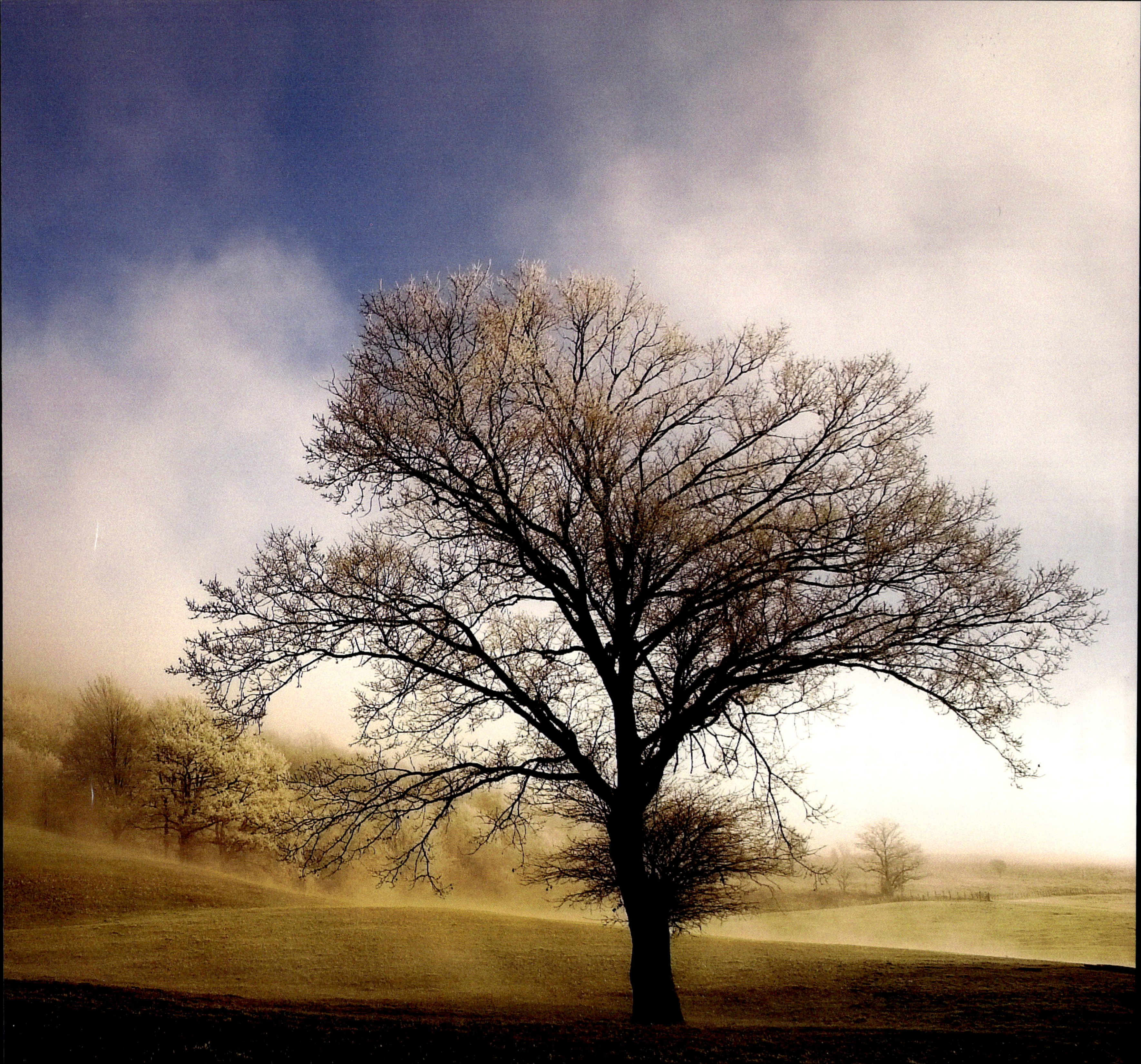

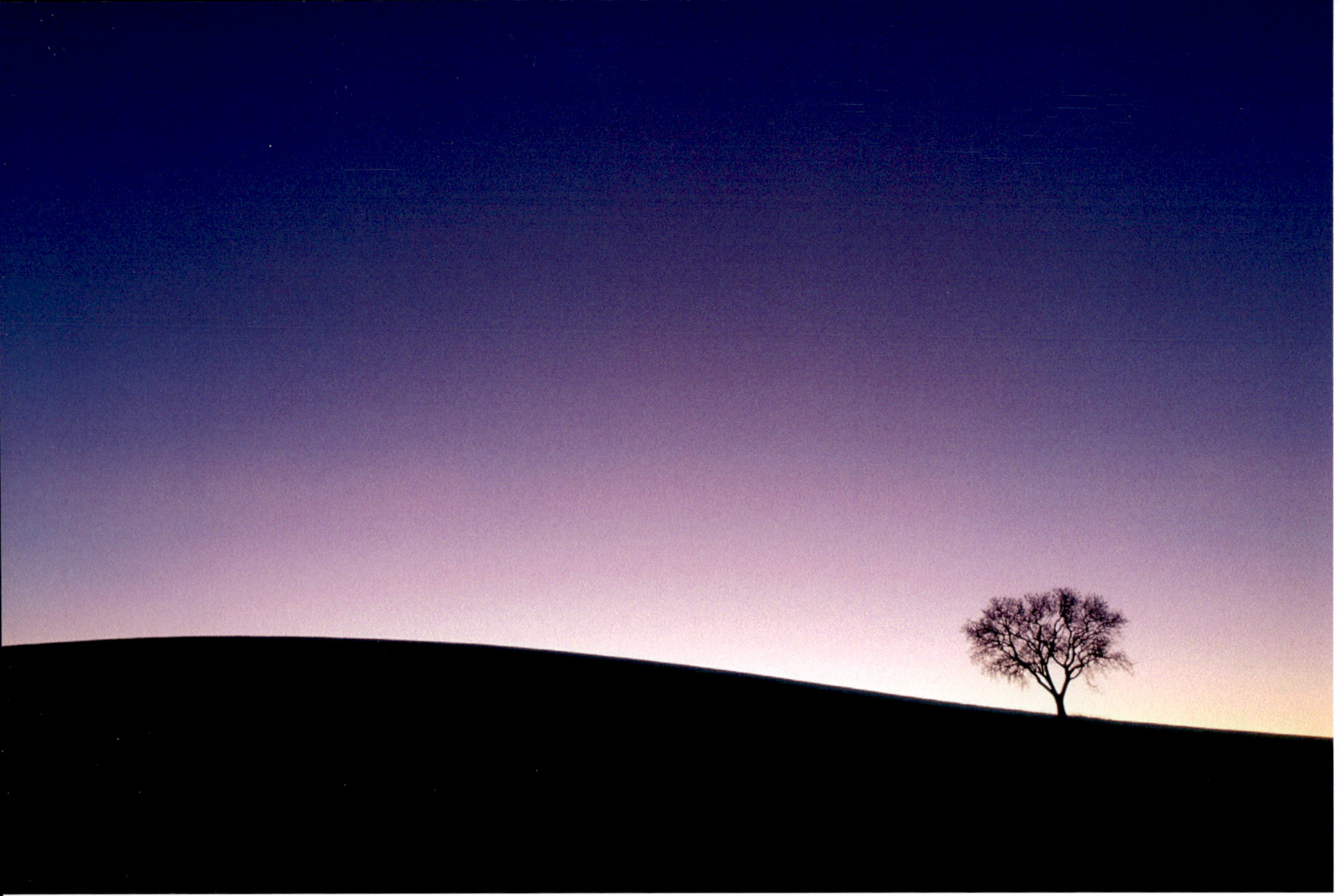

Árbol al alba I, Cabrerizos, Salamanca
JON HYDE

Domingo 4 de enero de 2004, antes de salir el sol.
Nikon 6006 (601), Sigma 17- 35mm f2.8, vel. 2 seg., f11, Velvia 50, ISO 50, sin filtro, con trípode, cable.

Árbol al alba II, Cabrerizos, Salamanca
JON HYDE

Sábado 3 de enero de 2004, al final de la noche.
Nikon 6006 (601), Sigma 17-35mm f2.8, vel. 1/8 seg., f11, Velvia 50, ISO 50, sin filtro, con trípode, cable.

Árbol al alba III, Cabrerizos, Salamanca
JON HYDE

Domingo 4 de enero de 2004, al salir el sol..
Nikon 6006 (601), Sigma 17-35mm f2.8, detalles de diafragma y velocidad de obturador no anotados, Velvia 50, ISO 50, sin filtro, con trípode, cable.

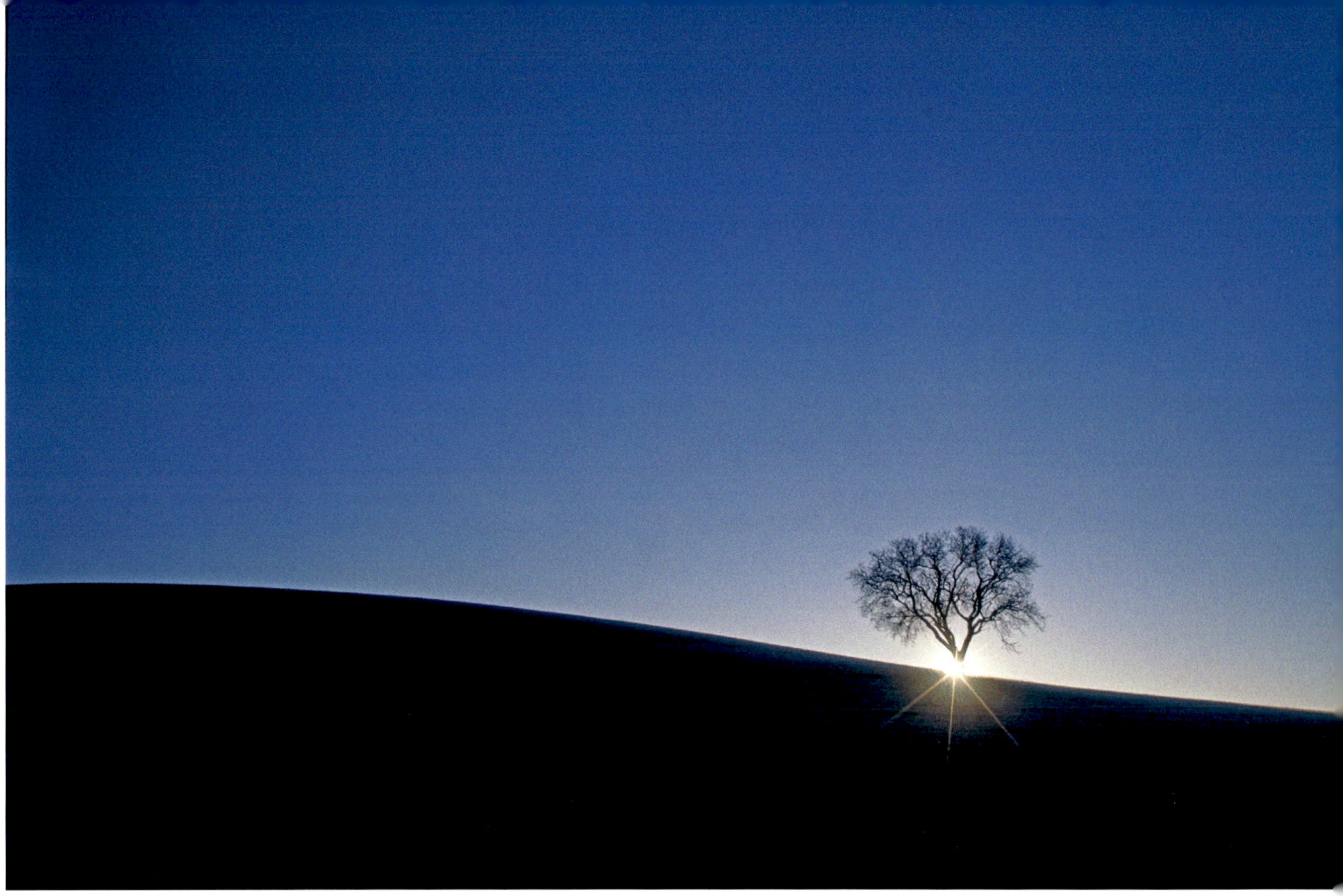

Árbol al alba IV, Cabrerizos, Salamanca
JON HYDE

Mañana del sábado, 17 de enero de 2004.
Nikon 6006 (601), Sigma 17-35mm f2.8, vel. 1/60 seg., f11, Velvia 50, ISO 50, filtro polarizador (bastante efecto), trípode, cable.

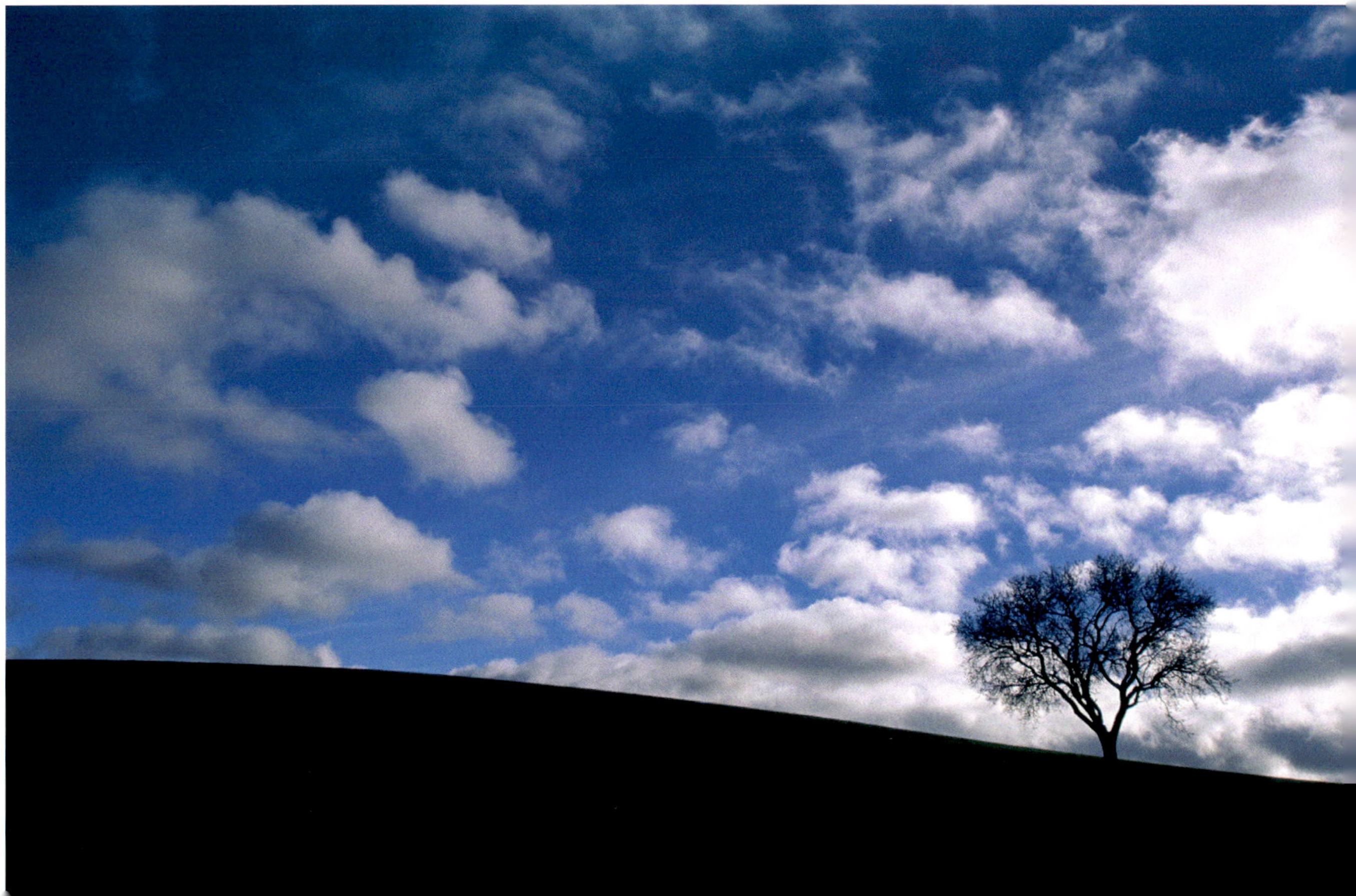

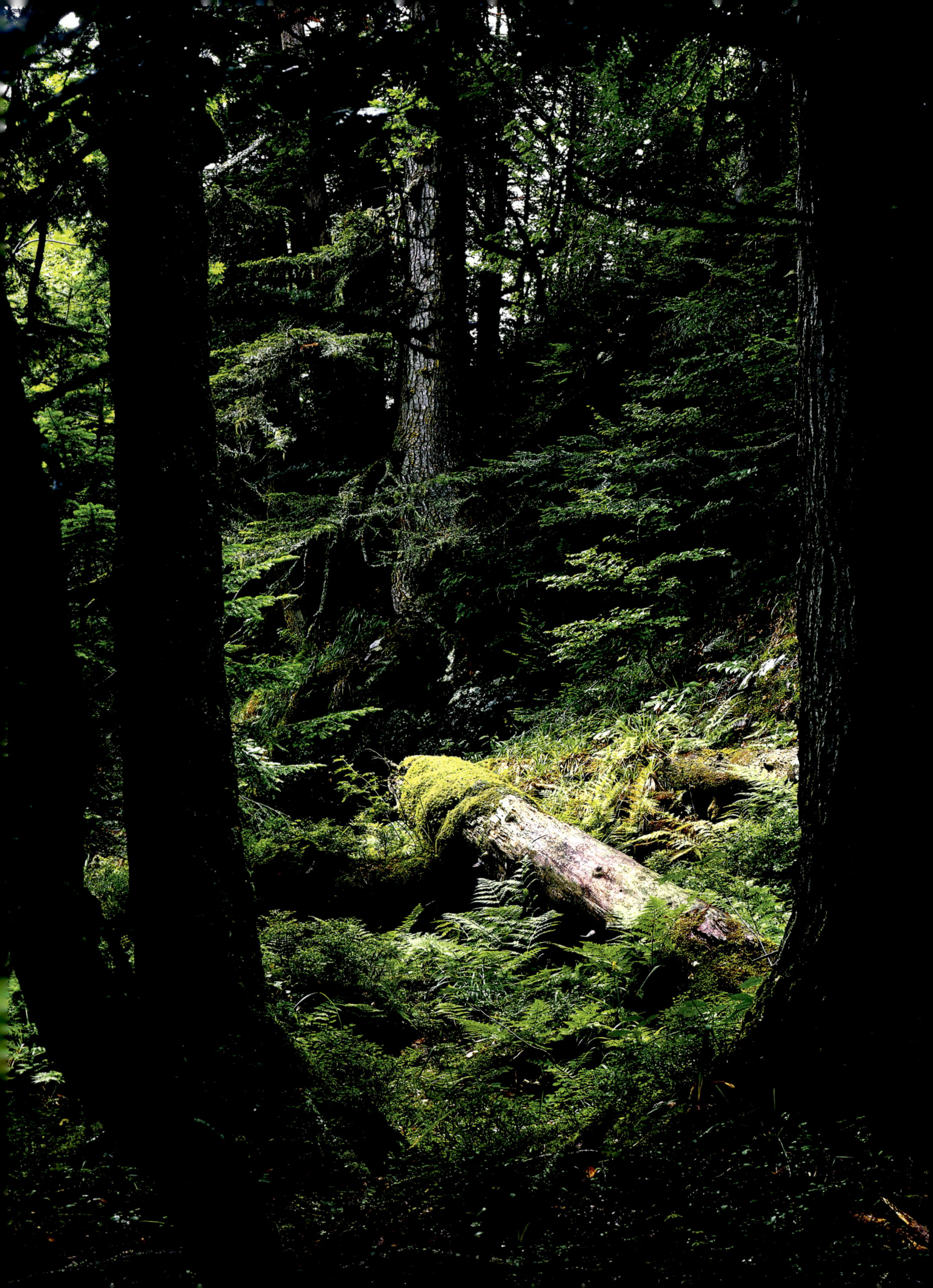

En la humbría del bosque
Parque Natural Pirineos Atlánticos (Francia)
RODRIGO HERNÁNDEZ

Mamiya 645, Hoya 58mm, PL-CR, f/22, 1/30 seg., trípode Monfroto Carbono, Fuji Velvia 50.

Blenio en coral, Isla de Aruba (Mar Caribe)
CARLOS MINGUELL

Este pequeño y expresivo pez suele habitar dentro de los corales cerebro.
Nikon F100 con lente NikKor 105 F2.8 macro en caja estanca Subal y flash anfibio, vel. 1/180 seg., f45, Fuji Velvia 50.

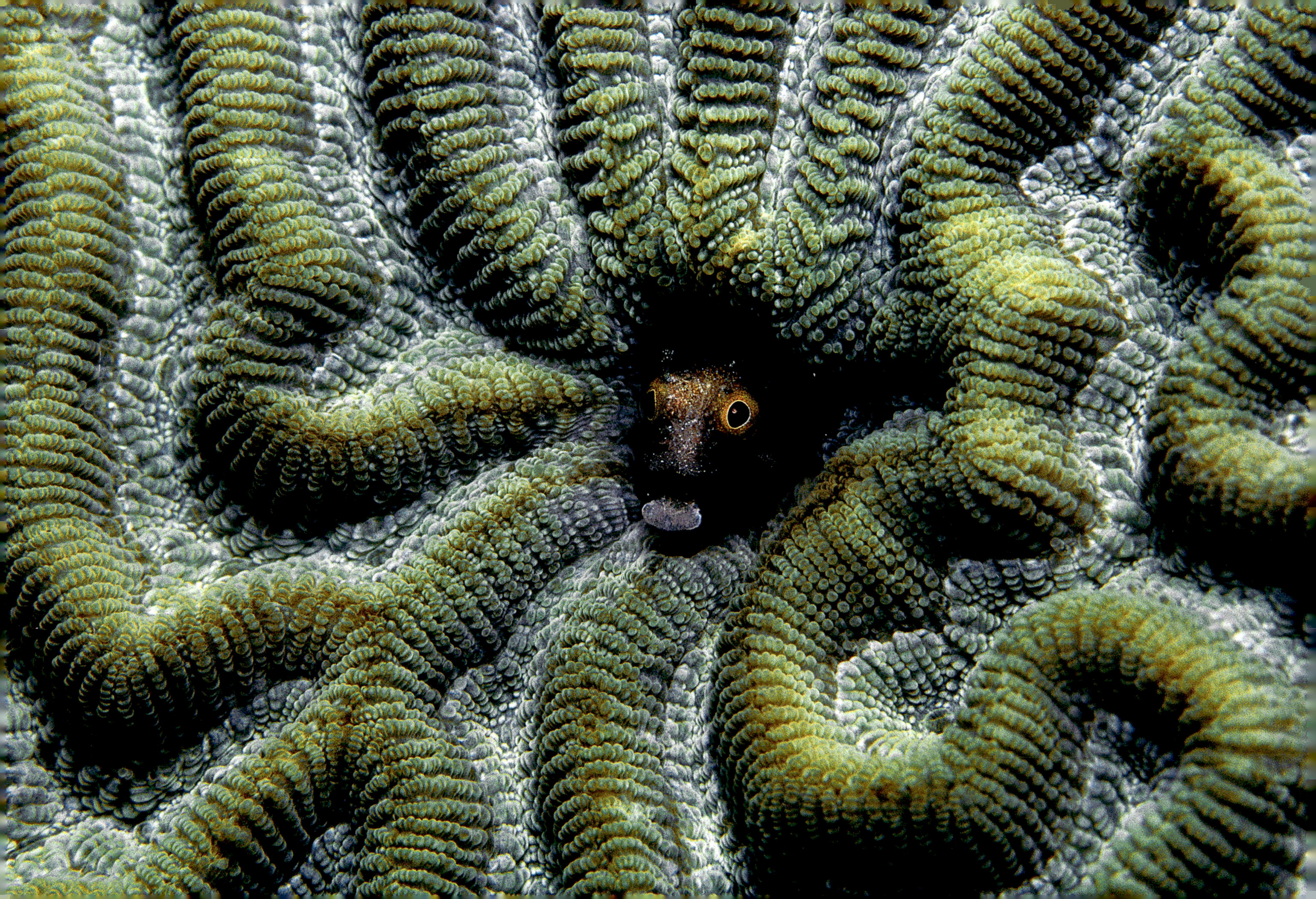

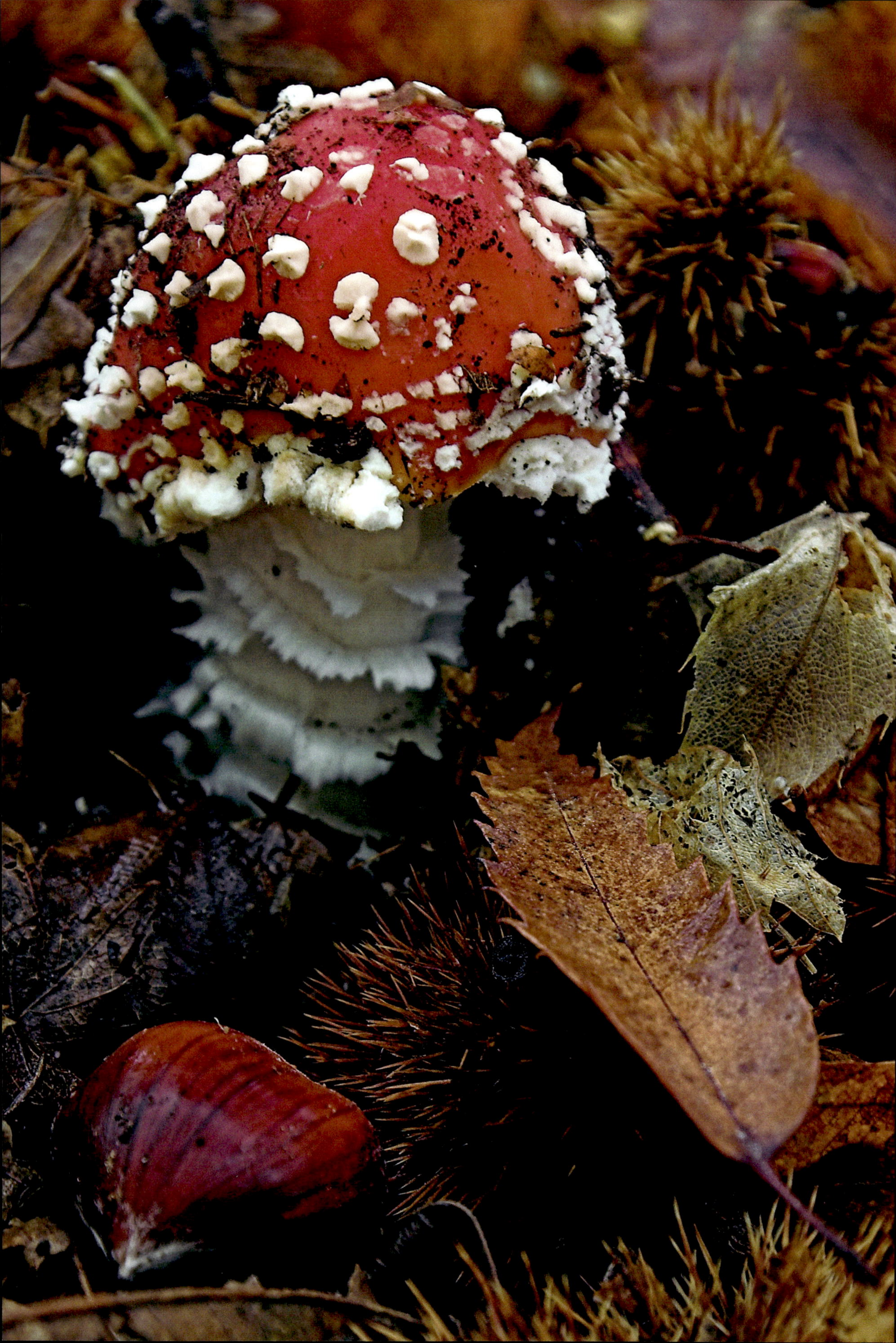

Amanita Muscaria,
Sierra de Gredos, Piedralaves (Ávila)
JUAN PAVON

Imagen realizada un dia de noviembre, fueron protagonistas los bonitos colores otoñales, avivados por la humedad reinante en el ambiente.
Canon EOS 300D, Tamron 28-300 XR Di, polarizador, cable disparador, f8, vel. 2.5 seg., ISO 100, trípode Manfrotto 190 pro + 141 RC.

Observador, Marismas del Guadalquivir
JAVIER RAMOS

Tras una larga espera y observación, oculto en el hidrohide, conseguí acercarme a esta escurridiza ave, el Avetorillo común, su conducta tímida y observadora me permitió captar en todo su esplendor su penetrante y desconfiada mirada, sin duda algo que jamas olvidaré.
Canon EOS 20D, Canon 100-400mm L IS USM + aro de extensión de 12mm, vel. 1/400 seg., f/8, 1/3, ISO 100, luz natural, hidrohide.

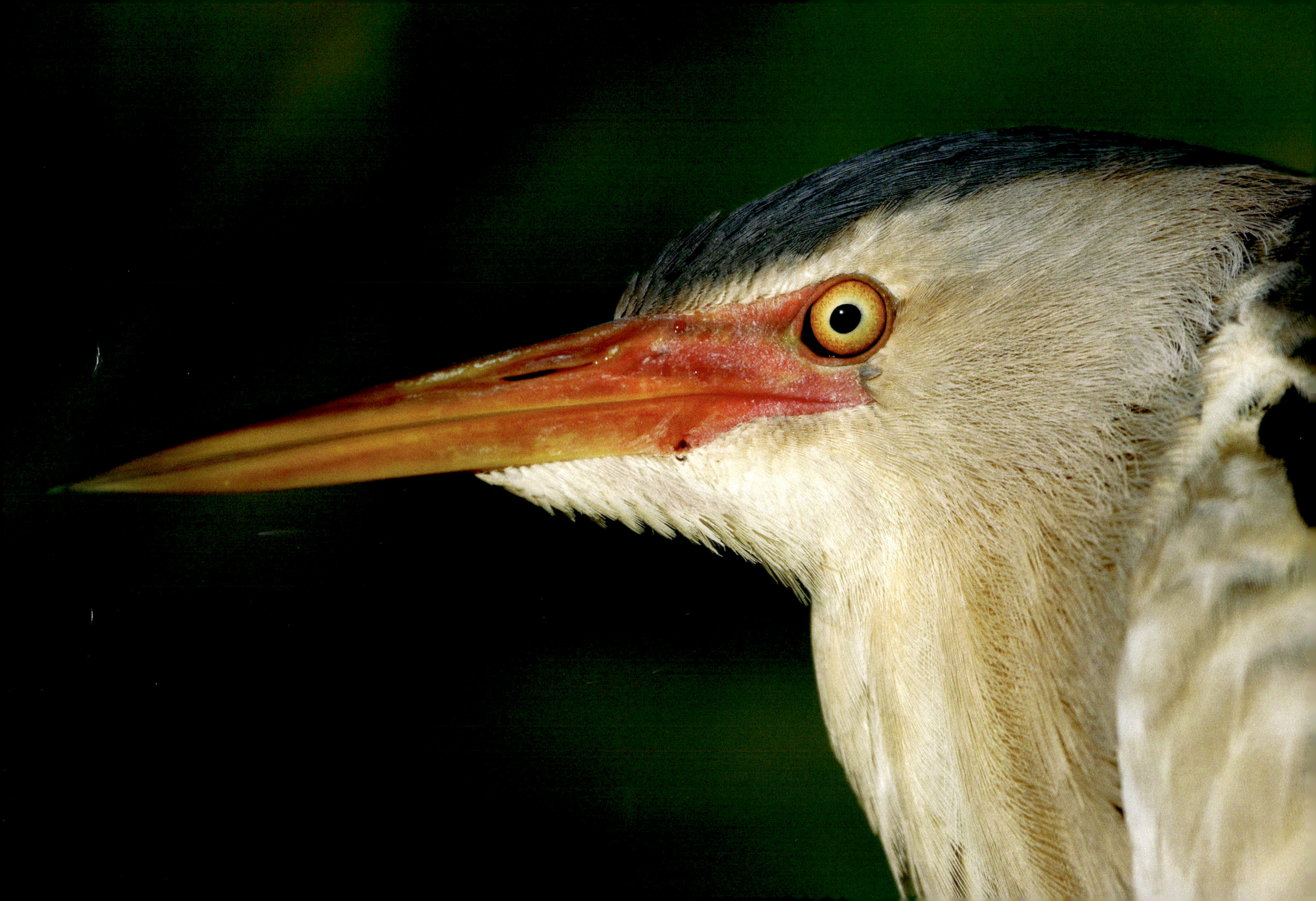

Daurica, Monnegre, término municipal de Mutxamel (Alicante)

JOSE PALACI HERNANDEZ

Después de tener controlado el paso de esta daurica, realicé un montaje escalonado con simulacros. Una vez habituada a ellos, se realizó el cambio por el equipo de trabajo, obteniendo estos resultados.

Nikon FM 2, motor MD-12, Sigma 180, hsm, Flashes 2 unidades, metz 40 mz3, barrera Jama, Velvia 50, vel. 250 seg., f 8, trípode Manfrotto

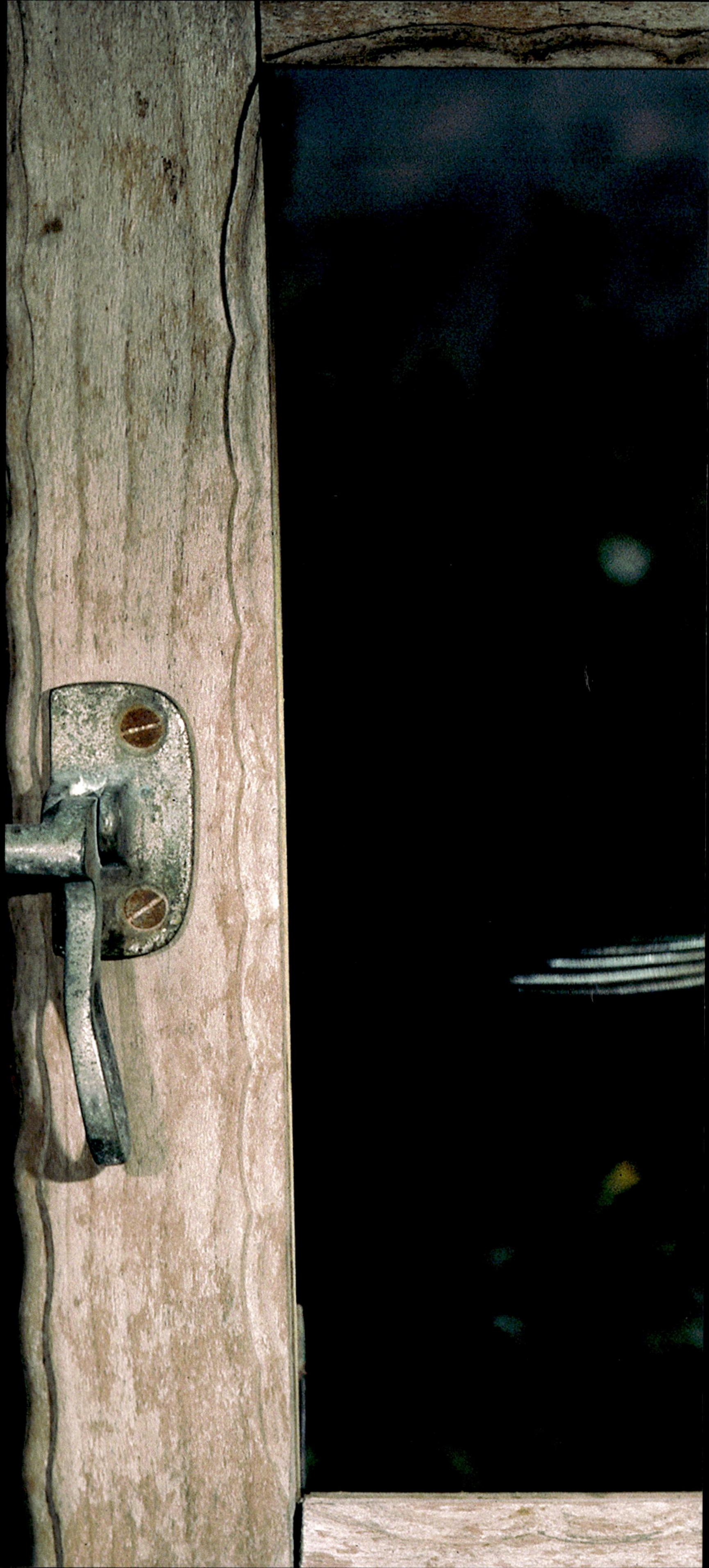

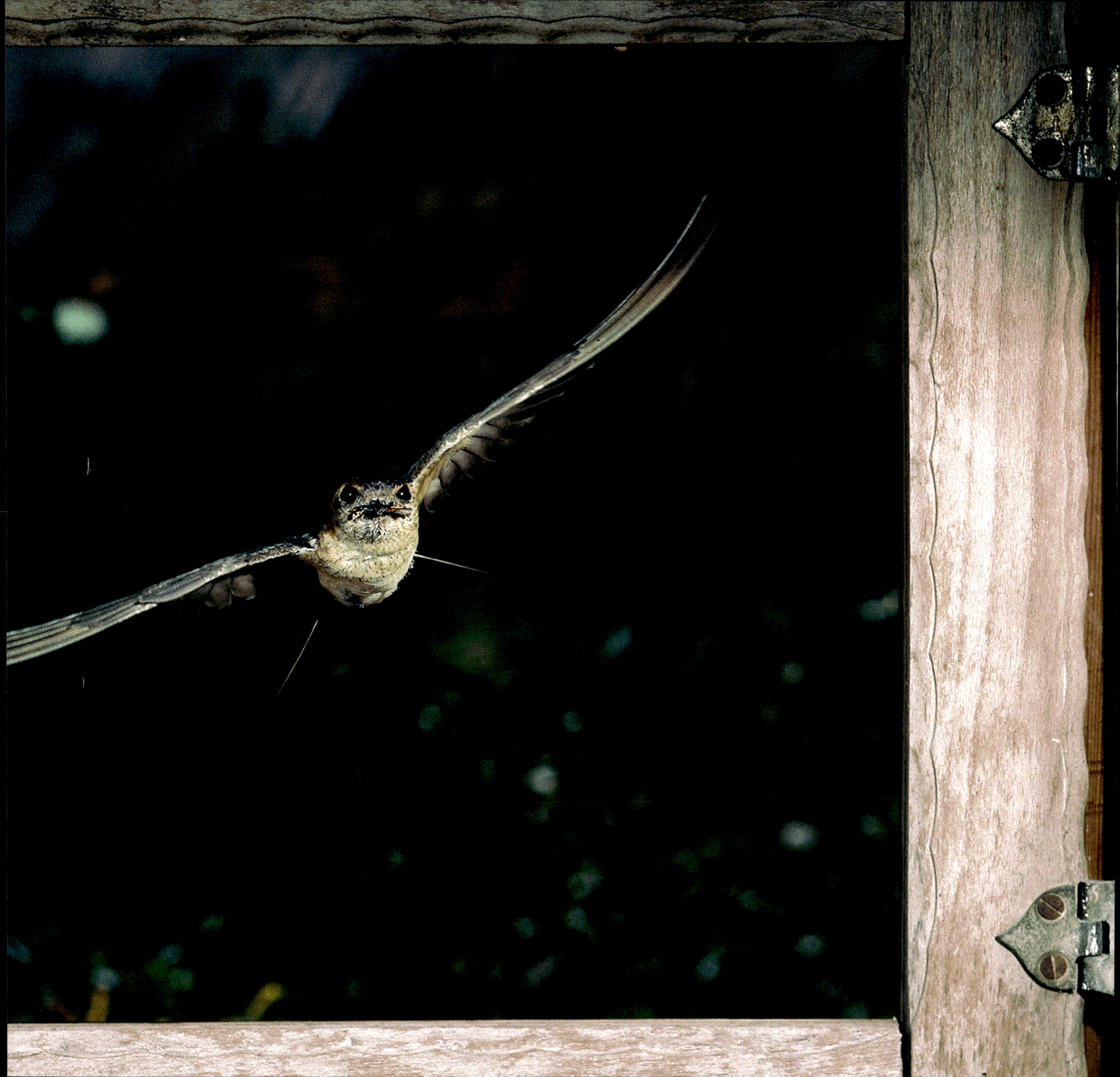

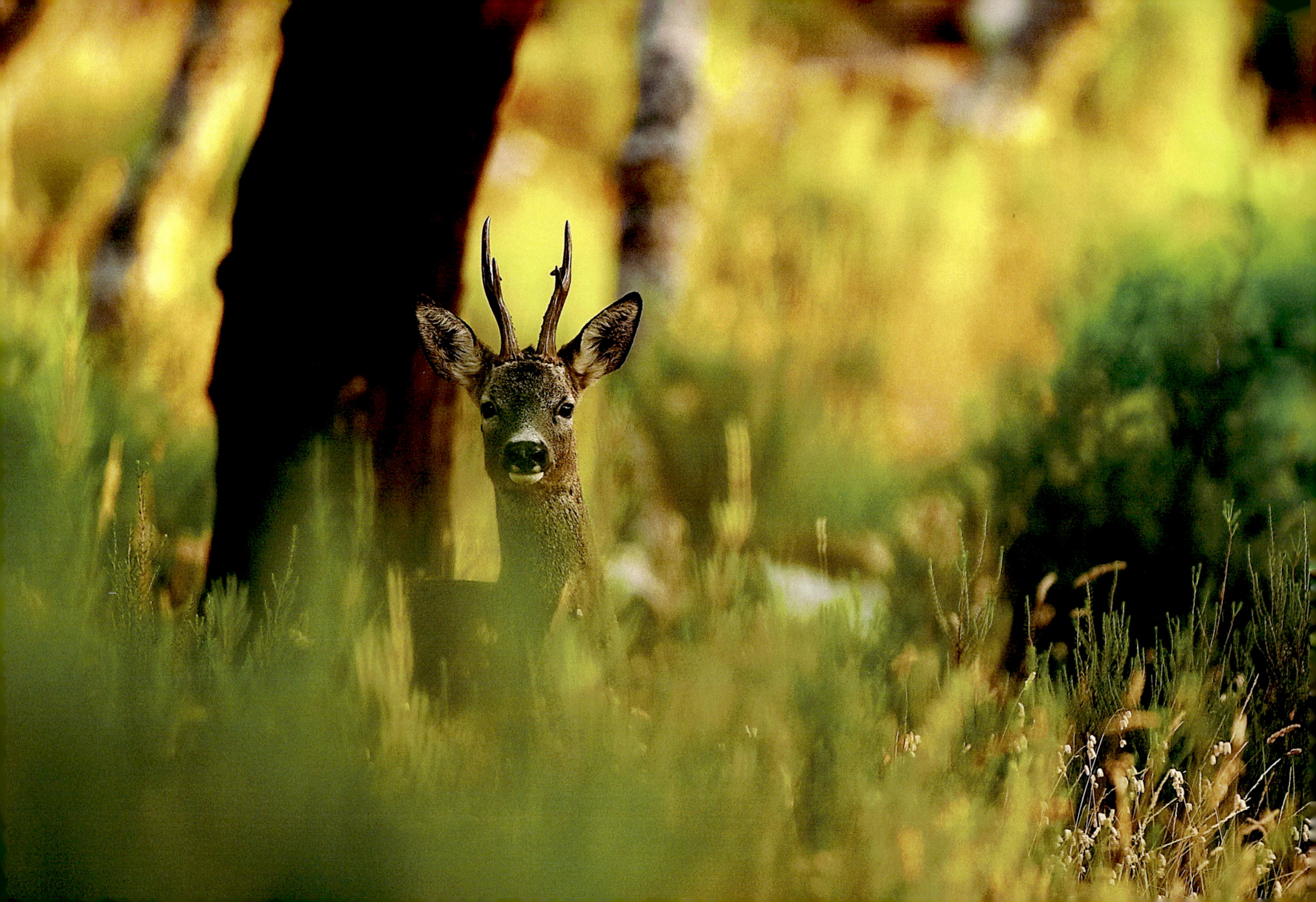

Duende del bosque,
Parque Natural de Los Alcornocales, Cádiz
JUAN TEBAR

Canon EOS 1D Mark II, Canon 600 f4, vel. 1/250 seg., f4, Fuji Velvia 100, trípode Gitzo

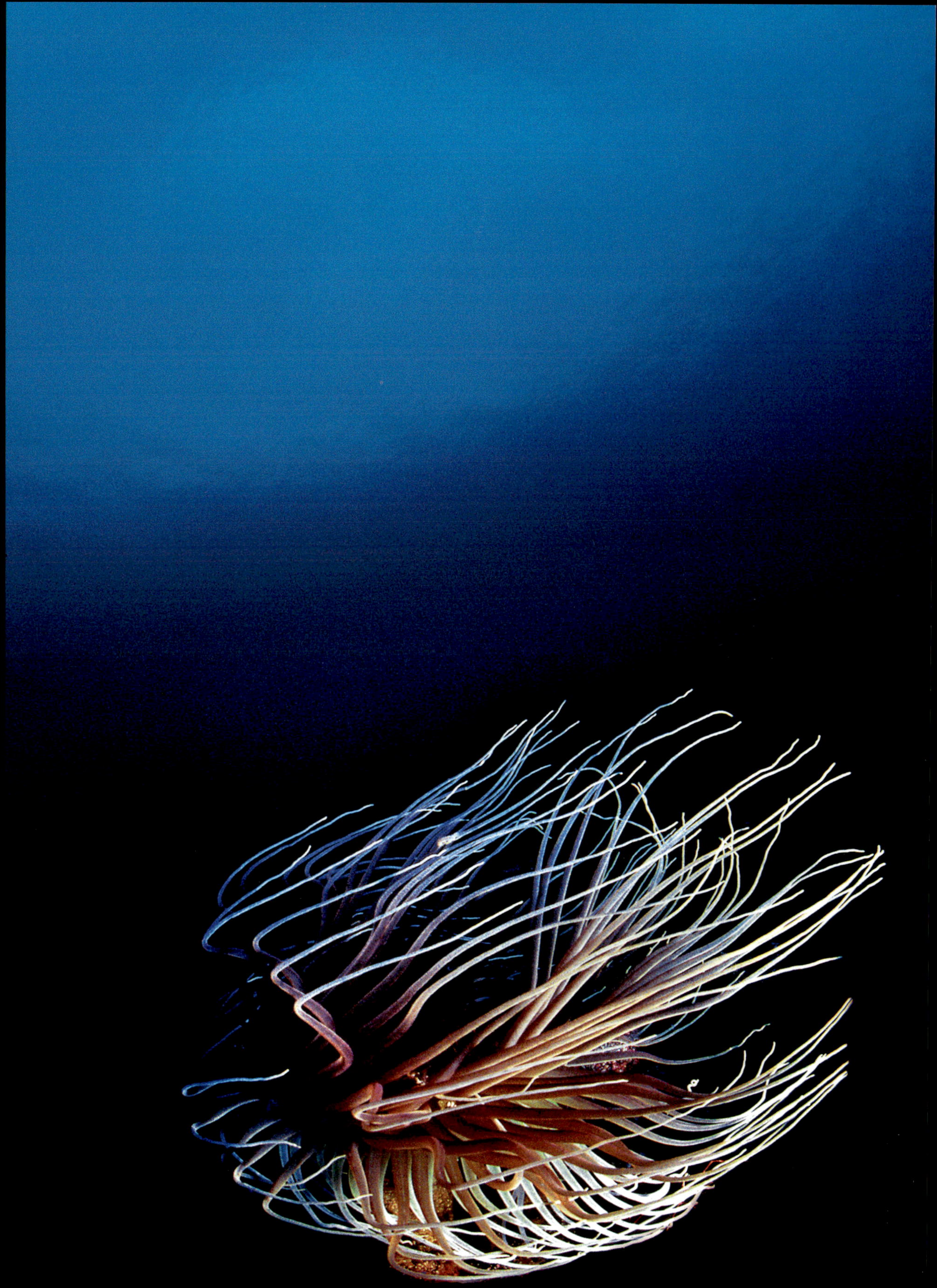

Vientos bajo el mar (Ceriantario)
Punta Miradero, La Restinga, El Hierro
JUANMI ALEMANY

Existen brisas que desmelenan a los más bellos seres que habitan en las profundidades, haciendo de ellos testigos únicos del paso de las mareas.
Nikon F70, Nikkor 16mm, Flash Seacam 200, Kodak Vs100, vel. 1/60 seg., f11, potencia Flash 1/8.

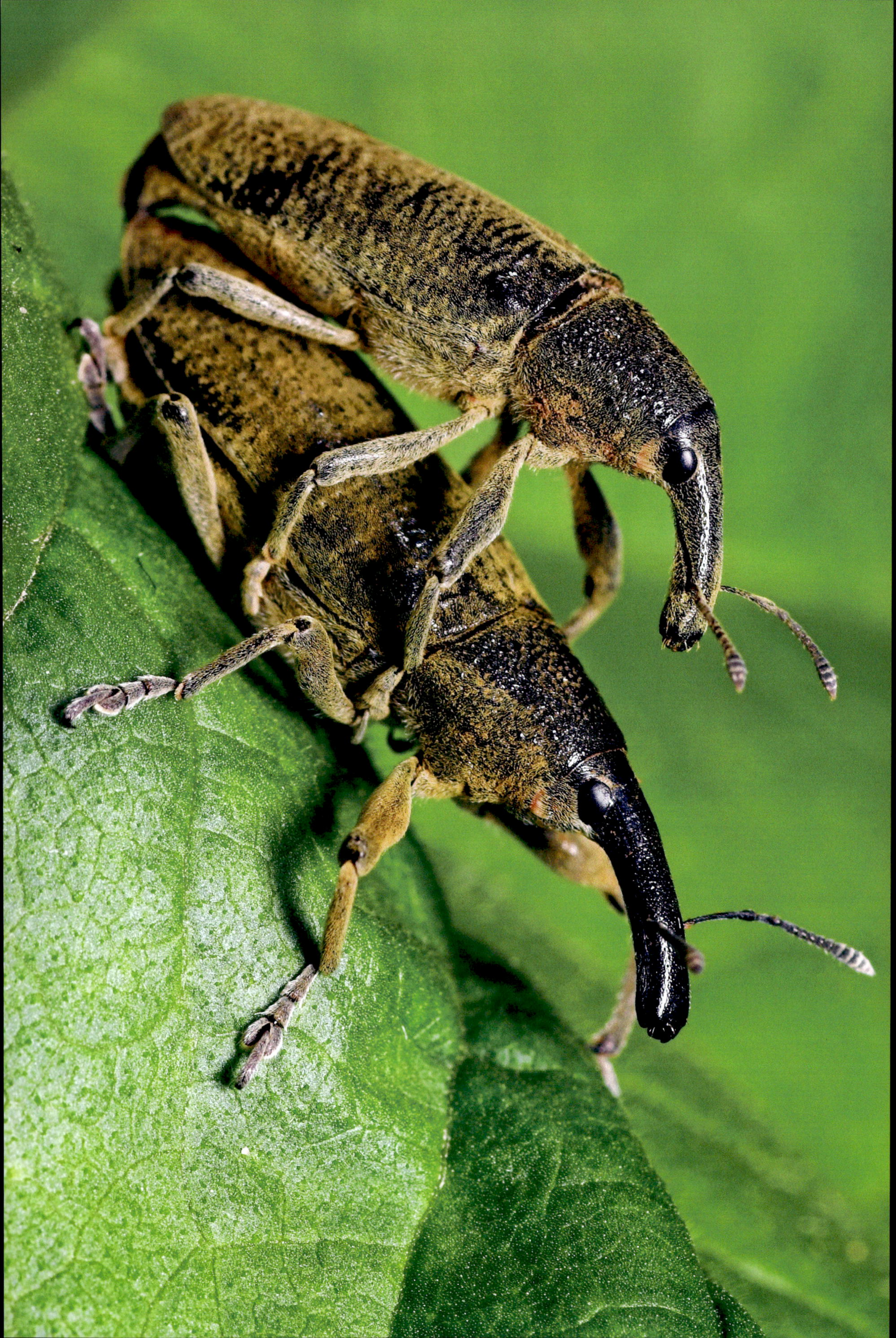

Cópula de Lixus,
Pinar público de la Barrosa, Chiclana de la Frontera, Cádiz.
JUAN ANTONIO GUERRERO ESCOBAR

Durante la primavera las malvas (Malva sylvestris) se llenan de estos escarabajos curculiónidos (Lixus angustatus), es fácil verlos copular y cómo el macho permanece sobre la hembra durante horas para salvaguardar sus genes.
Canos EOS 300D, Canon 100 macro 2.8, Flash Sigma EF 500 DG Super con difusor, Lumiquest Softbox, vel. 1/200 seg., f13, monopié Manfrotto, ISO 100.

Víbora aspid, La Soledad, Canales de la Sierra, La Rioja.
EDUARDO RUIZ BALTANÁS

Recorriendo un viejo bosque de la Rioja, observé como entre la hojarasca algo se movía. Bajo aquellas hojas, pude fotografiar a este ofidio, tan injustamente odiado y temido.
Canon EOS 3, Canon 100 macro 2.8, vel. 1/60 seg., f11, ISO 100, Velvia, -1/3EV, trípode.

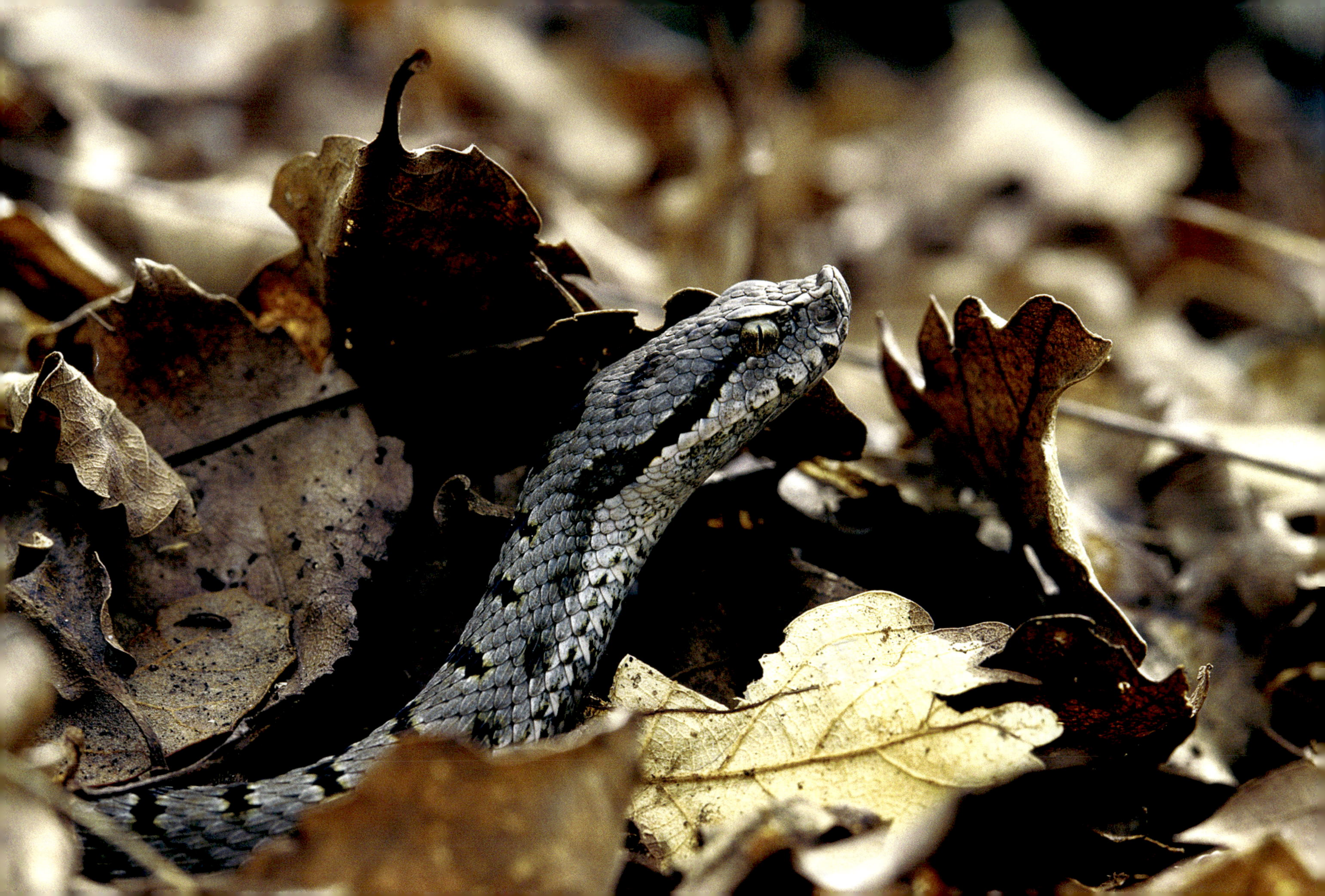

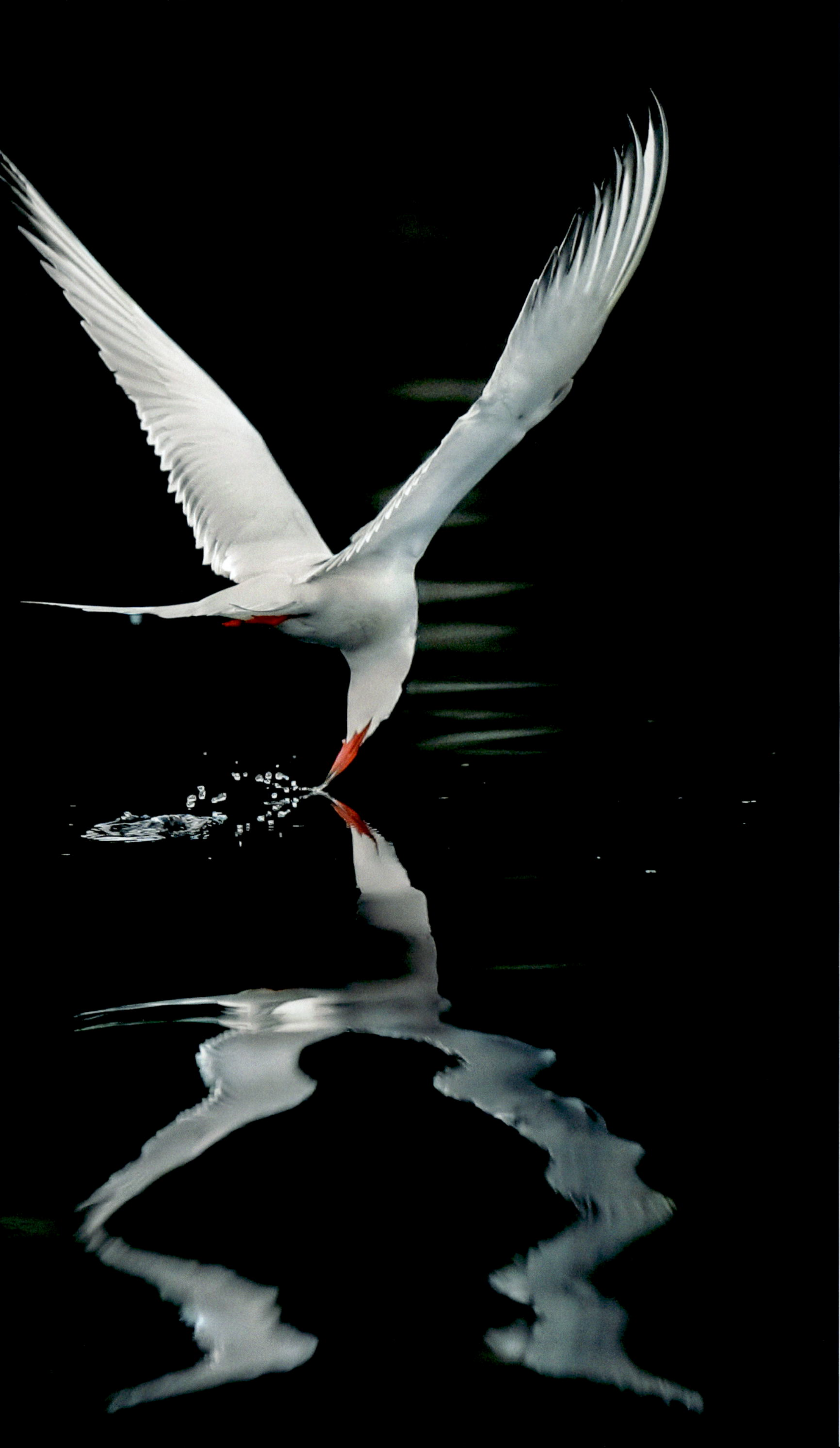

Pintando el mar
MIGUEL LASA

Mientras esperaba la llegada de pigargos en un fiordo noruego pude observar como estos charranes árticos daban vueltas alrededor del barco haciendo maravillas con sus vuelos acariciando la superficie del mar, la suave luz iluminó las alas y el reflejo mientras el charrán rozaba con su pico el mar.
Canon EOS-1D Mark II, Canon 300 f2.8, vel. 1/1600 seg., f2.8, +0.3 EV, ISO 400, trípode Manfrotto

Desierto del Namib, Namibia
LUIS VILARINO

Un color por si mismo nos dice mucho menos que si buscamos otro con que contrastar. Cuando recorrí por primera vez éste desierto me sentí absolutamente desbordado, todo parecía interesante, pero la luz mágica se escapaba, aquí es dónde daba comienzo el proceso creativo.
Hasselblad H1, 35 mm. f3.5, Velvia 100, trípode Gitzo, polarizador.

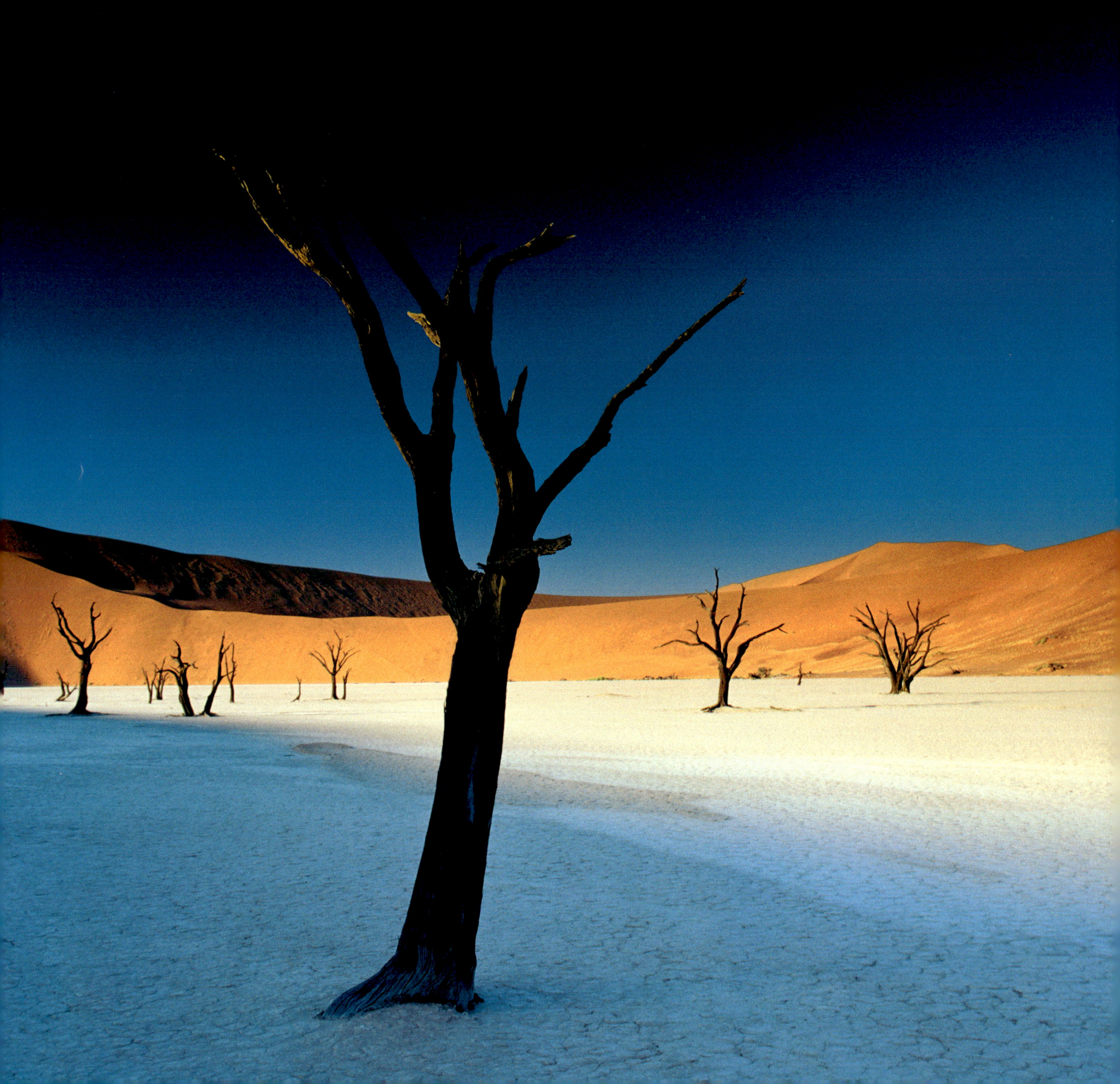

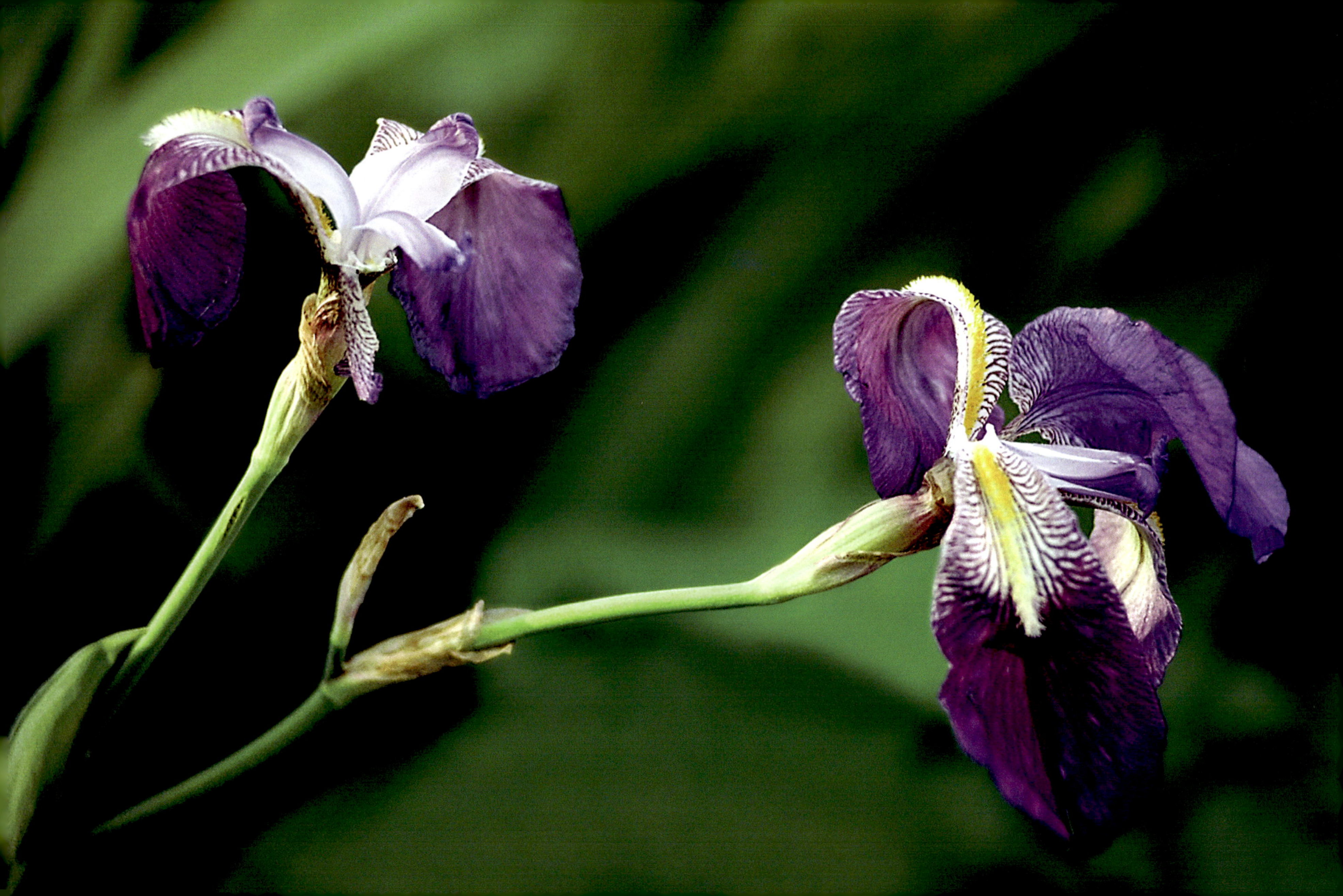

Iris
Valle de Arrua-Erreka (Cestona-Gipuzkoa)
LUIS LLAVORI

Nikon F3, Nikkor 105 + aros de extensión, vel. 1/500 seg., f2.8, Velvia 50, trípode Manfrotto

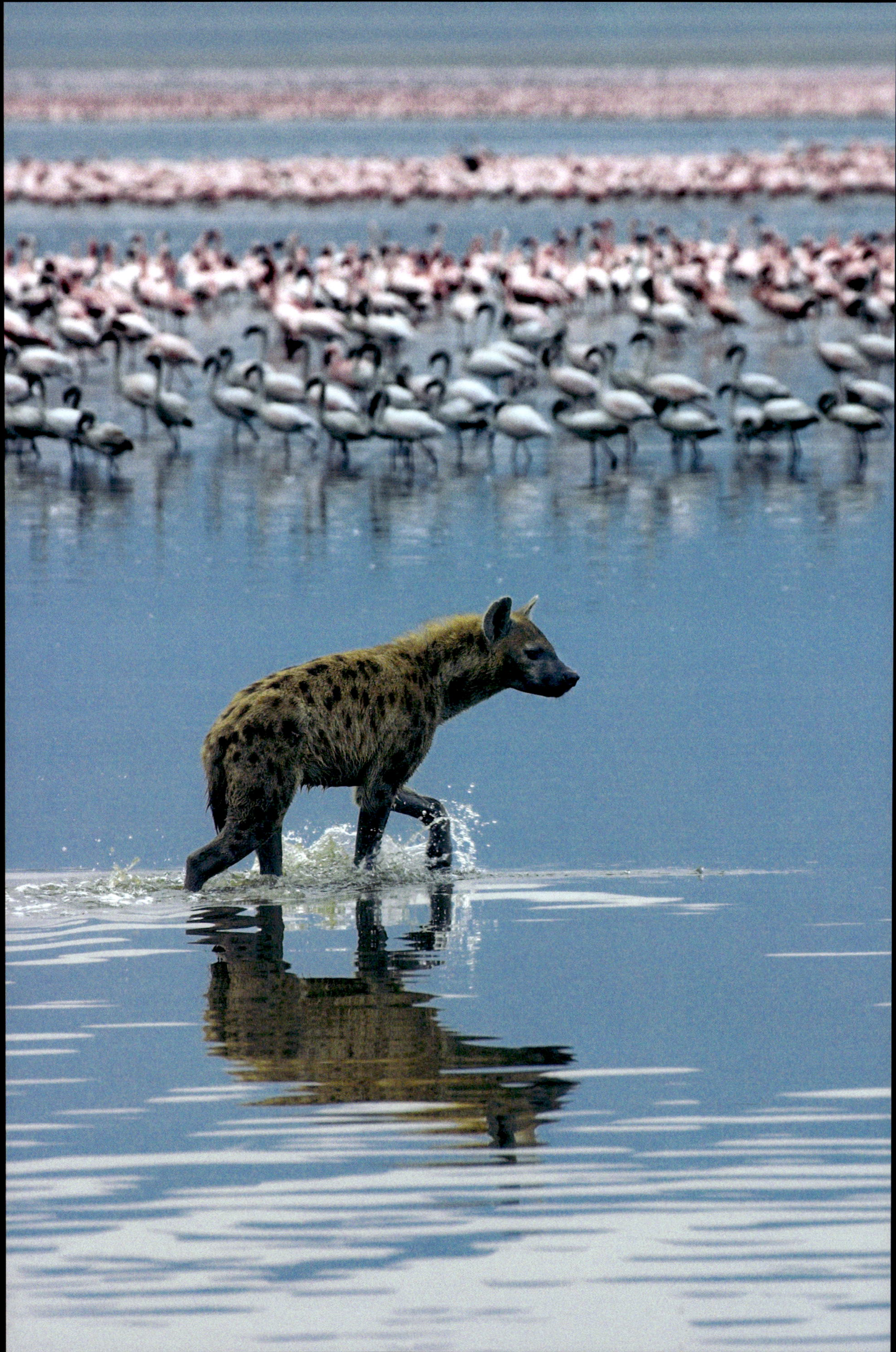

Hiena manchada y flamencos
Parque Nacional Lago Nakuru. Kenia
FERNANDO ORTEGA

Esta hiena patrullando por la orilla del lago en busca de comida entre las bandadas de flamencos.
Canon EOS 10D, EF 100-400 mm, ISO 100, trípode Manfrotto

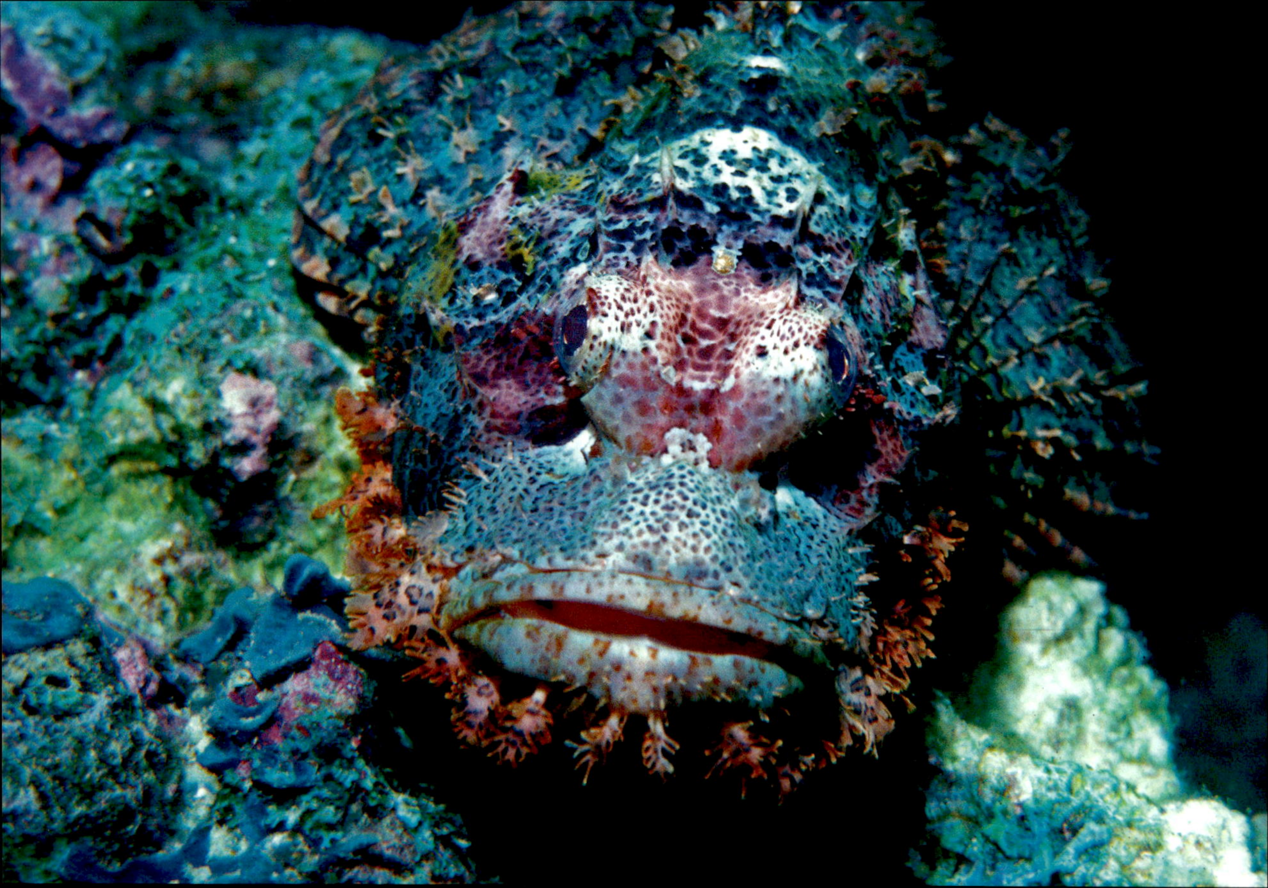

Pez escorpión barbudo (Scorpaenopsis barbata)
Isla de Apo (Filipinas)
PERE RUBIO ROCABERT

Nikon F100, Nikkor 60 micro, Caja estanca Subal, Flas
Sea & Sea YS120, vel. 1/60 seg., f11, Kodak E100VS.

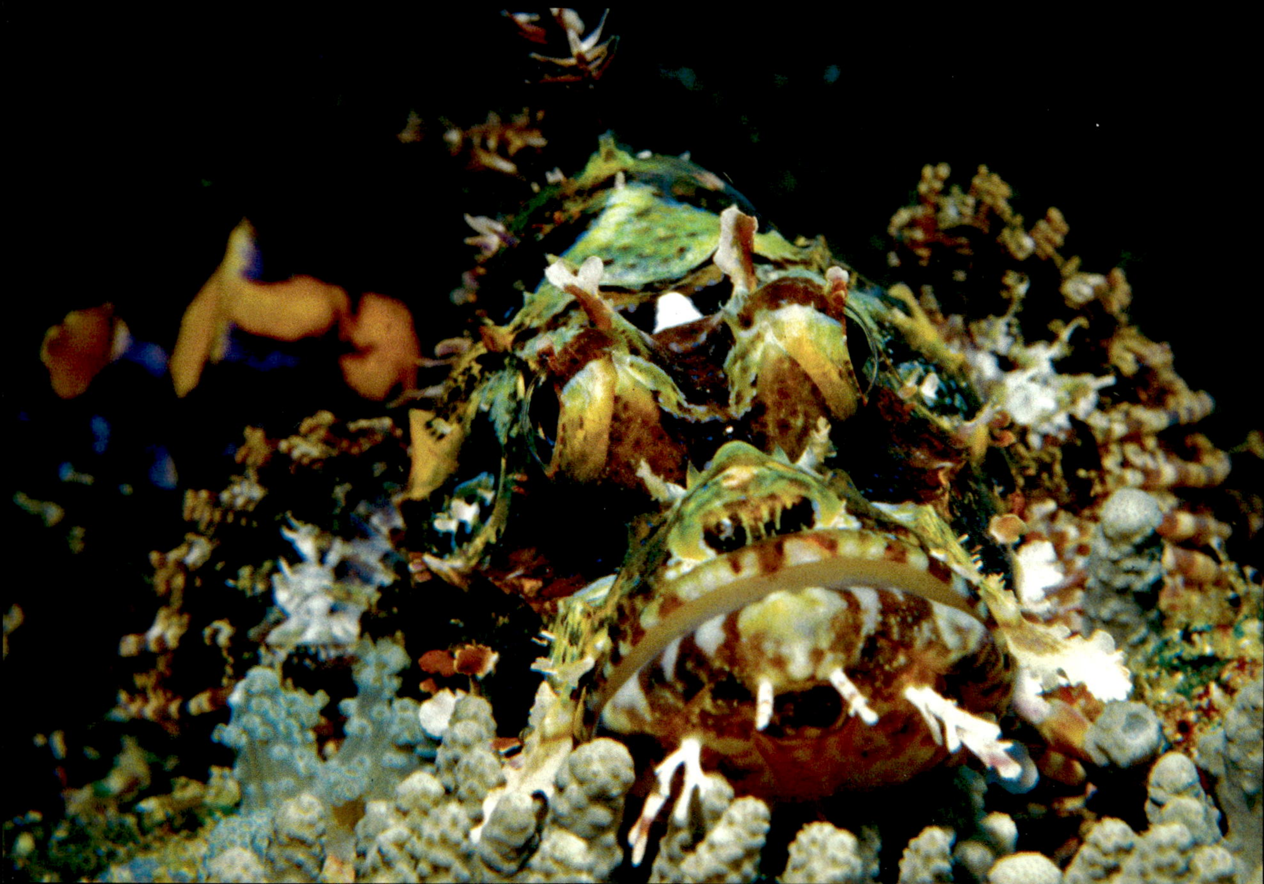

Pez escorpión de Papúa (Scorpaenopsis papuens
Isla de Gangga (North Sulawesi-Indonesia)
PERE RUBIO ROCABERT

Nikon F100, Nikkor 24, Caja estanca Subal, Flash Sea &
Sea YS120, vel. 1/60 seg., f16, Kodak E100VS.

Pez escorpión jorobado (Scorpaenopsis gibbosa)
Isla Teguise (North Sulawesi-Indonesia)
PERE RUBIO ROCABERT

Nikon F100, Nikkor 24, Caja estanca Subal, Flash Sea & Sea YS120, vel. 1/60 seg., f11, Kodak E100VS.

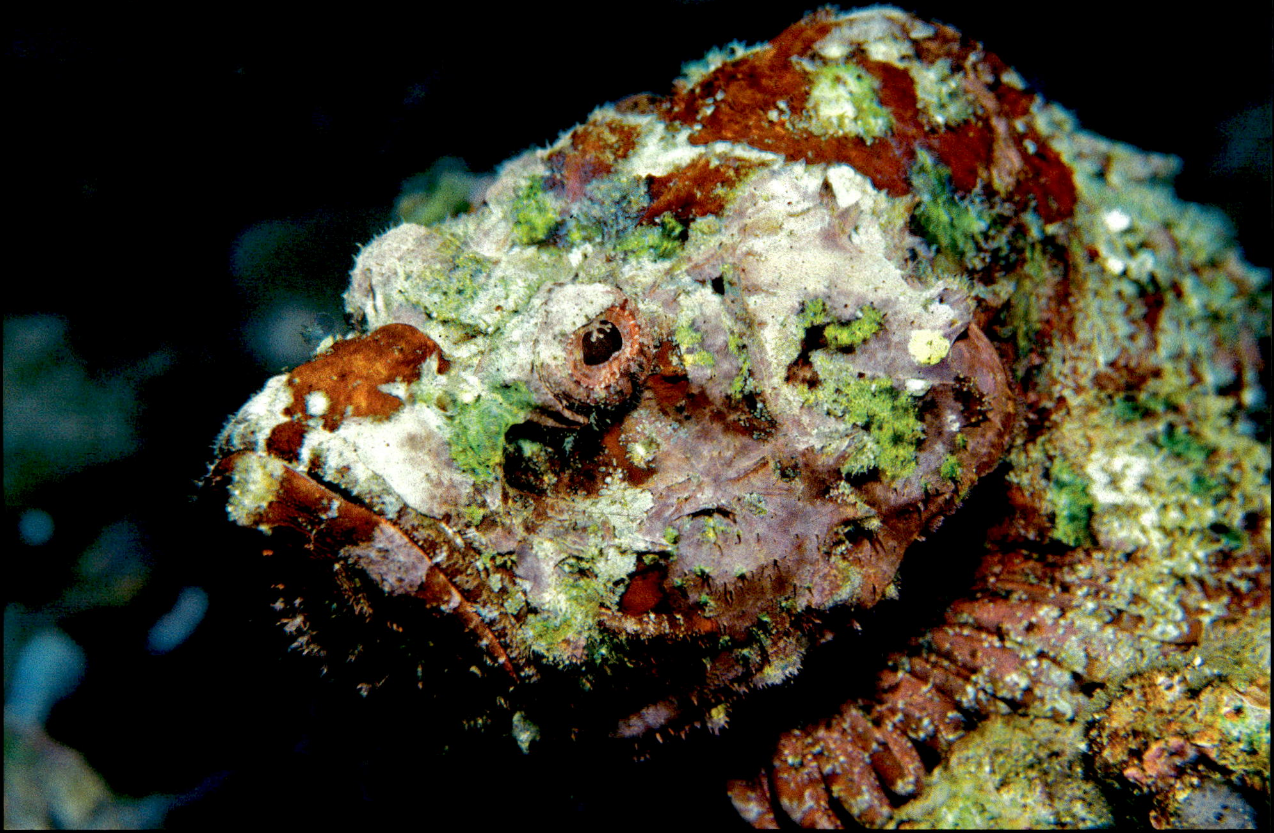

)

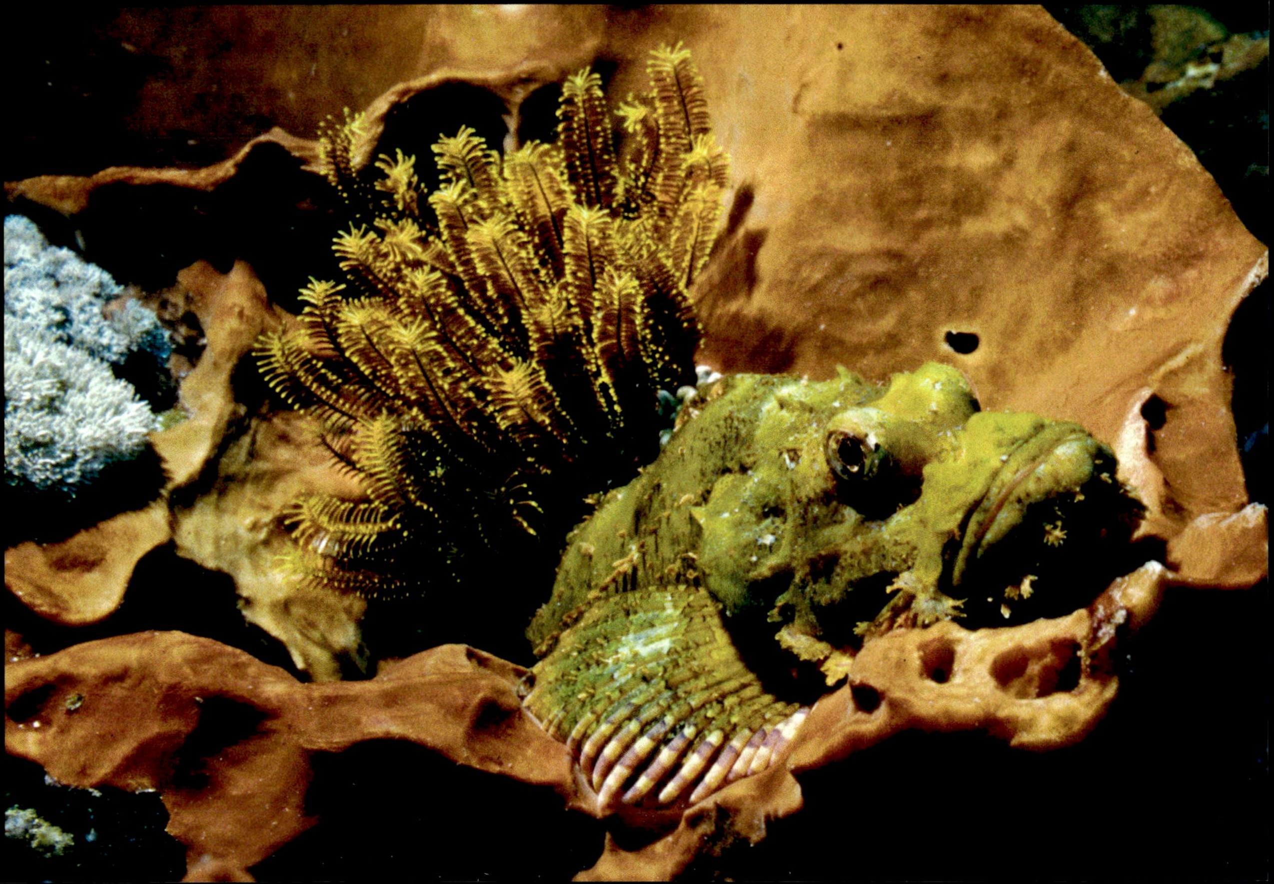

Pez escorpión diablo (Scorpaenopsis diabolus)
Isla de Bangka (North Sulawesi-Indonesia)
PERE RUBIO ROCABERT

Nikon F100, Nikkor 24, Caja estanca Subal, Flash Sea & Sea YS120, vel. 1/60 seg., f16, Kodak E100VS.

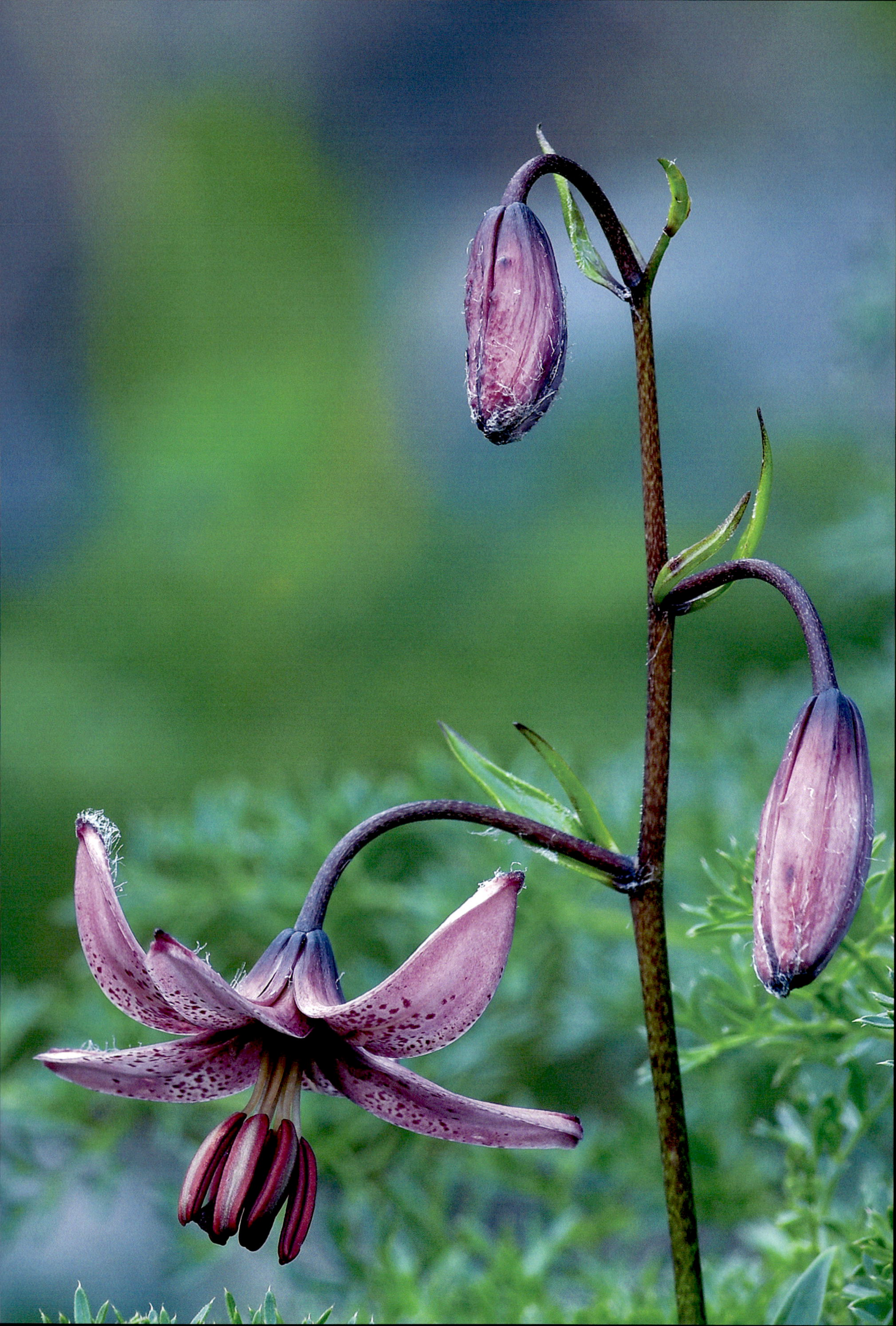

Azucena silvestre
Valle de Hecho, comarca de la Jacetania, Huesca
RAFAEL MARZAL LAMANA

La azucena silvestre es una de esas flores que el aficionado a la fotografía espera encontrarse cuando llega el verano. Su espectacular belleza no deja indiferente a nadie. Tuve la fortuna de descubrir un nuevo rincón del pirineo donde poder disfrutar con su presencia. El día en calma, sin viento, y la zona sombría, dando una luminosidad uniforme a las plantas, daban todas las facilidades para poder disfrutar de una sesión fotográfica inolvidable.
Canon EOS 10D, Canon 400mm f5.6 L, anillo de extensión Kenko, f11, vel. 1/3 seg., trípode Manfrotto 055, ISO 100.

Cabras en el Torcal
RAFAEL RAMOS

Canon EOS 20D, Canon 100-400 L IS USM, vel. 1/160 seg., f7.1, ISO 100, monopié, tríode Manfrtto

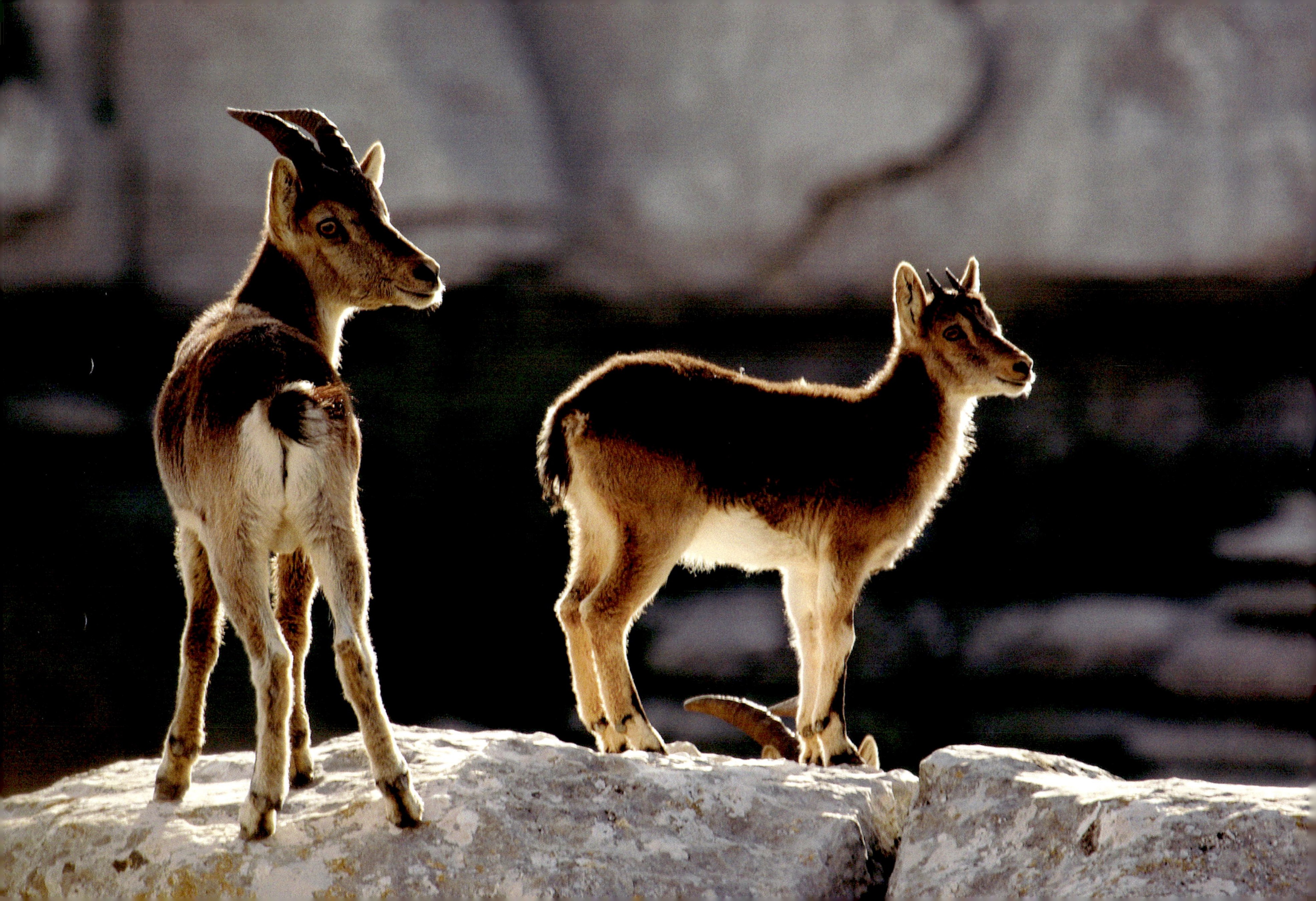

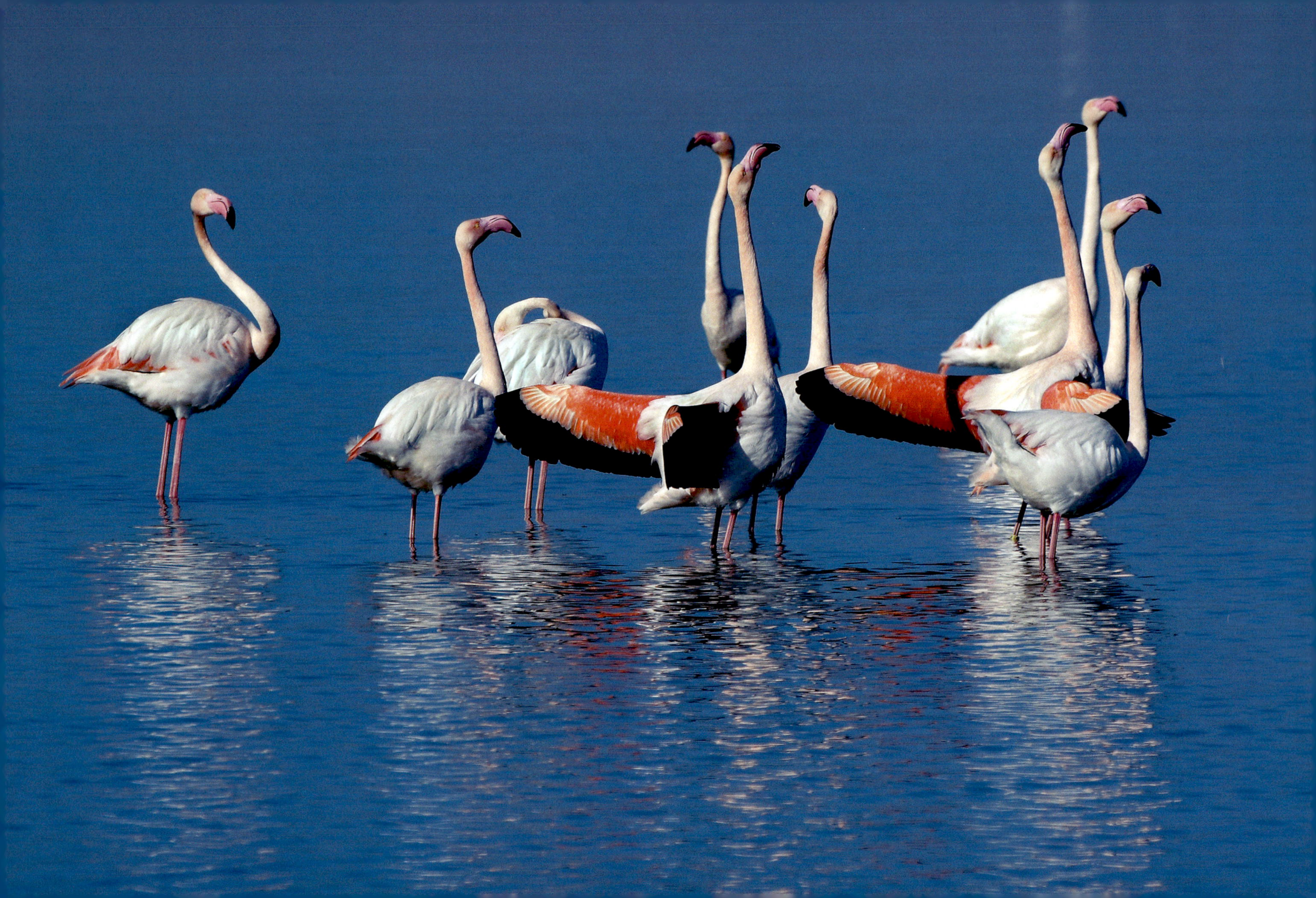

Cortejo, Marismas del Guadalquivir
JAVIER RAMOS

Con la llegada de la Primavera comienzan los primeros cortejos, en los Flamencos (Phoenicopterus roseus) son los machos los que inician este ritual que en ocasiones muestran escenas verdaderamente sorprendentes y de gran belleza.
Canon EOS 20D, Canon 100-400 mm L IS USM, vel. 1/640 seg., f/8, -1/3, ISO 100, luz natural, trípode Manfroto, hide.

Argan en rojo
Ctra Marrakesh-Essaouira, Marruecos
DANIEL MONTERO

La combinación de dos elementos simples, un árbol y la tierra roja, puede ofrecer un paisaje fascinante, que te obliga a parar aunque tengas mucha prisa. La textura, la soledad del argán, los colores intensos, todo ello evoca unos mundos que no están muy lejanos...
Nikon D100, Sigma 170-500, vel. 1/160 seg., f11, trípode Manfrotto, balance de blancos nublado -1.

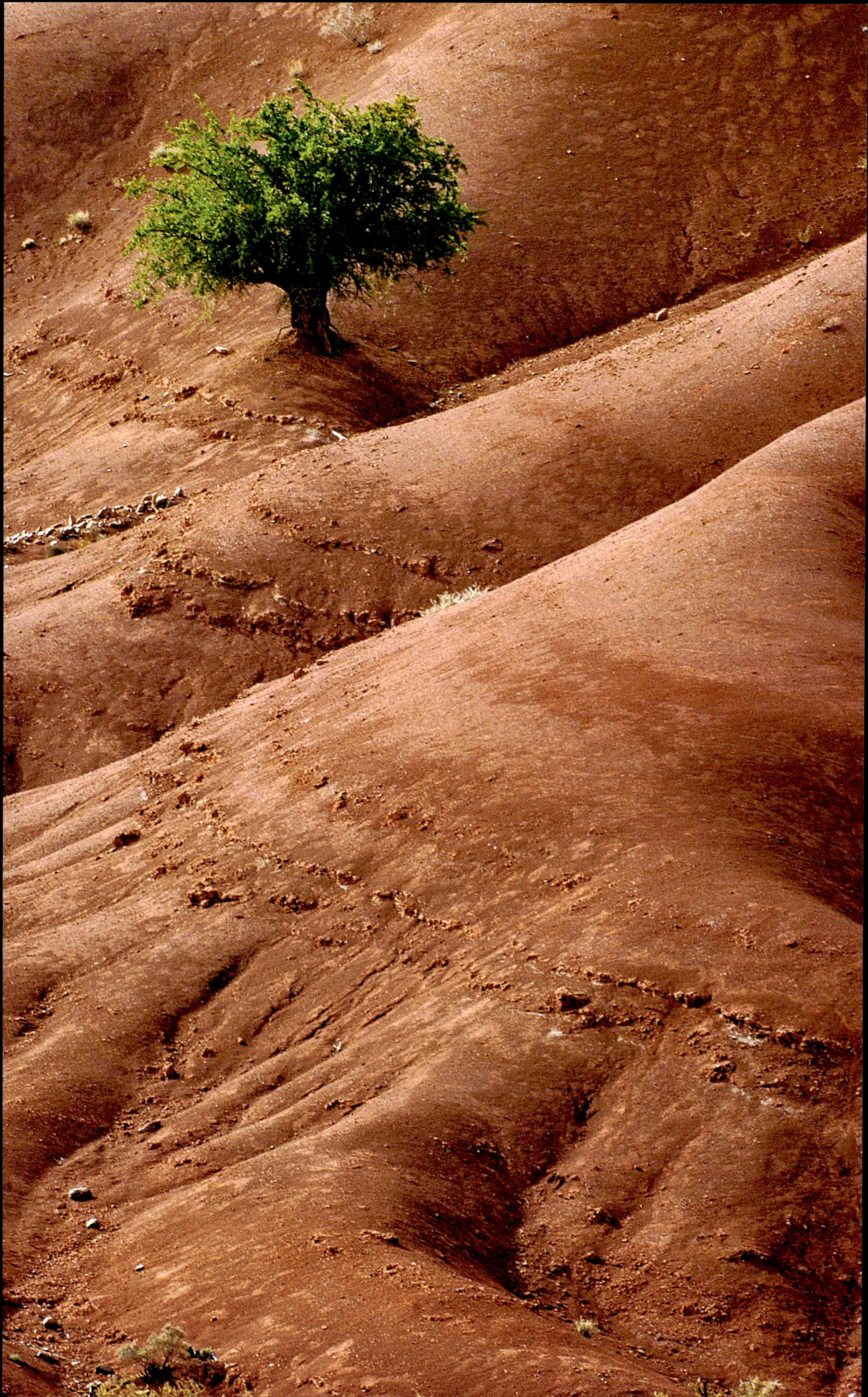

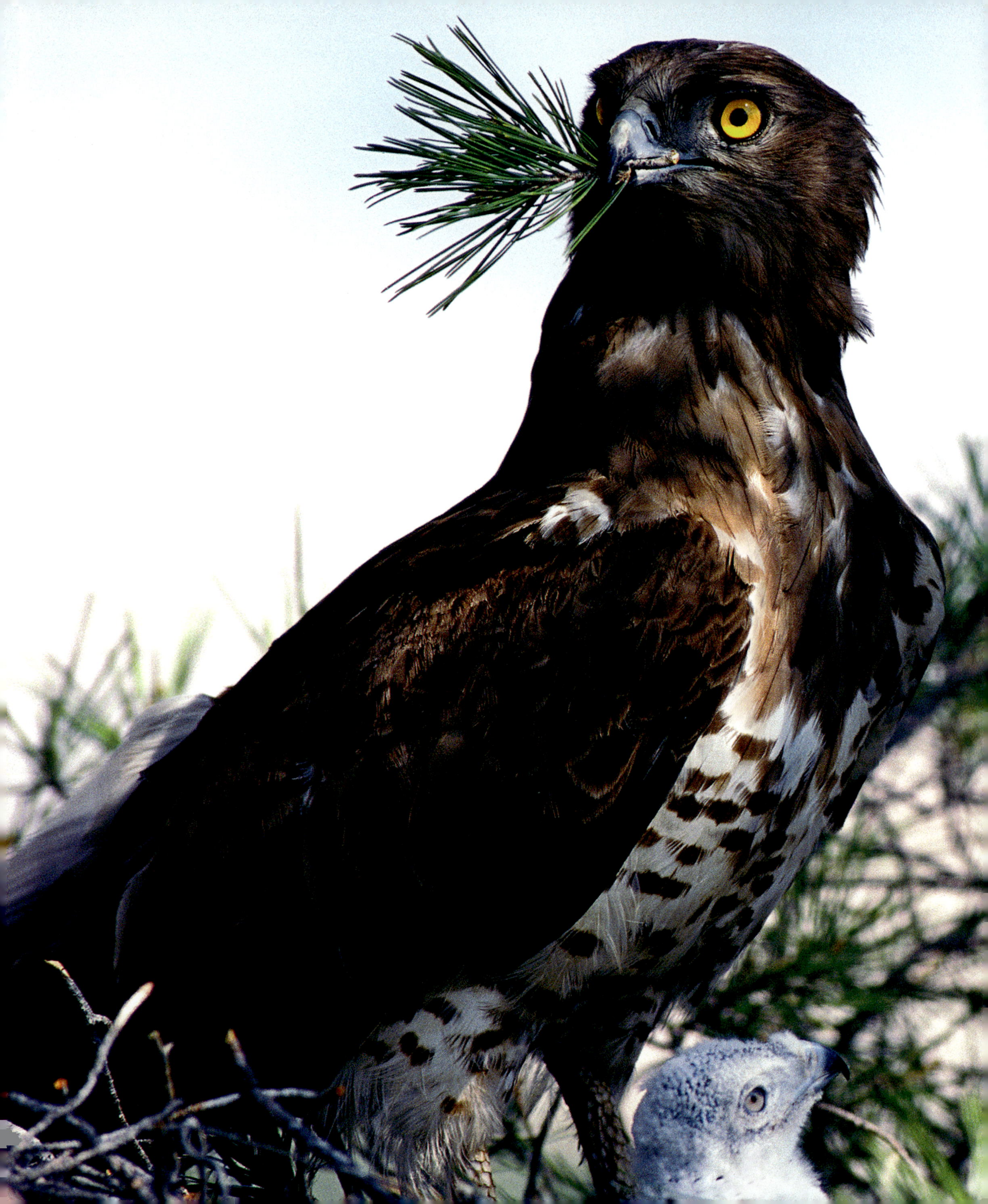

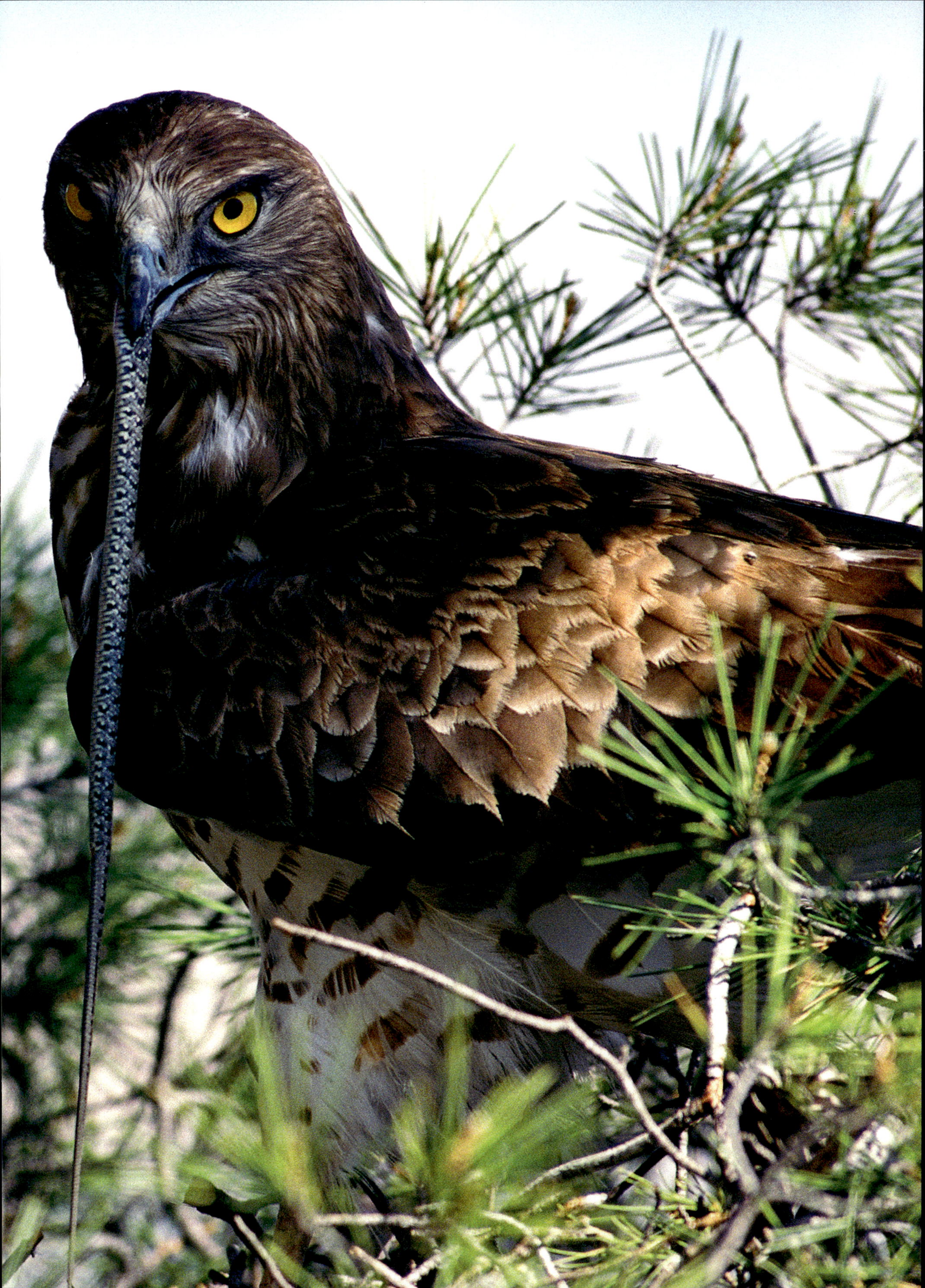

Familia de águilas culebreras
Sierra del Coto, Pinoso (Alicante)
JOSE BENITO RUIZ

Durante la realización de un documental de vídeo pude realizar también diversas fotografías de este nido tan accesible como espectacular en un viejo pino carrasco. Desgraciadamente el avance de las canteras de mármol amenazan con engullir buena parte de esta valiosa sierra.
Nikon F5, 500mm P IF ED, vel. 1/250 seg., f4, trípode, hide, Fujichrome Velvia 50.

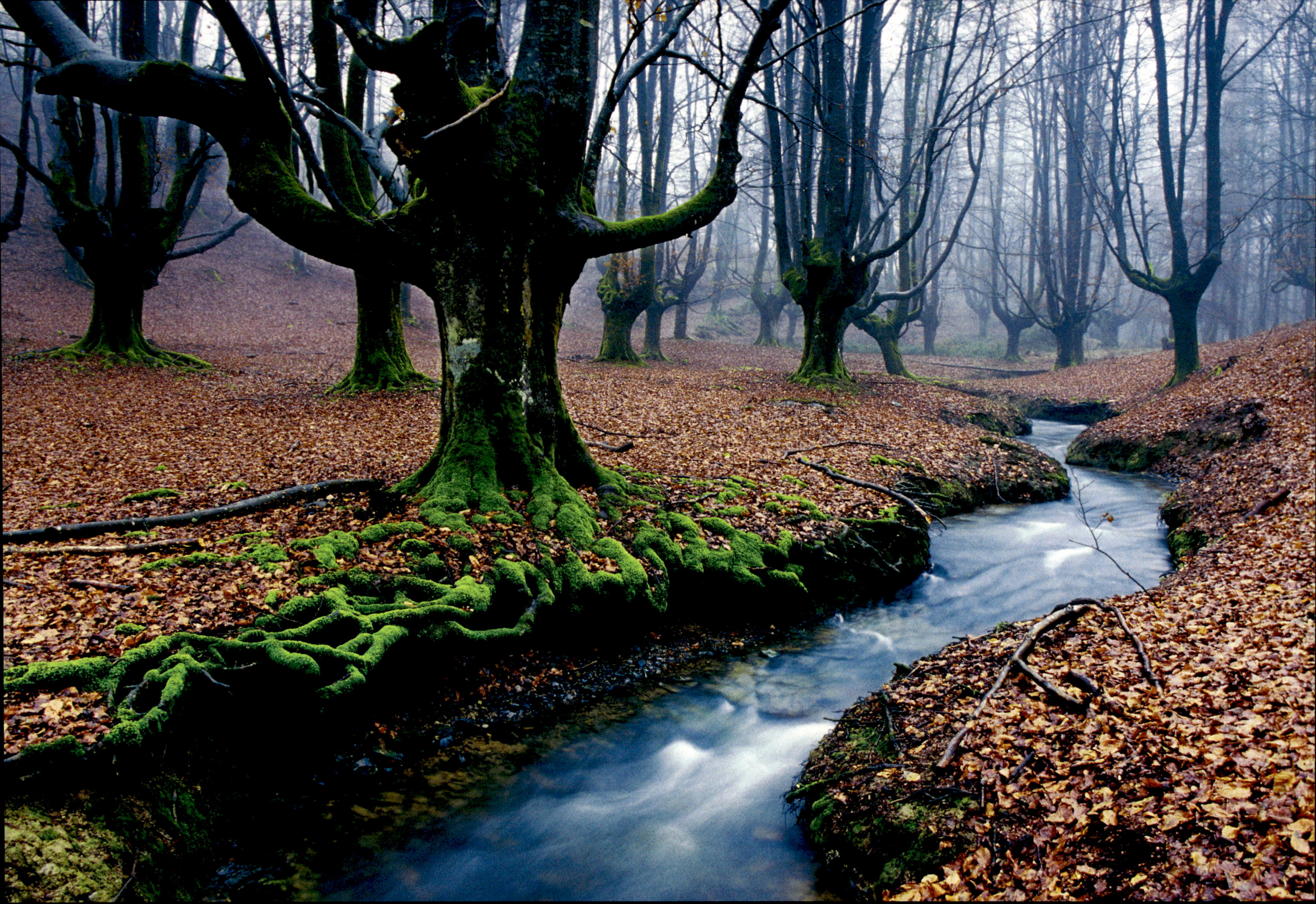

Los duendes del invierno, Parque Natural de Gorbeia, Bizkaia
ISABEL DIEZ

La profundidad de la escena es uno de sus aspectos más destacables. La disposición de un haya en primer plano, la disminución de tamaño de los troncos, el trazado del río desde el primer término hasta el interior del bosque y la presencia de la niebla, que genera una gradación en la nitidez y definición de los elementos, son las claves para hacer una interpretación tridimensional de la imagen. Desde el punto de vista cromático, es interesante el contraste entre los colores cálidos del primer plano y los fríos del fondo.
Canon EOS 3, Canon 28-70 mm f/2.8 L, Velvia 100, filtro degradado neutro -2 ptos B+W, trípode

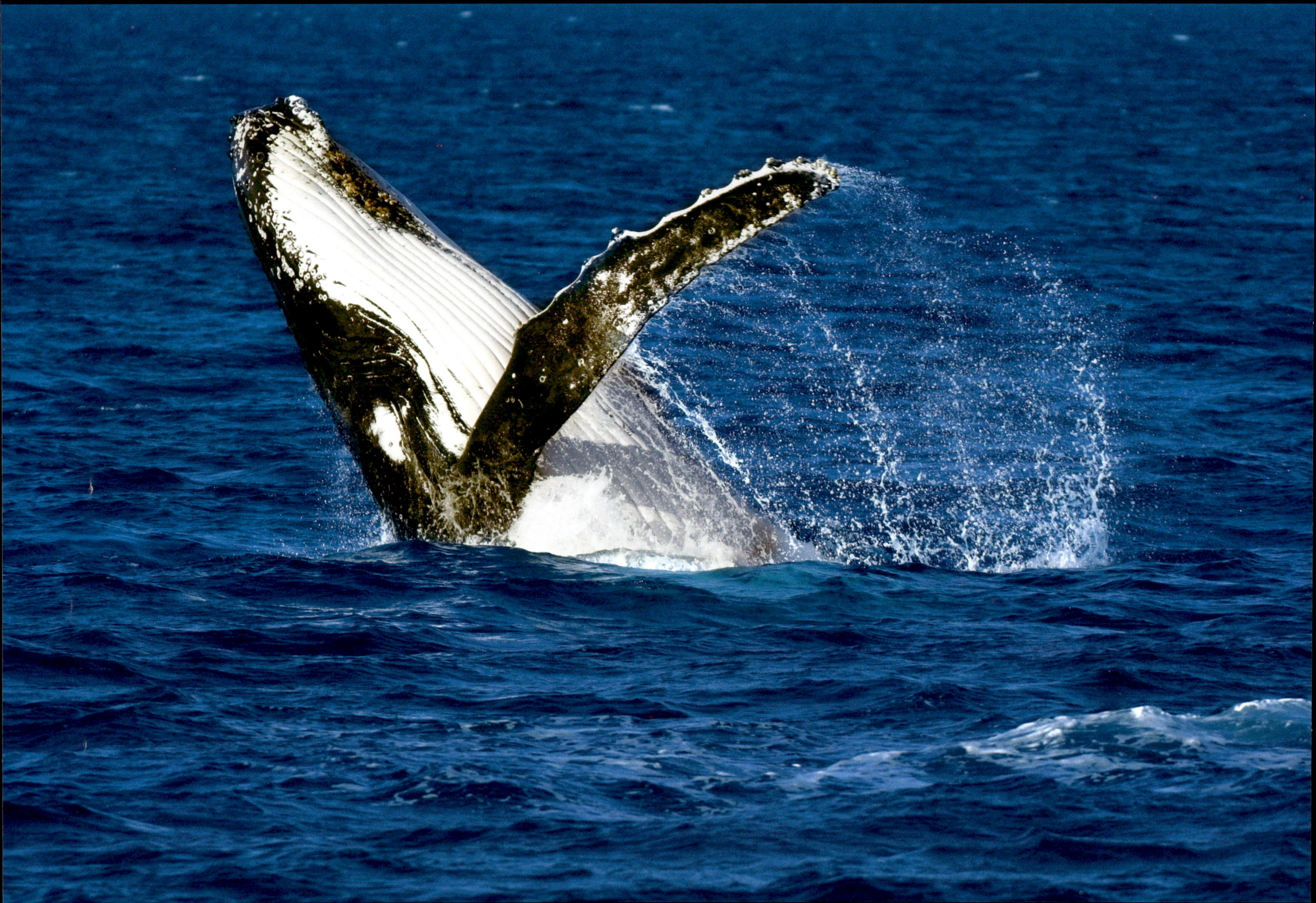

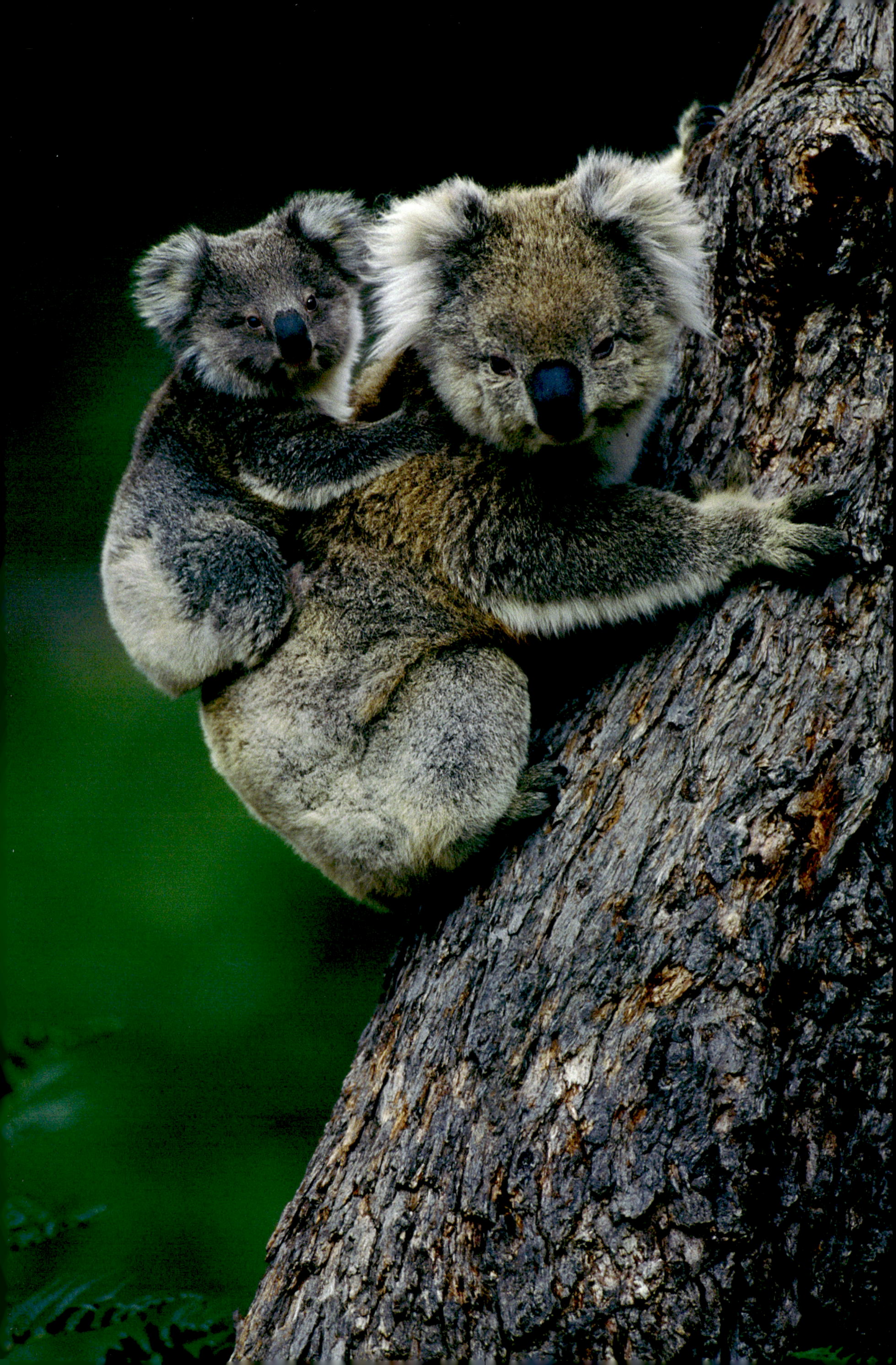

Koala, Sur de Australia
JORGE SIERRA

Nikon F100, Nikkor 500mm. f4, trípode Gitzo, Kodak E100VS.

El cazador, La campiña, Sevilla
DIEGO LÓPEZ

Preencuadras, el cazador viene, cuatro disparos, tres malos, uno bueno. De vez en cuando, la suerte te sonríe. Nikon D100, 300 f4, vel. 1/1000 seg., f5.6, ISO 200, trípode Manfrotto, hide.

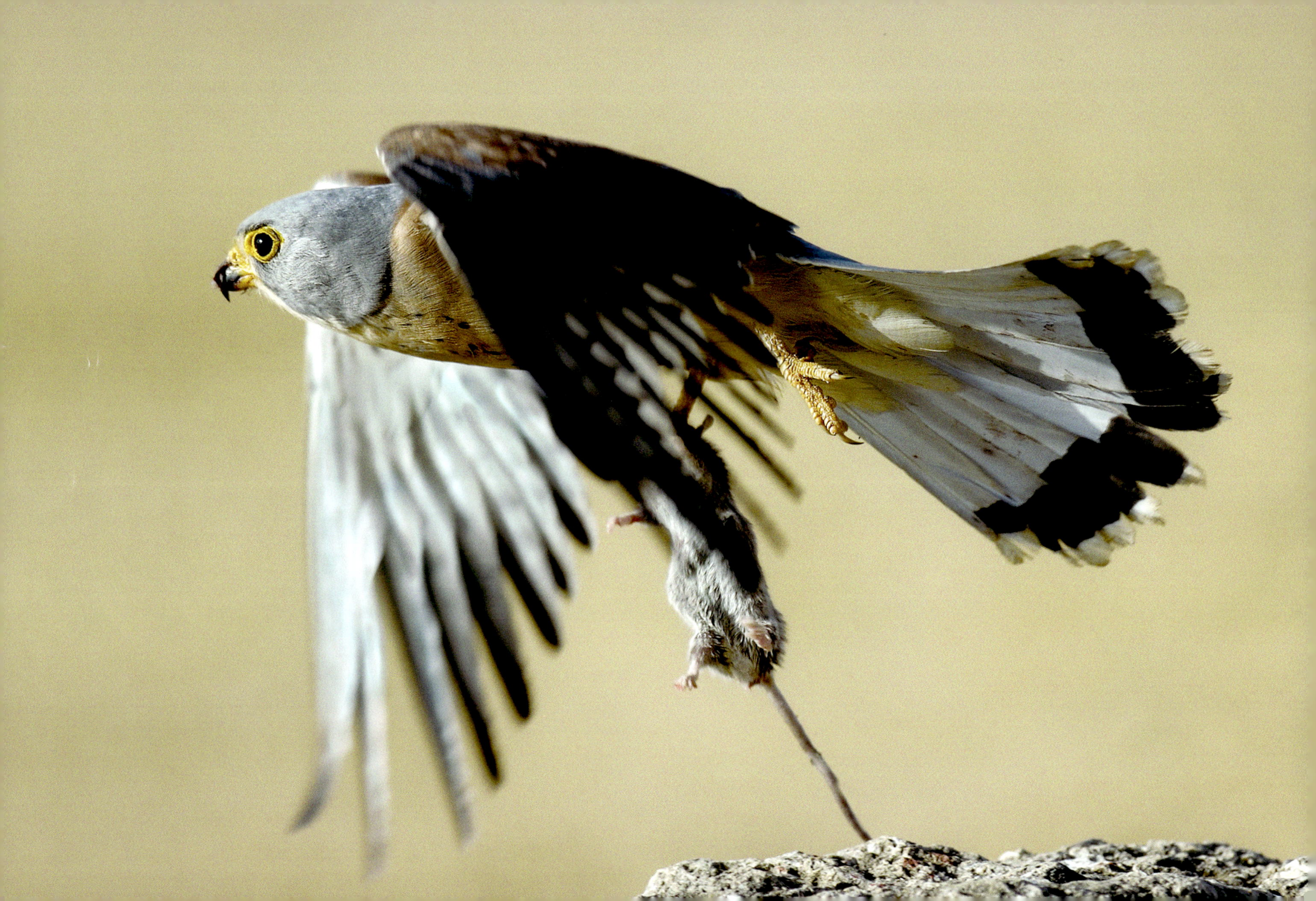

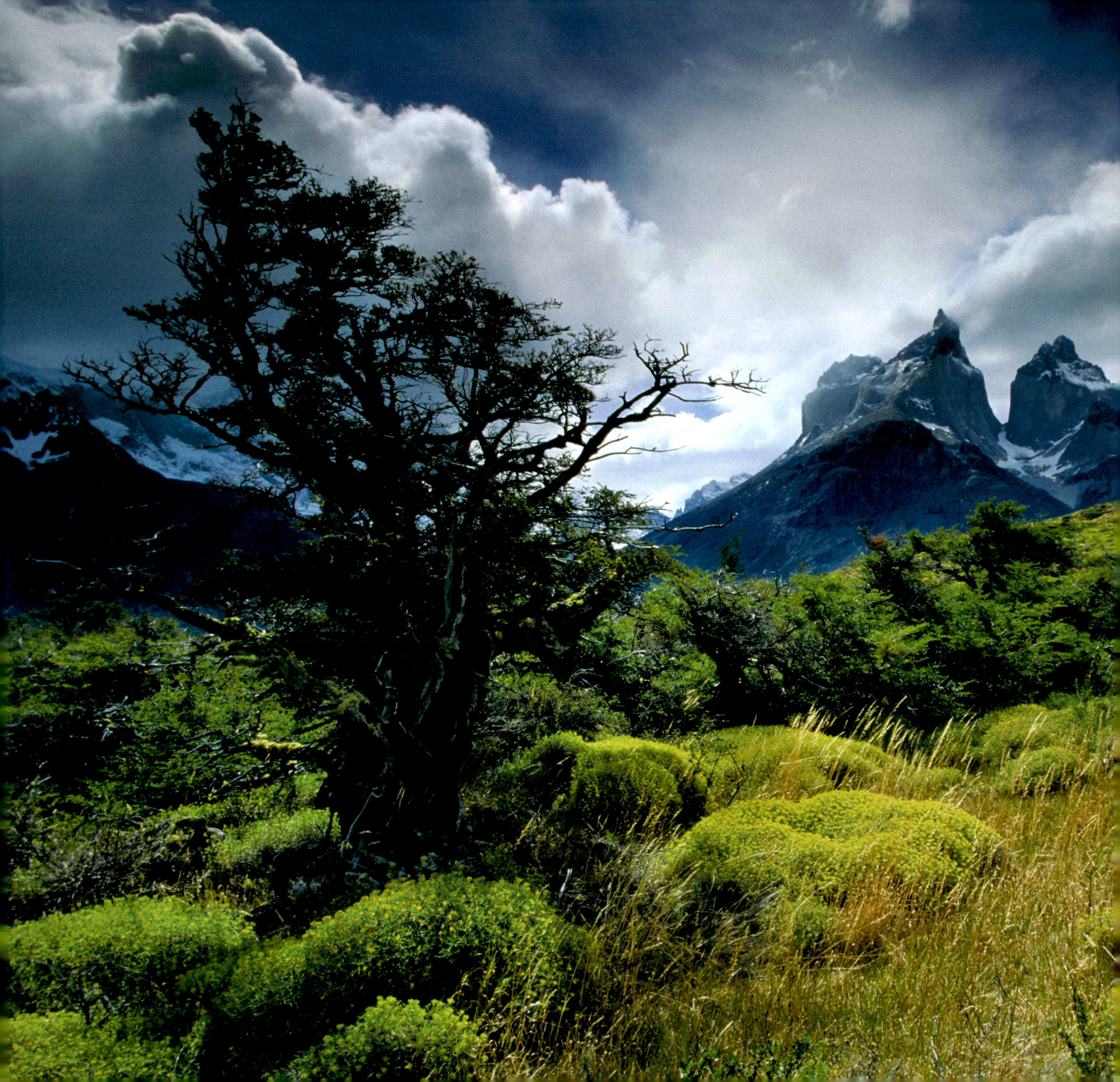

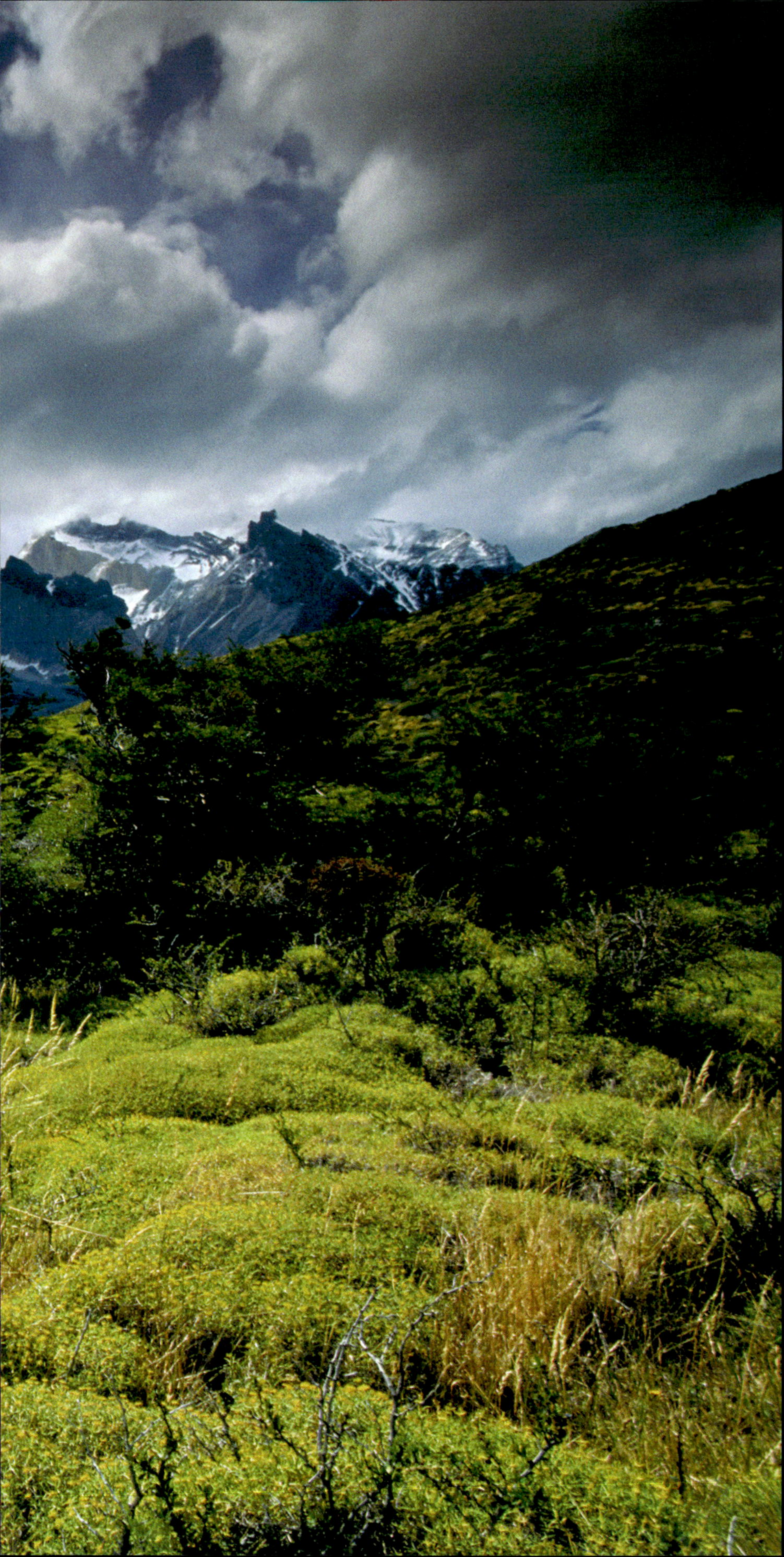

Vértice, Parque Nacional Torres del Paine, Chile
LUIS VILARIÑO

Todos los elementos parecían converger hacia el Cuerno Grande, un gigantesco vértice natural que parece atraer magnéticamente los girones de nubes.
Equipo de 35 mm. con gran angular de 20 mm., filtro degradado de 3 puntos, trípode, Velvia 100

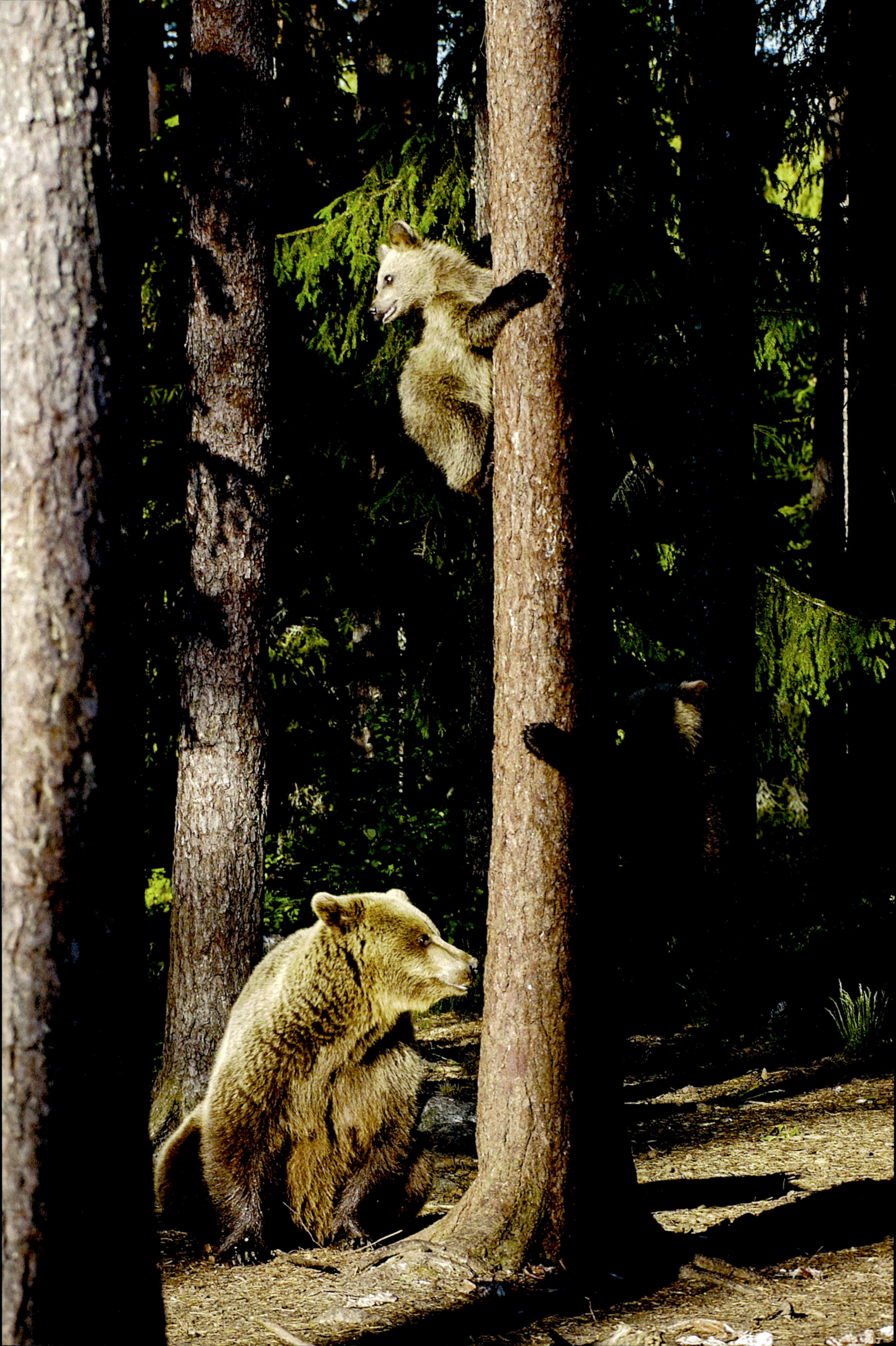

Un cuento de osos, Kuusamo, Finlandia
DANIEL MONTERO

Tras varias horas contemplando un grupo de osos en los bosques de la frontera con Rusia, apareció esta osa con los oseznos. Durante un buen rato estuvieron evolucionando por la escena delante del hide. Contemplar el comportamiento de la osa con los oseznos cada vez que se acercaba otro oso, a la hora de comer o simplemente mientras jugaban fue como contemplar un documental de osos en vivo y en directo. Fue como si alguien me susurrara un cuento de osos y mi imaginación viese lo que llevaba tiempo queriendo ver. Y aderezado por la luz de la tarde. Una experiencia inolvidable.
Nikon D100, Sigma 170-500 a 170, vel. 1/320 seg., f9, trípode Manfrotto, medición puntual, balance de blancos nublado -1.

Valle de Alcudia
RAFAEL PALOMO SANTANA

En invierno las nieblas son frecuentes en el Valle de Alcudia, este dia la niebla no era muy intensa y dejaba ver las encinas con claridad.
Canon EOS 20D, Canon 100-400, vel. 1/100 seg., f13, ISO 200, -0.3 EV, trípode GITZO.

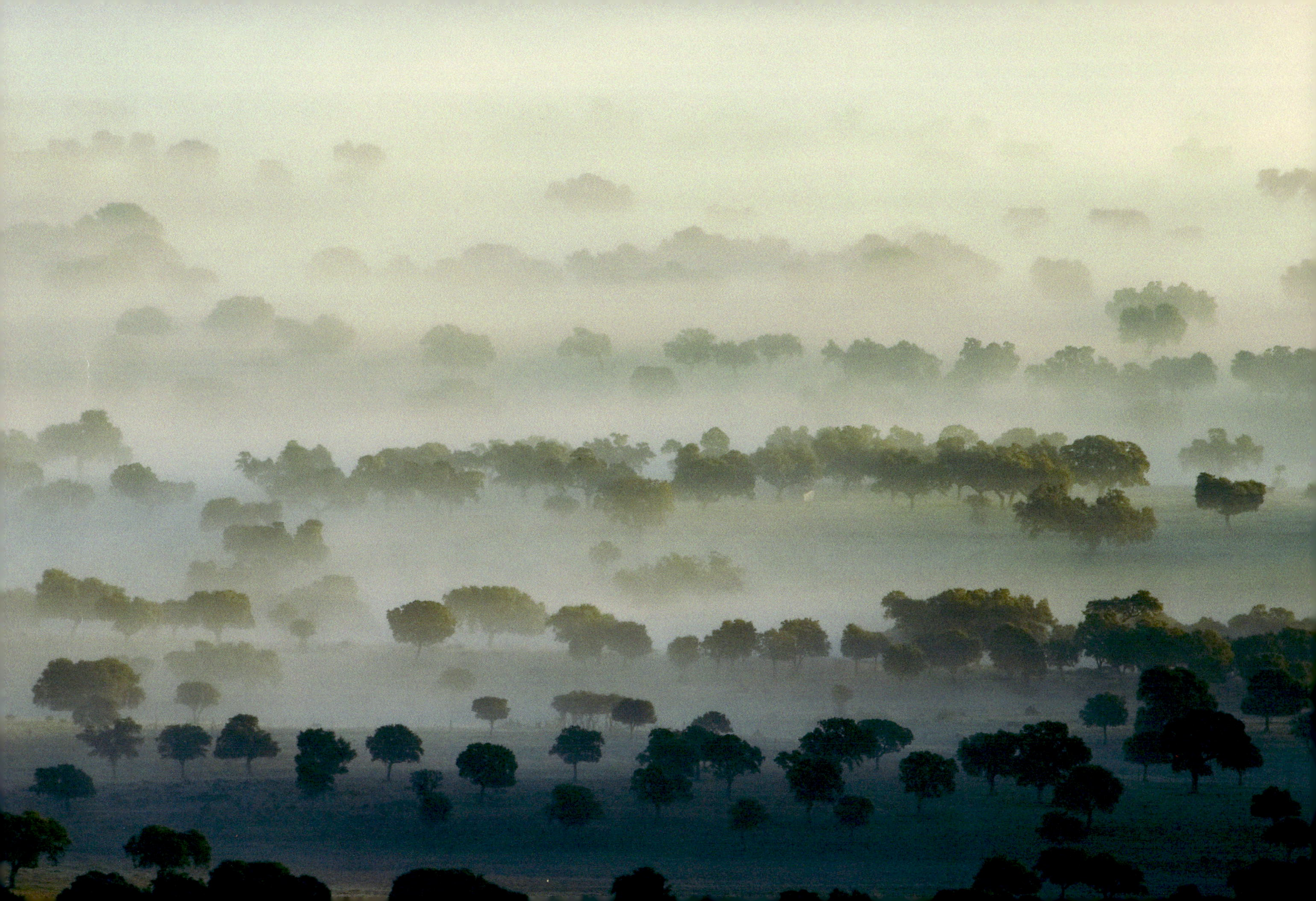

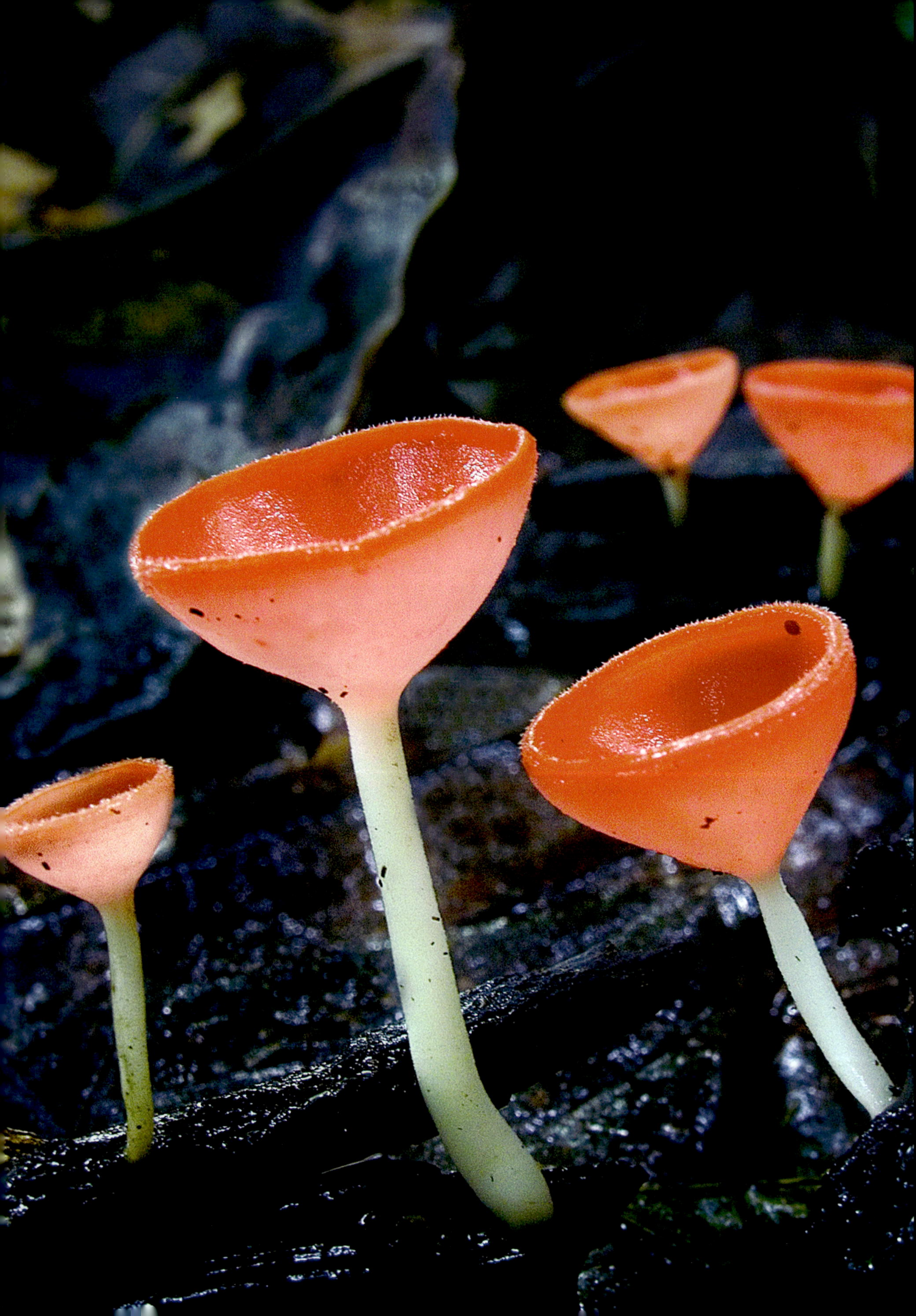

Cookeina speciosa
Barú, bosque tropical húmedo, Costa Rica
ROSA BASURTO CASADO

Estos llamativos hongos en forma de copita crecen de Mayo a Diciembre sobre pequeños restos leñosos en descomposición que mantienen una humedad constante.
Nikon Coopix 5700, trípode Slik, vel. 2 seg., f7.4, ISO 100.

Entre las Hojas
JOSE BERGADA

Realizada en Costa Rica en la provincia de Limón, en el perímetro de una zona pantanosa por la noche y lloviendo.
Canon EOS-1D Mark II, Canon EF 100mm USM f2.8, f32, 50 ASA, Flash Canon Macro doble MT-24EX, ratio A:B 1/2.

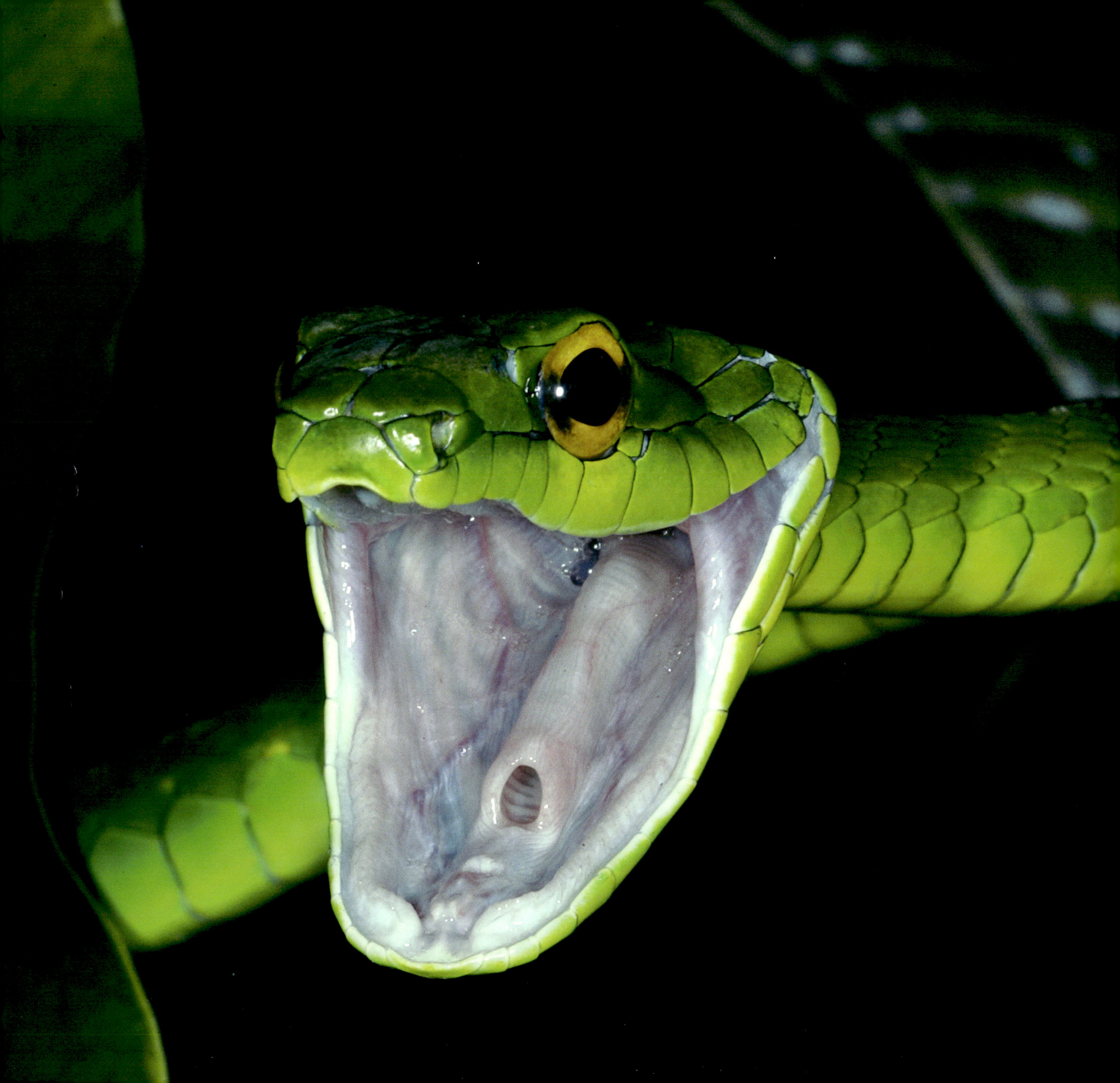

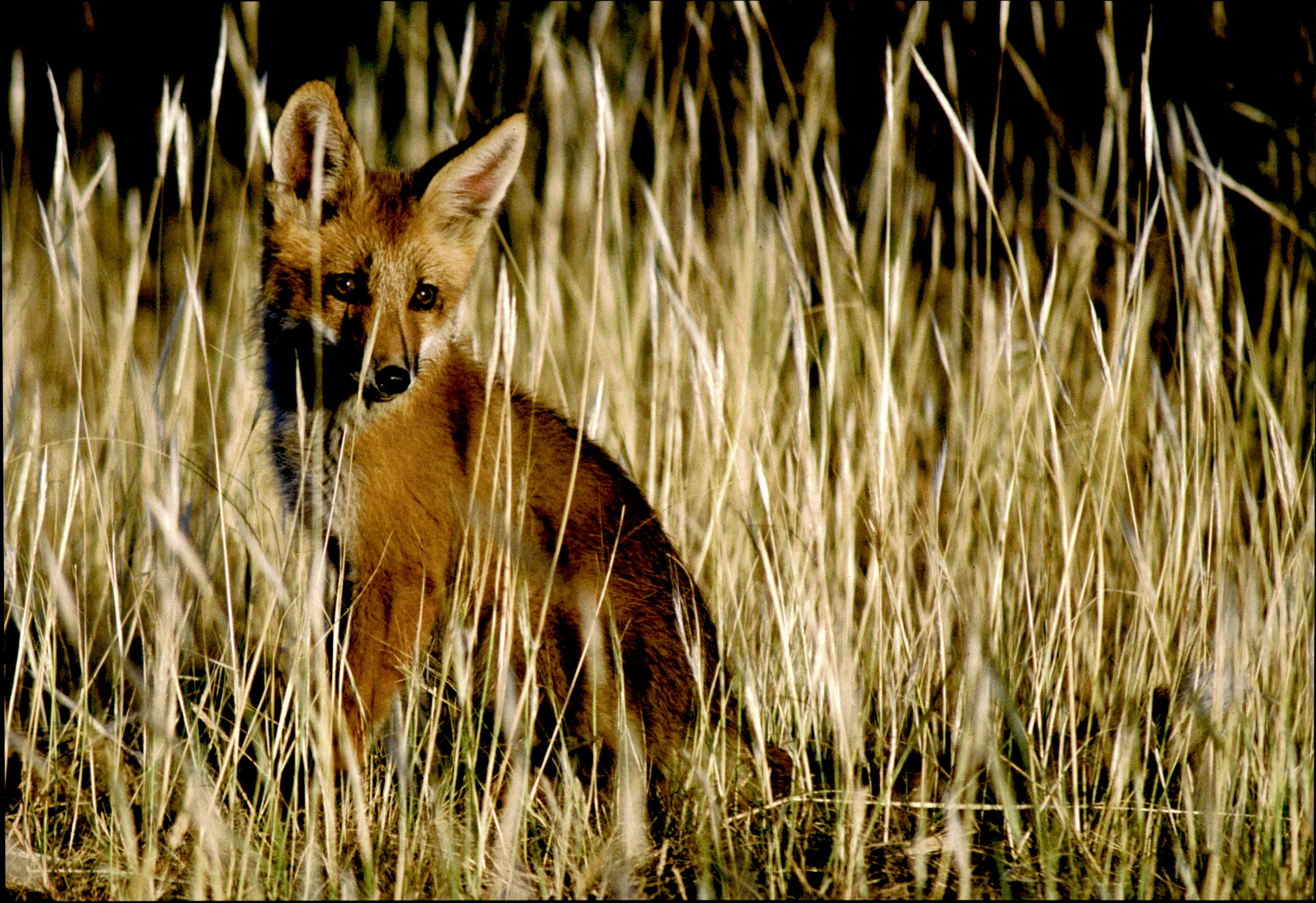

Zorro al amanecer
PEPE BELTRAN

Varias madrigueras he detectado a lo largo de los años, pero siempre con algún problema, zonas con mucha vegetación, o muy umbrías o imposible ubicar el hide, sin embargo en esta ocasión la imprudencia de este pequeño cánido colmó mis aspiraciones.
Canon EOS 3, Canon 100-400 IS, vel. 1/60 seg., f8, Fuji Provia 100F, trípode Manfrotto

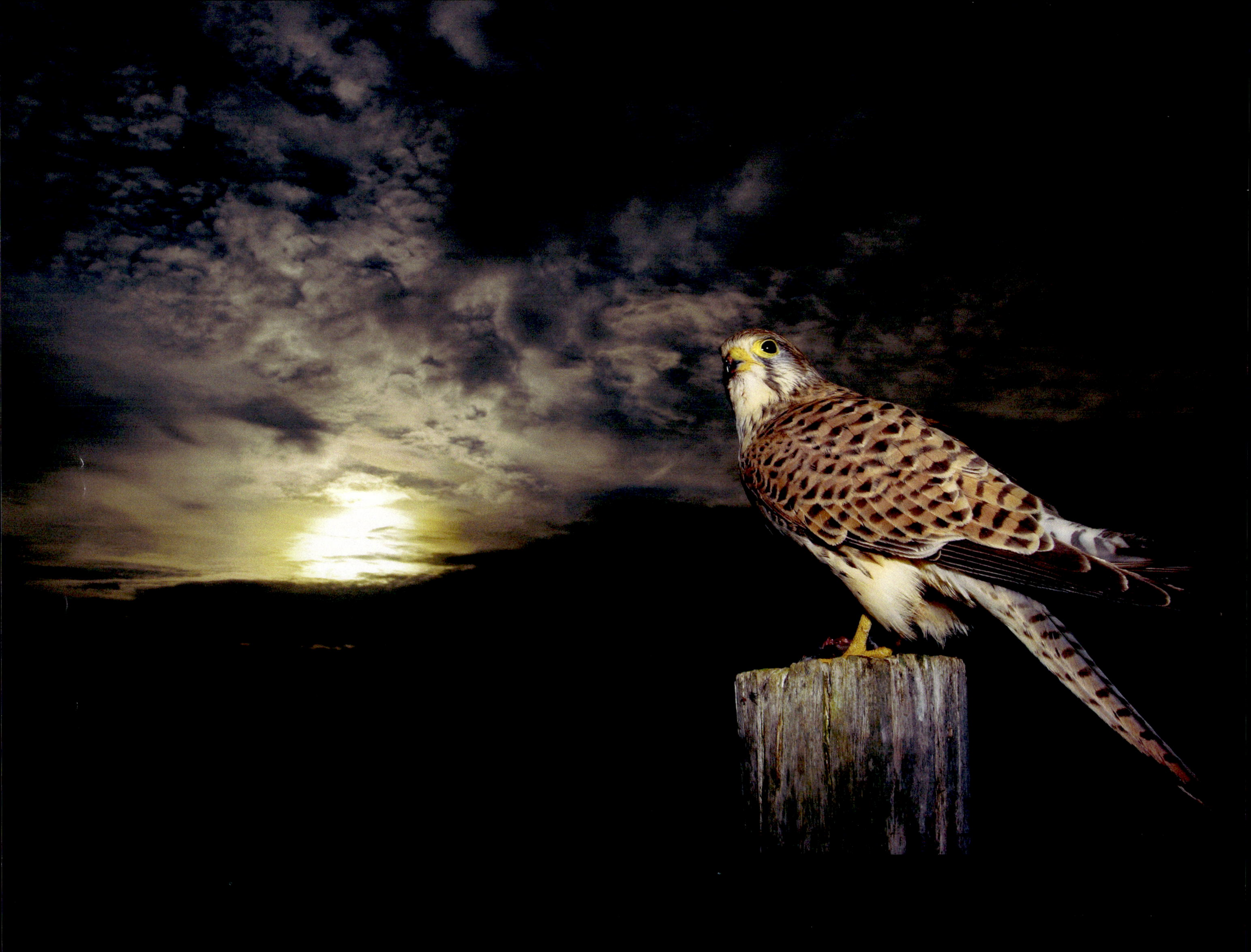

Hembra de Cernícalo Vulgar, Comarca de la Vega del Guadalquivir
JAVIER RAMOS

La querencia hacia el posadero y la confianza mostrada por el ave tras varias sesiones, me permitió captar este instante que tanto tiempo llevaba soñando.
Canon EOS 20D, Canon 17-40mm L USM, vel. 1/125 seg., f6.7, -2 puntos, Flash Canon 580 EX en maestro y Flash 430 EX en esclavo, ISO 100, trípode y control remoto por cable

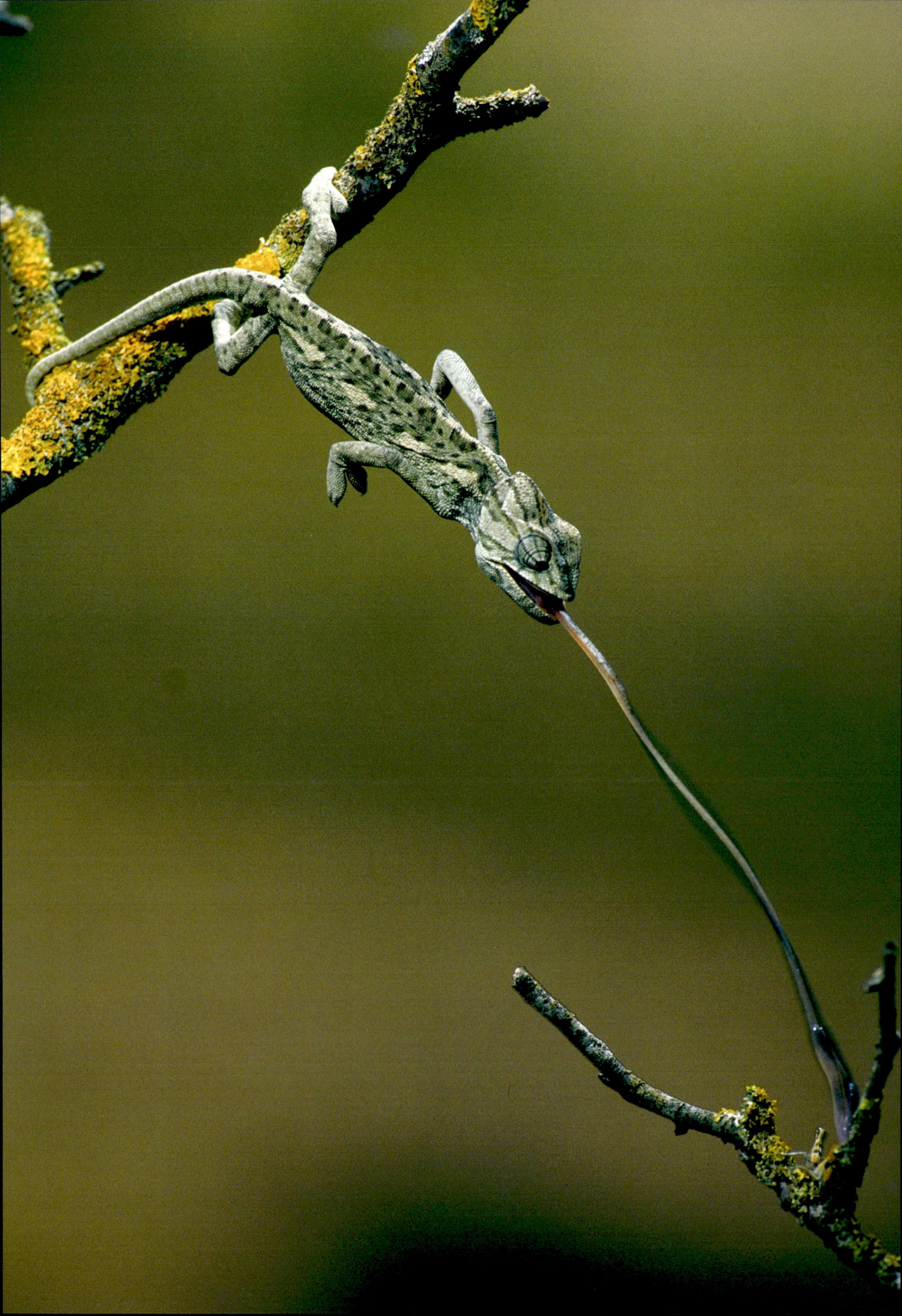

Camaleón de cacería, Málaga, cercanías de la capital
RAMON NAVARRO

Poco puede hacer la presa de esta maravilla de la naturaleza cuando despliega su pegajosa lengua en centésimas de segundo. Contrasta ésta rapidez con el sigilo a la hora de recechar a su víctima.
Canon EOS 1N, Canon EF 400mm f2.8, 2 Flashes Canon 550 EX trabajando en potencias parciales de 1/16, Fuji Velvia 50 asa, vel. 1/250 seg., f8, trípode Manfrotto

Belleza temible, Bahamas
ROGELIO HERRERA PEREZ

Tiburón tigre de 3 m de longitud.
Obtenida en una expedición de buceo con tiburones en un arrecife de Bahamas, sobre un banco de arena a unos 5 m de profundidad.
Nikon RS, Nikon 13 mm, doble flash Nikon SB-104 y SB-105, vel. 1/60 seg., f16, Fuji Velvia 100, flashes en mínima potencia (1/16)

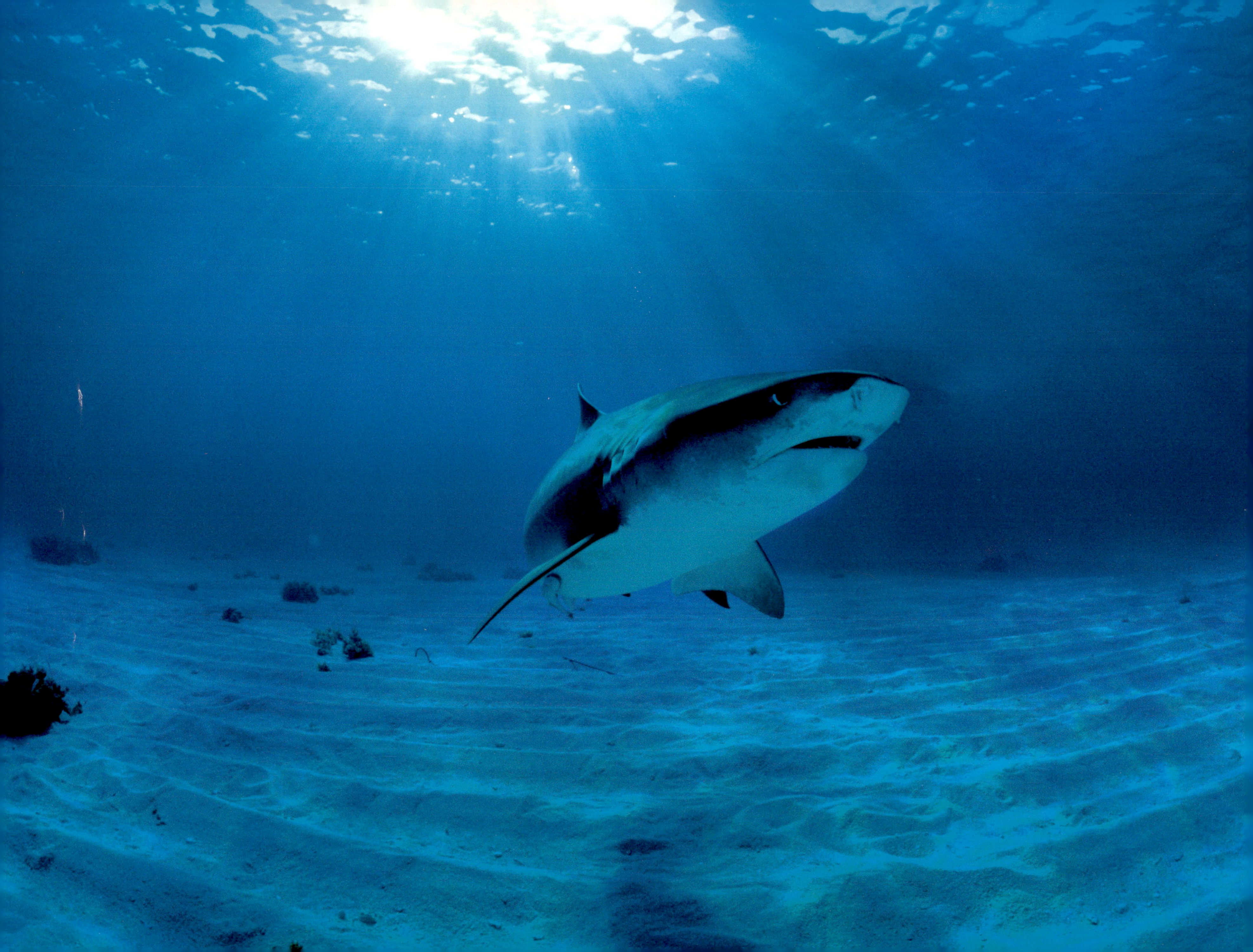

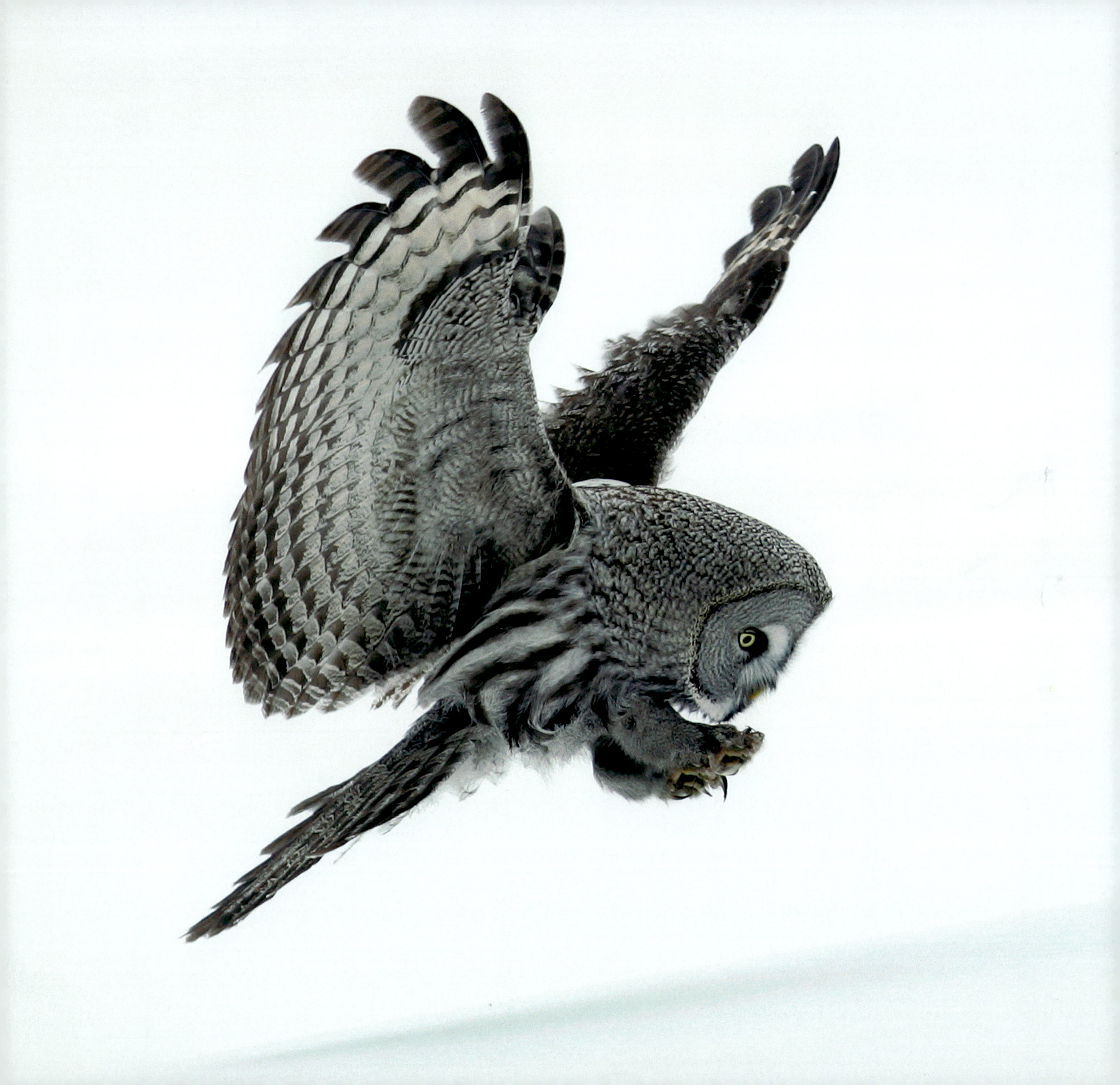

Durante unas largas horas pude seguir a este Cárabo Lapón en Finlandia mientras cazaba roedores. Paso la mayor parte del tiempo observando las posibles presas desde la copa de un árbol para después de una larga espera lanzarse guiado solo por su oido para cazar a un roedor que estaba oculto bajo la nieve.
Canon EOS-1D Mark II, Canon 300 f2.8, vel. 1/1000 seg., f4, ISO 400

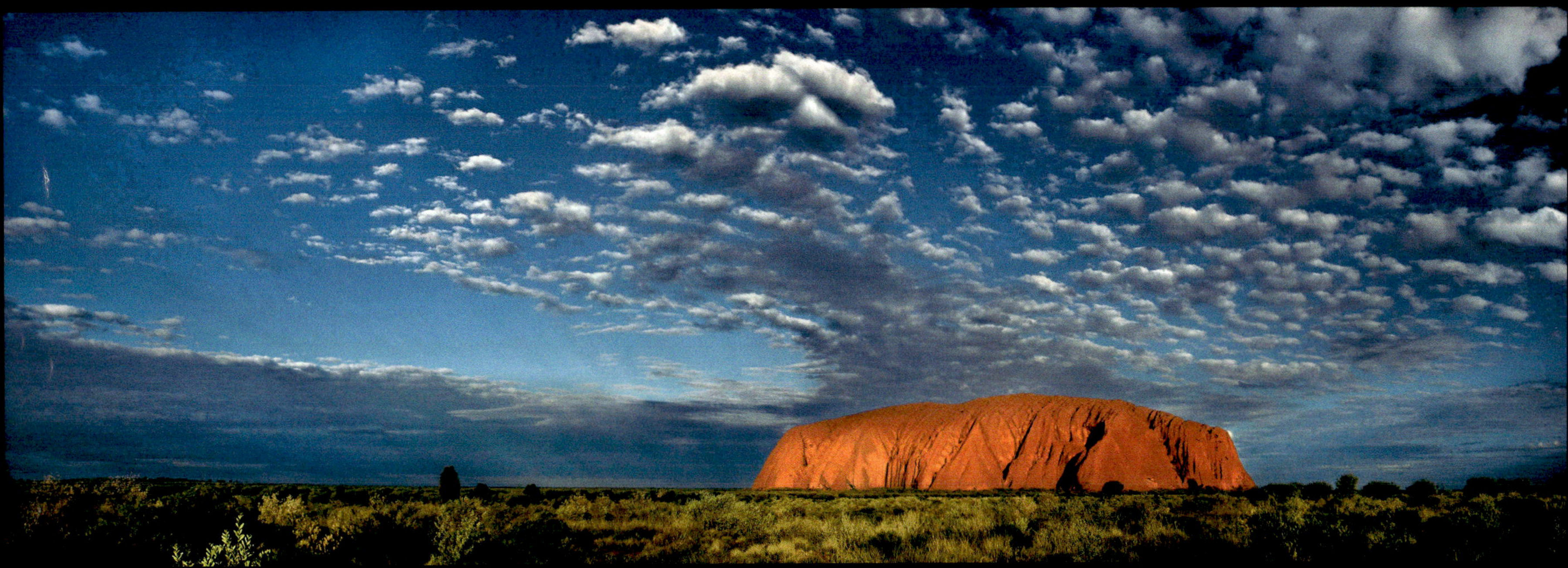

Uluru al atardecer, PN Uluru-Kata Tjuta, Northern Territory, Australia
FERNANDO ORTEGA

Uluru es el monolito más grande del mundo, con 3 kilómetros de longitud y 364 metros de altura es sencillamente impresionante, la roca roja es todo un espectáculo al atardecer, a medida que baja el sol va cambiando el color hasta que se enciende con los últimos rayos de sol. Panorámica de Uluru realizada con la unión de 3 imágenes digitales.
Canon EOS 20D, EF 16-35 mm, ISO 100, panorámica creada con Photoshop

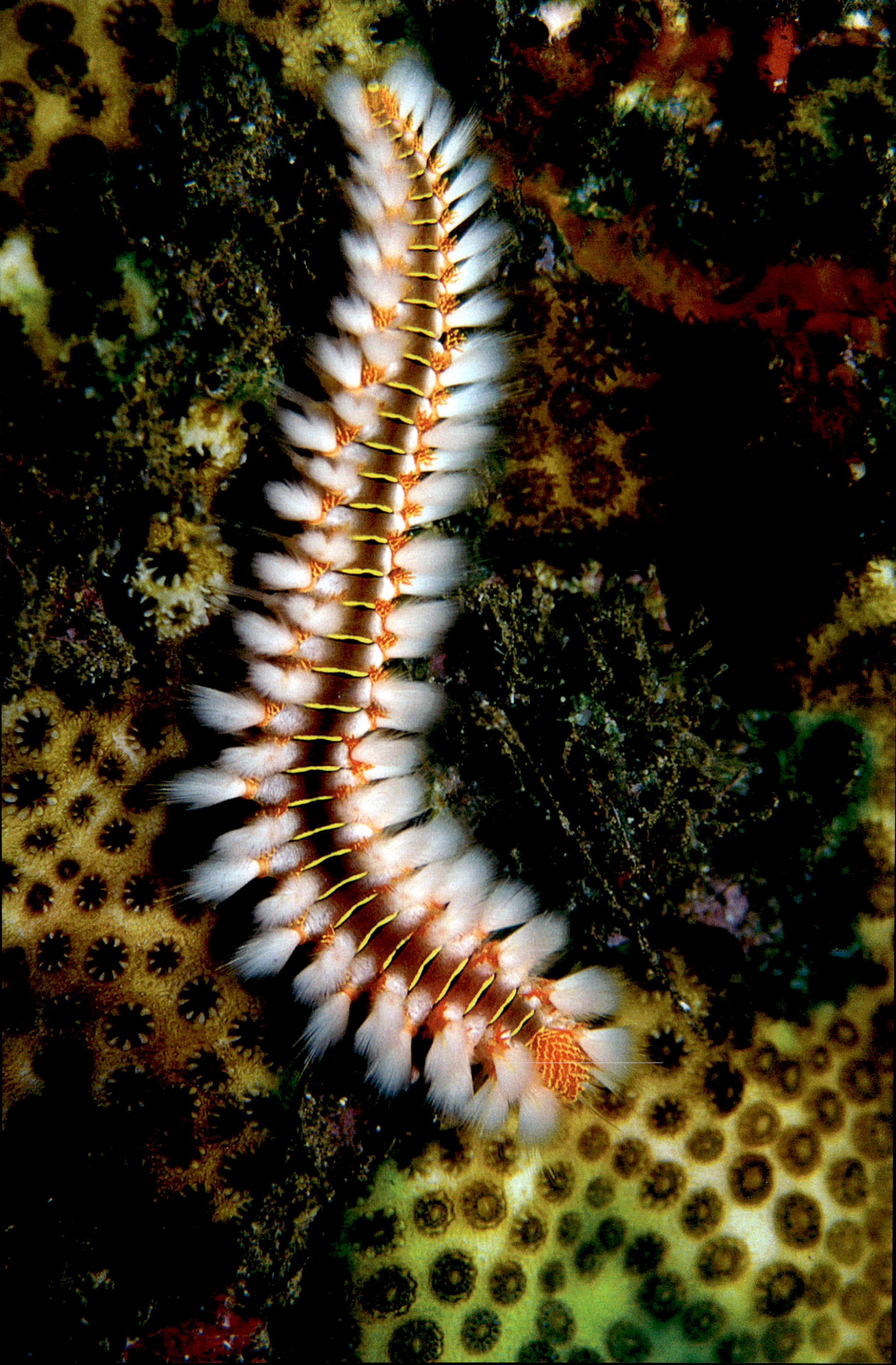

Gusano de Fuego, La Punta del Volcán - La Palma
FELIX AGUADO

Es un gran depredador que posee en los bordes de sus ciento veinticinco segmentos unos ramilletes que portan un veneno para repeler a sus agresores.
Nikon F90X en caja Seacam, 105 mm Micronikkor, flash Subtronic 200 W, f22 1/100, diapo VS100 Kodak

Martín pescador, Marismas del Guadalquivir
JAVIER RAMOS

Quizás una de las aves mas fotografiadas, su comportamiento, su habilidad y su gran belleza cautivan a cualquiera, una vez localizado y tras varias horas de observación sobre el terreno se le pueden adivinar fácilmente sus movimientos y costumbres, este posadero le servía con bastante frecuencia para lanzarse a pescar en busca de su alimento.
Canon EOS 20D, Canon 100-400mm L IS USM, vel. 1/250 seg., f10, -1/3, flash 550 EX, ISO 100, trípode Manfrotto, hide

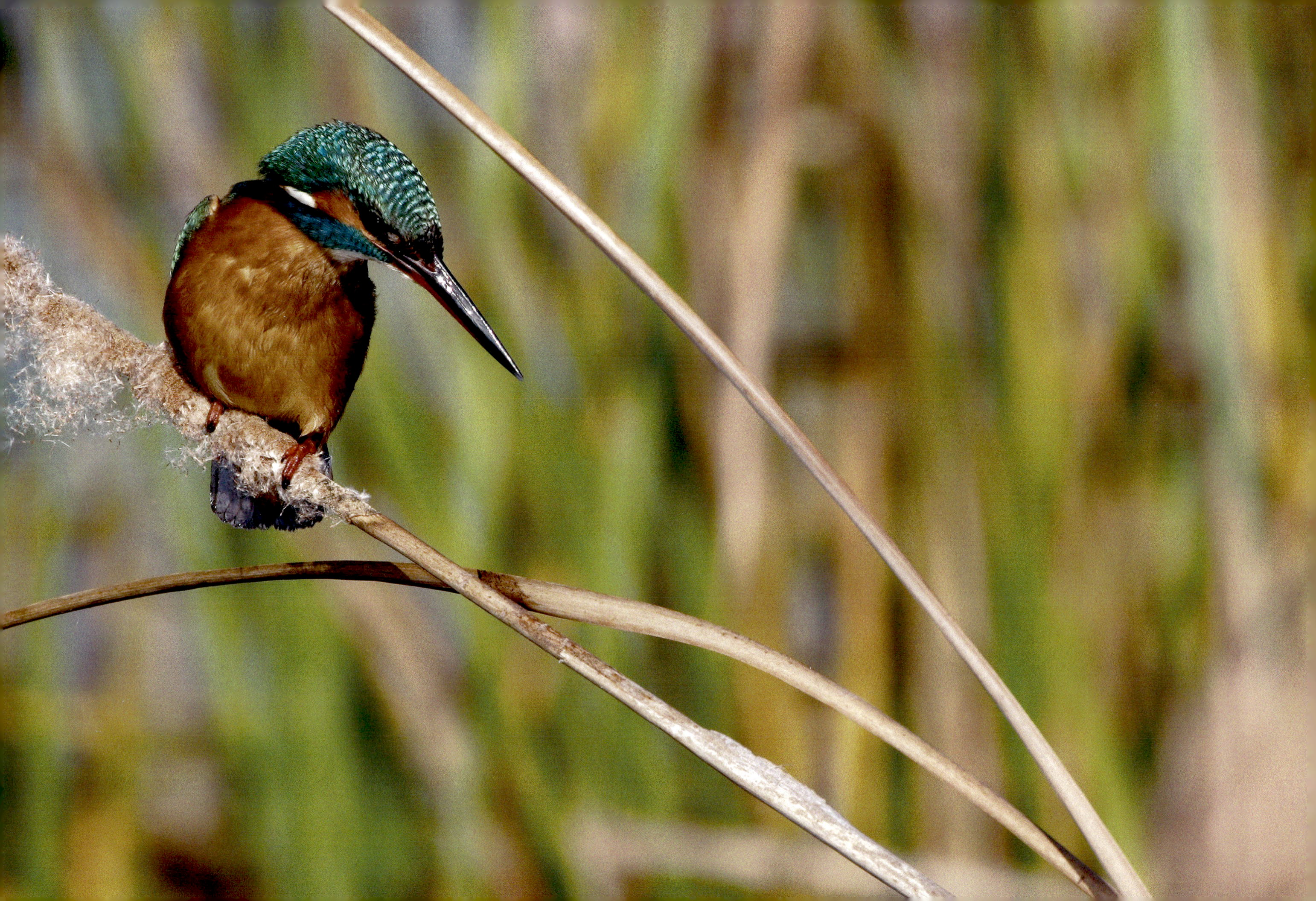

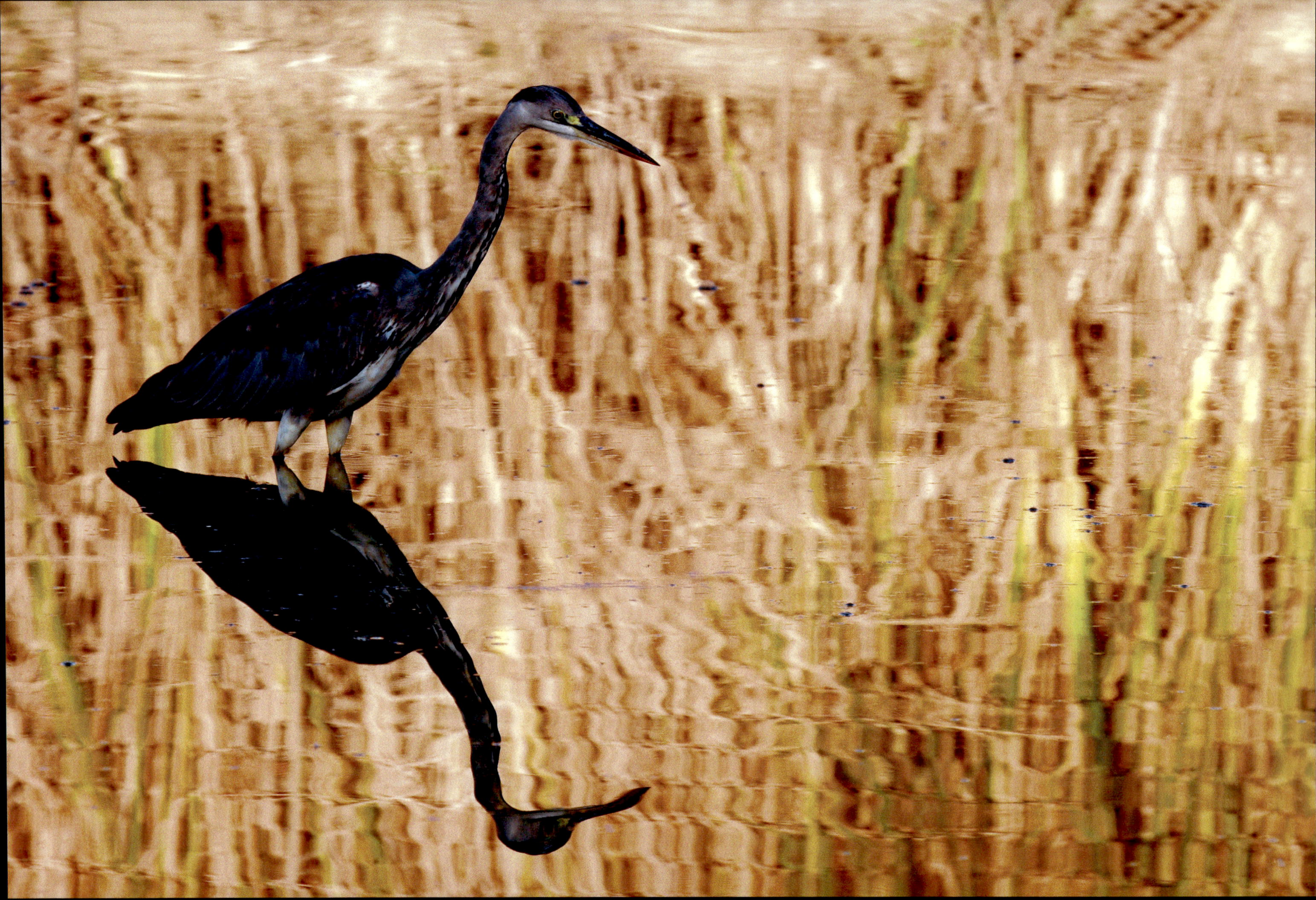

Garza real en un río dorado, Río Guadiamar, Sanlúcar la Mayor (Sevilla)
JOSE MANUEL REYES

Una mañana pasaba por las cercanías del río cuando observé un grupo de garzas alimentándose en las charcas provocadas por la sequía. "En ese momento lo vi…", las cañas secas bañadas por los primeros rayos de sol y una garza real reflejadas en el agua, aún en sombra aprovechando su inmovilidad para pescar algo, y yo en el hide intentando captar ese preciso momento en que se daban esas situaciones.
Canon 20D, Canon 100-400, f8, vel. 1/160 seg, +2/3, ISO 200, hide

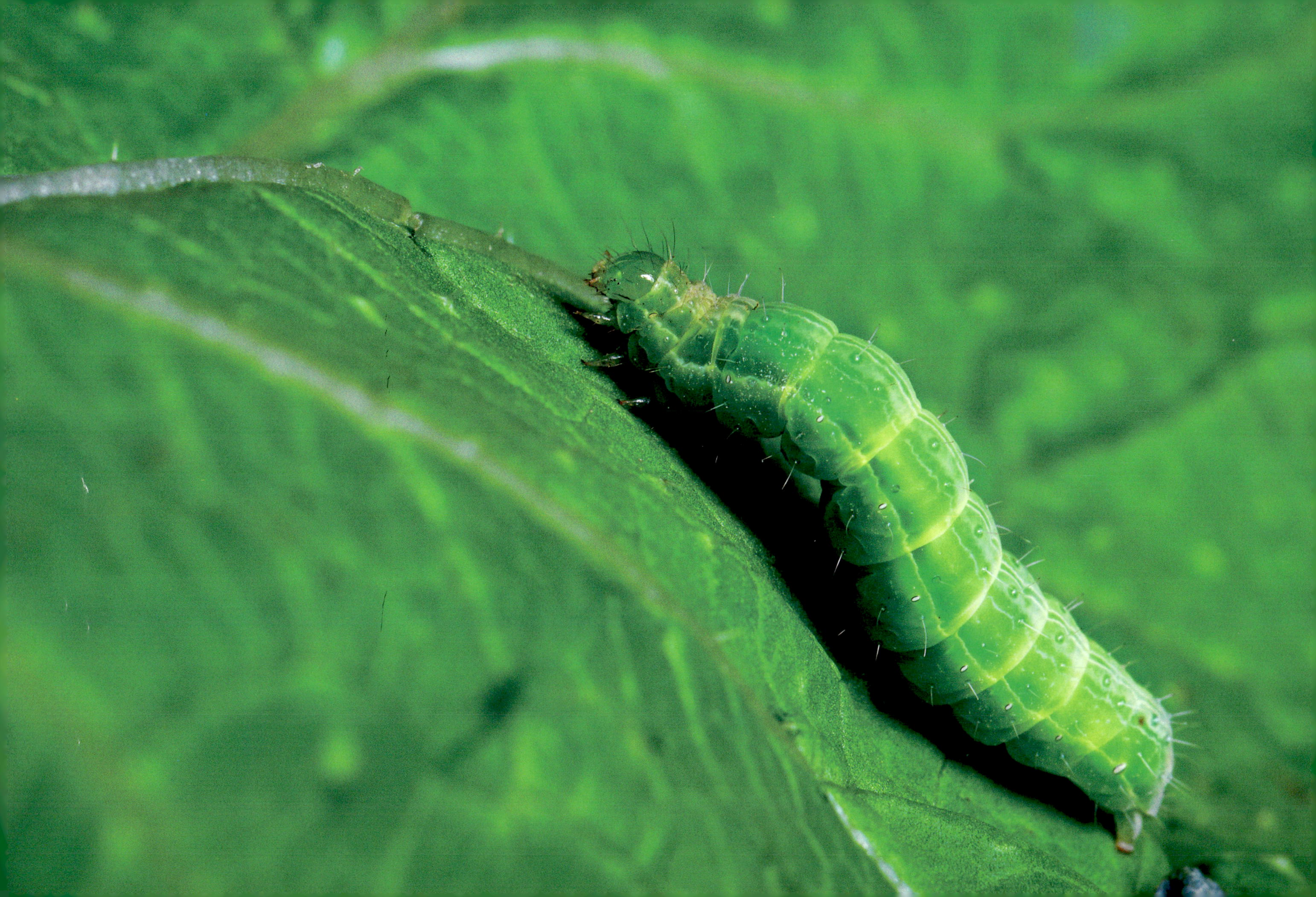

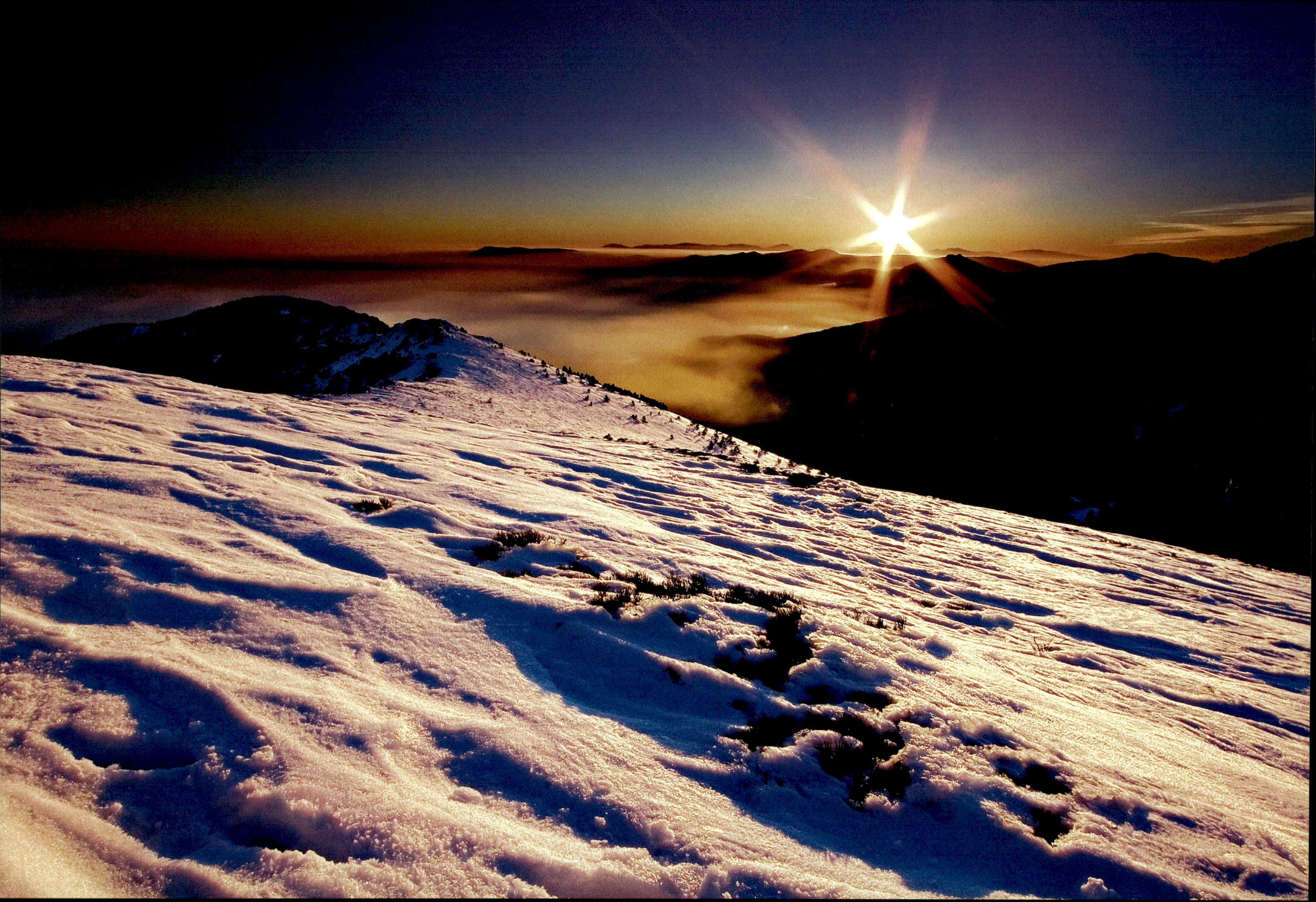

Un sueño cumplido, Sierra de Guadarrama
ENRIQUE FERNANDEZ FERRA

Tenía el lugar localizado y la imagen en mi cabeza hacía meses, sólo a la espera de que las condiciones meteorológicas fueran las adecuadas. Tras una caminata de cuarenta minutos sobre la nieve llegué al punto estudiado justo para recibir la puesta de sol, con sus luces doradas sobre el horizonte.
Canon EOS 20D, Canon EF-S 10-22 f3,5 - 4,5 USM, degradado neutro inverso -3 Singh-Ray,

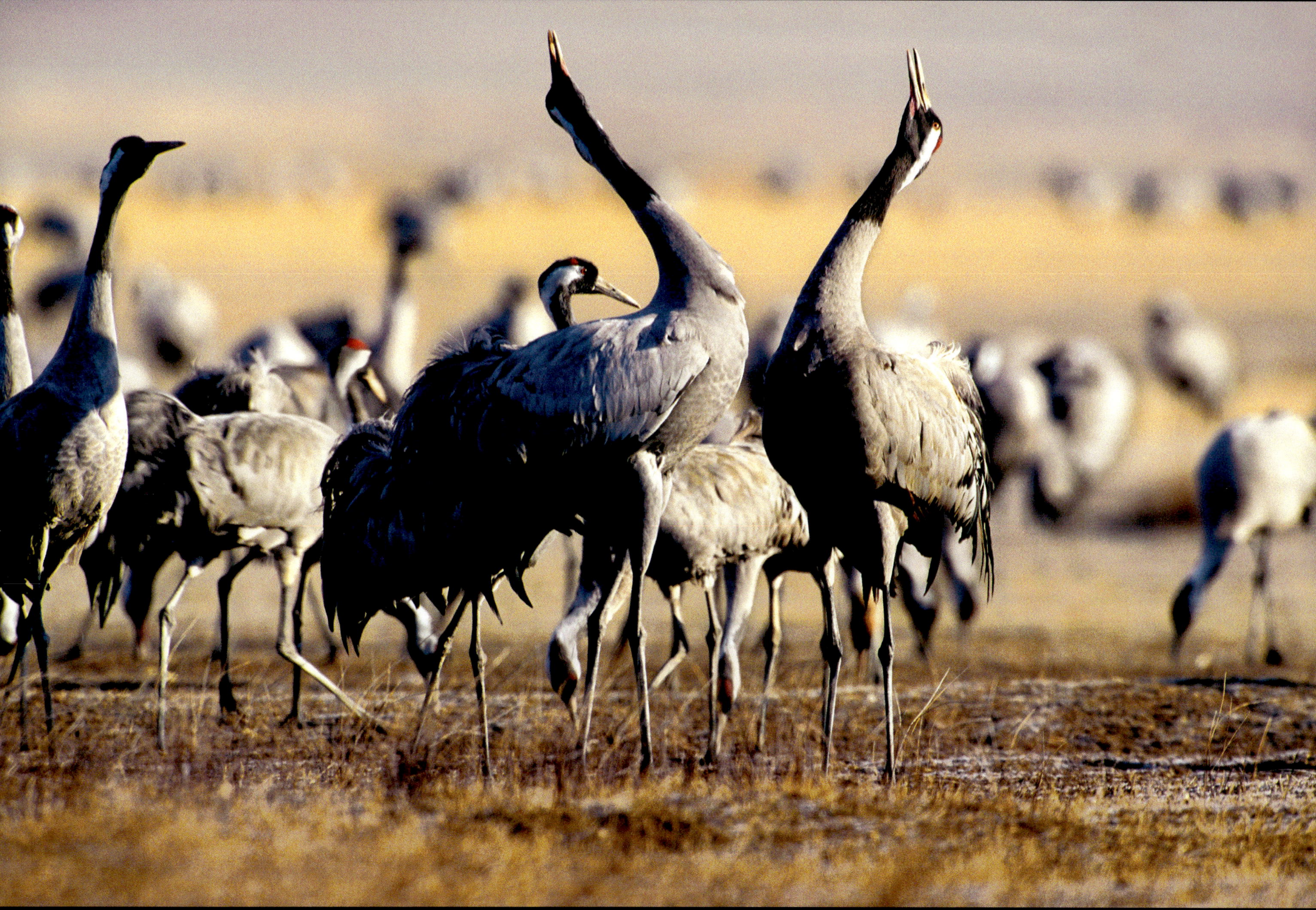

Grullas
JOSE MARI LLAVORI

En los últimos días de febrero las Grullas se reúnen en la laguna aragonesa de Gallocanta, donde muestran una gran inquietud, preludio de los días que les aguardan en el largo viaje a las tierras del norte, para iniciar la reproducción. Los continuos trompeteos, exhibiciones y danzas darán paso en pocos días al inicio de la parada nupcial.
Nikon F5, Nikkor 500mm. f4 + Duplicador, Velvia 50, trípode Manfrotto

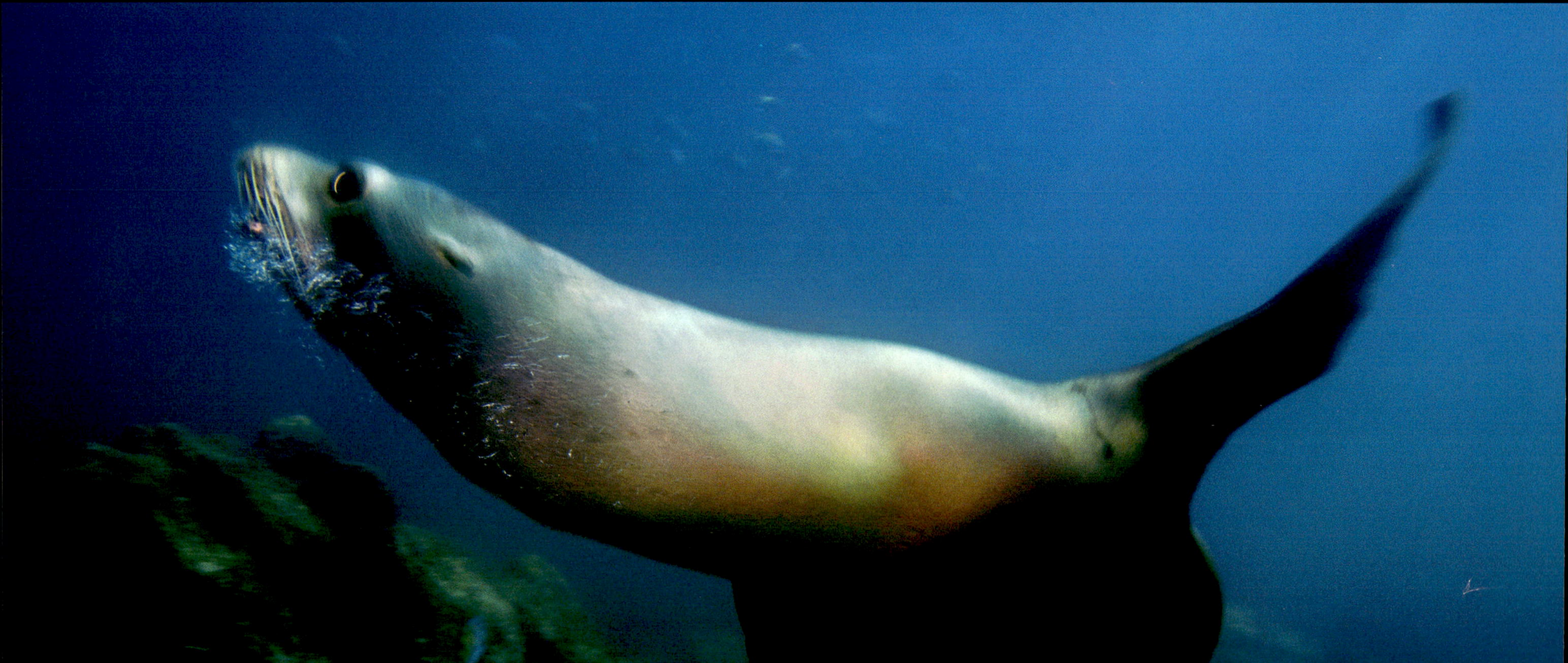

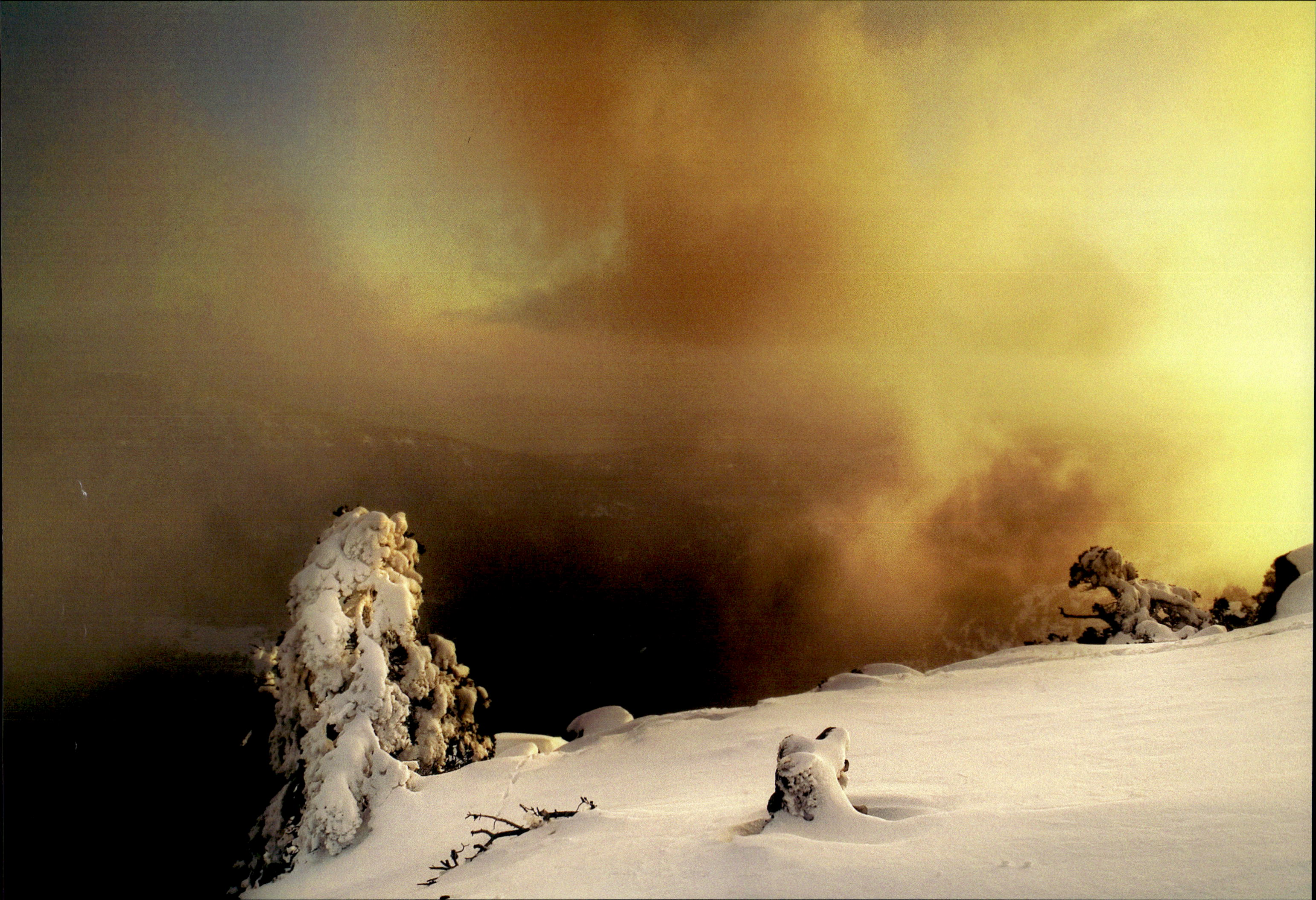

Hell on heaven, Sierra de Guadarrama
RAFAEL FERRANDO

El ambiente y condiciones eran sublimes, una fantástica nevada recién caída y virgen lo cubría todo, haciendo casi imposible el desplazamiento sin esquís de travesía o raquetas. Cerca del abismo y con las condiciones de luz que se me presentaban, incrusté el trípode en la nieve y compuse la escena, me sorprendió lo rápido que cambiaban las condiciones de luz y nubes en el cielo.
Fuji S2 Pro, trípode, vel. 1/15 seg., f22, disparo retardado 2 seg., trípode Manfrotto

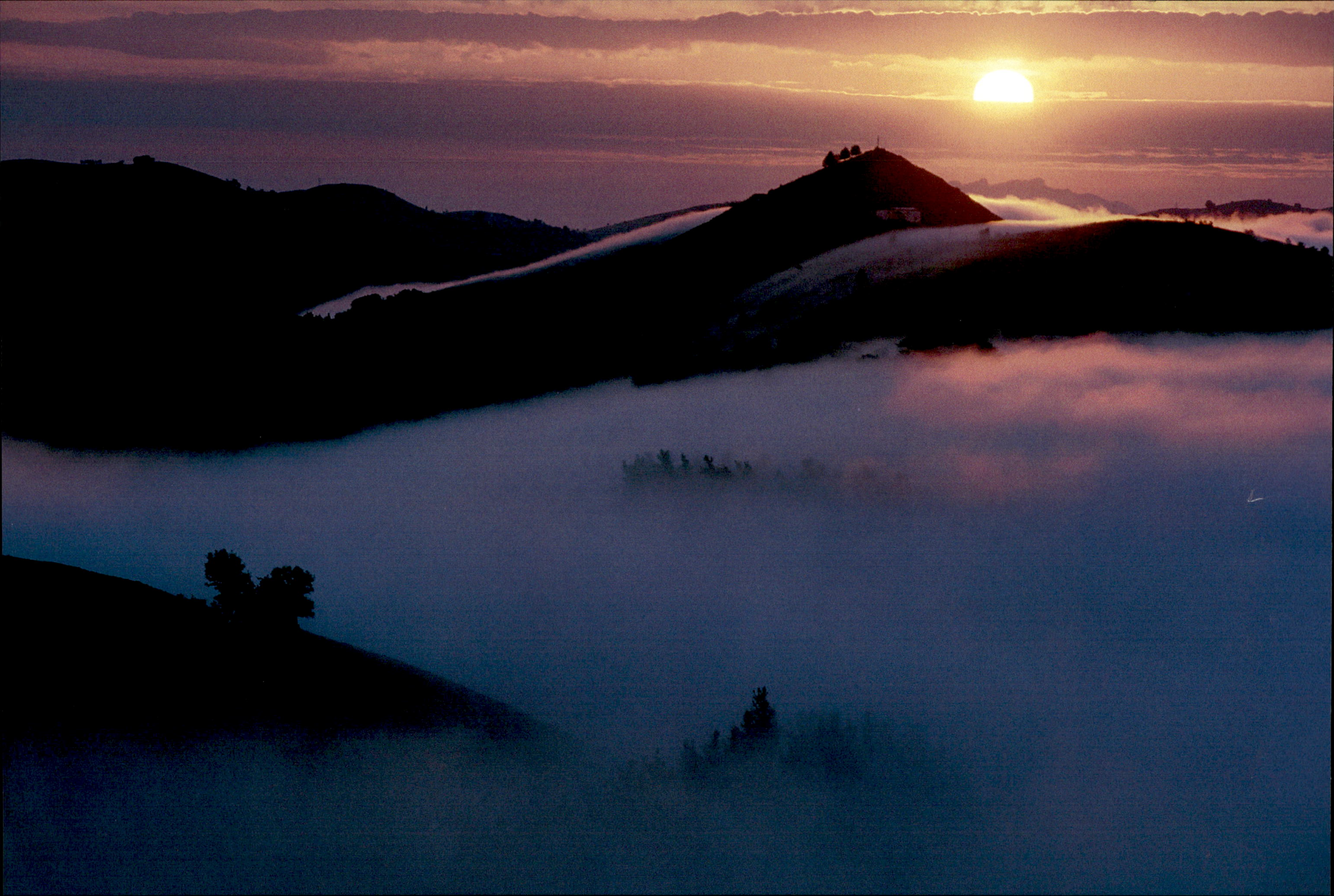

Goizaldi, Endoia, Cestona, Deba (Gipuzkoa)
LUIS FCO. LLAVORI

Una mañana de primeros de Noviembre cuando por esta zona de las montañas cercanas a la costa las nieblas matinales son un fenómeno muy habitual por la diferencia de temperaturas.
Nikon F5, Nikkor 80-200 (150) f2.8, vel. 1/10 seg., f22, trípode, Velvia 50, trípode Manfrotto

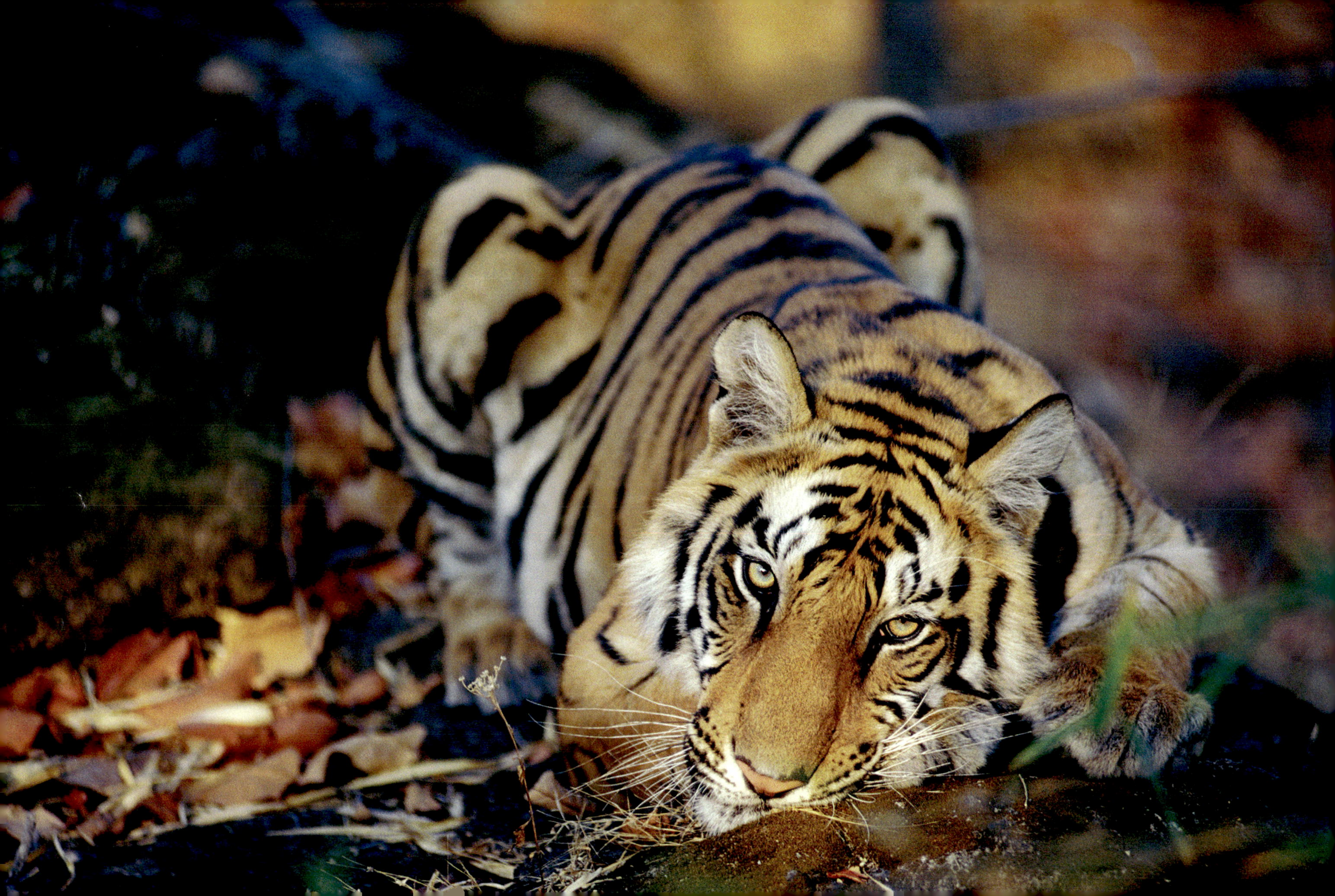

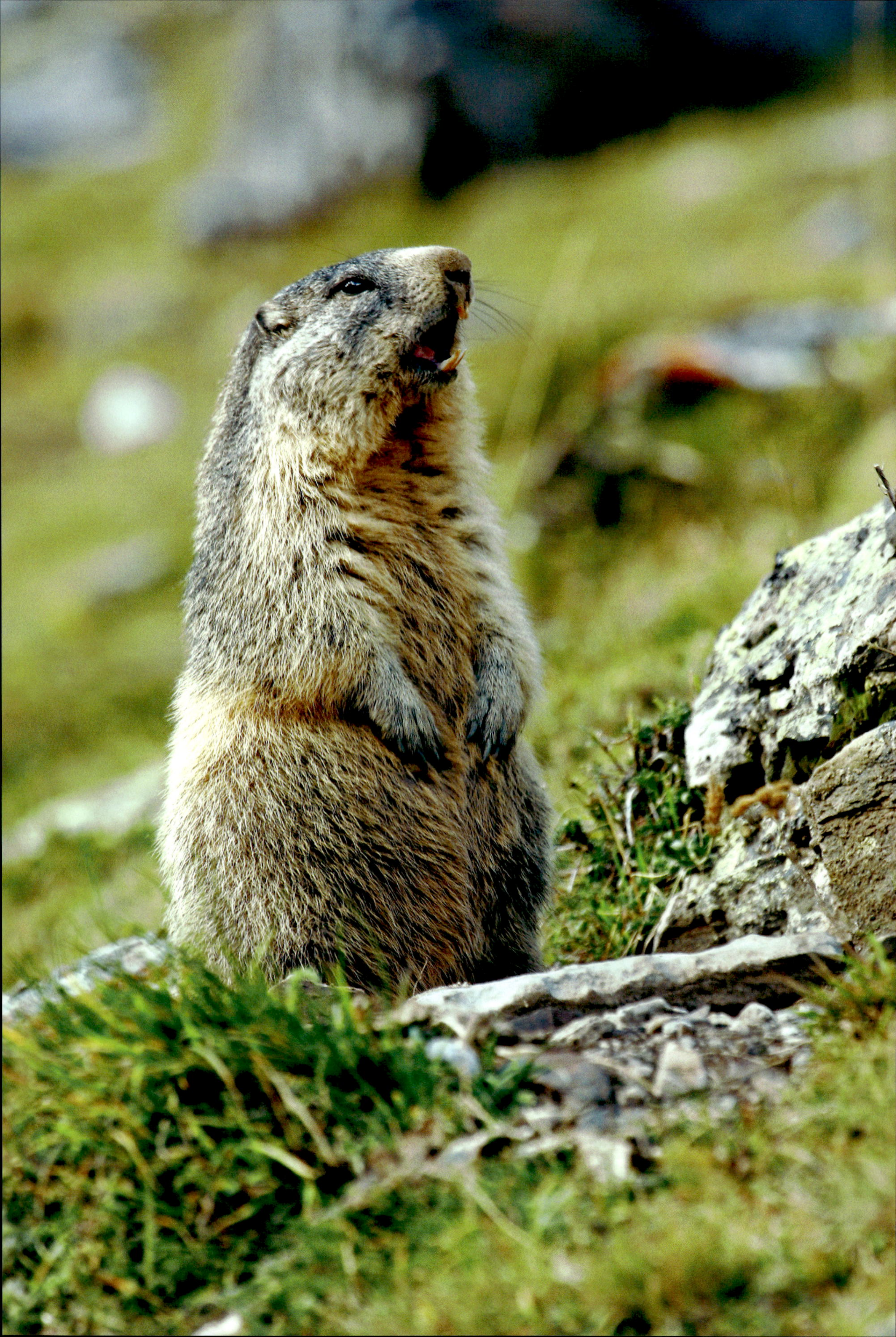

Marmota en alerta, Benasque (Huesca)
JOSE ARDAIZ GANUZA

El grito de alarma de uno de los componentes del grupo, ante cualquier peligro, pone en alerta al resto de sus congéneres y corren para ponerse a salvo en las madrigueras. Estos gritos cuando resuenan en el Pirineo nos indican que estamos en el territorio de las marmotas.
Canon EOS 20D, Canon 100-400, vel. 1/50 seg., f8, ISO 100, -0.3 EV, trípode Manfrotto

Piel de montaña, Pirineo Central, Huesca.
Vista de la Canal Roya y aledaños, desde la punta de Espelunciecha, cota próxima al Pico de Anayet.
JUAN BRIOSO MAIRAL

La montaña, muda su aspecto con el paso de las estaciones. Las blancas galas invernales son sustituidas por los prolijos colores de la primavera que, al tiempo, los aires secos y cálidos del estío se encargan de agostar. Llegado el otoño, cuando los valles lucen sus más saturados tintes, en las alturas los suelos pardean, se agrietan y esperan con ansia de humedad la caída de las primeras nieves. Es la piel de la montaña.
Nikon D70, Nikkor 18-70 G, vel. 1/200 seg., f7.1, ISO 200

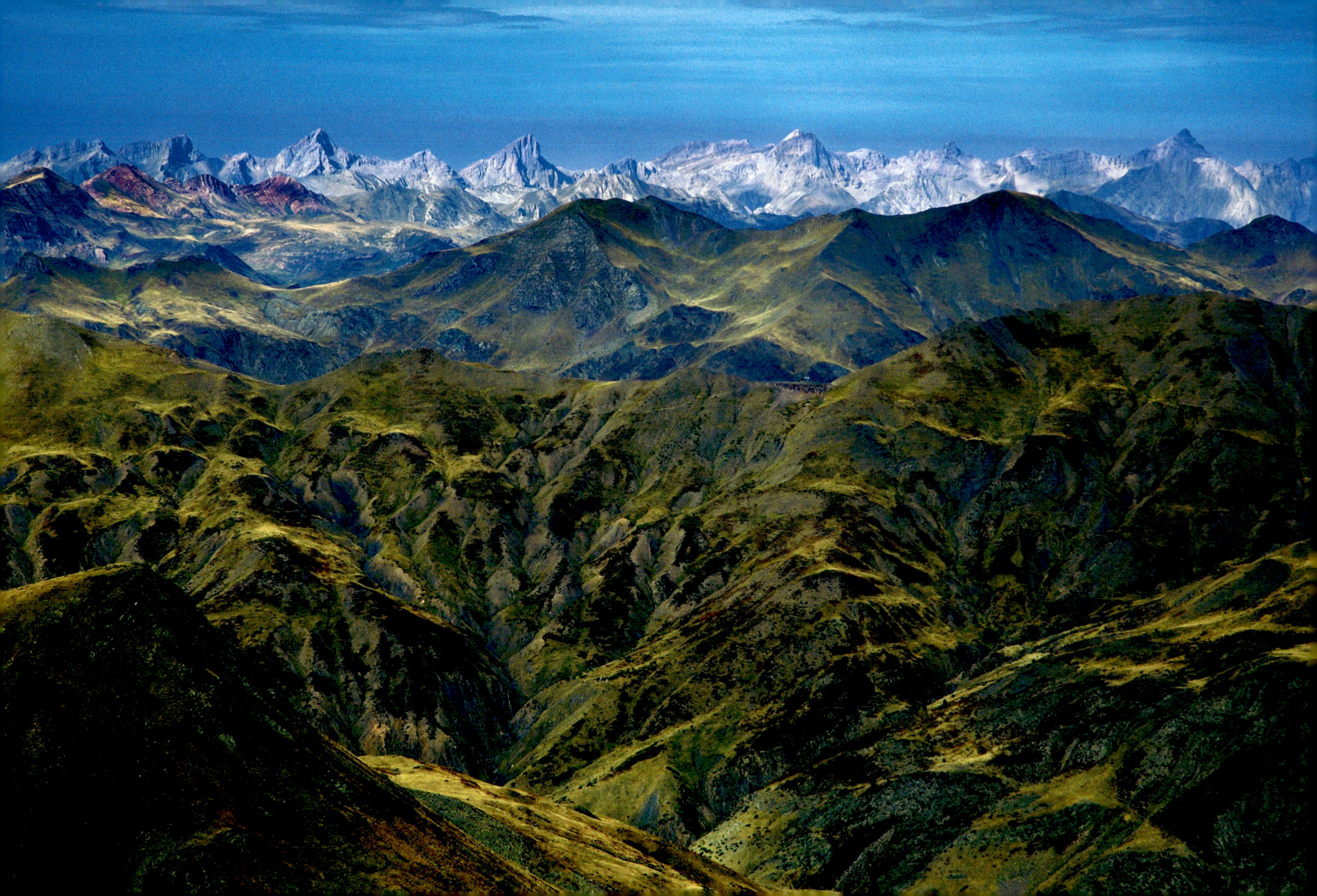

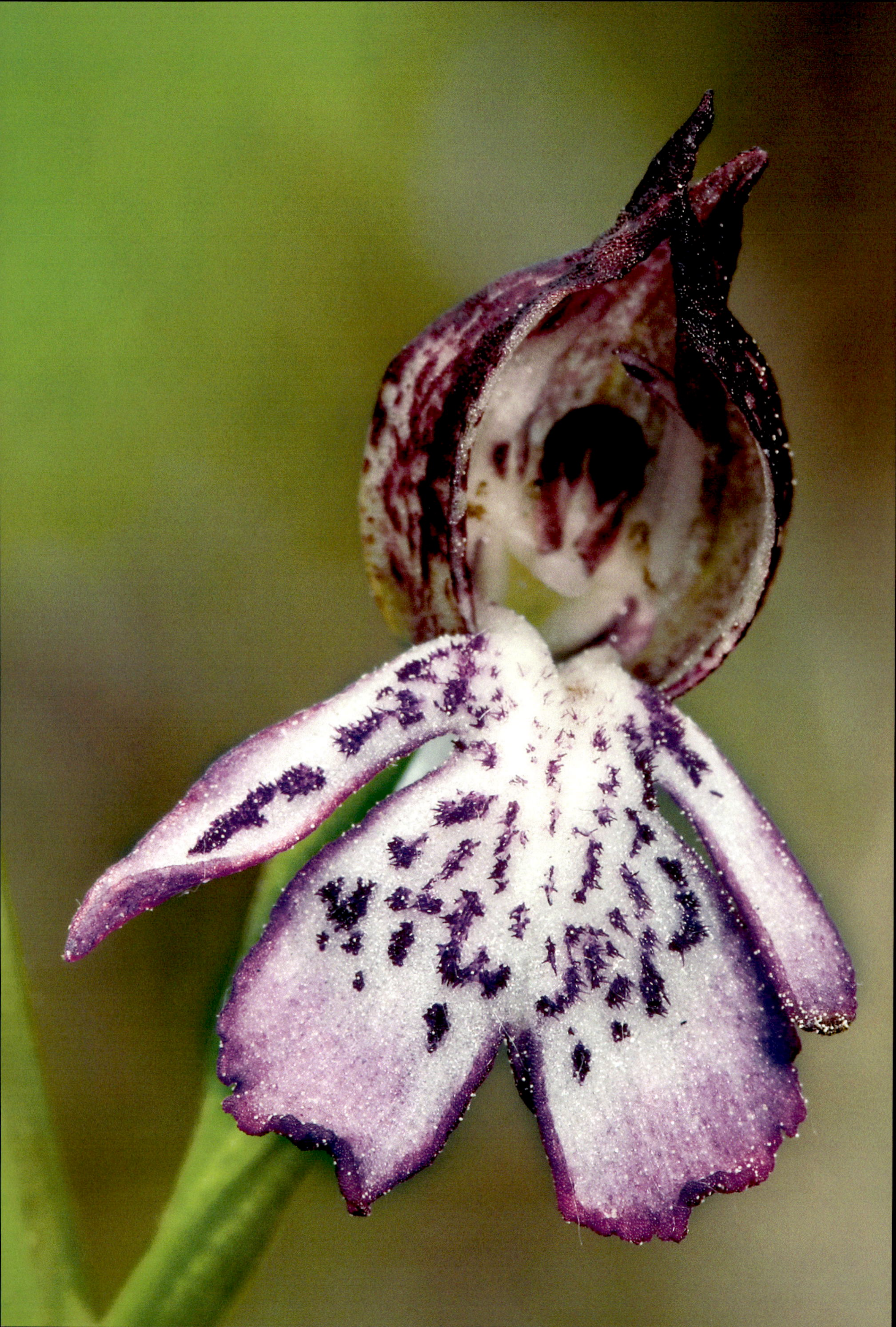

Purpúrea, Murcia
JOAQUIN ALBALADEJO

Flor de la orquídea *Orchis Purpurea.*
Canon 10D, Macro Canon 100mm. f2.8, vel. 1/6 seg., f18, ISO 100, flash de relleno, trípode Gitzo

Una chica muy presumida,
Beas (Huelva), dehesa de encinas y matorral.
FRANCISCO JOSE HOYOS

Realizar esta foto a supuesto conjugar técnicas de fotografía de aves con el esfuerzo de intentar encuadrarlas en un entorno bello que aporte a la composición un toque especial.No ha sido fácil, pues pocas fotos son las que reúnen aquello que vas buscando, pero cuando se consigue el esfuerzo y la espera han merecido la pena.
Nikon D70, Sigma 50-500, vel. 1/200 seg., f9, ISO 200, 2 flashes, trípode Manfrotto

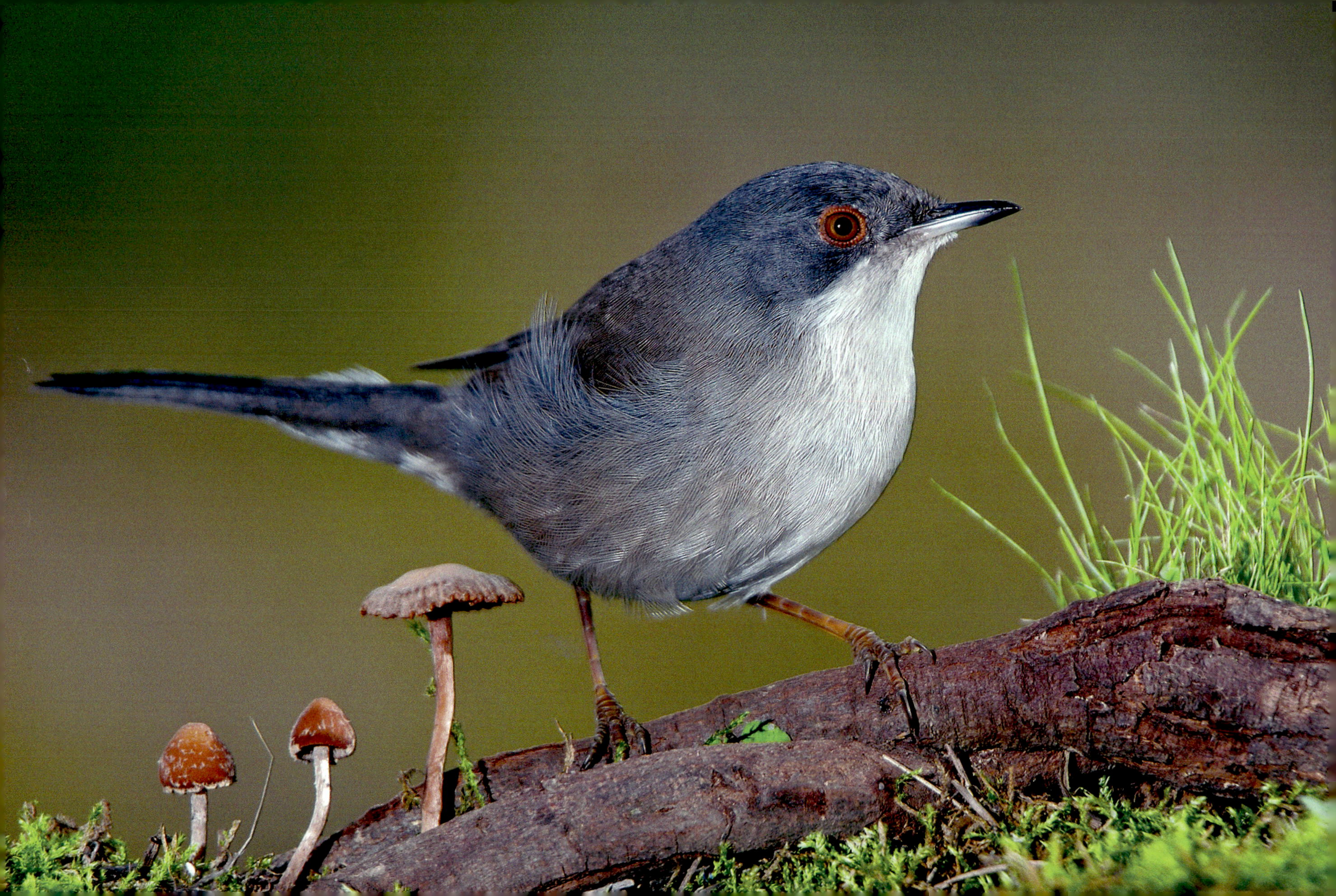

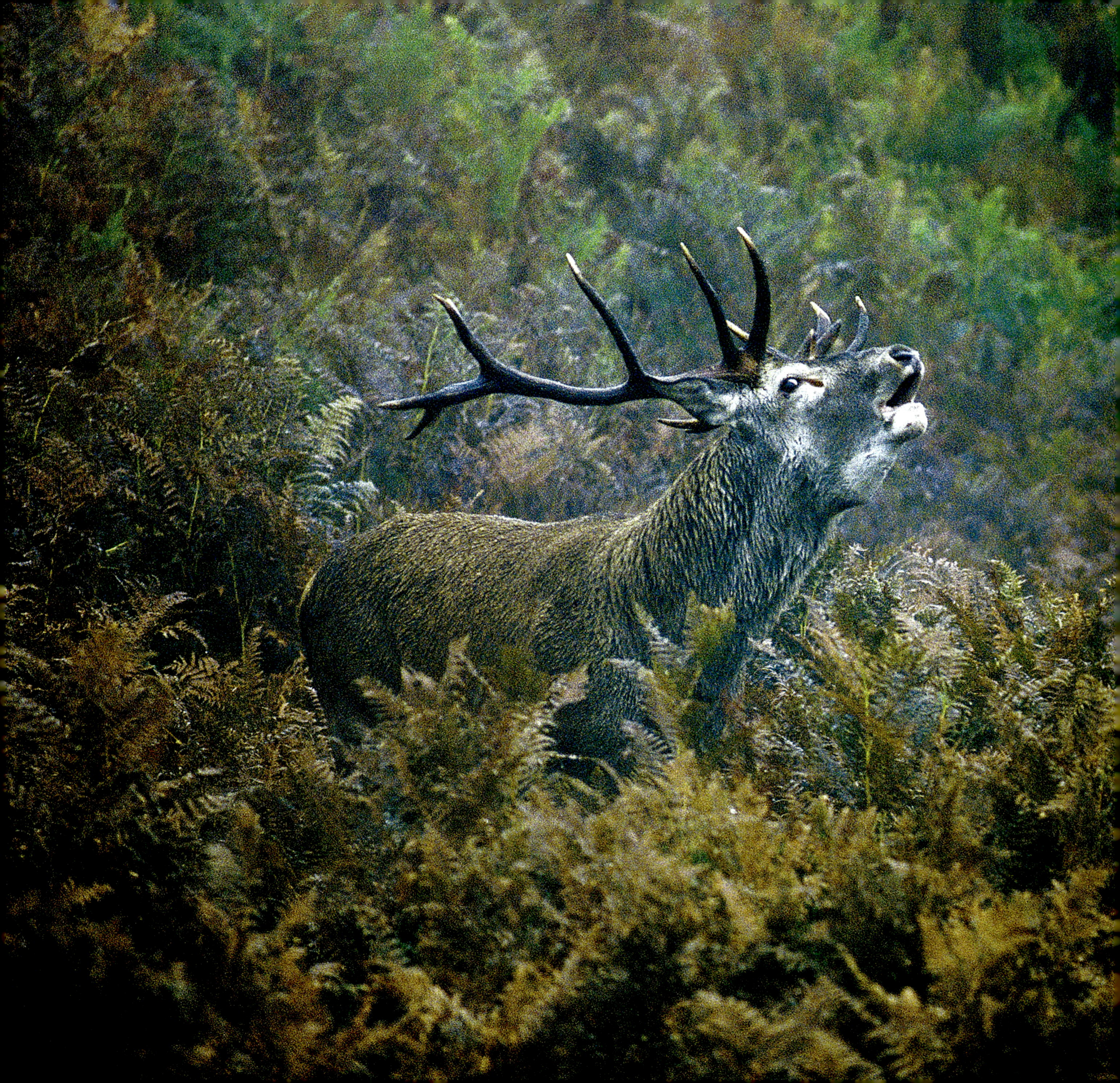

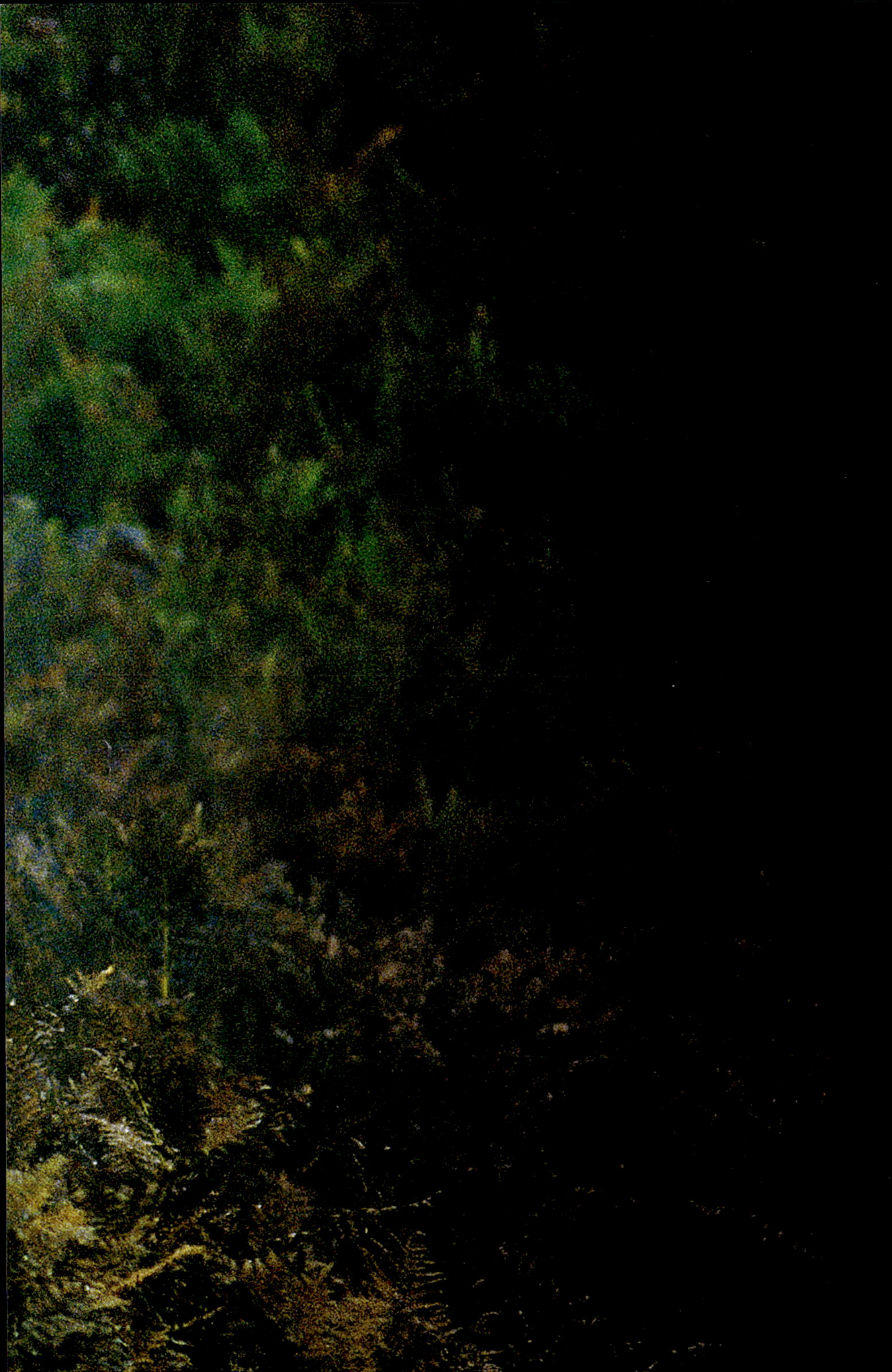

Ciervo, Macizo de Gorbea, Álava
RAMON ARAMBARRI BENGOA

En el mes de septiembre, en el macizo de Gorbea como en muchas zonas peninsulares, llega uno de los momentos más espectaculares de la naturaleza más cercana, la berrea.
Tras varios intentos observando a algunos machos a distancia y sin mucha fortuna fotográfica, una tarde lluviosa y con niebla, se me acercó este macho al que pude retratar con ese ambiente difuso.
Nikon F100, Nikkor 500mm F4, vel. 1/60 seg., f4, Velvia 100, trípode, hide

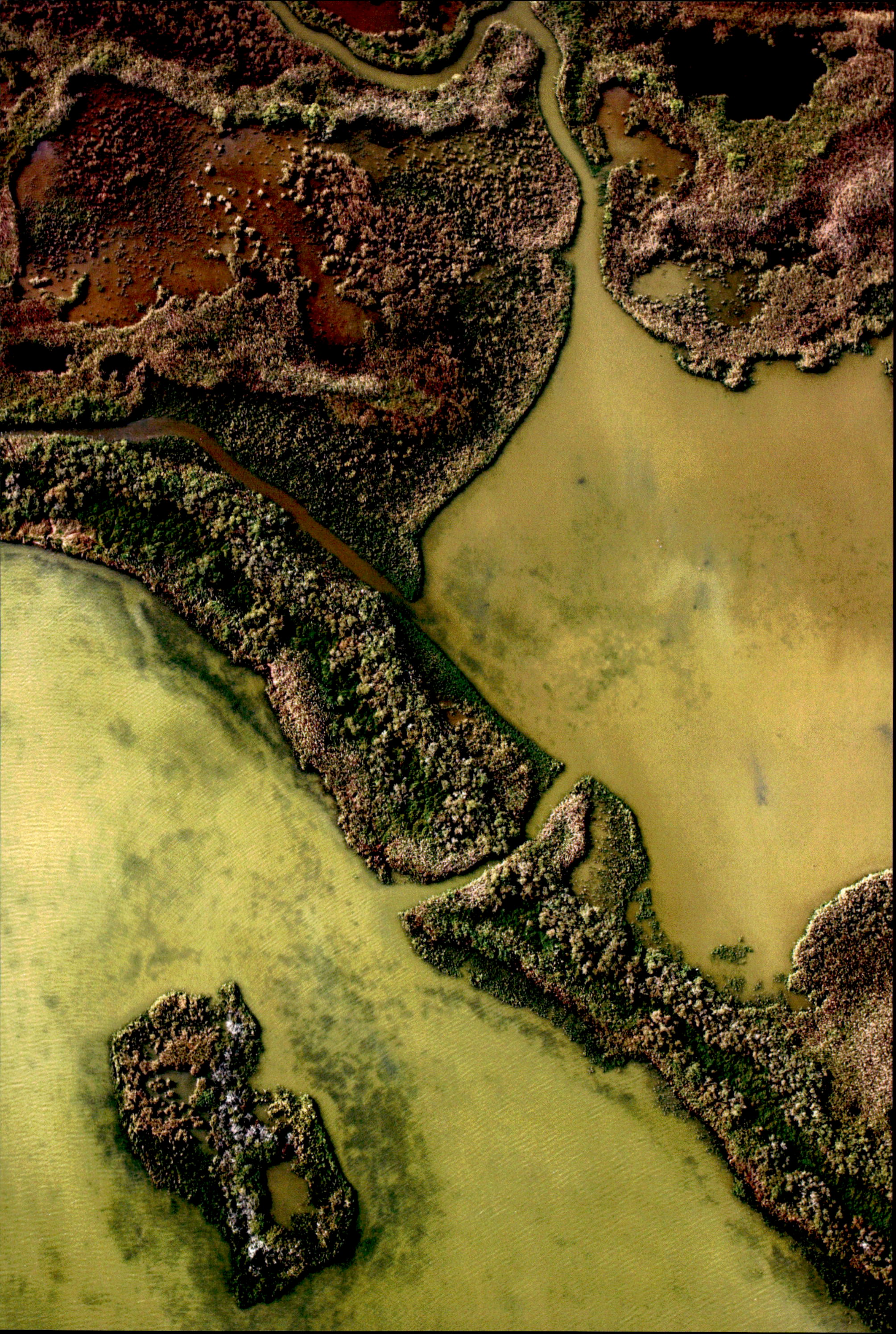

Sobrevolando el Delta
SANTI MARTORELL

Algunas zonas vírgenes del Delta del Ebro nos sorprenden desde la altura con estos colores, formas y texturas, resultantes de la combinación del agua, la tierra y la vegetación. Un espectáculo siempre cambiante que nos brinda la naturaleza viva del Delta.
Canon EOS 20D, Zoom 17-40mm, vel. 1/250 seg., f5.6

Grullas invernantes, Laguna de Gallocanta (Teruel)
FRANCISCO MARQUEZ

Cada año, decenas de miles de grullas comunes se concentran en esta laguna aragonesa como parada previa para distribuirse luego por el oeste y sur de la Península Ibérica. Muchas de ellas, no obstante, deciden pasar el invierno en Gallocanta, comiendo de los campos de cultivos que la circundan y refugiándose en el agua para dormir. Esta fotografía está realizada al rayar el alba, con ocho grados bajo cero de temperatura, justo en el momento en el que estas llamativas aves salen de su dormidero.
Nikon F5, Nikkor AF-I 500mm f4 D IF-ED, Kodak Panther 100, Trípode Gitzo, cable disparador

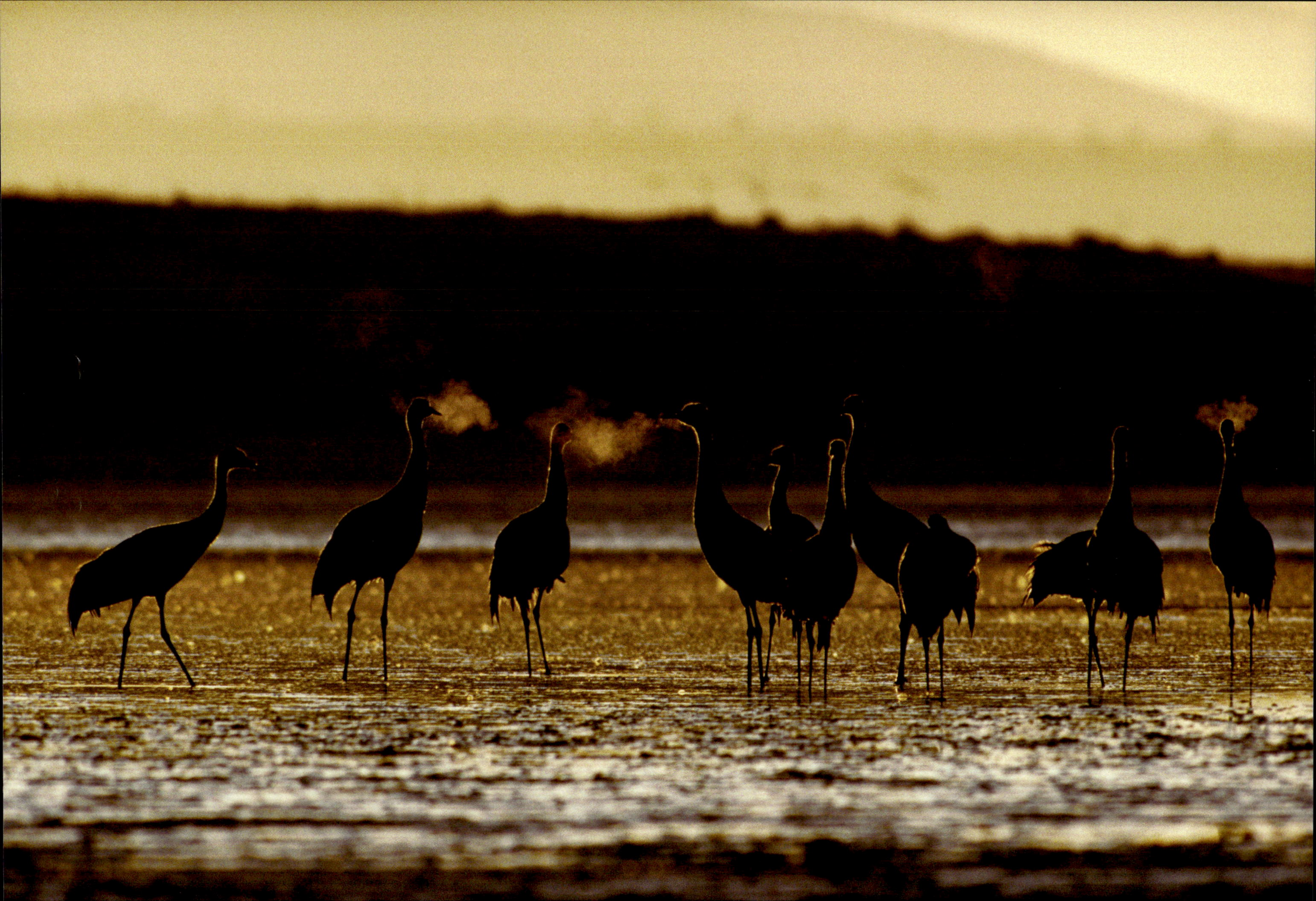

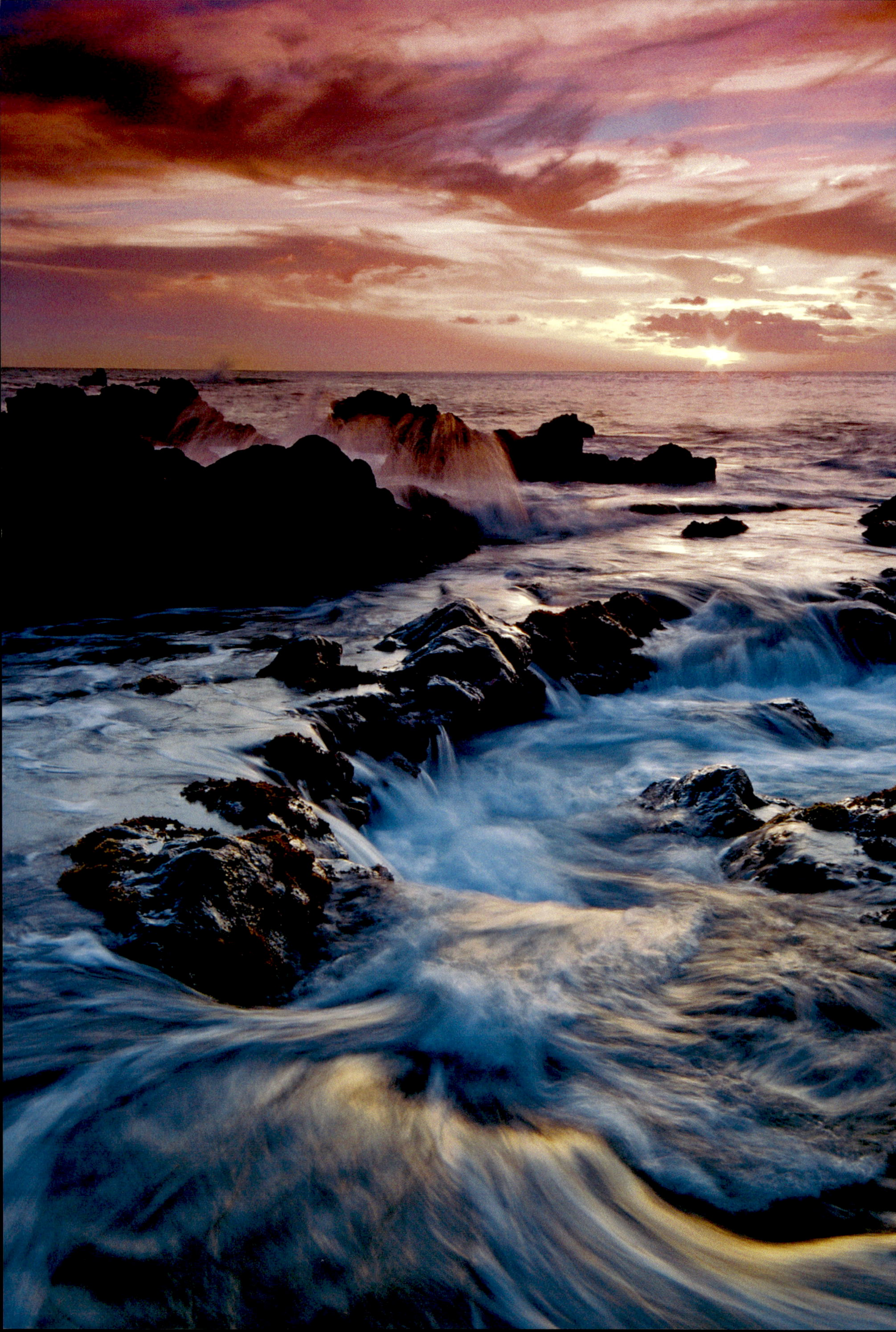

Desde las entrañas del mar
SAUL SANTOS

Con un aspecto a veces diabólico, pero siempre mostrando e imponiendo soberbia, belleza y respeto, el mar es el elemento de la naturaleza que más me apasiona para fotografiar. Nos regala instantes que muchas veces pasan desapercibidos ante nuestros ojos, me trasmite sensaciones que me evaden, me aíslan de todo lo que pasa a mi alrededor, cuando veo los efectos que se pueden lograr jugando con las luces, brillos y movimiento del agua.
Nikon D70, Sigma 12-24, vel. 1/4 seg. , f22, ISO 200, trípode Manfrotto

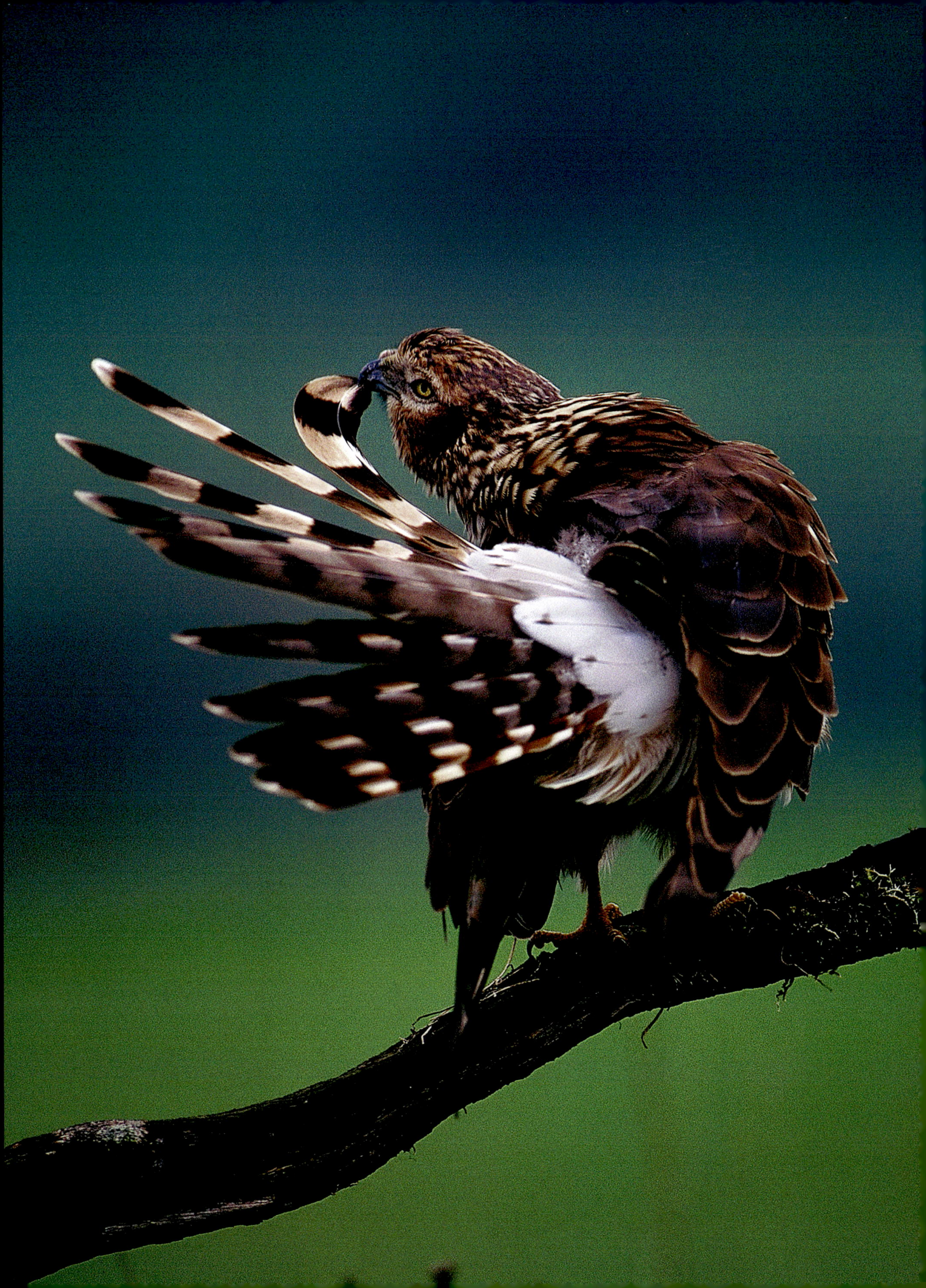

Avutardas, Reserva de Villafáfila
RAMON ARAMBARRI BENGOA

La Reserva de Villafáfila es uno de los mejores santuarios para la Avutarda a nivel peninsular y mundial. Tras varios días de observación, localizamos una zona de querencia e instalamos el hide tras hablar con el propietario de la finca y con 10 días de antelación a la sesión fotográfica.

Tras varias intensas jornadas dentro del escondite, tuvimos suerte y varios ejemplares se pasearon delante de nosotros durante breves instantes.

Nikon F100, Nikkor 500mm F4, vel. 1/125 seg., f4, Velvia 50, trípode, hide

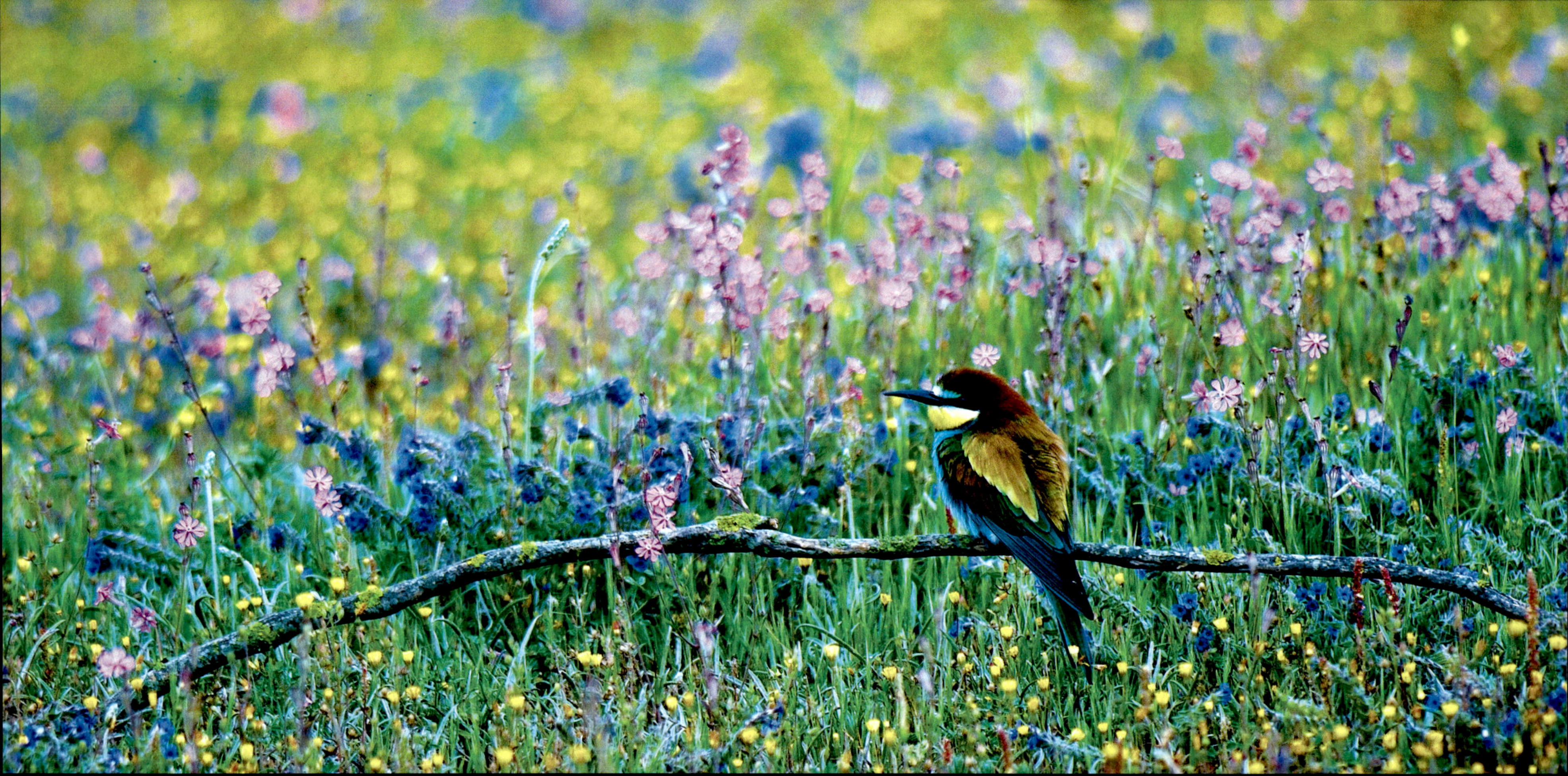

Primavera, Alcalá de Guadaíra, Sevilla
DIEGO LÓPEZ

Tras una lluviosa primavera, la floración en la vega del Guadaíra, era una explosión de color, perfecta para alojar una colonia de abejarucos, sin duda el ave protagonista de esta estación.
Nikon D200, Nikkor 300 f4, vel. 1/250 seg., f4, ISO 100, hide, trípode Manfrotto

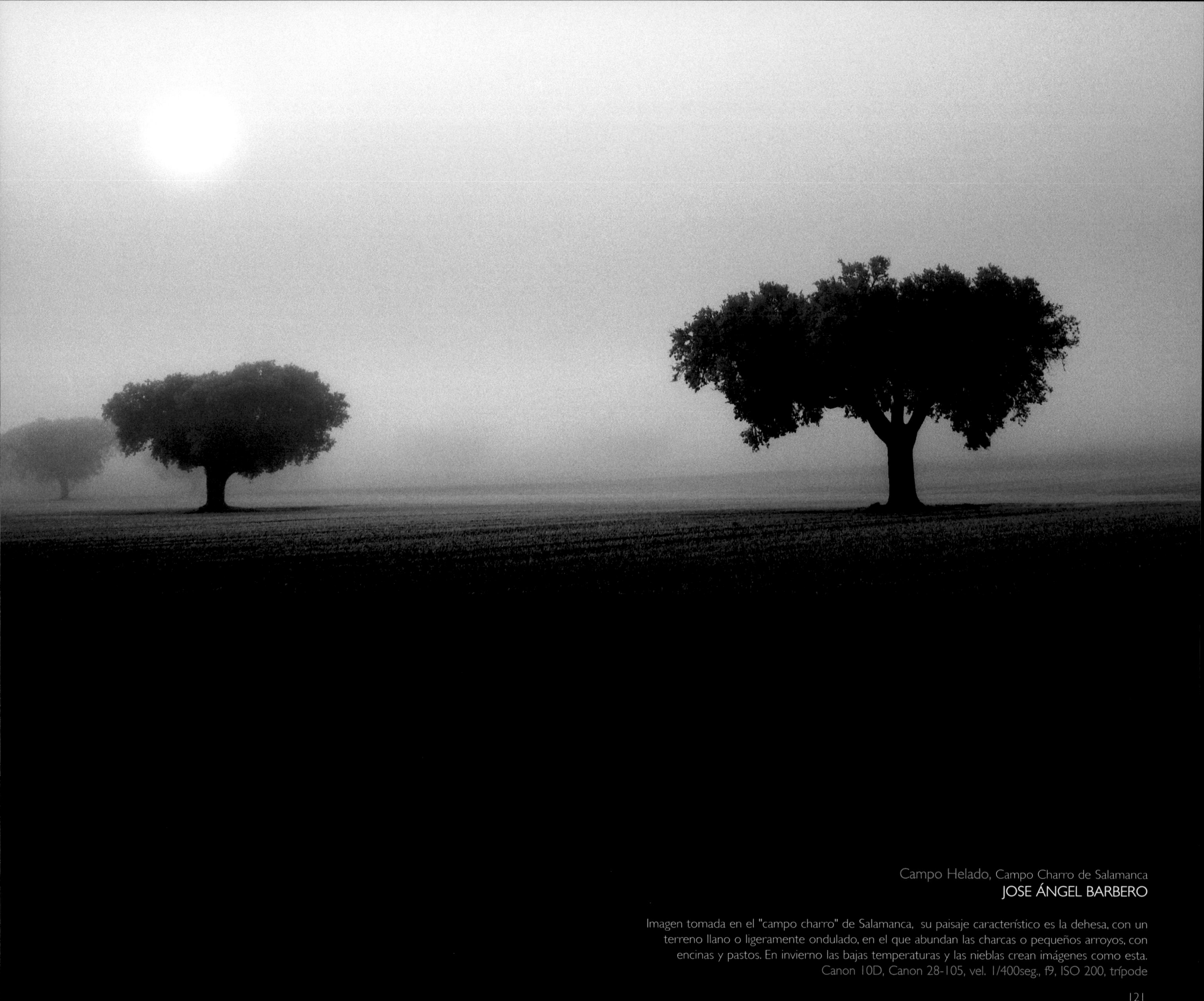

Campo Helado, Campo Charro de Salamanca
JOSE ÁNGEL BARBERO

Imagen tomada en el "campo charro" de Salamanca, su paisaje característico es la dehesa, con un terreno llano o ligeramente ondulado, en el que abundan las charcas o pequeños arroyos, con encinas y pastos. En invierno las bajas temperaturas y las nieblas crean imágenes como esta.
Canon 10D, Canon 28-105, vel. 1/400seg., f9, ISO 200, trípode

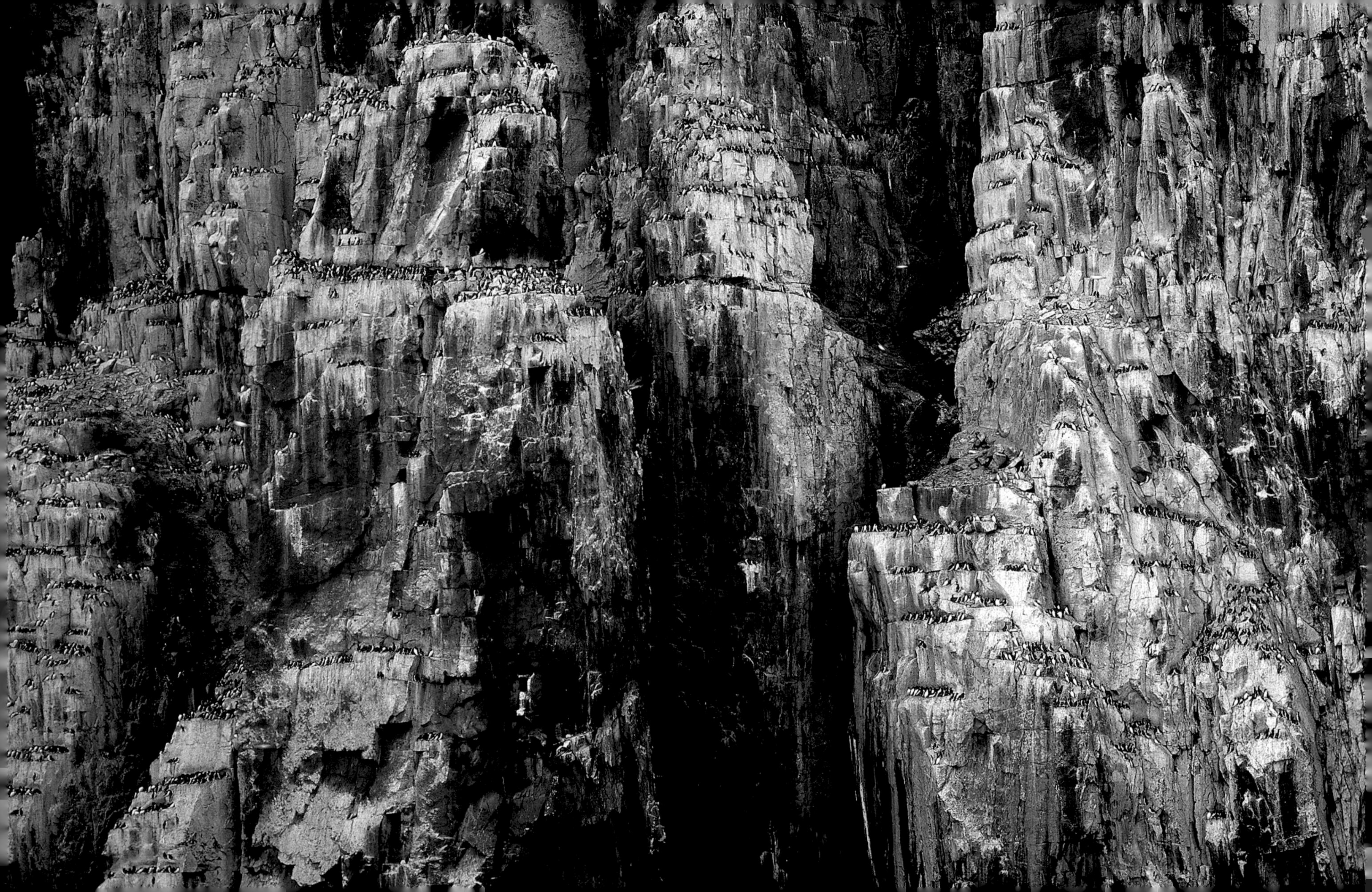

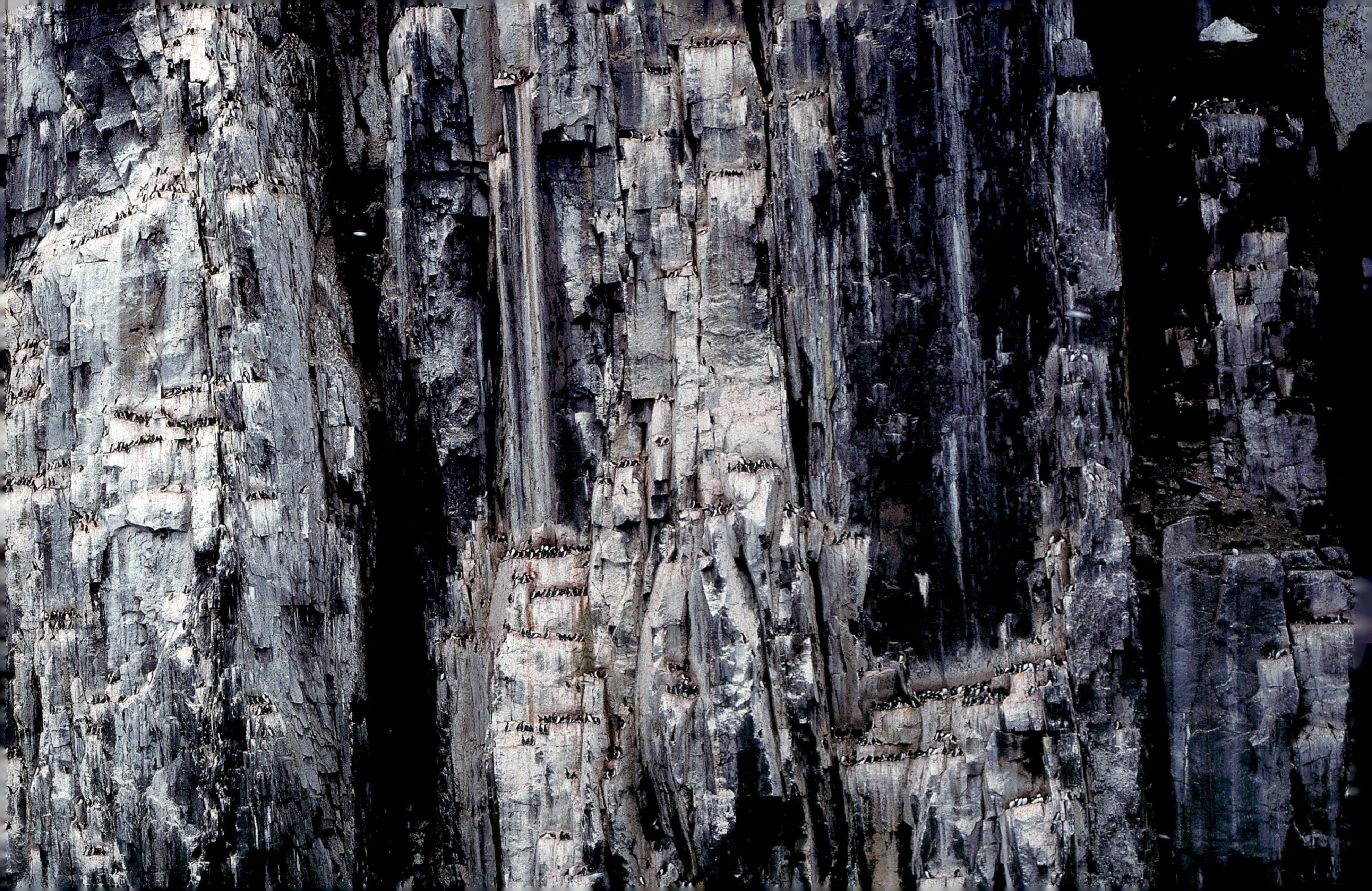

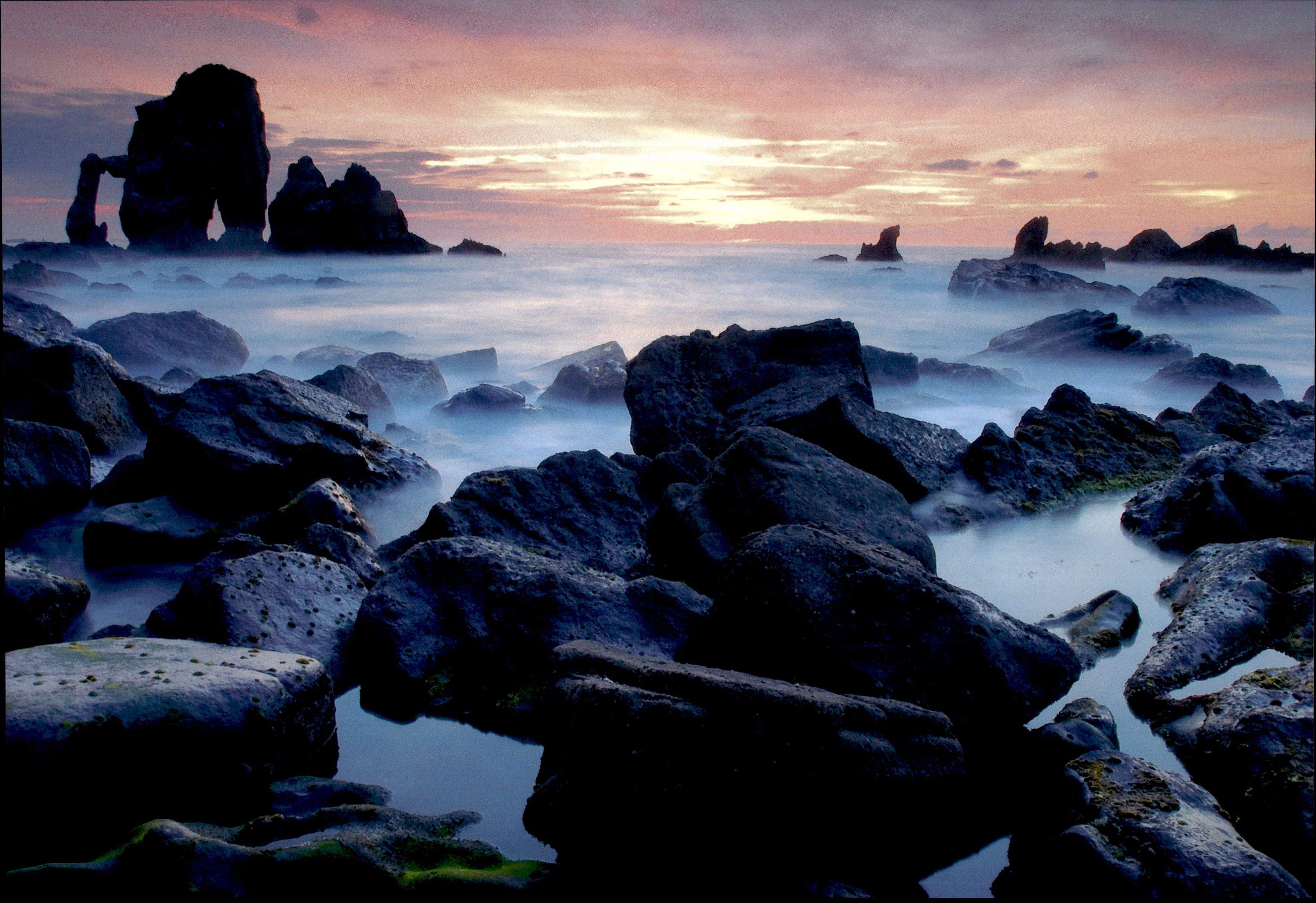

Metamundos, Biotopo Protegido de San Juan de Gaztelugatxe, Vizcaya
RAUL ESTEBAN

Fotografiar habitualmente en un mismo escenario como el de la imagen, te permite darte cuenta del dinamismo del paisaje. Todo cambia y nada es igual. Puedes extraer infinitos mundos particulares de ese mundo general que tienes delante y es el escenario. Mundos dentro de otros mundos.
Canon 10D, Canon EF 17-40 f/4 L USM, disparador a distancia Canon RS-80N3, filtro Cokin P121 degradado neutro ND8 (3 pasos), portafiltros cokin serie P, vel. 10 seg., f/22, ISO 100, trípode Manfrotto, bloqueo de espejo

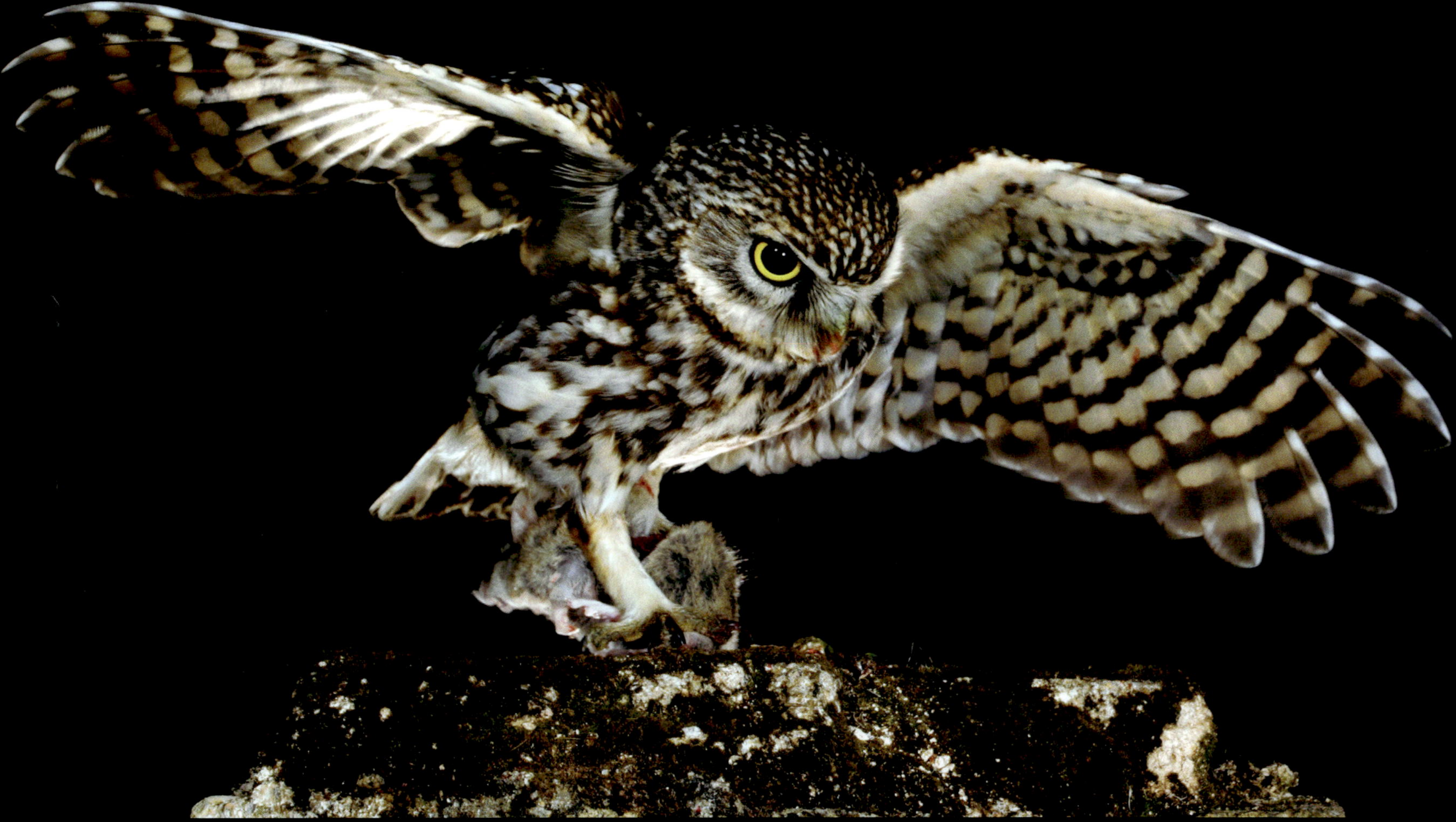

Duende de la noche, La campiña de Sanlúcar la Mayor (Sevilla)
JOSE MANUEL REYES

En la oscura inmensidad de la campiña, en medio del silencio y la soledad, diez minutos de caminata son los que me separan de saber que ha ocurrido esa noche. Solo en las noches de luna llena un halo a mi alrededor reflejado en el campo de cereal me acompaña mientras camino, y a veces, el silencio es roto por el grito melancólico y profundo de los mochuelos. De vuelta a casa y cargado de trastos y de ilusión ya voy pensando en como lo podría hacer la próxima vez para corregir e intentar mejorar las tomas…

Canon 20D, Canon 17-40, tres unidades de flash, vel. 1/250 seg., f13, ISO 100, barreras, trípode

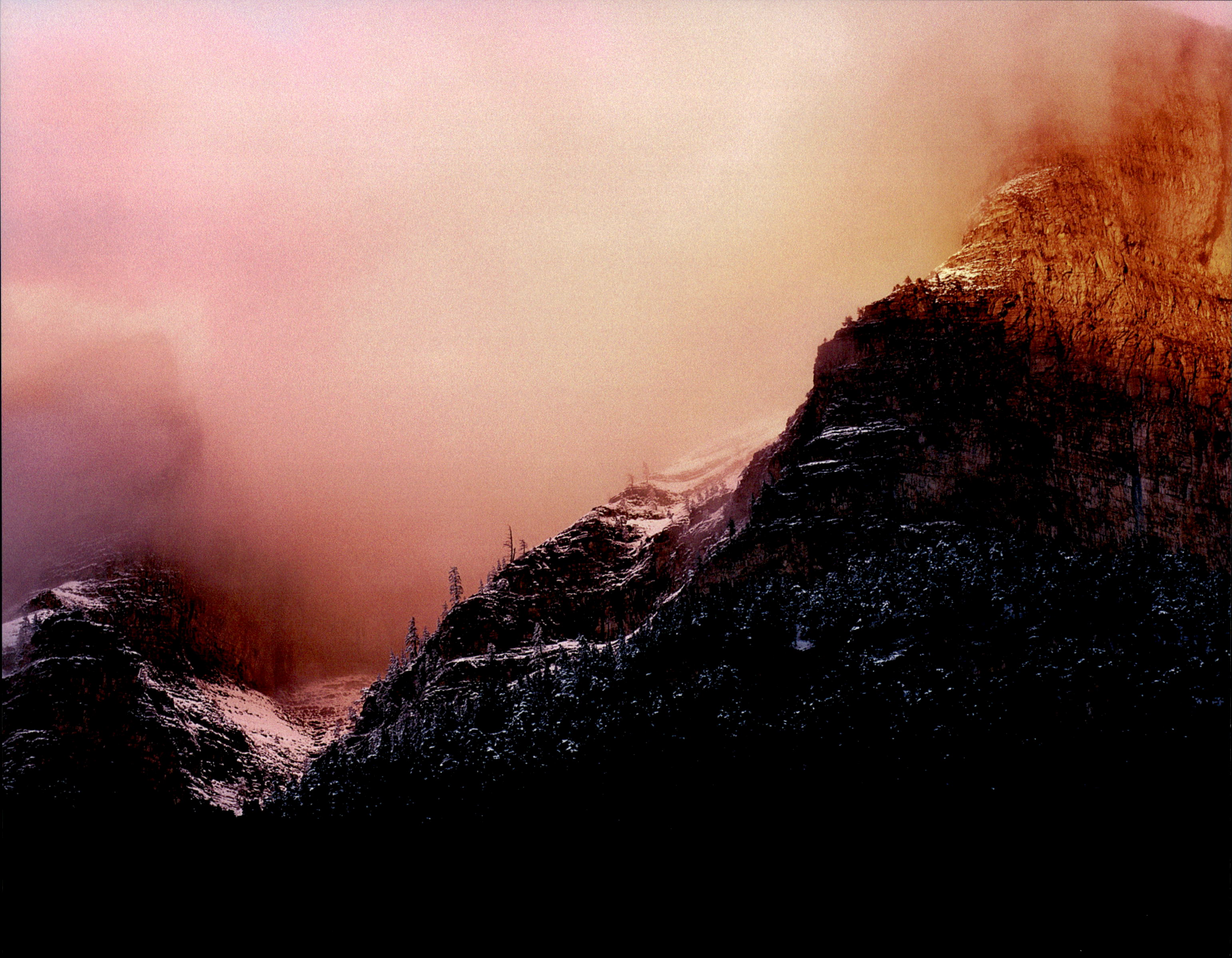

Arden as boiras, Valle de Ordesa
JAVIER ARA

A últimas horas de un día gris, de nieve y agua, algunos rayos de sol se filtran entre las brumas, creando escenas de gran fuerza y belleza.
Nikon F100, Nikon 80-200 mm f2.8, vel. 1/30 seg., f8, Velvia 50, filtro polarizador, trípode

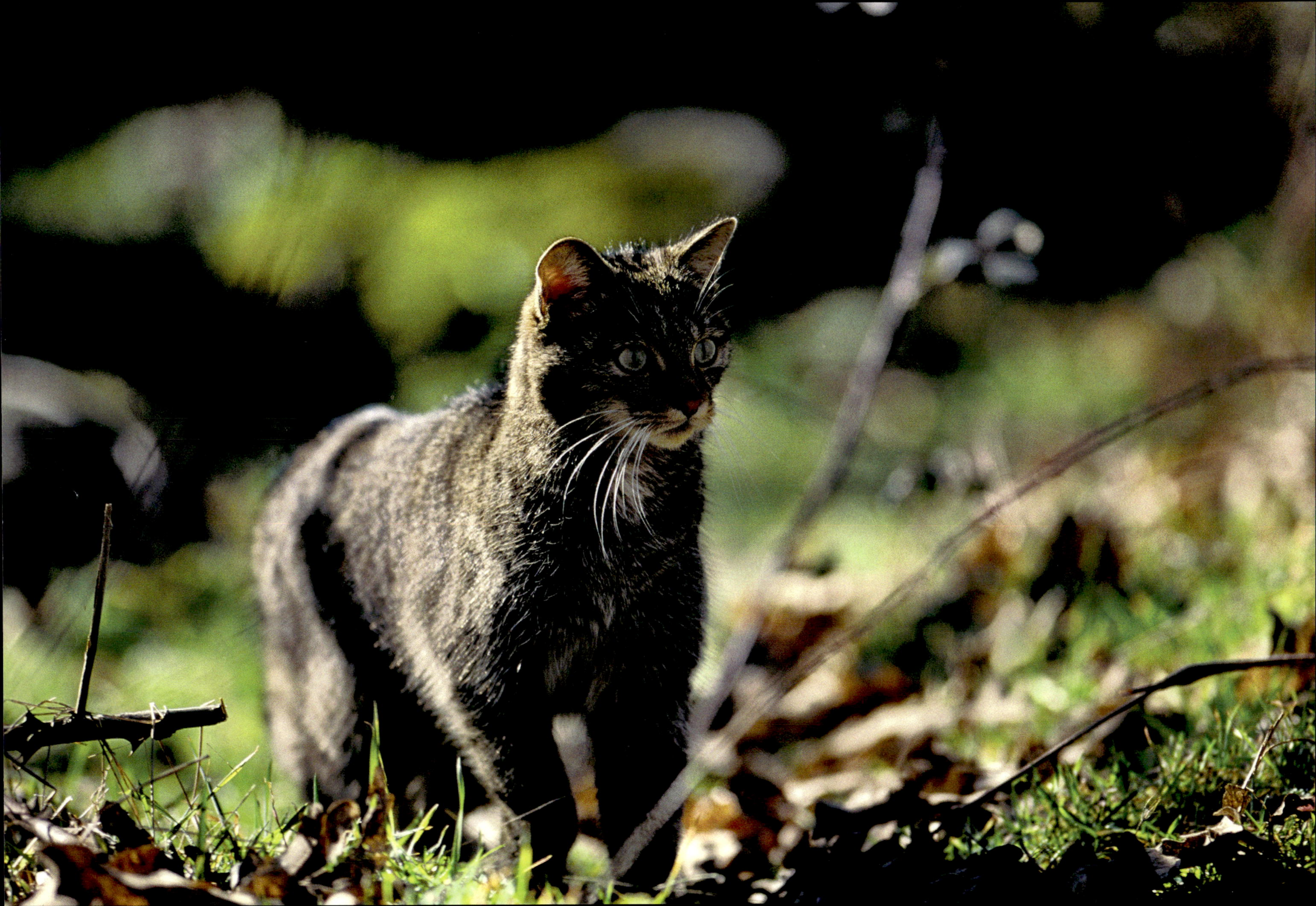

Gato montés

HERMINIO M. MUÑIZ

Un joven gato montés merodea por las proximidades de un cebo preparado para otra especie.
Nikon F100, Nikkor 300mm f2.8 AFS, IF-ED, trípode Gitzo, hide

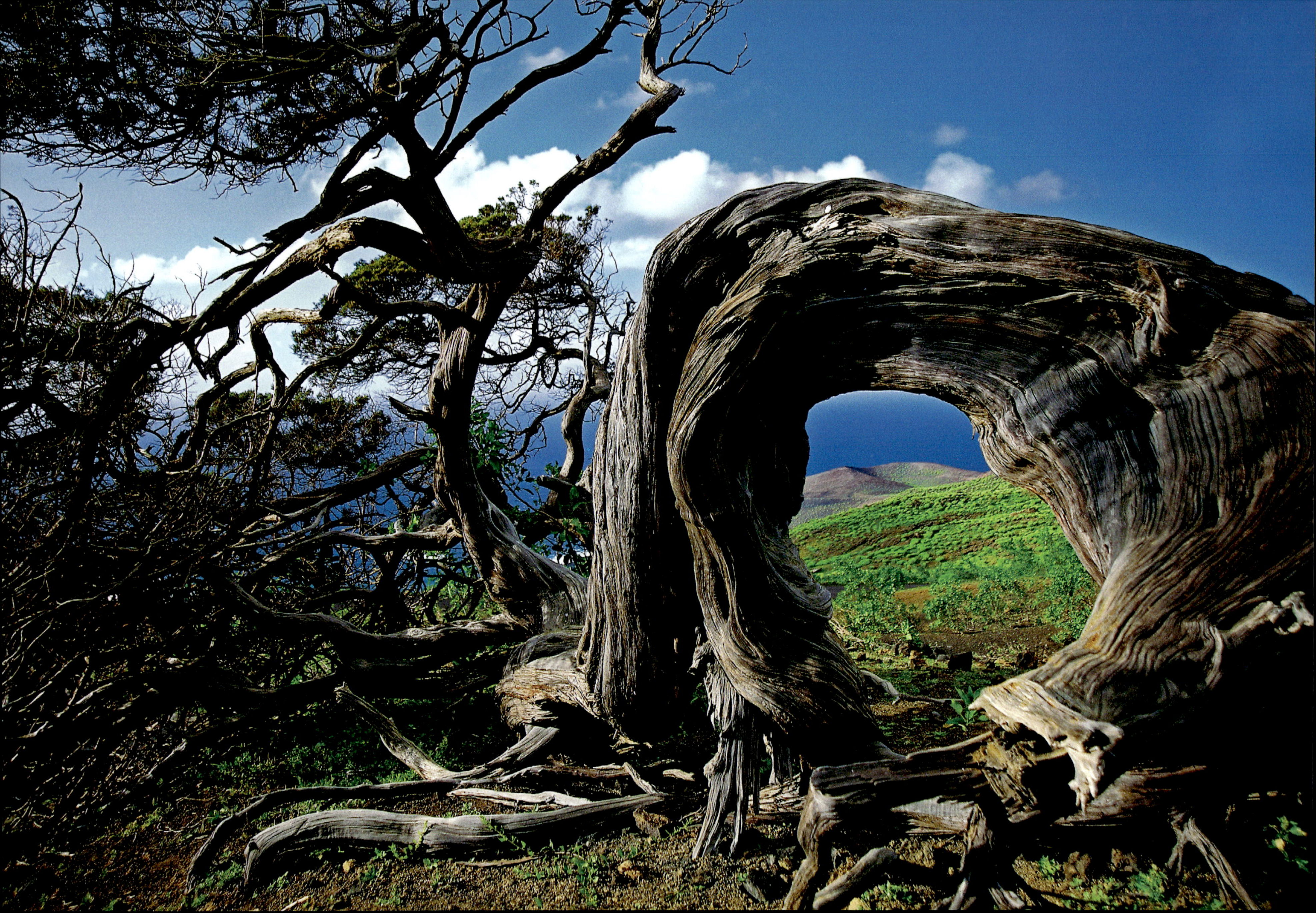

La Sabina, El Hierro
SAUL SANTOS

El Hierro siempre me ha cautivado, un espacio tan pequeño puede albergar tanta belleza y tanta variedad, las sabinas con sus textura y formas hablan por si solas del paso de los años y la dureza de las inclemencias.
Nikon F100, Nikon 24-120, vel. 1/60 seg., f 16, filtro polarizador, Velvia 50, trípode Manfrotto

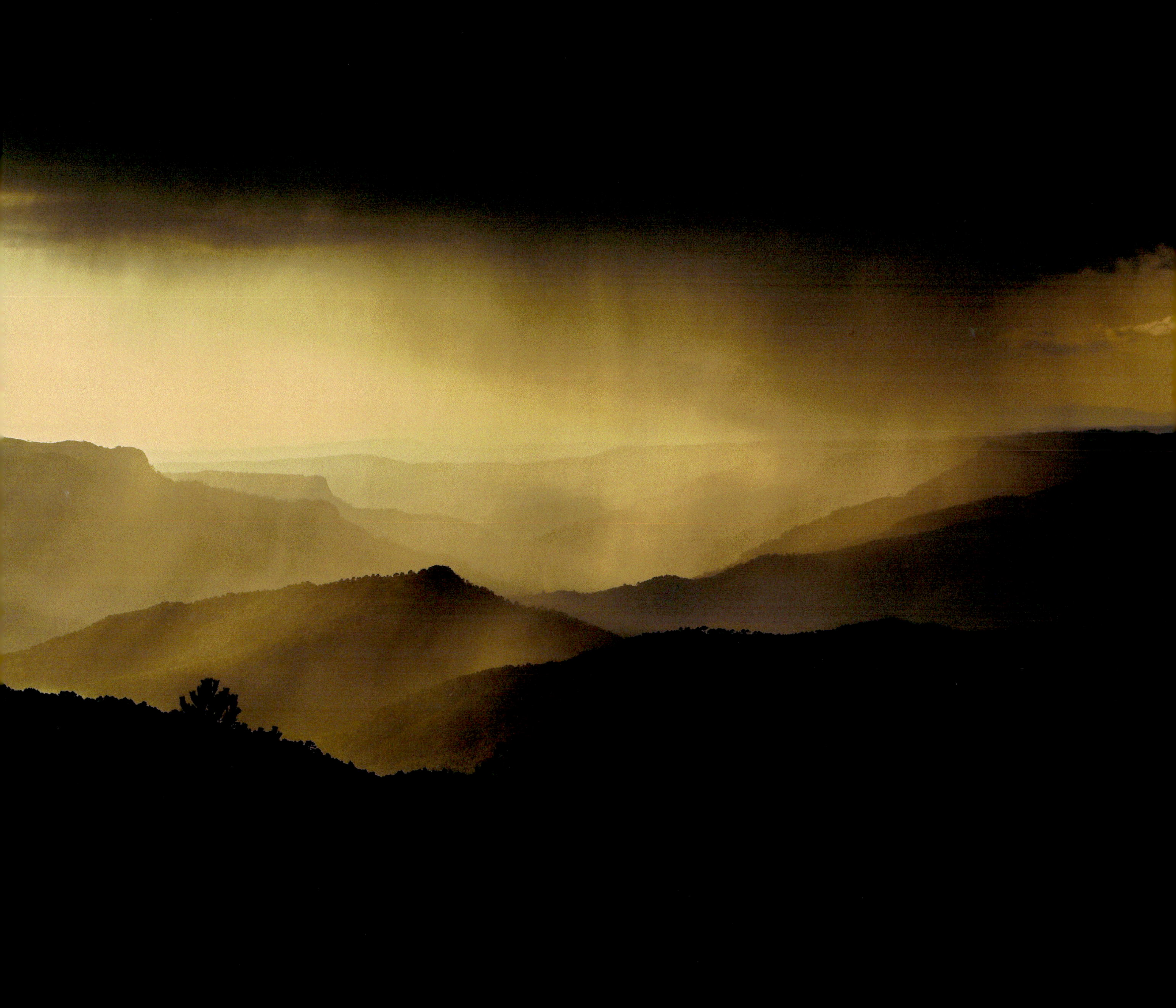

Valle del Guadalquivir, Cazorla
JOSE RAMON LORA

Canon EOS 20D, Canon 28-70, vel. 1/250 seg., f5, ISO 100, trípode Gitzo

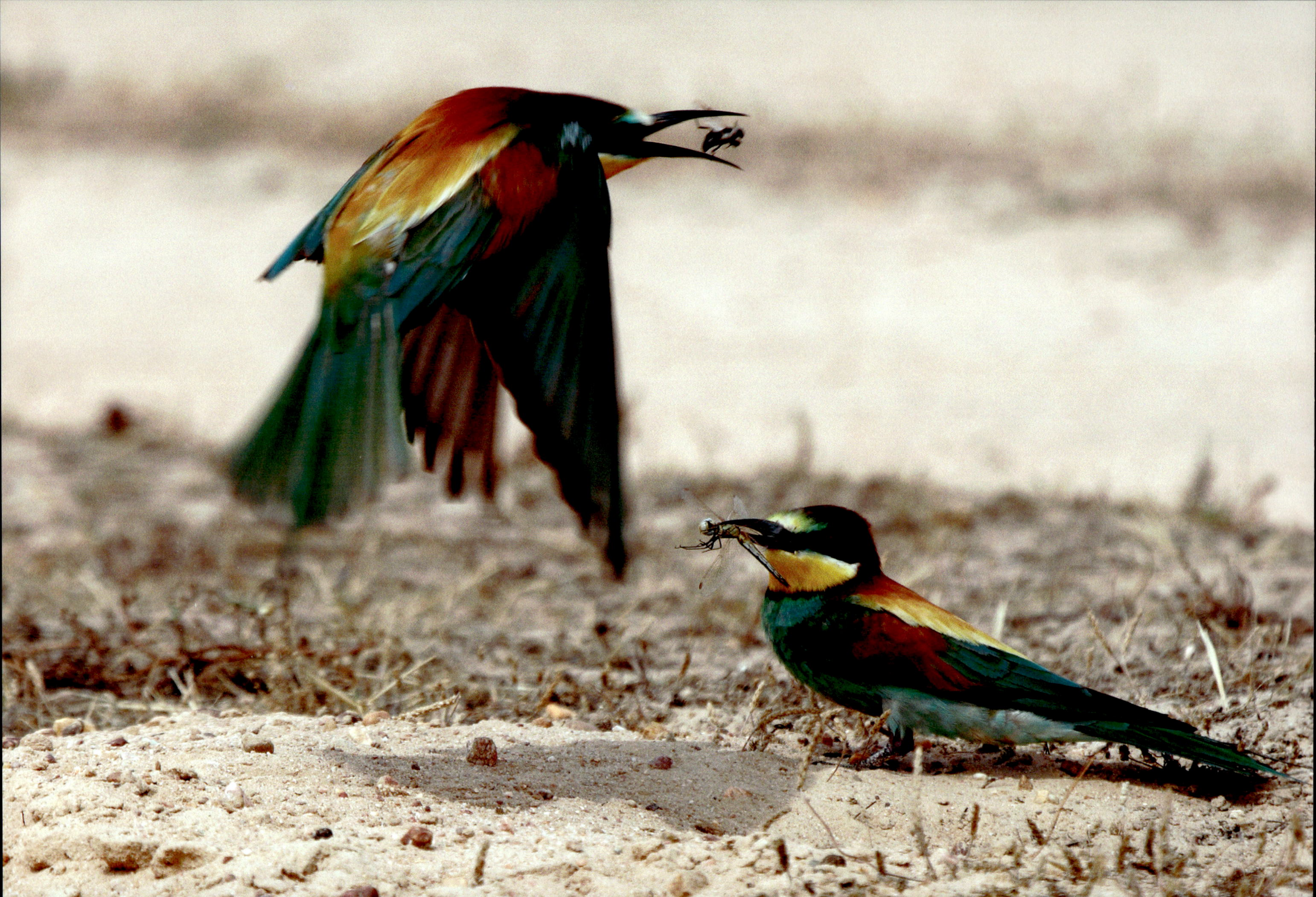

Abejarucos de caza
RAFAEL RAMOS

He fotografiado a muchos abejarucos, he observado su comportamiento, sus costumbres, la forma de cazar, este día tuve la inmensa suerte de plasmar el momento en que el abejaruco caza un insecto en pleno vuelo.
Canon EOS 20D, Canon 100/400 L IS USM, vel. 1/500 seg., f7.1, ISO 100, trípode Monfrotto, hide

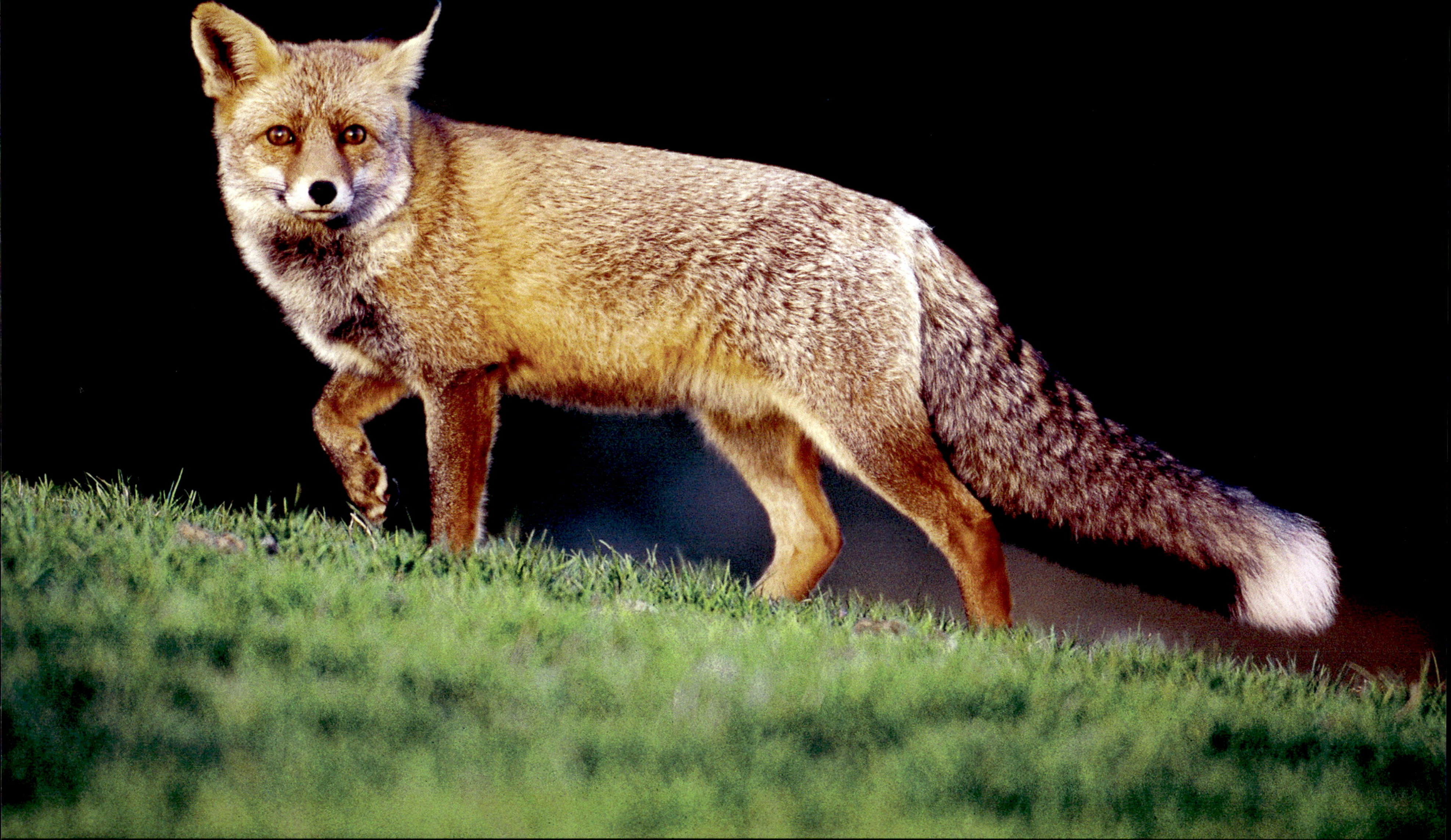

Zorro, Los Pirineos
RICARDO VILA

El zorro se acercaba numerosas veces a las carroñas dispuestas para buitres y quebrantahuesos.
Nikon F3, 500 mm. f4, Fuji Velvia 100 ASA

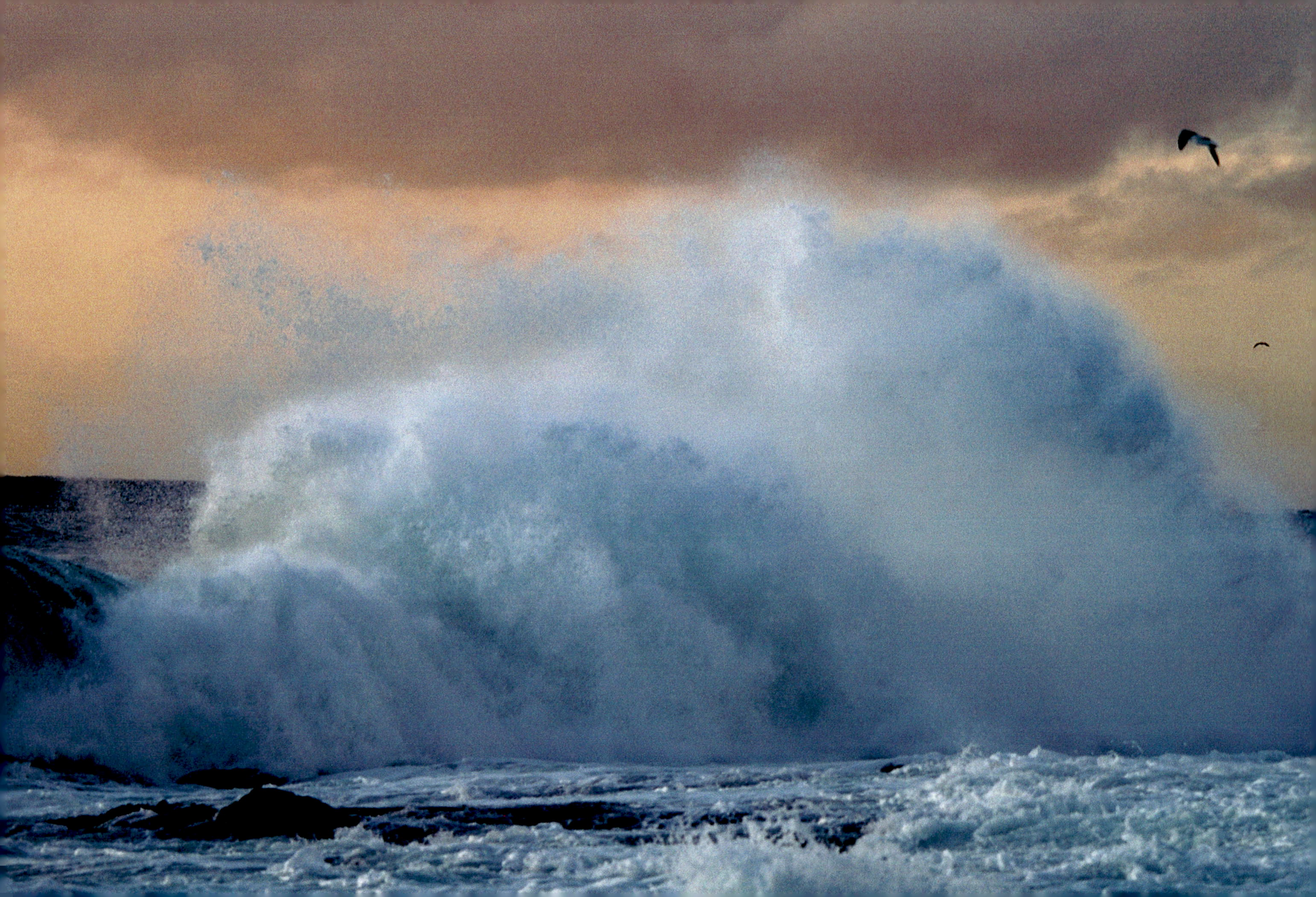

La Ola, Galicia
KIKO ARCAS

El paso de un temporal por la costa gallega supone una gran oportunidad para ver la fuerza de la naturaleza y fotografiar espectaculares olas.
Nikon D100, Sigma 120-300 f2.8, vel 1/250 seg, f5.6, trípode Manfrotto

Oruga
JUAN CARLOS MUNOZ

Tras consumir su interior, la oruga abandona la cápsula de una *papaver somniferum*
trípode Manfrotto

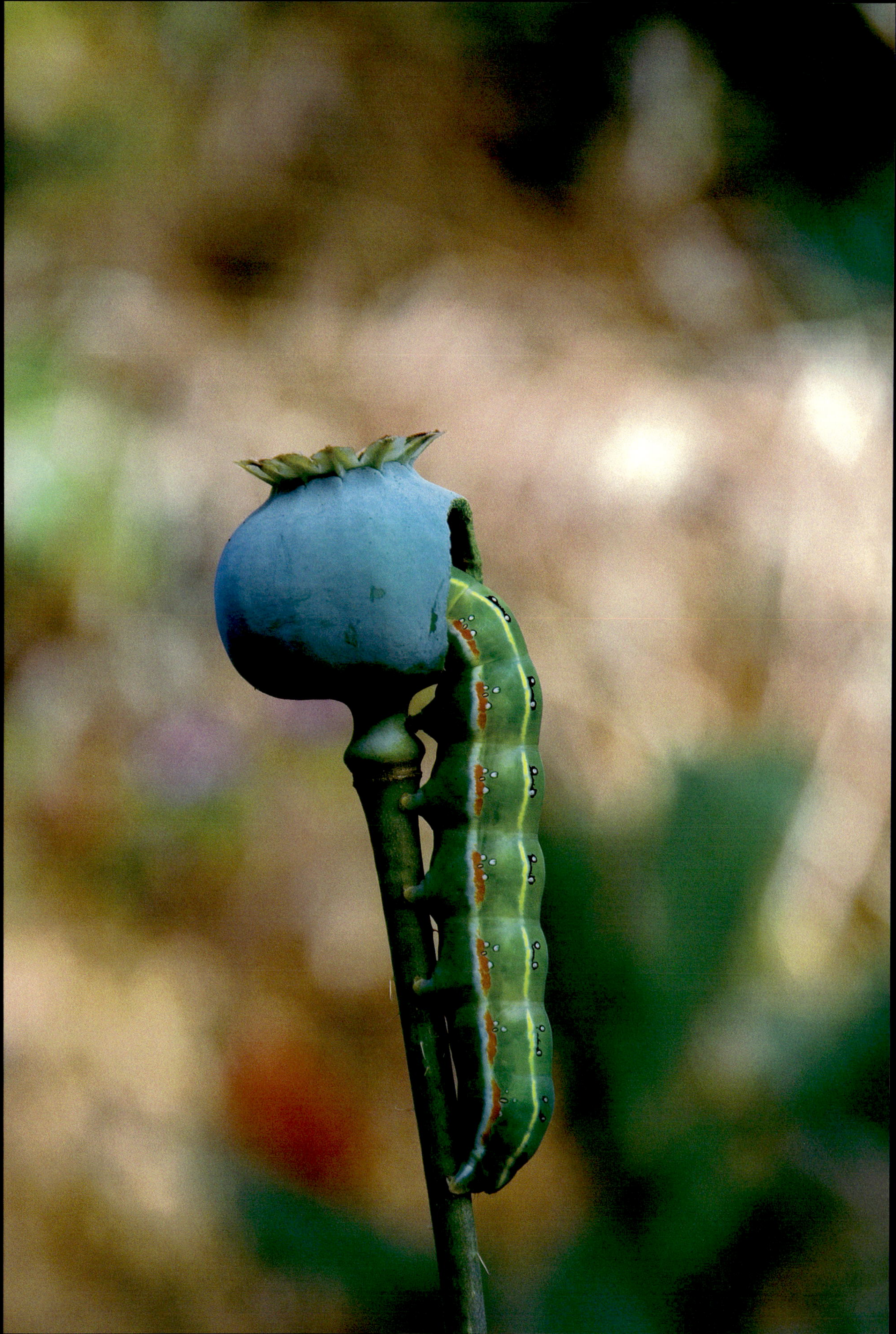

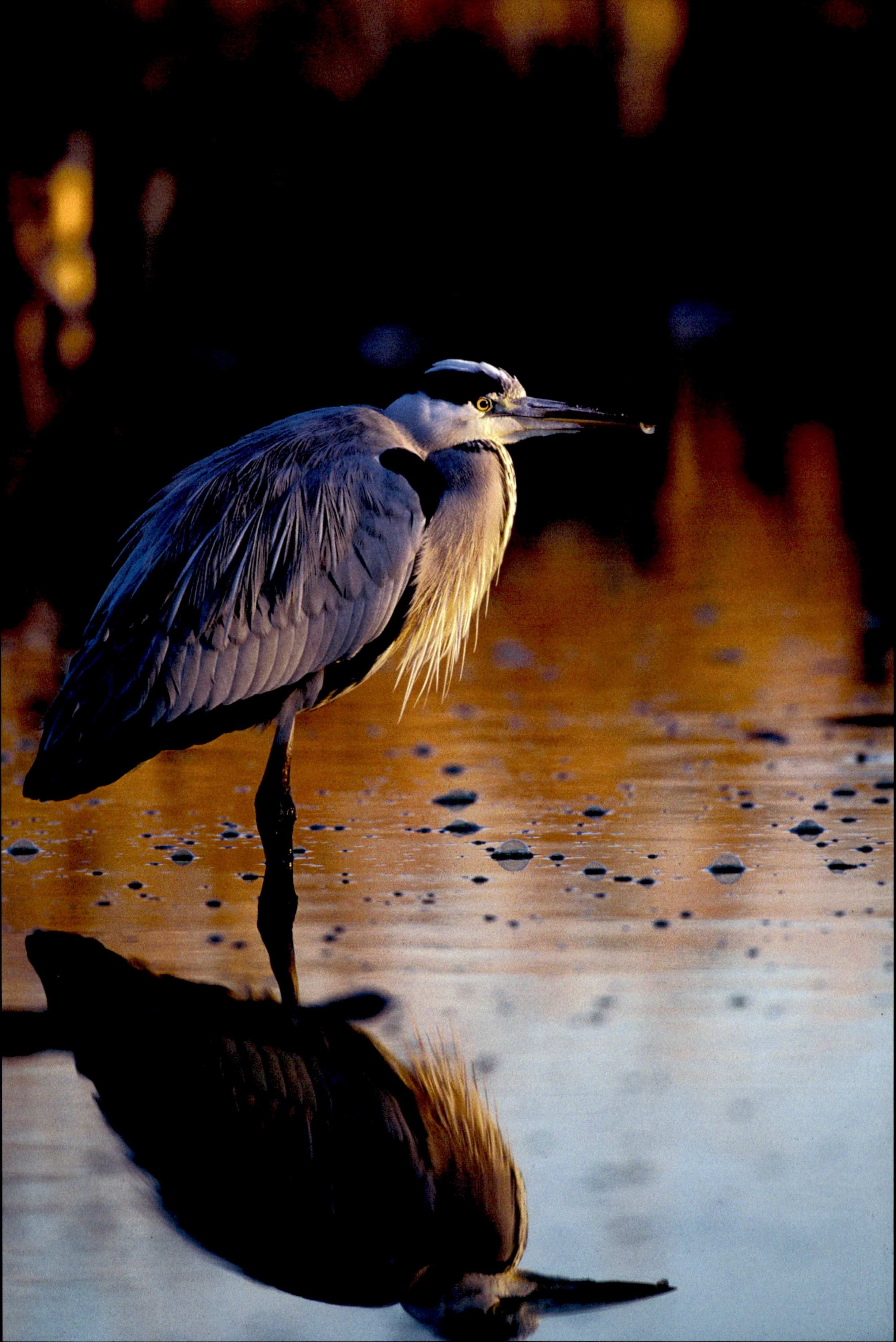

Garza real al amanecer
HERMINIO M. MUÑIZ

Los primeros rayos del sol de un frío amanecer de Diciembre iluminan suavemente el plumaje de una garza real en un viejo cauce de aguas remansadas en las marismas del Guadalquivir.
Nikon F5, Nikkor 500mm f4 AFI, IF-ED, trípode Gitzo, hide

Disputa de Cernícalos
RAFAEL RAMOS

Este día los cernícalos tenían mucha hambre, eran continuas las disputas que se producían entre ellos. Momento de una de ellas entre un Cernícalo primilla macho y una hembra de Cernícalo vulgar.
Canon EOS 20D, Canon 100-400 mm L IS USM, vel. 1/500 seg., f7.1, ISO 100, trípode Manfrotto, hide

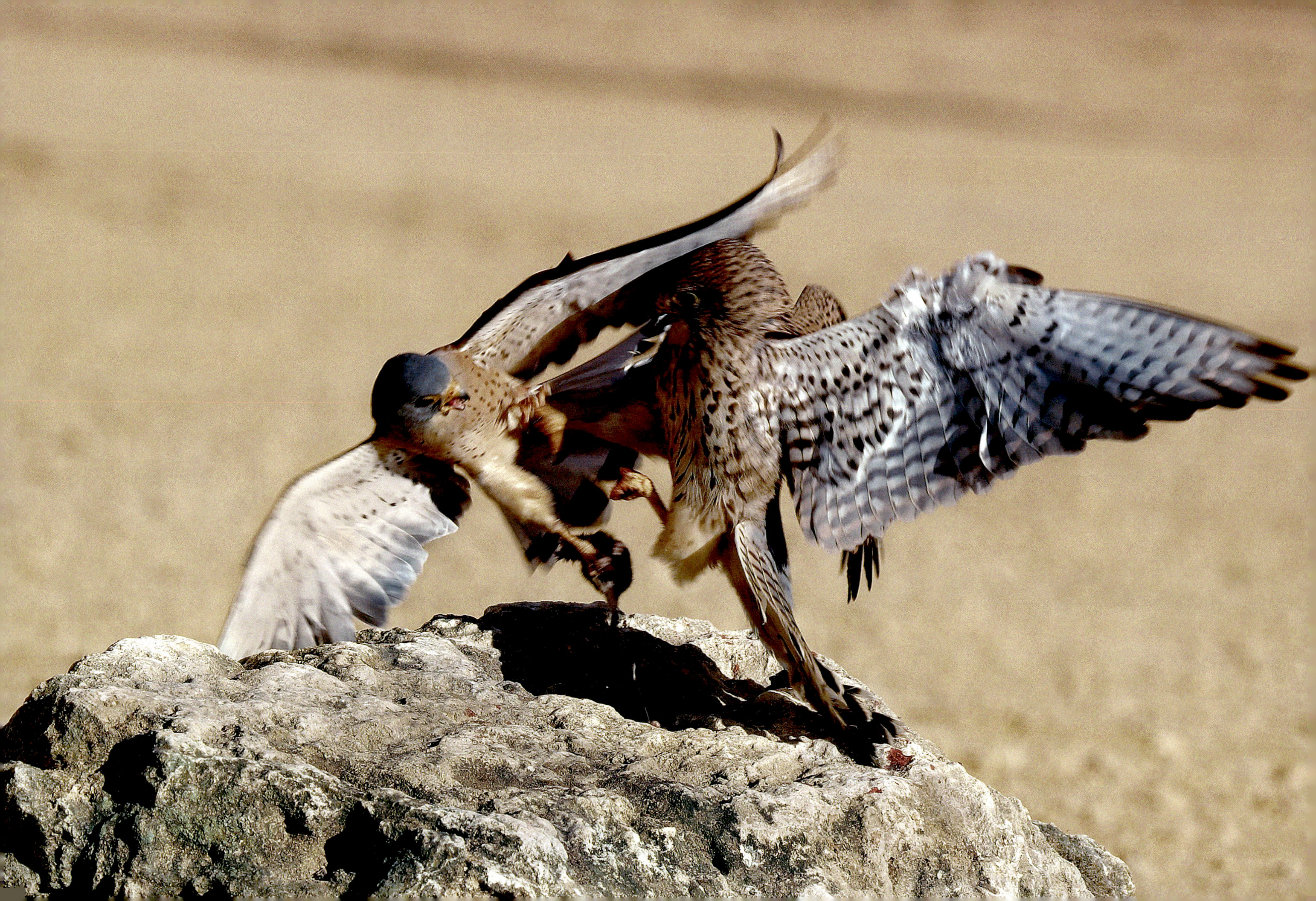

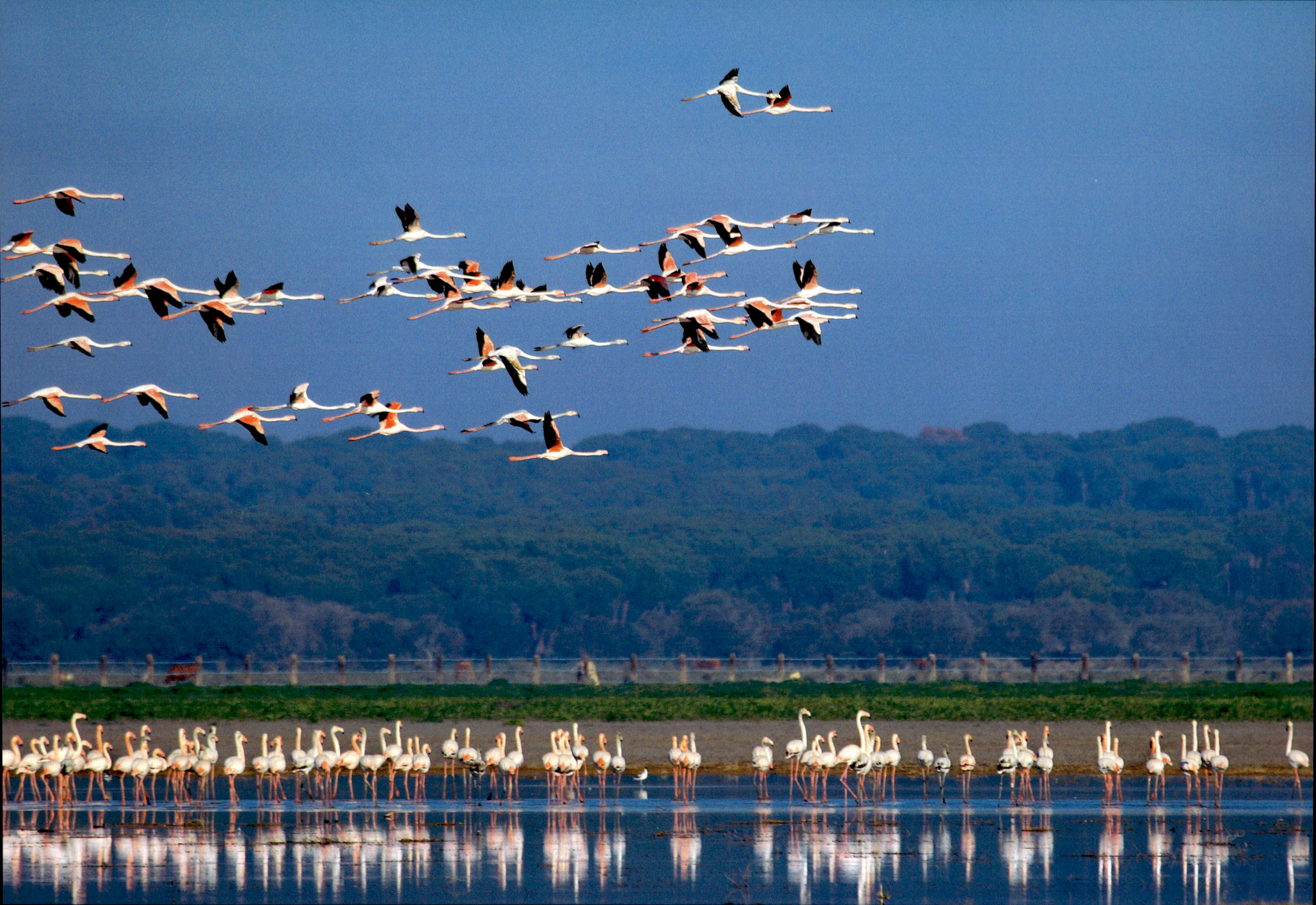

Flamencos en la Marisma
RAFAEL RAMOS

Un bonito día en la Marisma con la laguna repleta de flamencos.
Canon EOS 20D, Canon 100/400 mm L IS USM, vel. 1/500 seg., f8, ISO 100, trípode Manfrotto

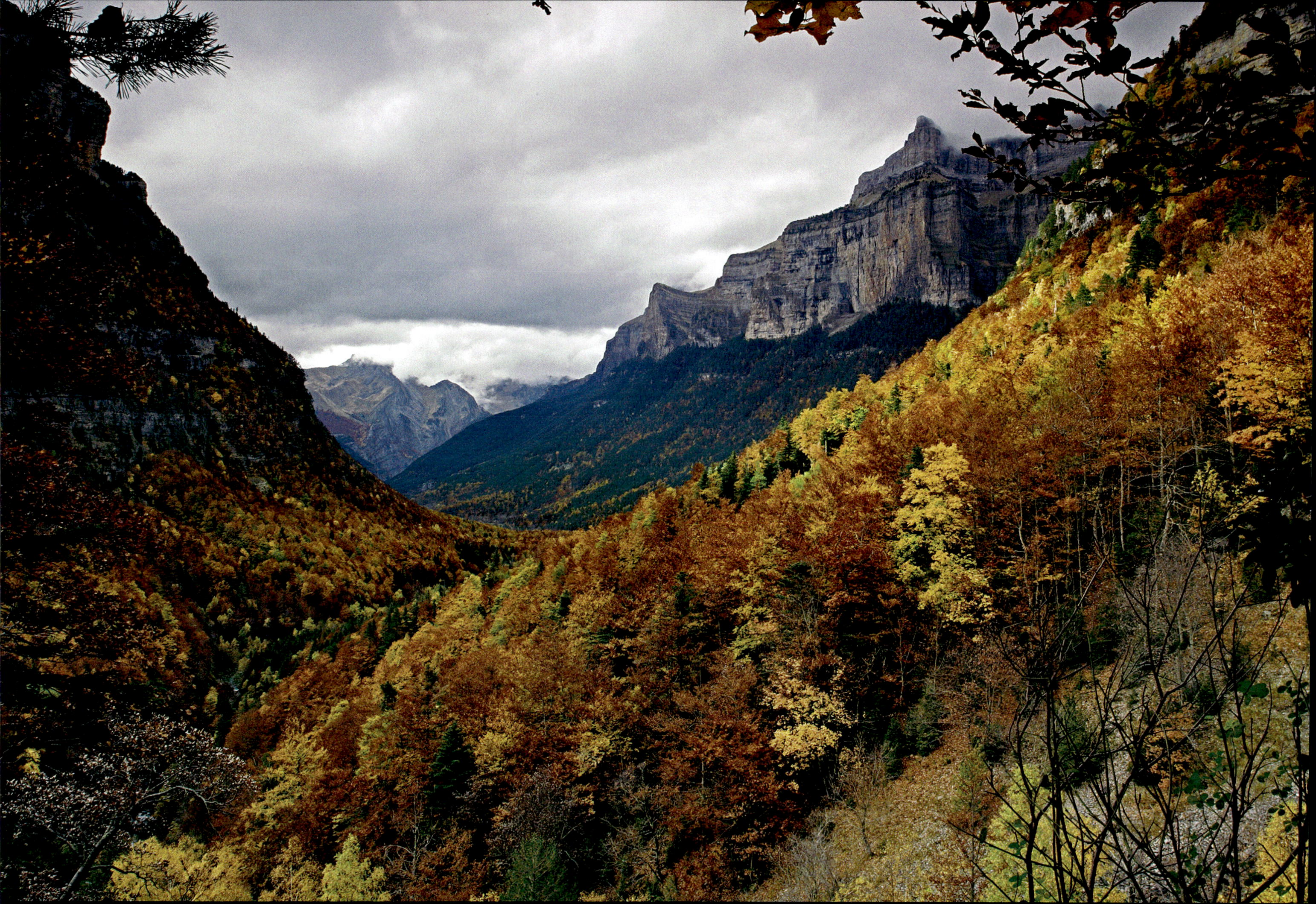

Otoño en Ordesa, P. N. de Ordesa y Monte Perdido, Huesca, España
ALEJANDRO TREVINO LOPEZ

Hay rincones dentro del P. N. de Ordesa desde donde se pueden divisar las más espectaculares vistas sobre el valle. Algunos de ellos, como éste, no exentos de un ligero riesgo, ya que al realizar esta fotografía y con el fin de evitar ramas y troncos en la panorámica, el trípode ha de colocarse al borde mismo del abismo, en una ladera muy empinada, que no invita a sufrir el más mínimo resbalón. Este rincón "secreto" es visita obligada siempre que paseo por el Parque y más en Otoño, cuando el valle se viste con sus mejores galas.
Canon EOS 20D, Canon 17-40mm EF f:4L, vel. 1/5 seg., f22, ISO 100, trípode Gitzo, filtro degradado neutro y polarizador

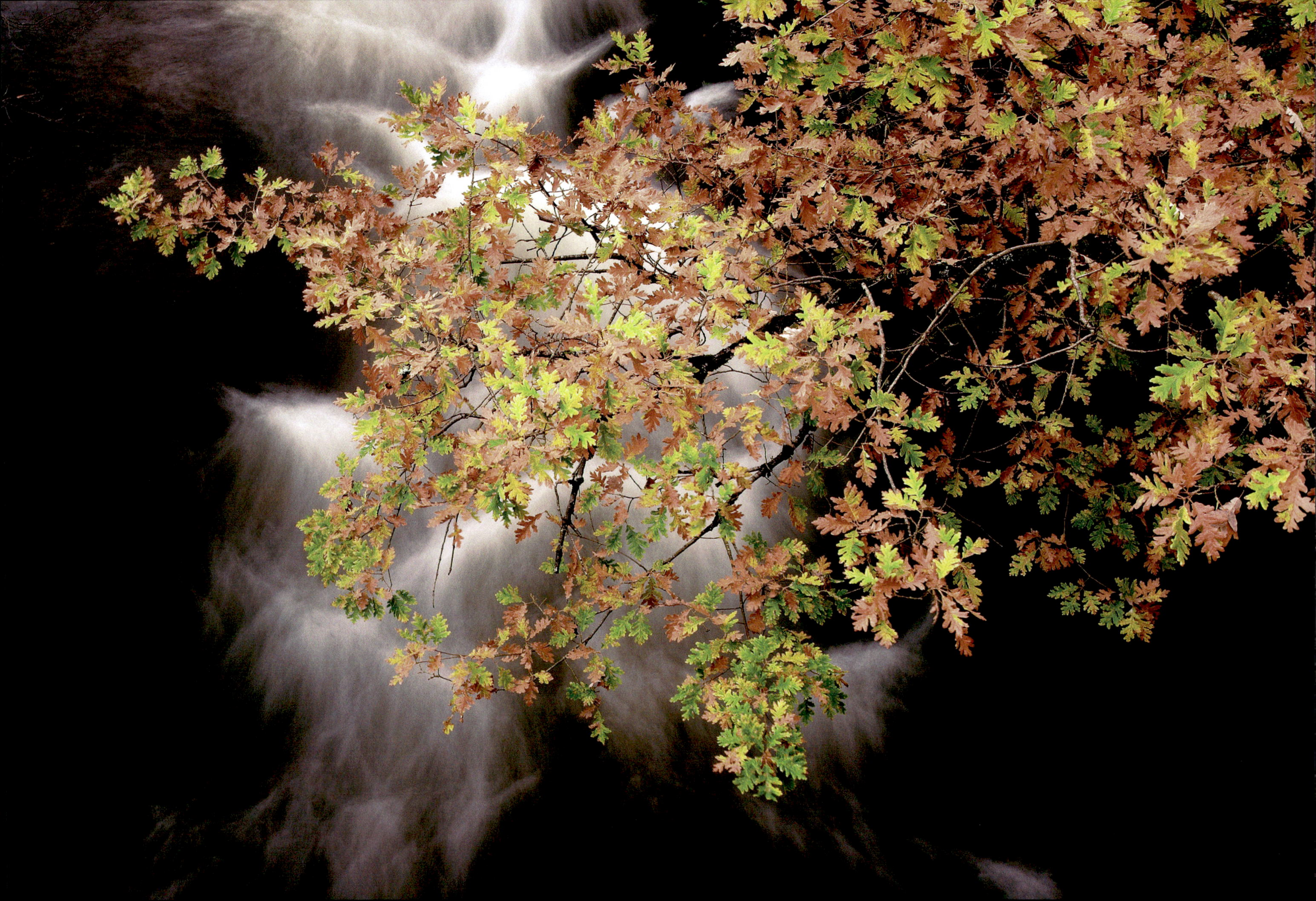

Rio Baias
GAIZKA BILBAO

Tras tres años con la foto en la cabeza, el día que me dirigí de nuevo a este lugar, las condiciones eran las idóneas, al árbol apenas le faltaban hojas, ausencia de viento, y el río con el caudal necesario de agua. El otoño puso el resto.
Canon 20D, 17-40, f14, vel. 3 seg., ISO 100, long. focal 32 mm, trípode Manfrotto, cable disparador

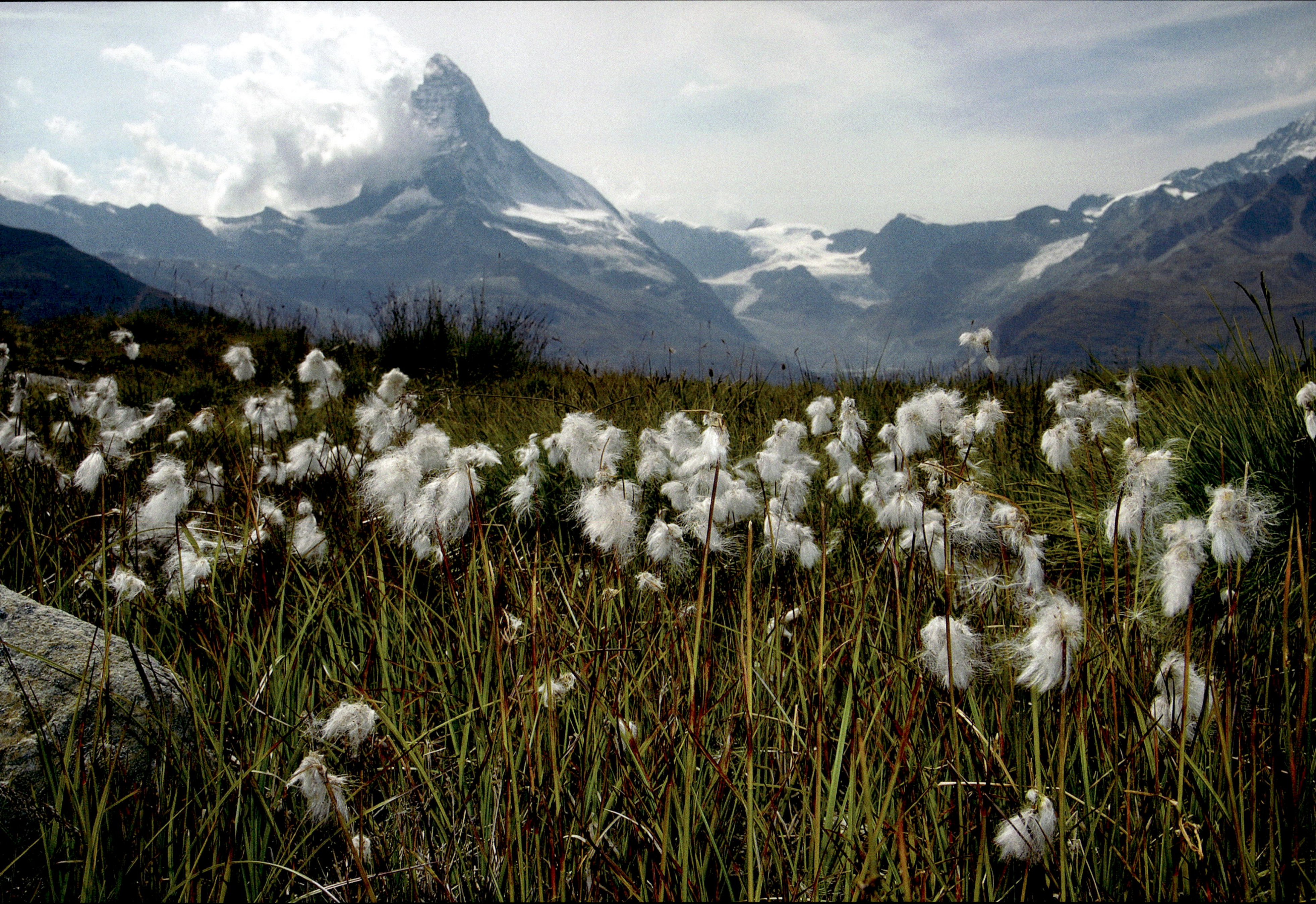

Hierba de algodón en Los Alpes, Zermatt (Suiza) a unos 2800mts de altitud
IGNACIO LOPEZ VARGAS

Desde que planee el viaje a la región de Zermatt en los Alpes Suizos mi única idea era la de poder fotografiar la flora alpina del lugar. Llevaba varios días buscando por la zona a esas extrañas plantas y después de algunos trekkings por fin las encontré . Estuve varios minutos planeando la foto, y al final decidí el encuadré que podéis observar. Para ello me tiré al suelo con el trípode a su mínimo nivel y busque al gran Cervino como fondo. Las nubes ayudaron a dar un aire más alpino a la toma. Nikon D70, Sigma 18-50 F2.8, vel. 1/200 seg., f11, ISO 200, +0,7EV, trípode Manfrotto, filtro degradado neutro Cosin G2 Soft.

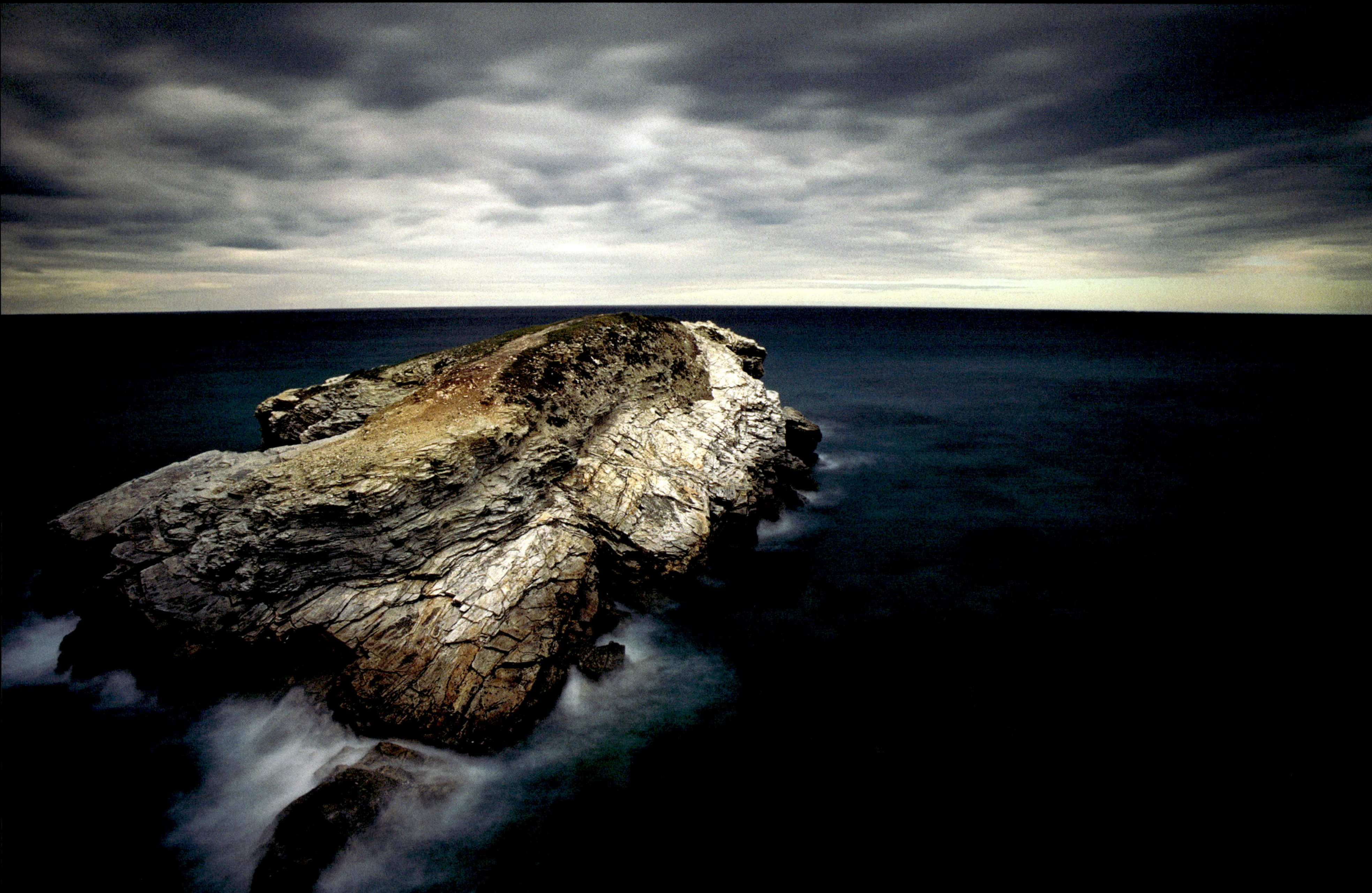

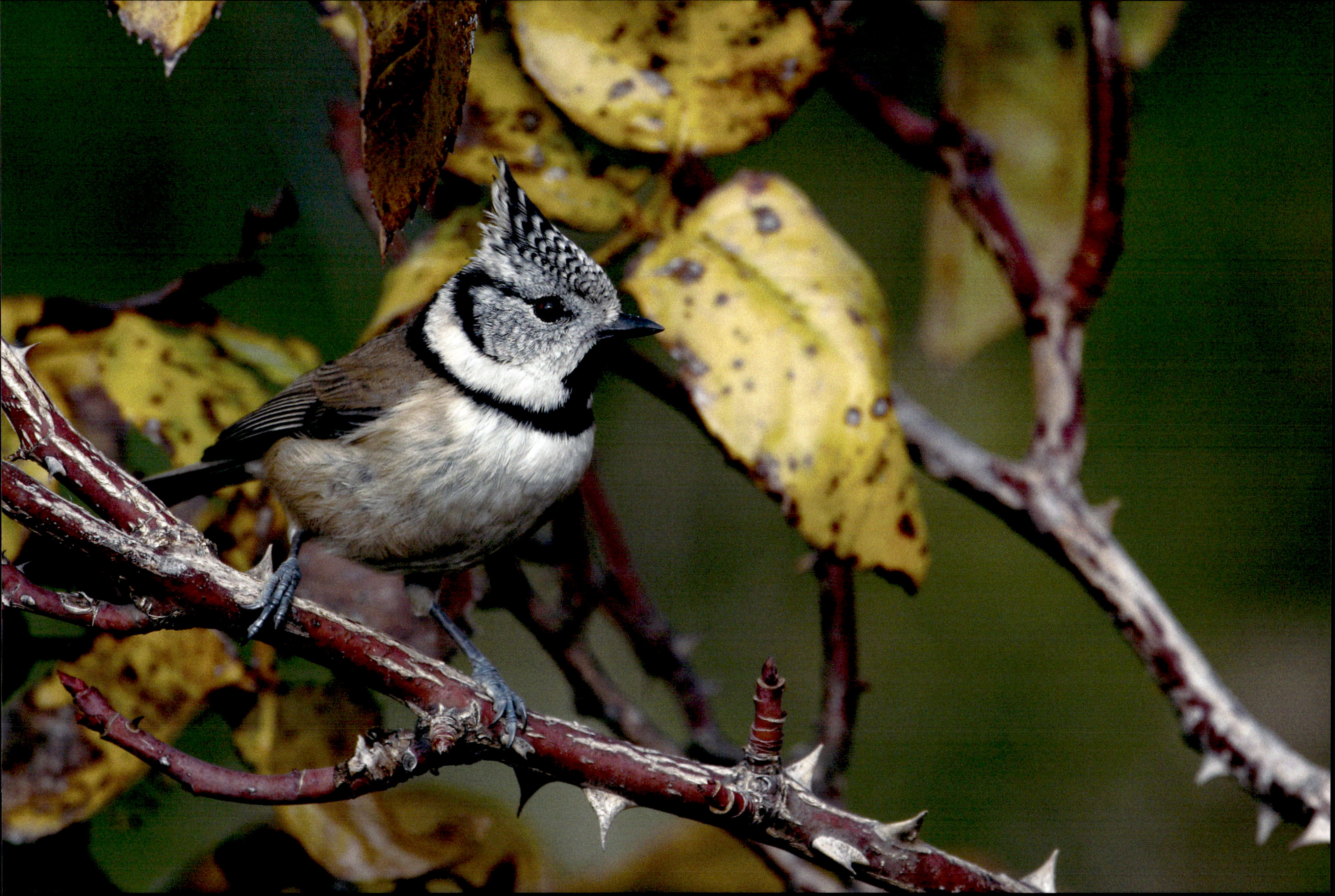

Parus cristatus, Sierra de Guadarrama
JAVIER RAMOS

Inconfundible por su trinante canto y su característica cabeza, este Herrerillo Capuchino llamo mi atención al visitar con bastante frecuencia un rosal silvestre de la zona, me gusto el resultado que podría quedar mostrando a la vez el ambiente otoñal.
Canon EOS 20D, Canon 100-400mm L IS USM + aro de ext. de 24mm, vel. 1/125 seg., f8, -2/3, Flash Canon 420EX, ISO 100, Hidrohide, trípode Manfrotto

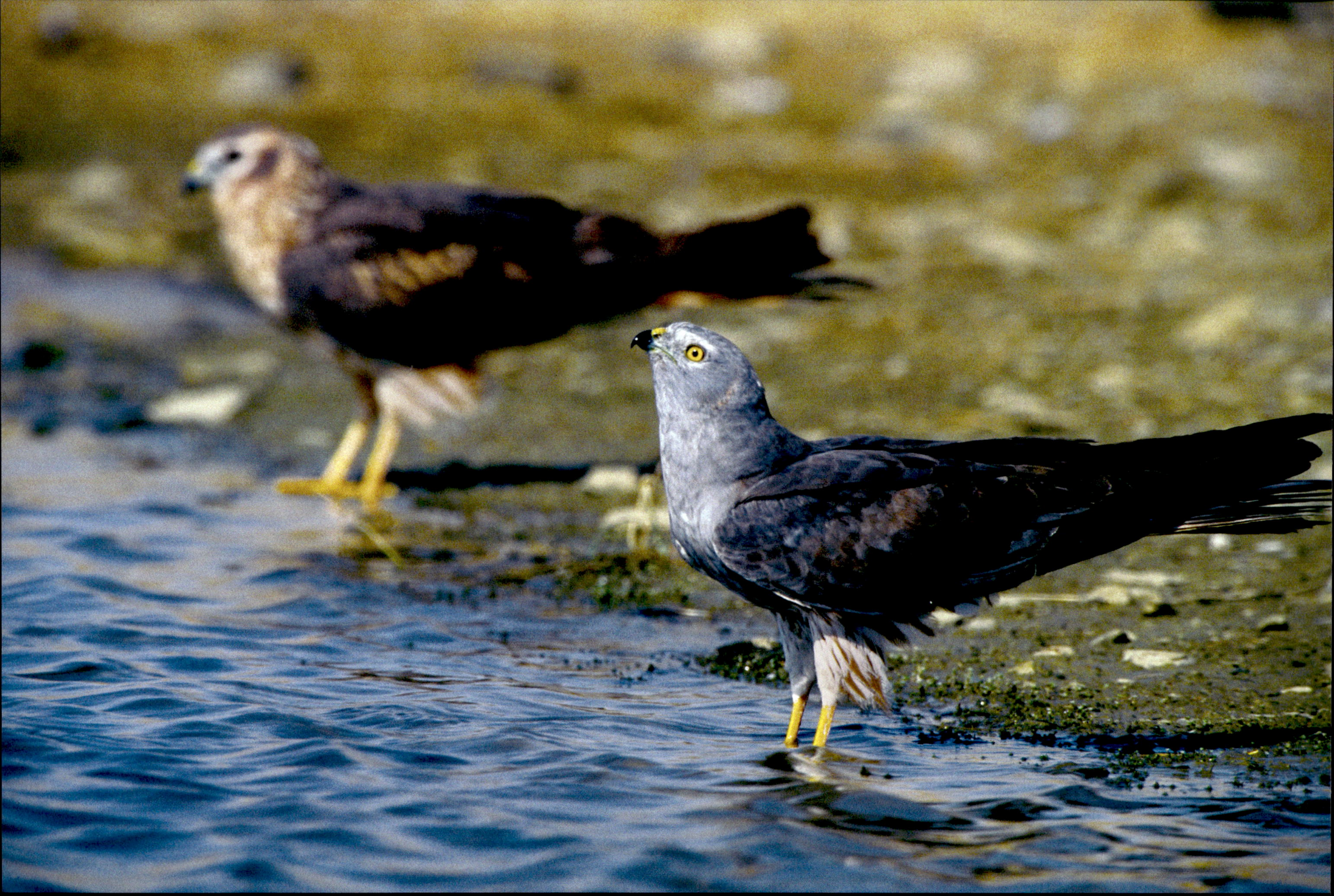

Aguiluchos cenizos,
JOSE MARI LLAVORI

Corre el mes de Julio, y el calor en La Serena es sofocante. Los Aguiluchos Cenizos, que acaban de terminar su azarosa reproducción hace unos días, inician una fase de dispersión, previa a la migración a tierras africanas. El agua será imprescindible para ellos durante los próximos meses.
Nikon F5, Nikkor 500 mm f:4 + Duplicador, Velvia 50, trípode Manfrotto, hide

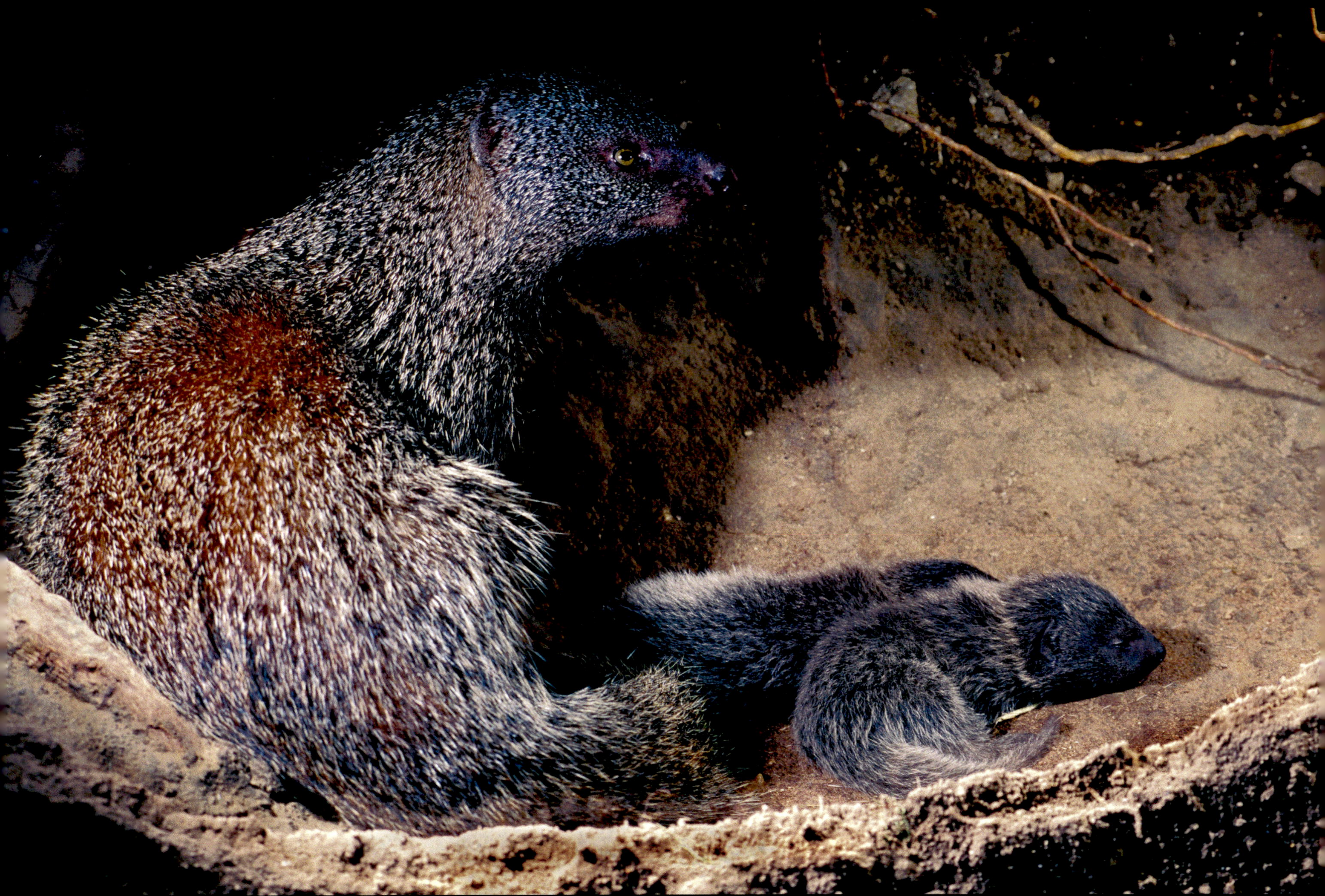

Meloncillo

HERMINIO M. MUÑIZ

La única mangosta europea, puebla cada vez con más asiduidad las tierras andaluzas.
Nikon F5, Nikkor 80-200 f2,8 , IF-ED, trípode Gitzo, hide

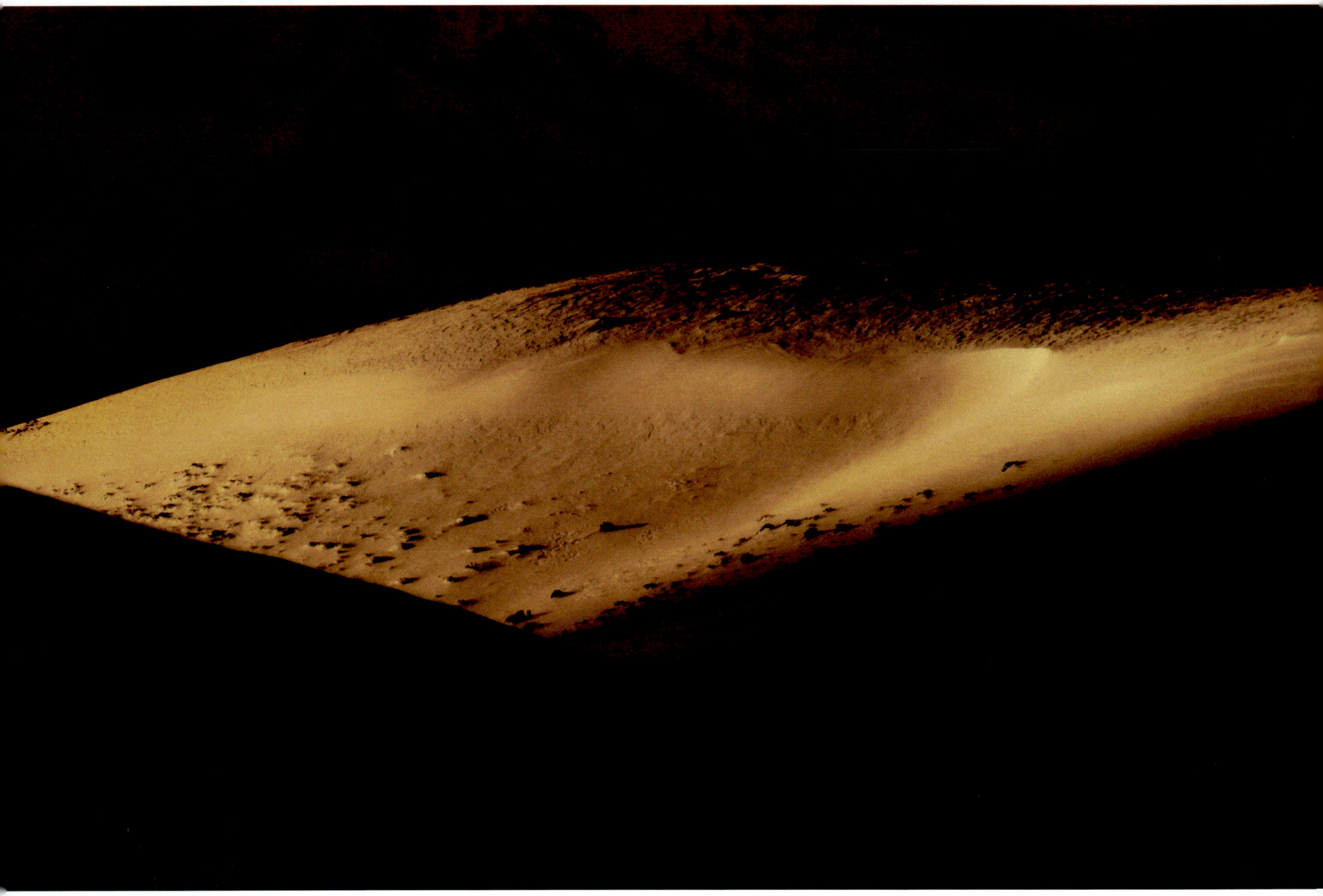

Últimas luces
ALBERTO SAIZ

A través de una potente ventisca, la luz del atardecer se filtró entre las montañas, bañando de luz esta colina del Pirineo Leridano.
Canon EOS 10D, Sigma APO MACRO 400mm, vel. 1/100 seg., f18, ISO 100, trípode Manfrotto

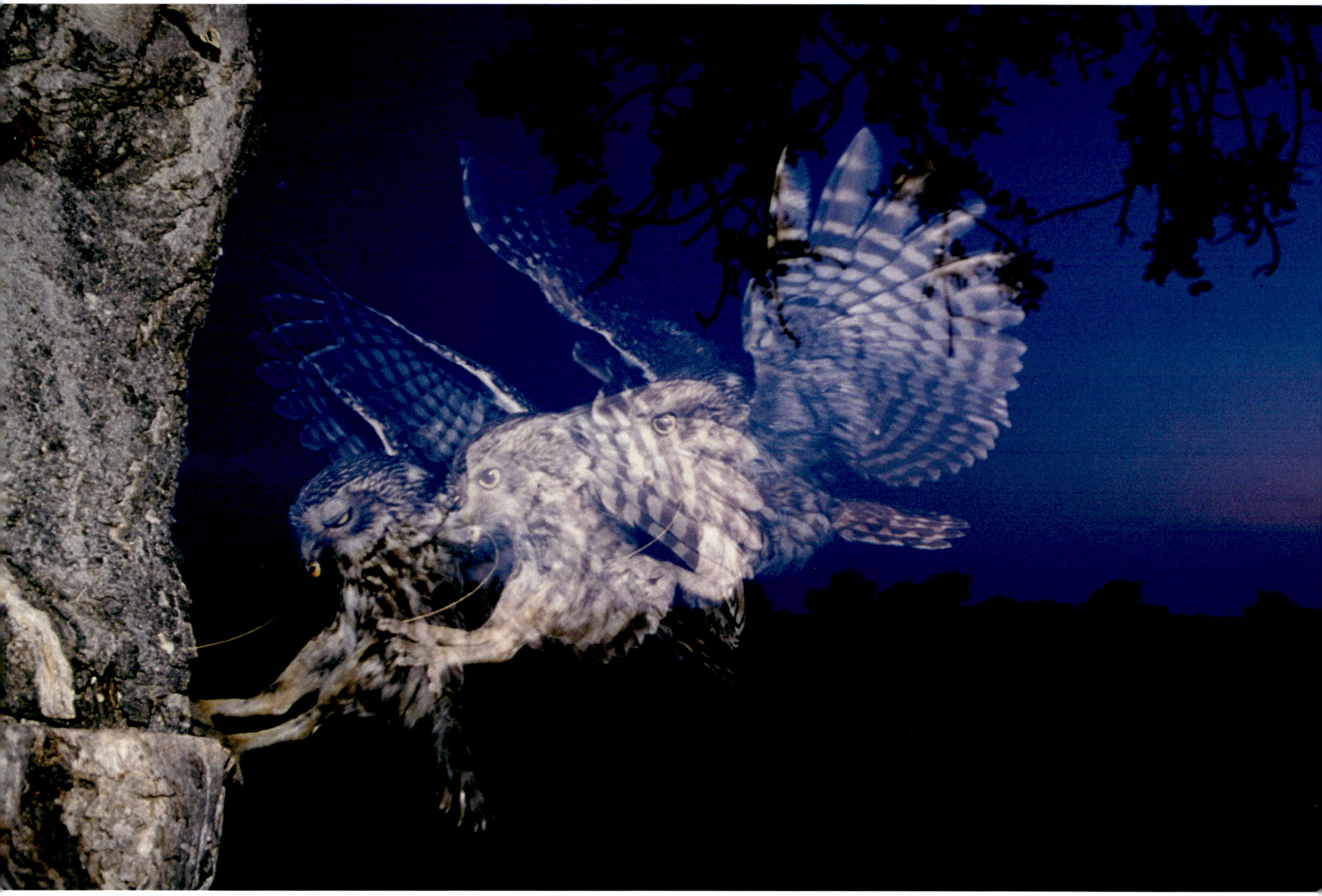

Strobo
PACO SEGARRA

Nikon F-70, Zoom 35-80mm, barrera infrarrojos Hama, flash Metz 40Mzi, modo estroboscópico, frecuencia de destellos 10 Hz, números de destellos 3-N, Fuji Sensia II, ISO 100, trípode Manfrotto

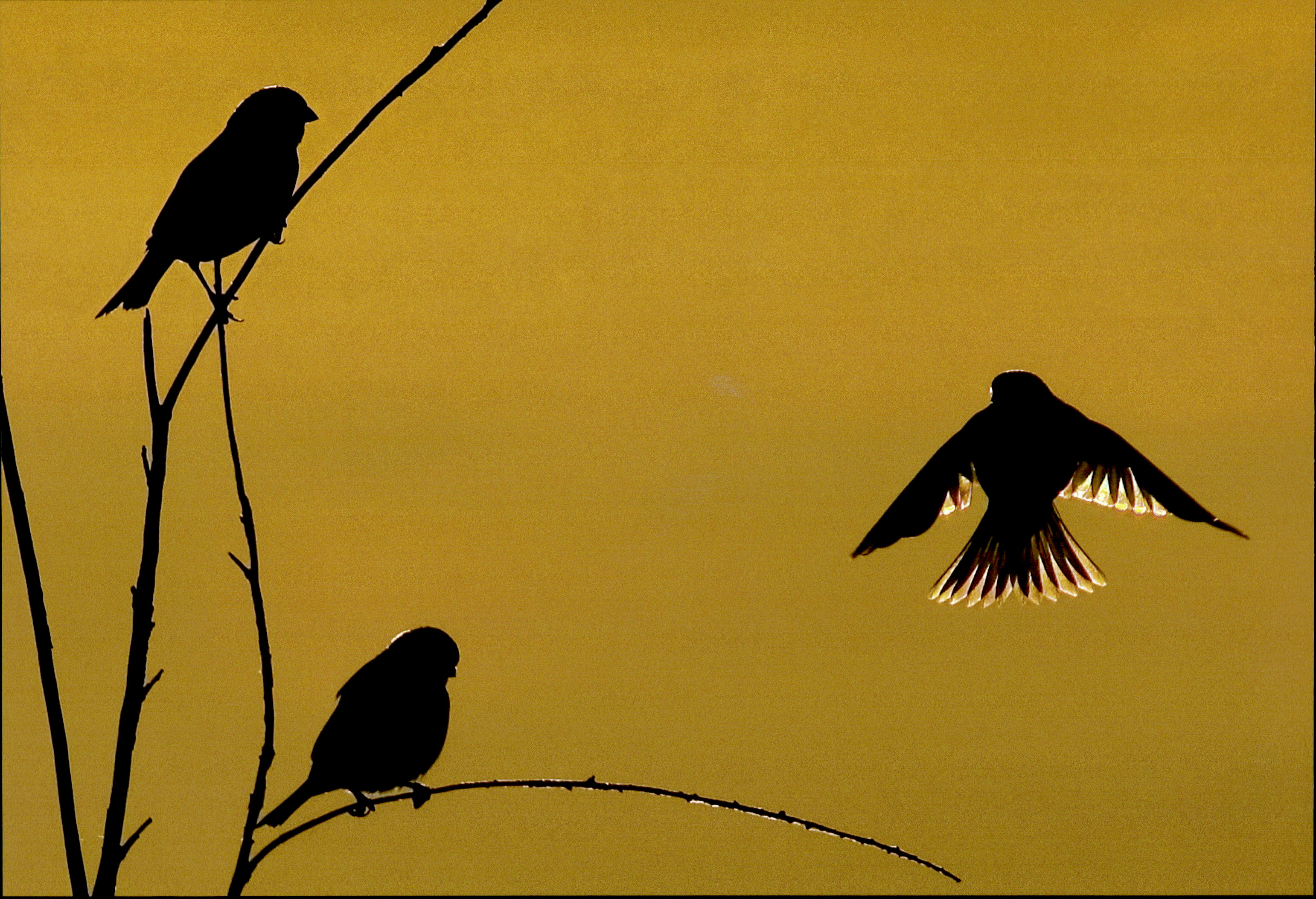

Trigueros, Tablas de Daimiel
RAFAEL PALOMO SANTANA

Esta imagen está realizada desde el hide permanente de la laguna, una tarde en la que esperaba la llegada de las grullas al dormidero. Mientras llegaba el momento, pase el tiempo con estos trigueros. Canon EOS 20D, Canon 500 + 1.4X, vel. 1/8000 seg., f6.3, ISO 200, -0.3 EV, prioridad de abertura, medición evaluativa, trípode Gitzo

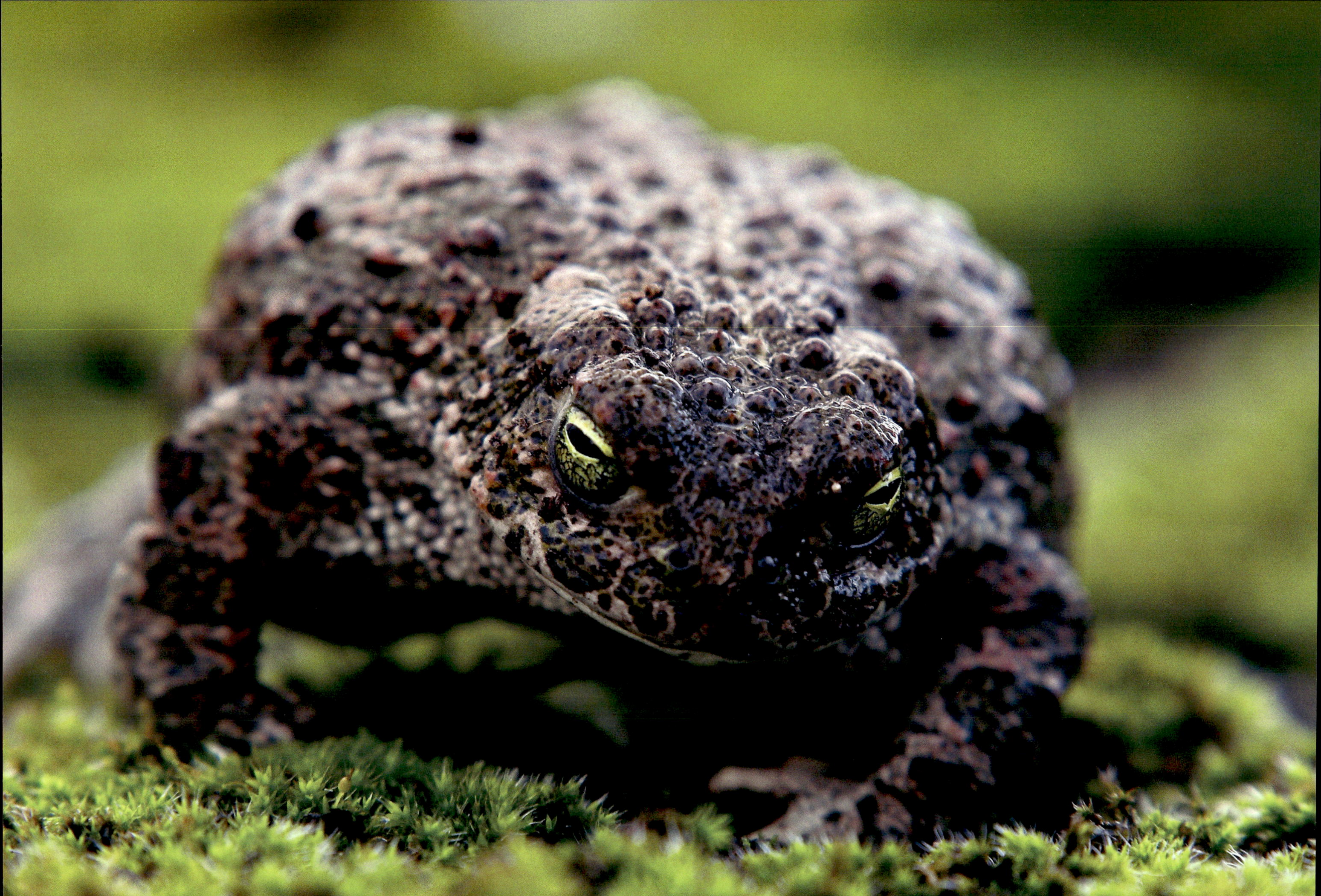

Sapo corredor, Parque Natural Sierra Norte de Sevilla
JOSÉ RAMÓN LORA

Canon EOS 20D, Canon 70-200 f2.8 + tubo de extensión, vel. 1/25 seg., f7.1, ISO 200, trípode GITZO

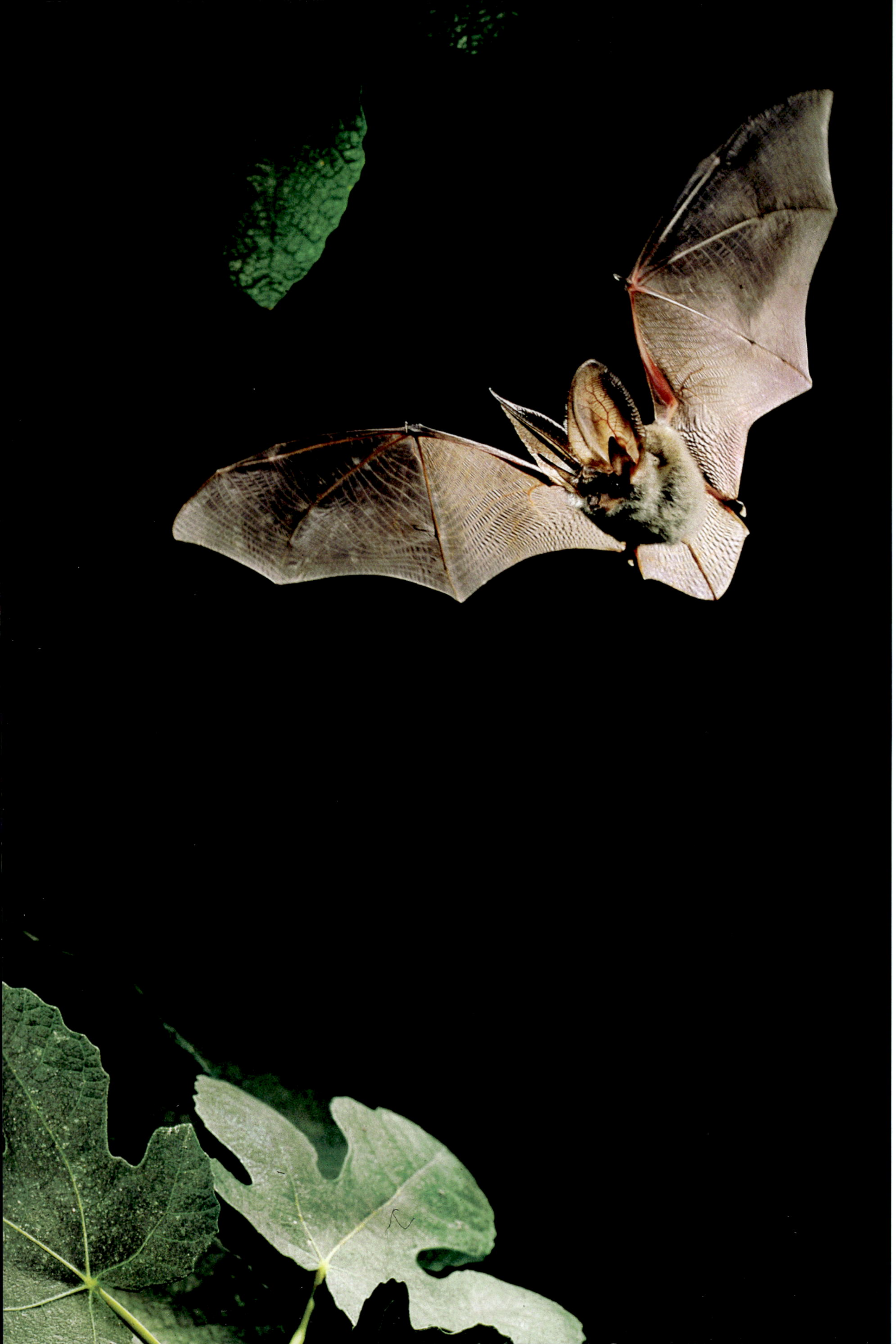

Murciélago orejudo
RICARDO VILA

En una casa abandonada del prepirineo aragonés habitaba este murciélago orejudo. La célula fotoeléctrica está colocada en las proximidades de una ventana por la que salían los murciélagos al anochecer.
Hasselblad 553, 120 mm f4, Fuji Velvia 50

Abrazo mortal,
Noche en Sardina de Gáldar (Gran Canaria)
FRANCESC FONTANALS VILLAZON

Este choco (Sepia officinalis) , patrullaba por el fondo en busca de alguna presa, con un rápido movimiento se abalanzo sobre un pequeño escorpénido.
Olympus 5060, flash subtronic, f7.1, vel. 200 seg., 80 ASA

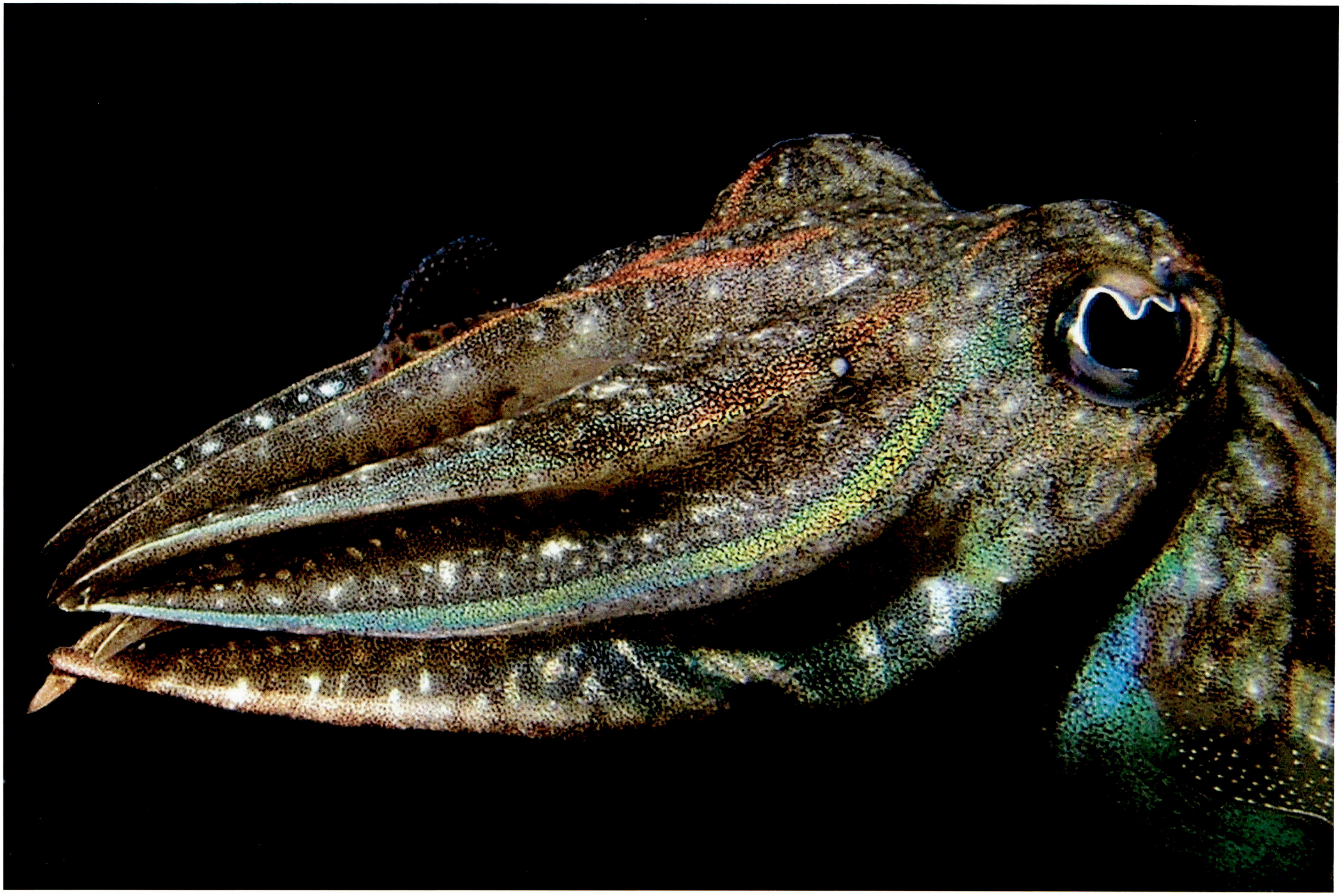

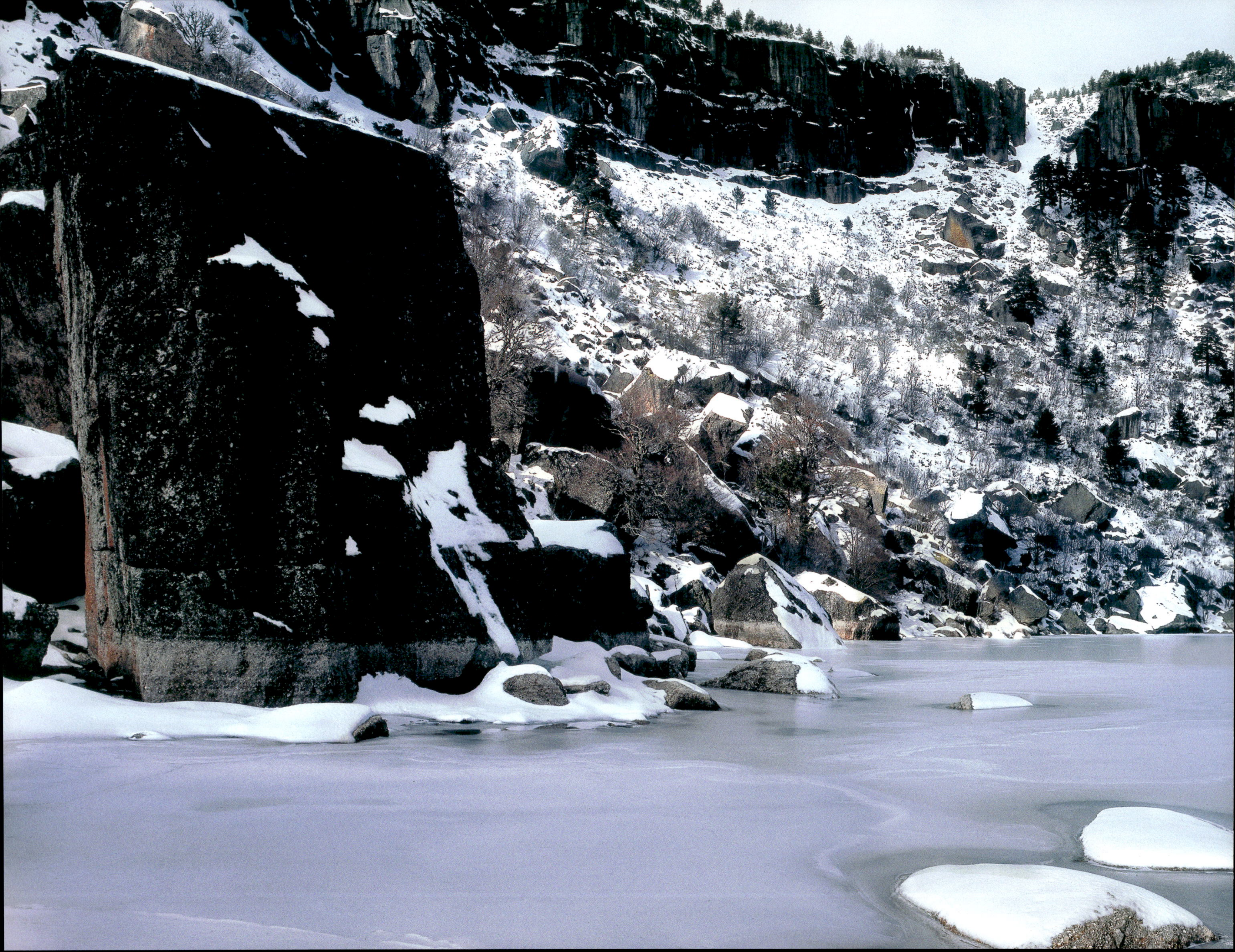

Laguna Negra, Laguna Blanca
Parque Natural Laguna Negra, Vinuesa, Soria
RODRIGO HERNÁNDEZ CABOS

Dos fotos unidas 4,5 x 6. Mamiya 645, Hoya 58mm, PL-CR, f/22, 1/14 seg., trípode Manfroto Carbono, Fuji Velvia 100, filtro polarizador

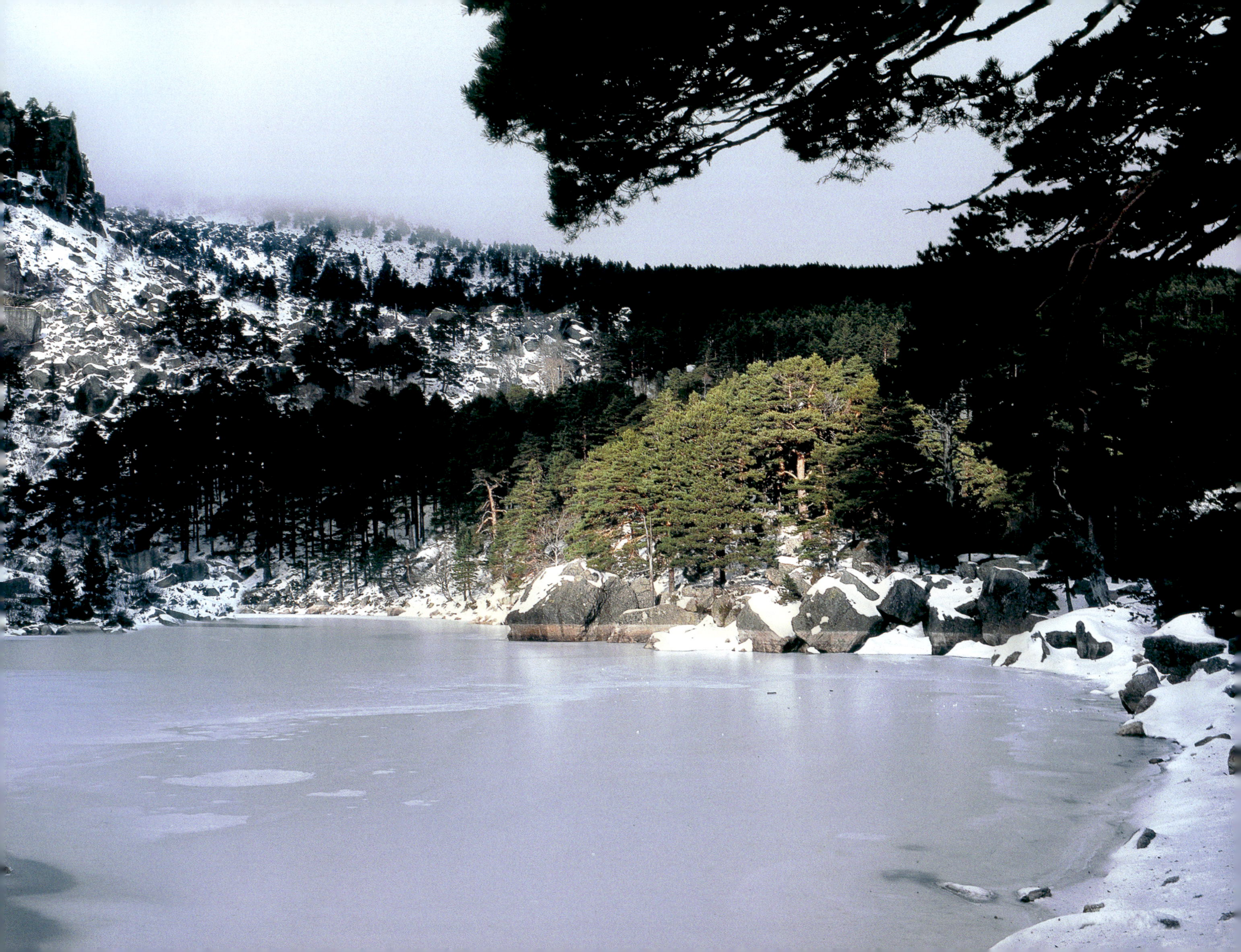

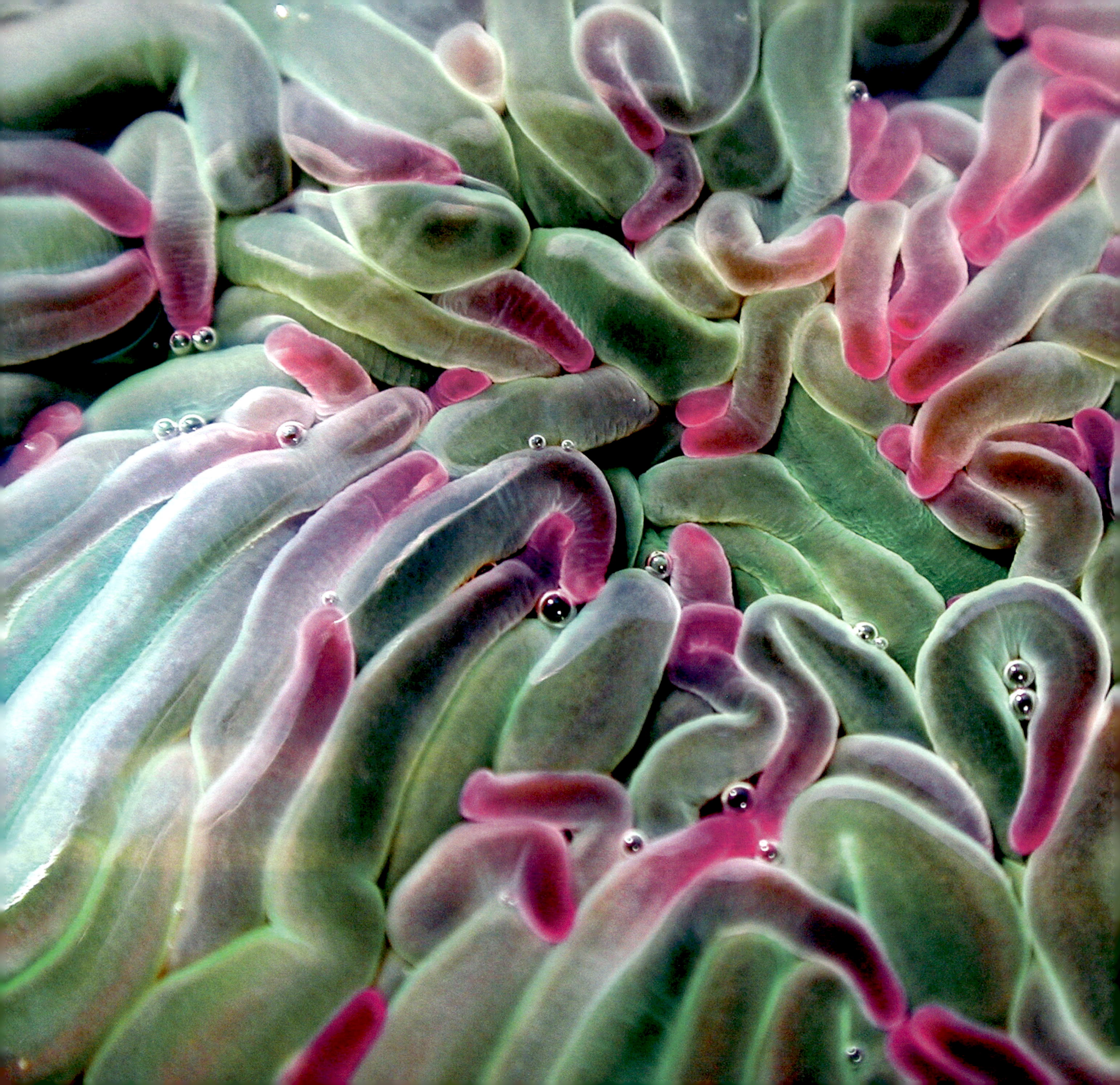

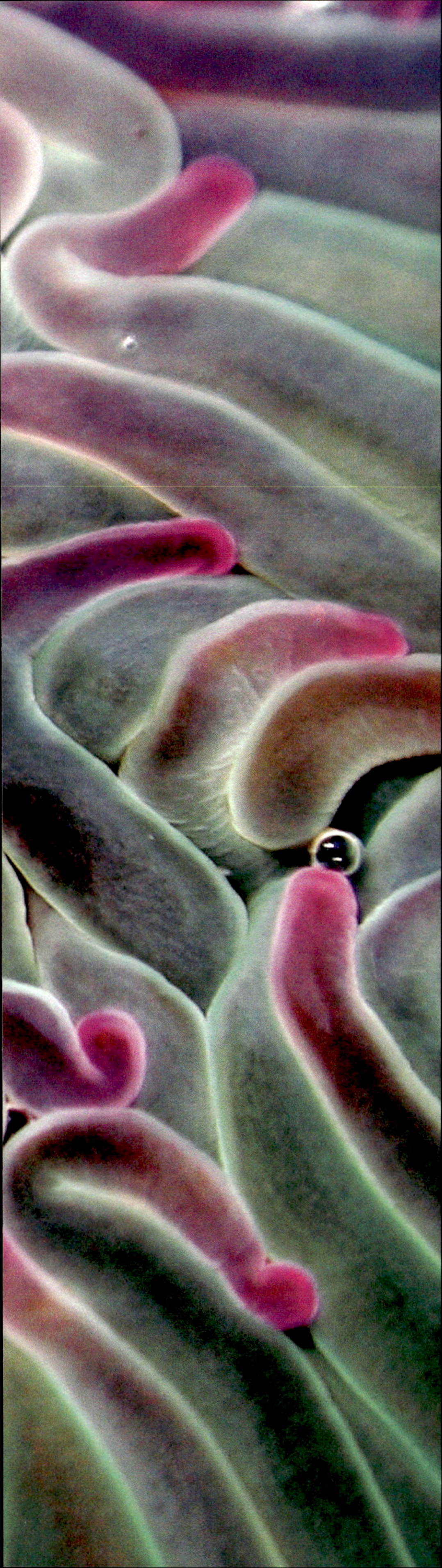

Colores picantes,
Biotopo protegido de San Juan de Gaztelugatxe, Vizcaya
ARTURO BOYRA

Las anémonas son animales que se caracterizan por poseer células urticantes que utilizan tanto para la caza como para la defensa, de ahí el picor que generan cuando son tocadas. Esta especie, Anemonia sulcata, tiene en la punta de sus tentáculos algas microscópicas que le suministran alimento cuando la comida escasea, de ahí sus intensos colores fosforescentes.
Nikon D100, Nikkor 60 mm, vel. 1/60 seg., f11

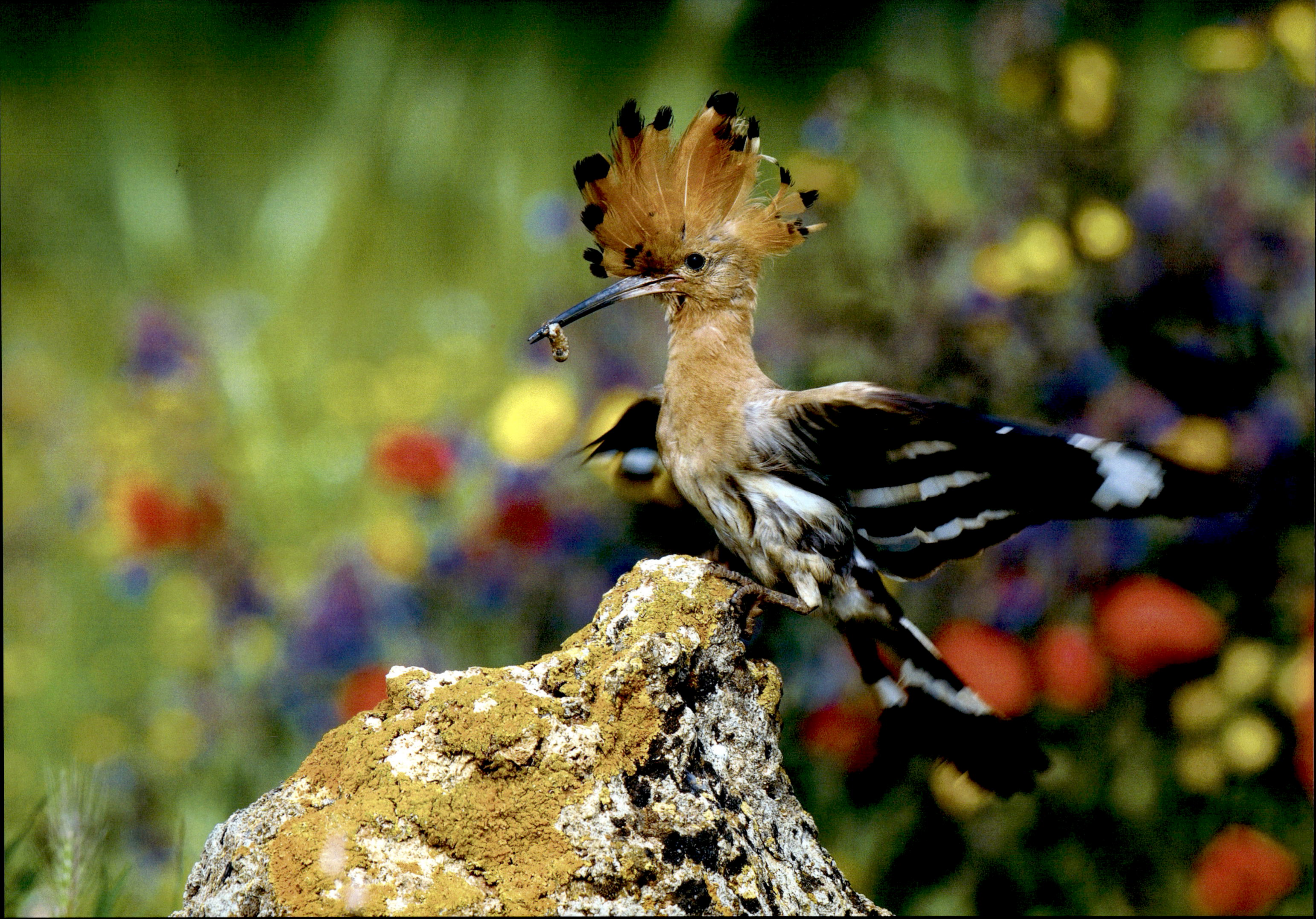

Abubilla, Alcalá de Guadaíra, Sevilla
DIEGO LOPEZ

La búsqueda de fondos adecuados o diferentes es una de las facetas que más me atraen de la fotografía de naturaleza. Lo más complicado de ésta fotografía a parte de la localización, fué ajustar el encuadre, al haber sido realizada con control remoto.
Nikon D200, Nikkor 300 f4, vel. 1/320 seg., f8, ISO 100, +0.3 EV, flash SB800, cable control remoto casero de 100 mts, tríode Manfrotto

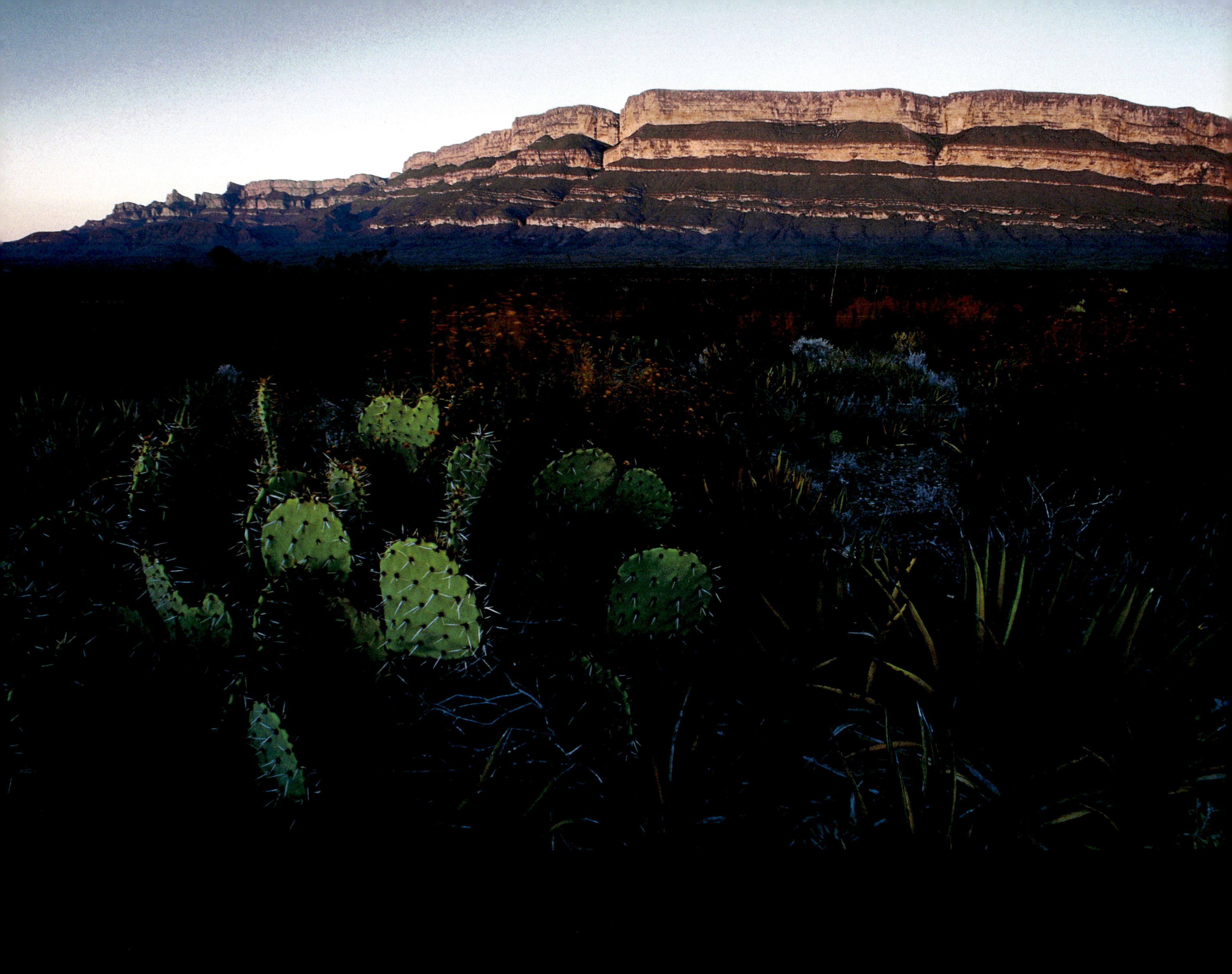

Yucca en la Sierra del Carmen,
Área de Protección de Flora y Fauna Maderas del Carmen, Coahuila, México
JAIME ROJO

Nikon F90x, Nikkor 20 mm, Fujifilm Provia 100F, trípode de carbono Gitzo

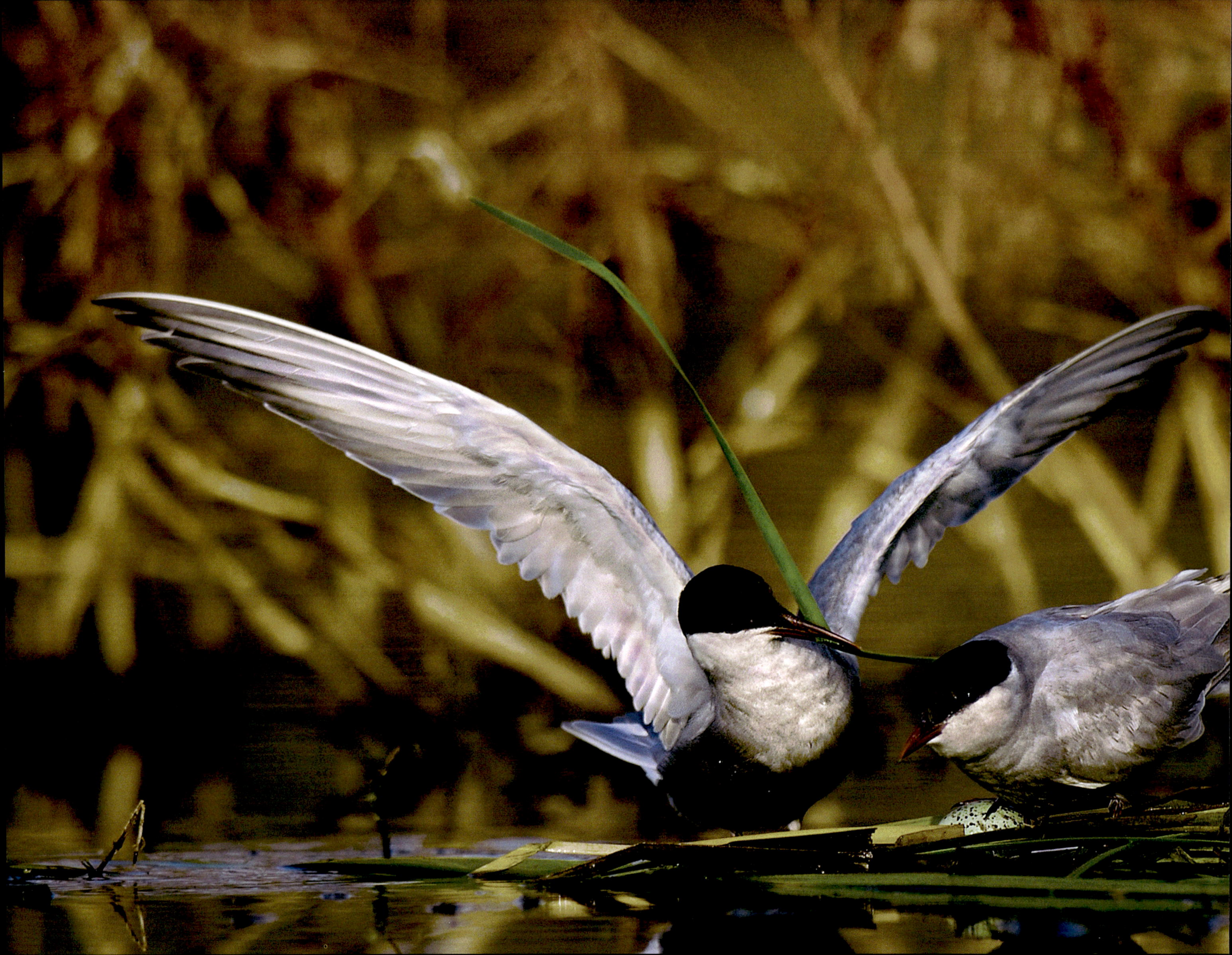

Fumareles cariblancos, Marismas del Guadalquivir, Sevilla
DIEGO LOPEZ

Fotografiar el ciclo reproductivo de los fumareles es toda una experiencia, los cortejos, su comportamiento territorial, las cebas, nos brindan todo un mundo de posibilidades fotográficas, sin embargo, la cautela y la prudencia a de interponerse muchas veces a la realización de la fotografía.
Foto izquierda: Nikon D100, Nikkor 300 f4, vel. 1/1000 seg., f4.5, ISO 200, -0.3 EV, hidrohide. Foto derecha: Nikon D100, Nikkor 300 F4 + 1.4x, vel. 1/1250 seg., f5.6, ISO 200, -0.5 EV, trípode Manfrotto

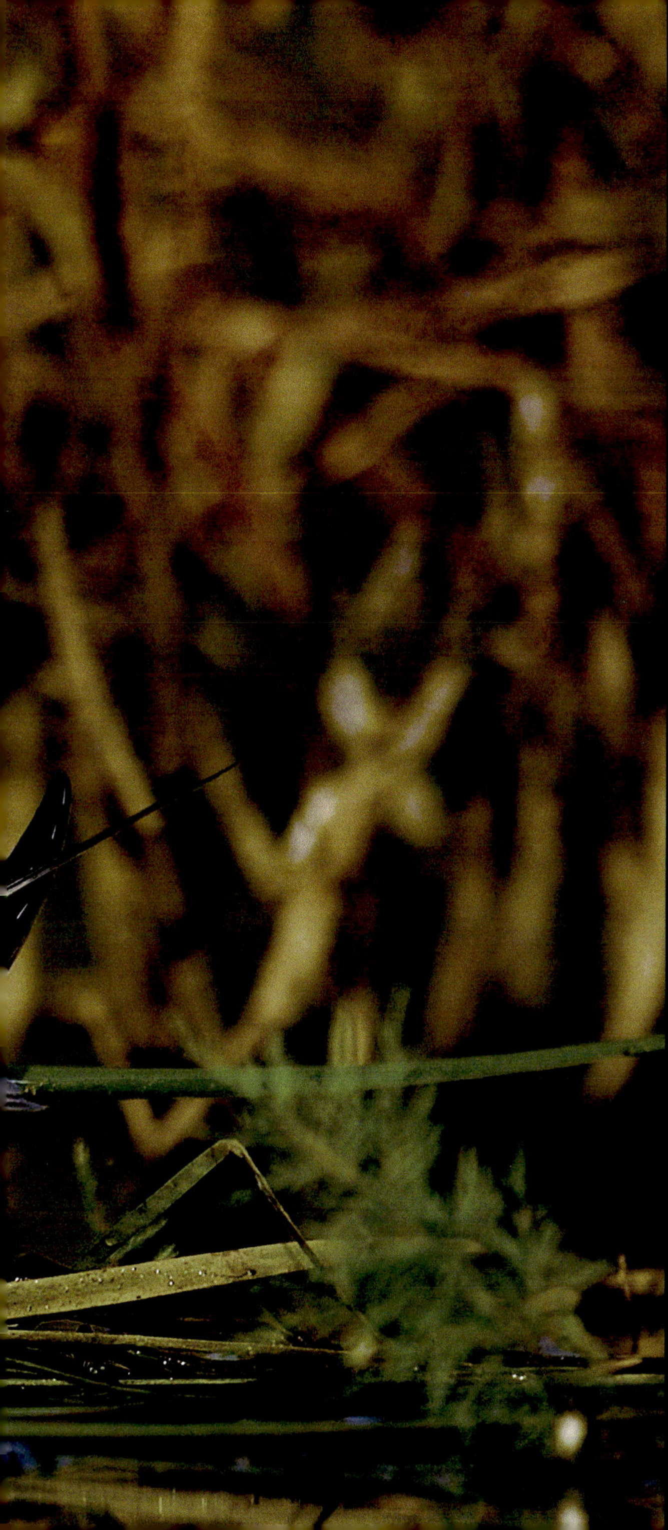

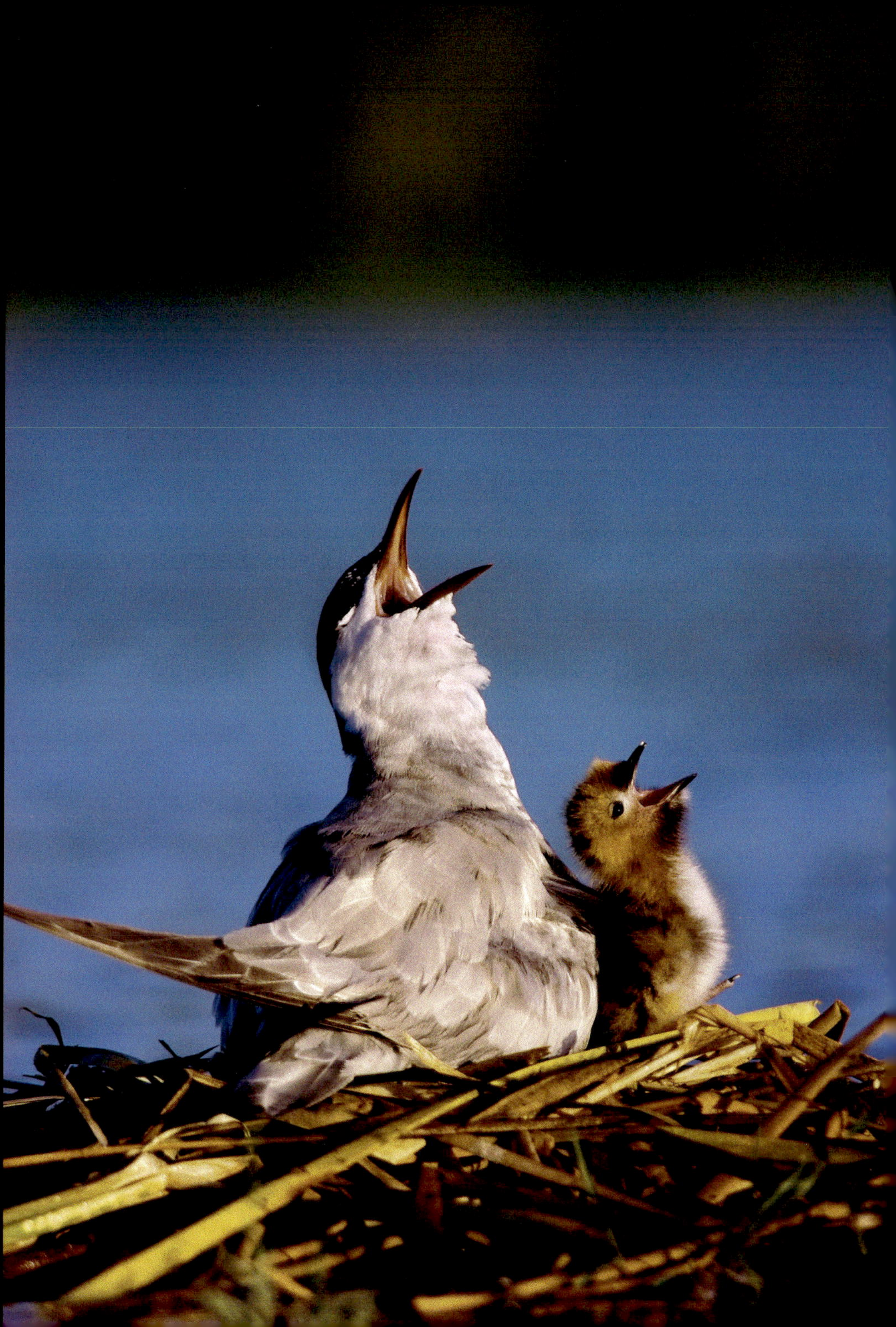

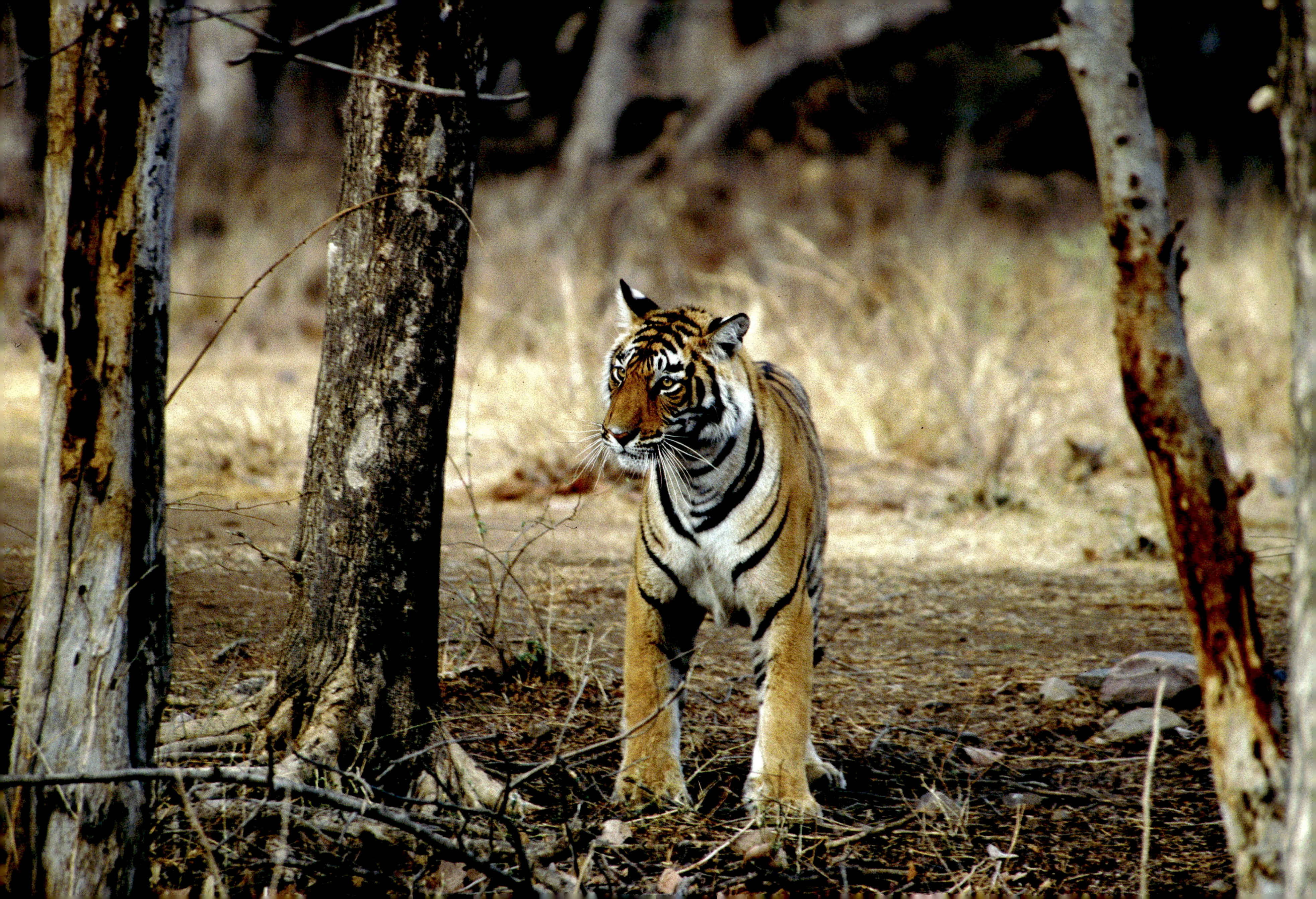

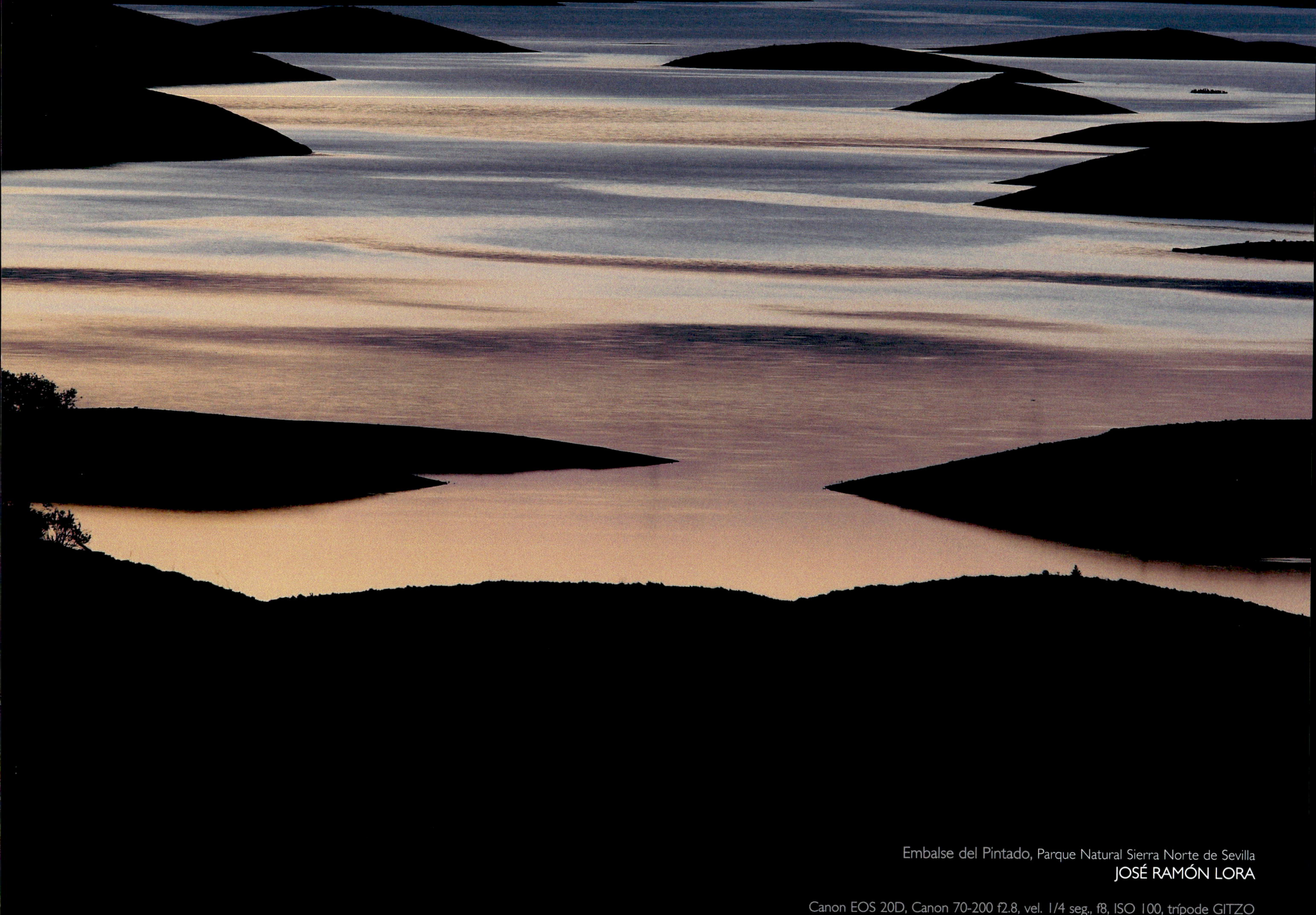

Embalse del Pintado, Parque Natural Sierra Norte de Sevilla
JOSÉ RAMÓN LORA

Canon EOS 20D, Canon 70-200 f2.8, vel. 1/4 seg., f8, ISO 100, trípode GITZO

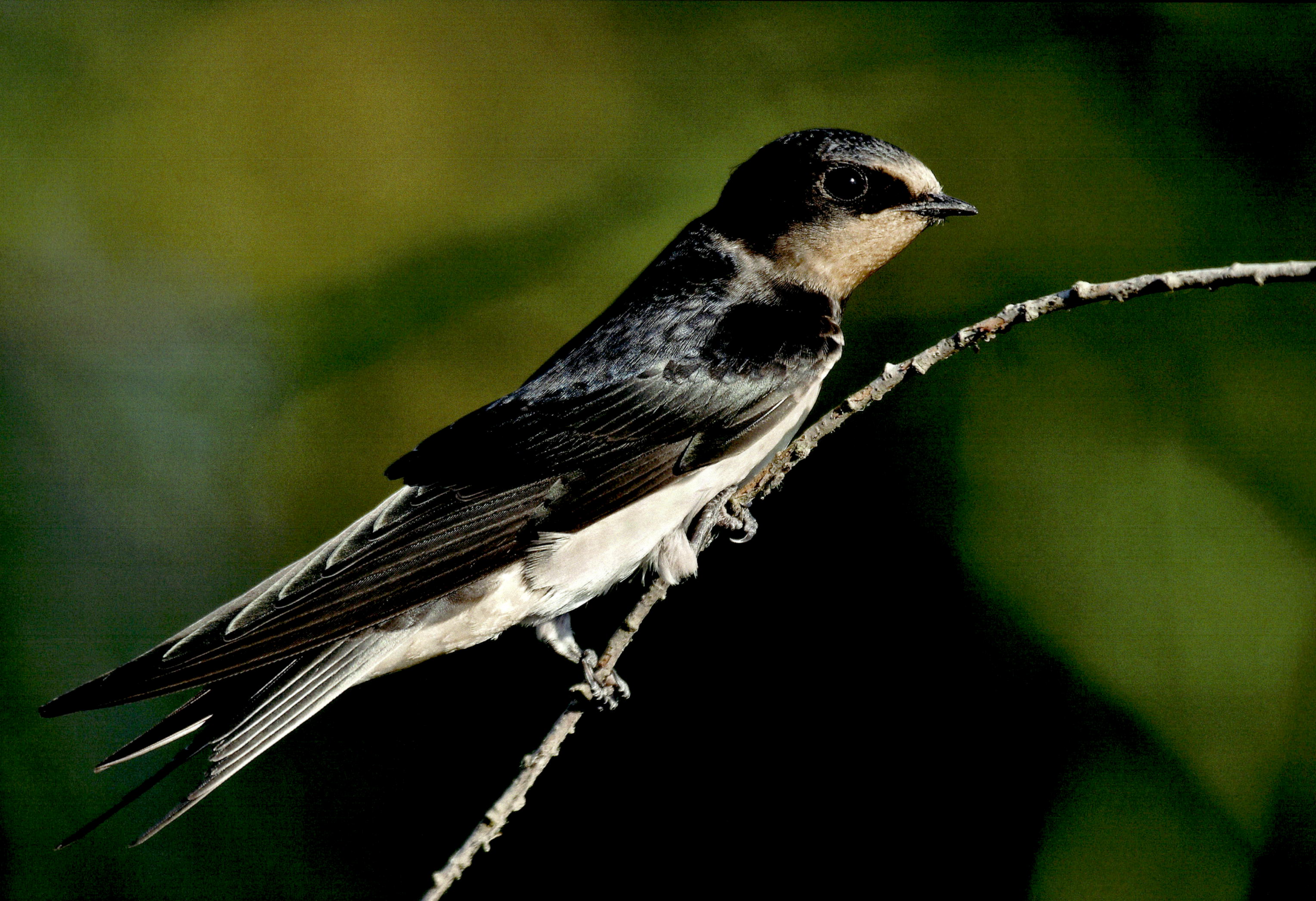

Golondrina Común, Los Palacios y Villafranca, Sevilla
RAFAEL RAMOS

Canon EOS 20D, Canon 100-400, vel. 1/500 seg., f8, trípode Manfrotto, hide, ISO 100

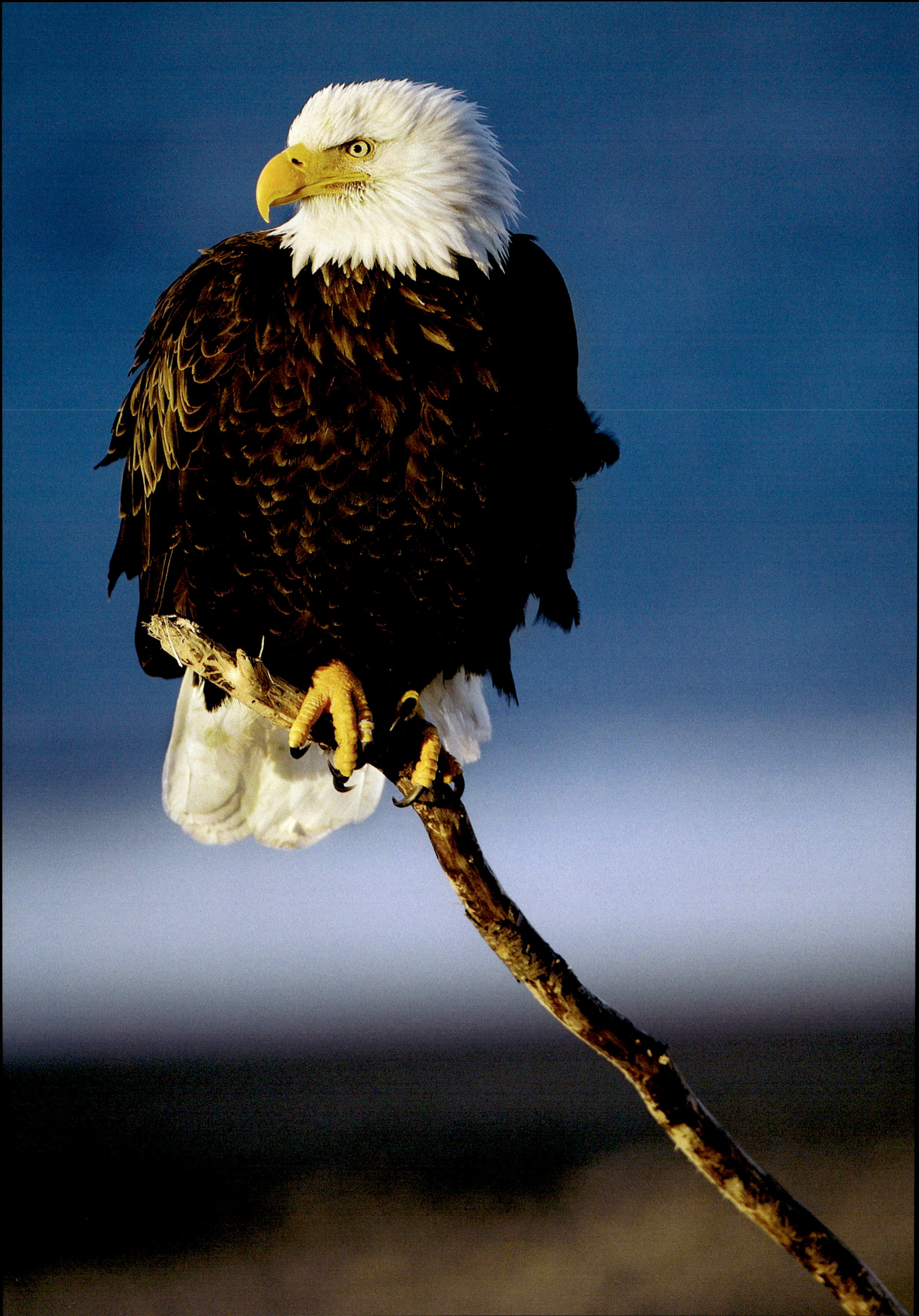

Aguila calva, Alaska
EDUARDO BERNABEU GIL

Apurando los últimos rayos de un atardecer en Homer (Alaska), sin duda un paraíso para observar y fotografiar esta bella especie.
Canon EOS 5D, Canon EF 500 f4L, vel. 1/800 seg., f4, ISO 200, trípode Manfrotto

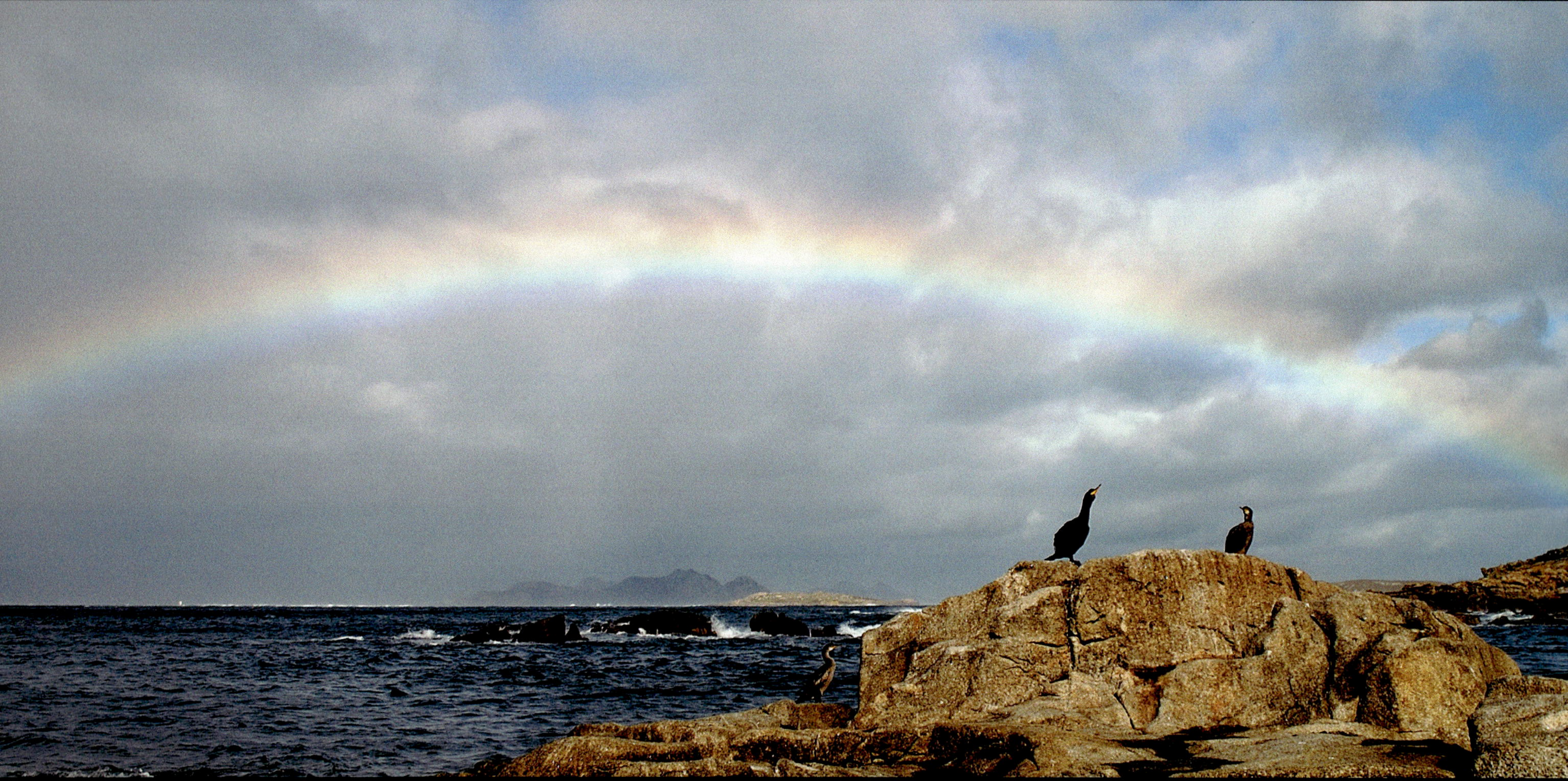

Cormoranes y arco iris
KIKO ARCAS

Estaba fotografiando cormoranes moñudos en medio de un fuerte aguacero cuando, en tan sólo unos segundos, apareció el sol y formó un espectacular arco iris. Rápidamente cambié de objetivo y pude hacer la foto que veis aquí.
Nikon D100, Sigma 28-70 f2,8, vel. 1/250 seg., f10, trípode Manfrotto

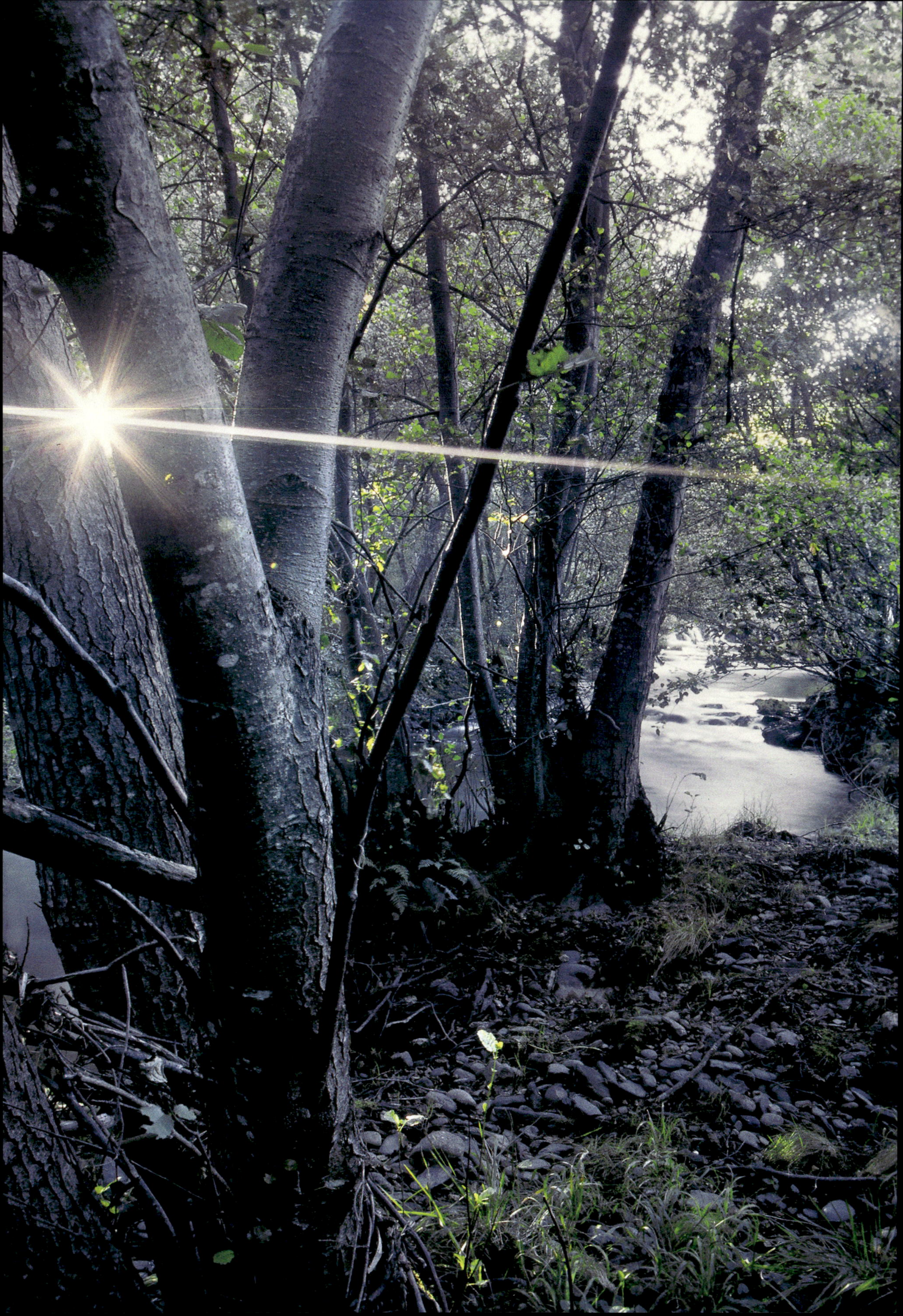

Destello singular
Parque Natural Parea, Geres, Portugal
RODRIGO HERNÁNDEZ CABOS

on 50E, Canon 24-85, f-16, 1/30 seg., trípode Manfroto 055PRO, Fuji Velvia 50

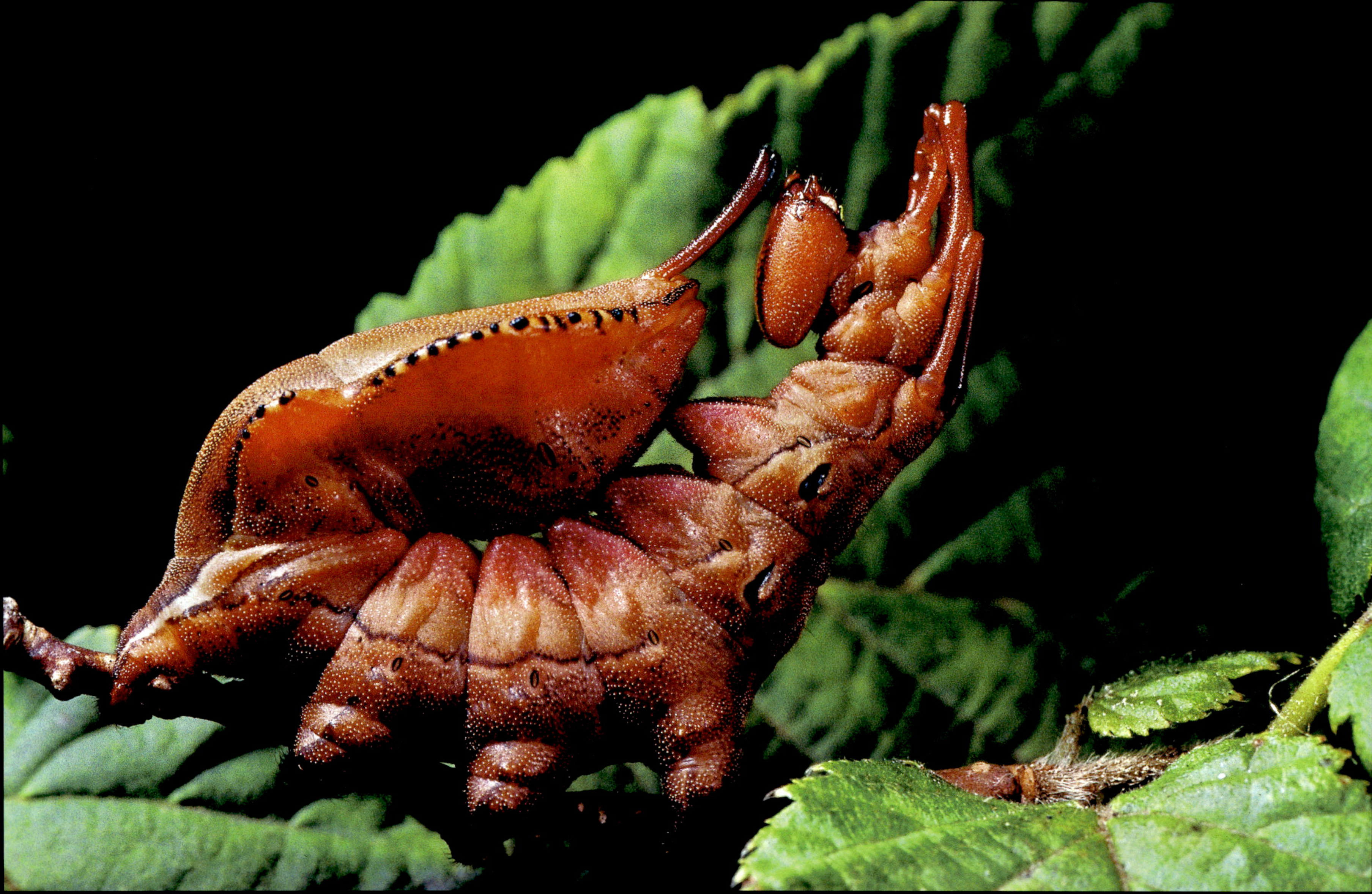

Stauropus fagi

LUIS M. IGLESIAS

El guerrero del haya es una de las orugas más extraordinarias de Europa, al acercarme adopto su singular postura defensiva, como las condiciones meteorológicas eran propicias opté por el uso de luz natural.

Canon EOS 1n, 105mm Sigma, E 100vs, tripode, plato micrométrico, cable disparador, bloqueo de espejo. F11 vel 1/10.

Parque Natural de la Sierra de Cazorla (Jaén)

JOSE IGNACIO PEREZ LOZANO

El hecho de que el paraje de donde surge este encuadre esté bastante perdido y sea poco accesible lo covierte en un lugar prácticamente virgen y poco castigado. La presencia del agua y saber elegir la estación del año, la hora del día y la luz más adecuadas lo hacen irresistible para la cámara.

Nikon D70. Objetivo: nikkor 70/210. Distancia focal: 116 mm Velocidad: 0,5. Abertura: 4,3. Trípode: Manfrotto. Modo exposición: manual

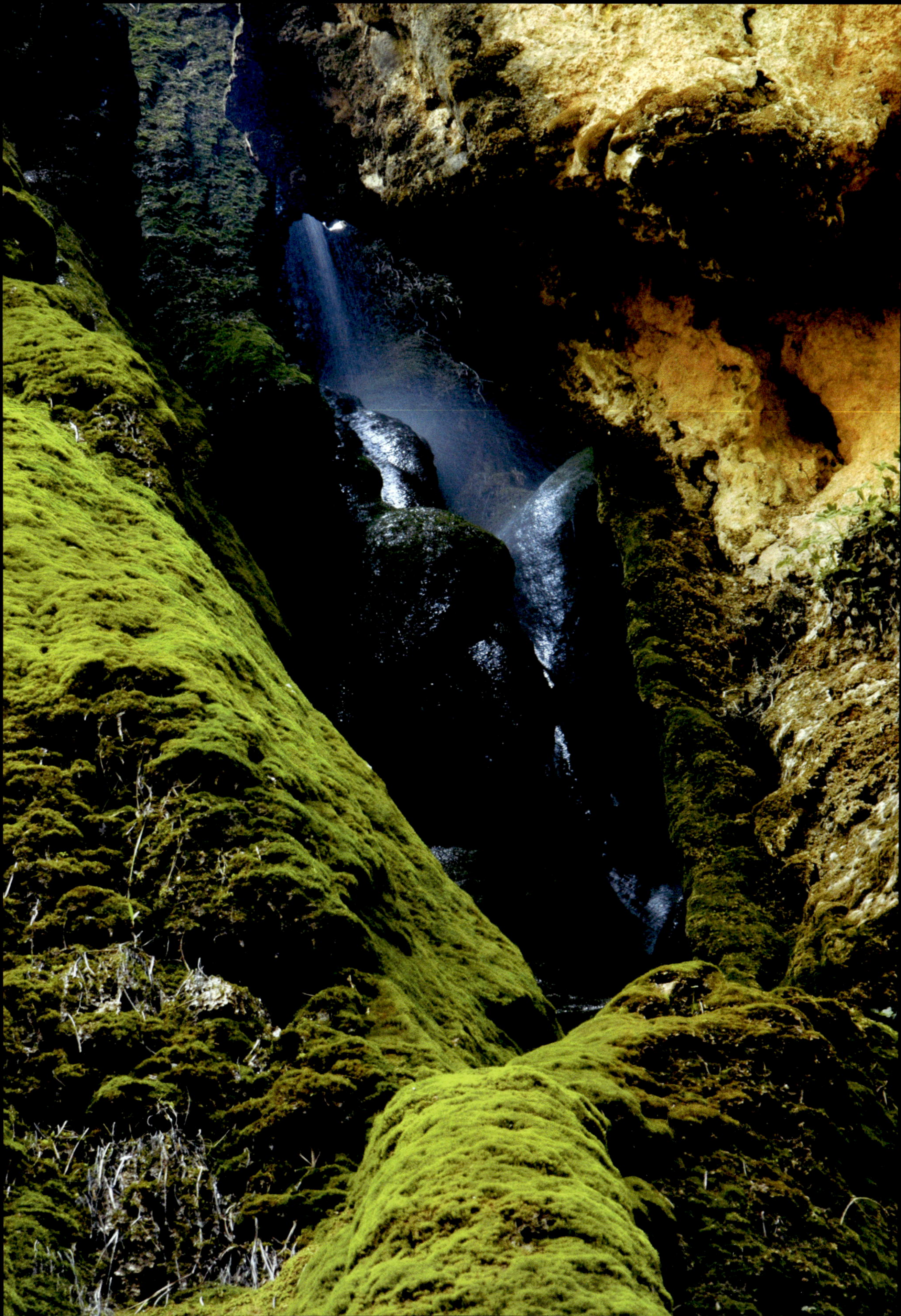

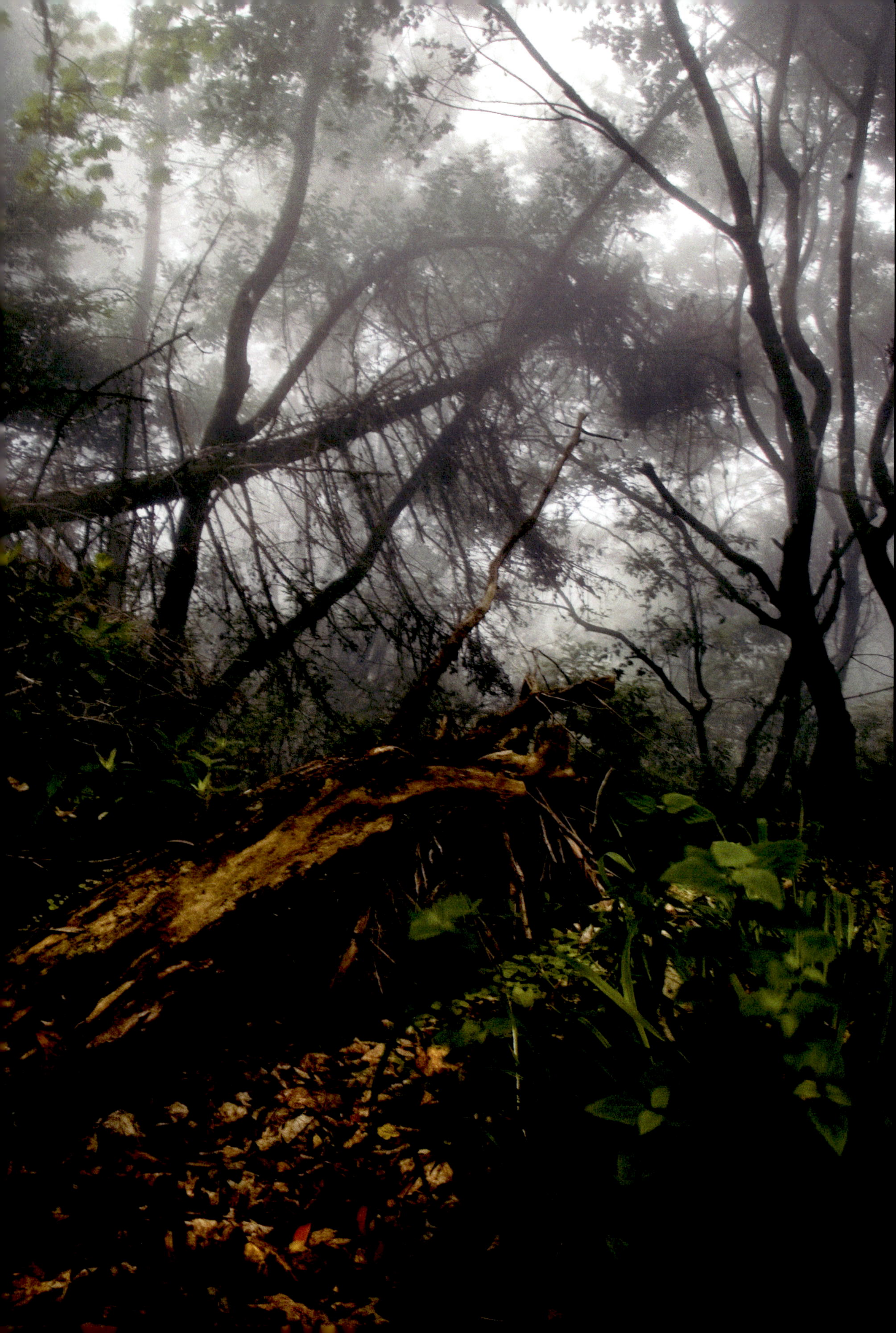

La criatura de la niebla
Madeira
RODRIGO HERNANDEZ CHACON

Canon-EOS 20D, vel. 4.0, f-22, distancia focal 17 mm, ISO-100, trípode Manfrotto

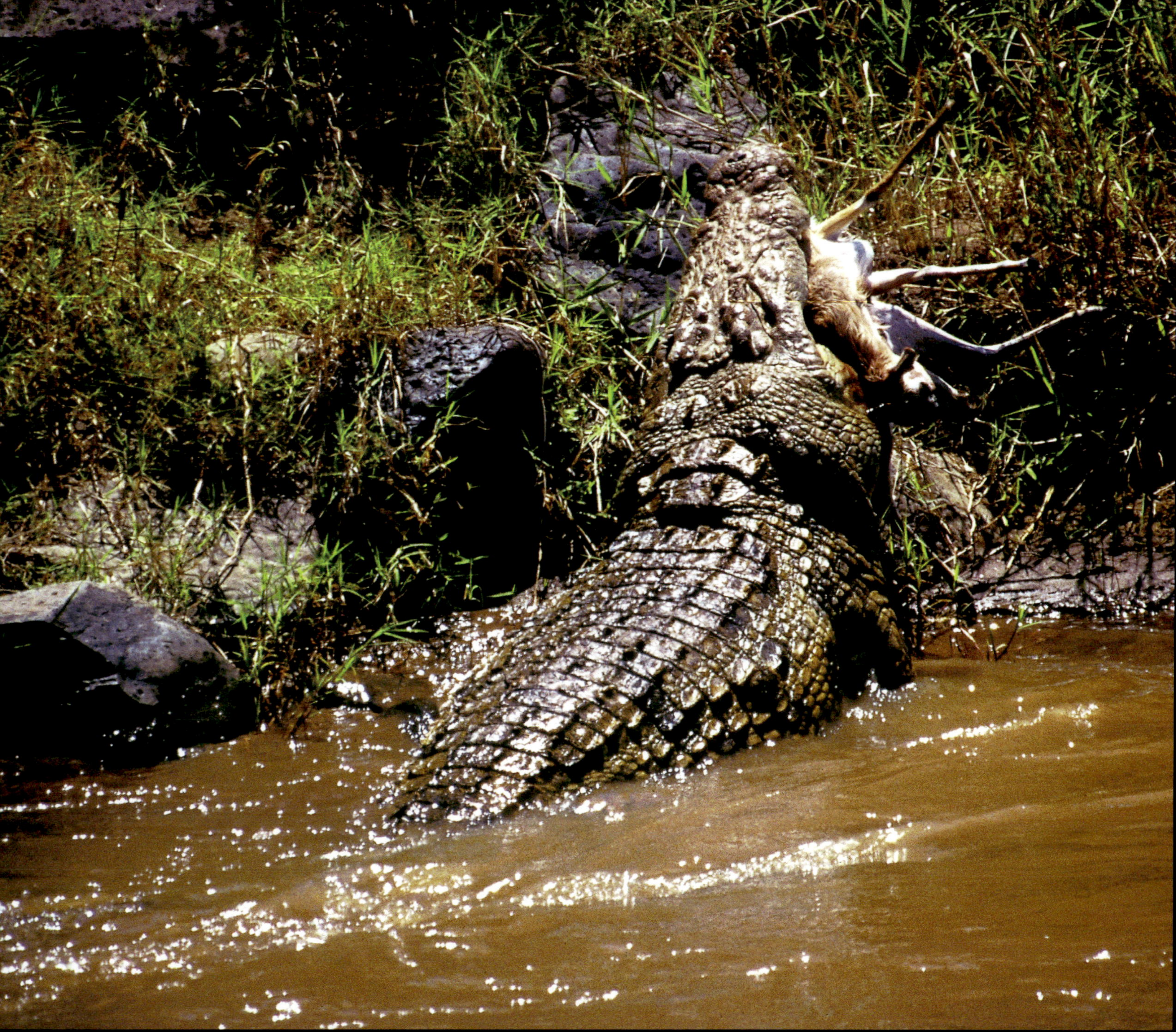

Cocodrilo cazando una gacela de Thomson
Reversa Naural de Masai Mara
JOSÉ PUY GALLEGO

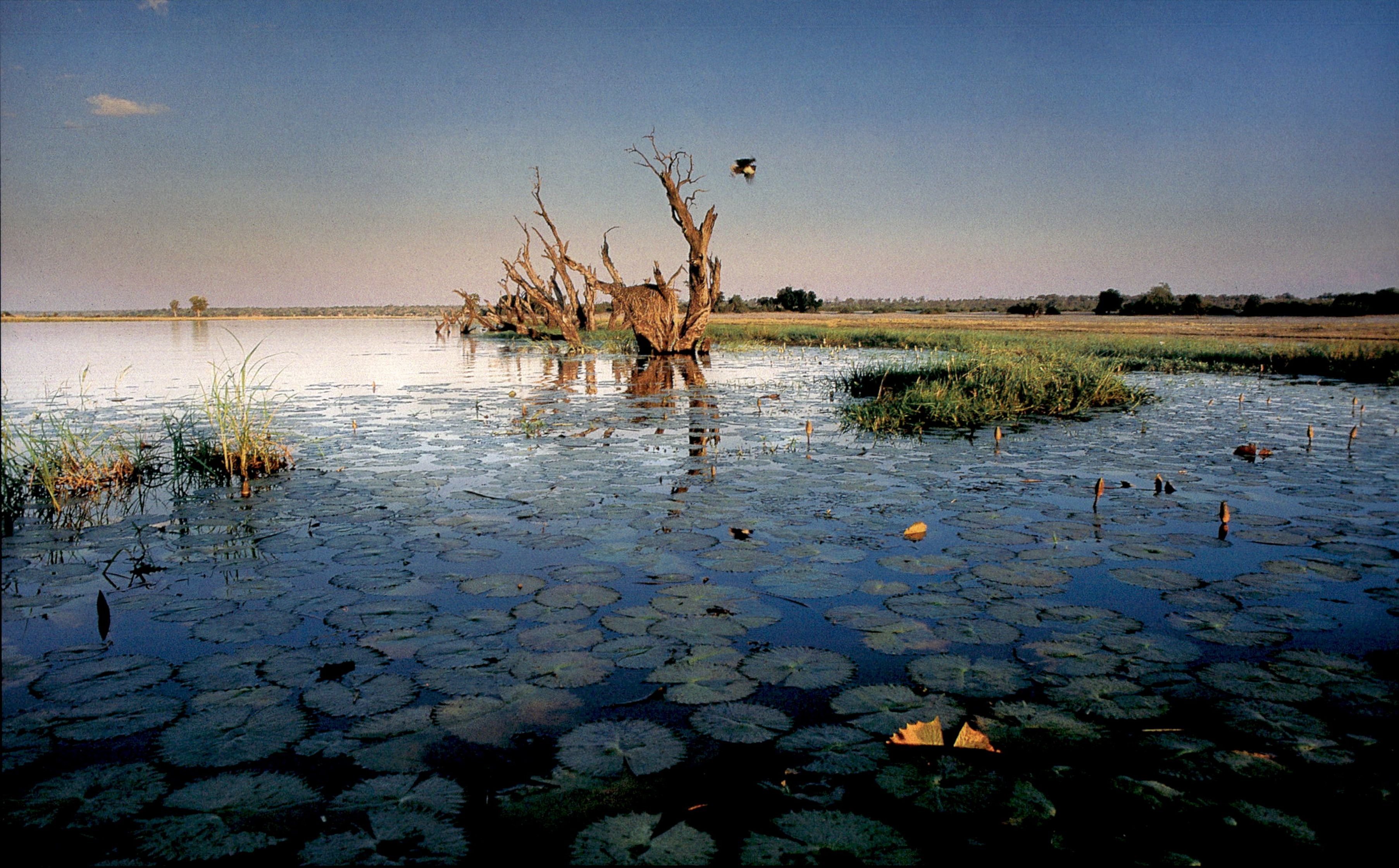

Parque Nacional de Chobe
ÁNGEL GONZALEZ (FOTONATUR)

Adentrarse en barca por el río Chobe es una experiencia imposible de olvidar. La fauna salvaje se acerca a sus orillas para combatir el implacable calor africano. Las manadas de elefantes cruzan sus aguas buscando la vegetación de los fértiles pastos.
El águila pescadora de la imagen pesca entre los nenúfares poco antes de desplomarse el sol por el horizonte.
Canon Eos 1 N. Objetivo 24 mm. 2,8. Velocidad 1/250.f8. formato 35 mm,diapositiva.
Película Fuji Velvia 50

Parque Nacional de Tarangire
ÁNGEL GONZALEZ (FOTONATUR)

Un confiado mono verde juguetea en la oquedad de un árbol del norte de Tanzania proporcionándome un curioso encuadre. Una ventana natural en plena naturaleza.
Canon Eos 1 N. Objetivo Sigma 400 mm. 5,6. elocidad 1/125. f5,6. formato 35 mm diapositiva. Película Fuji Velvia 50.

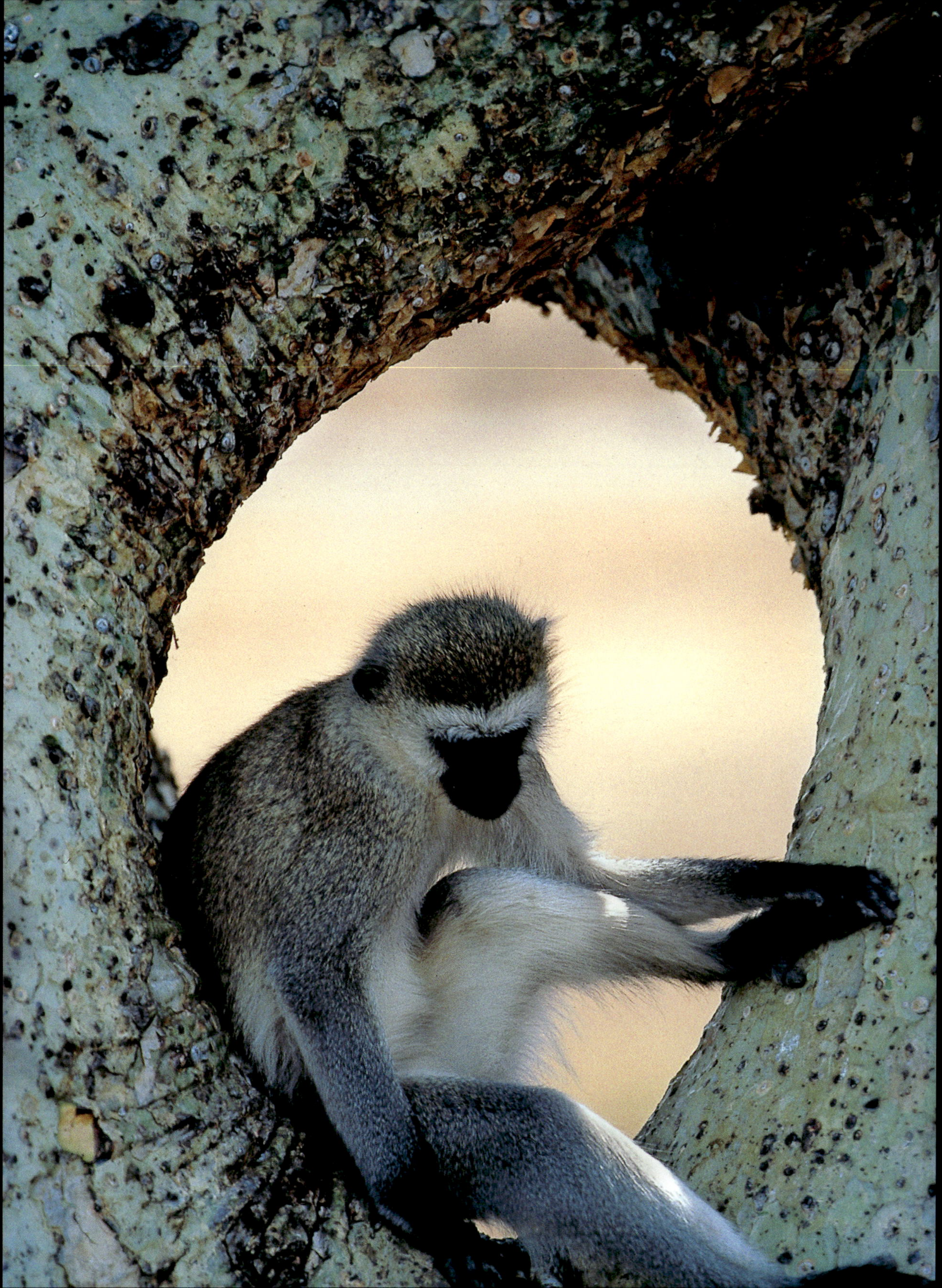

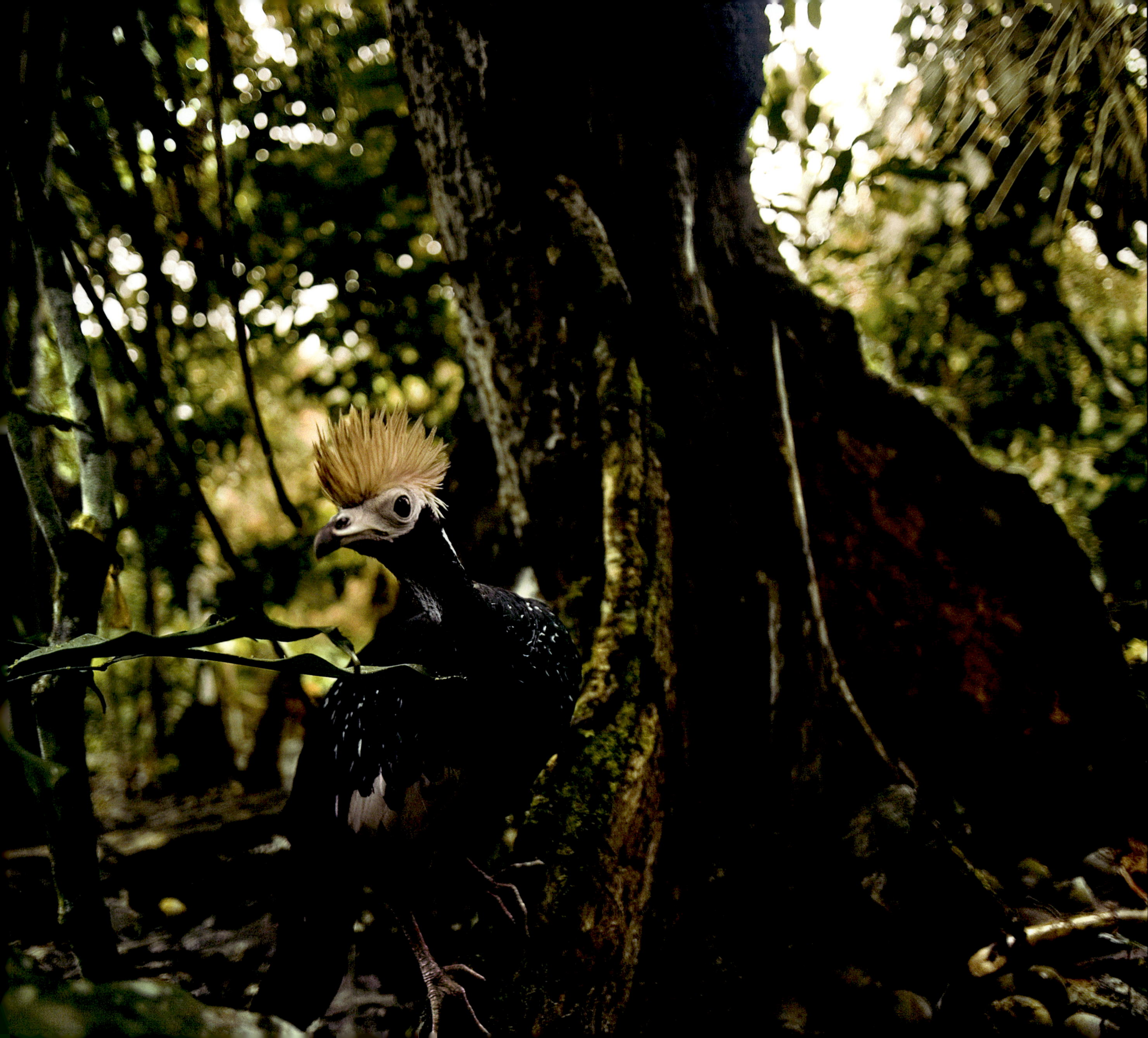

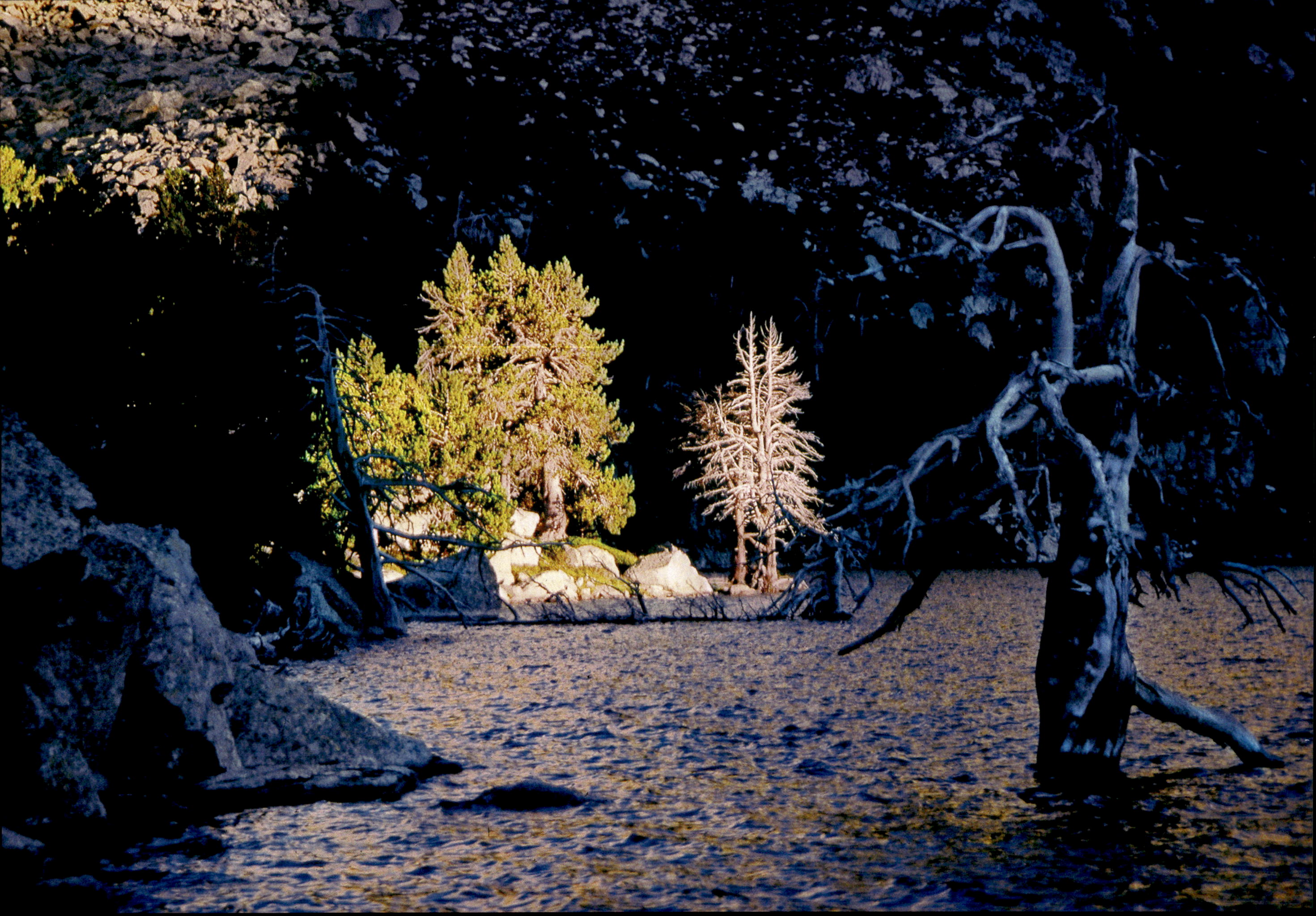

Pava de la selva Amazónica
AVIER IBARRA ZORILLA (FOTONATUR)

Sobrevolé la selva amazónica ecuatoriana hasta la frontera con Perú para visitar a la comunidad indígena quichua de Yanayacu. El río Tigre y el arbolado circundante daban protección a infinidad de especies de animales, muchas de ellas en peligro de extinción.
Esta joven pava había sido alimentada desde pequeña por el hombre y de vez en cuando visitaba a la comunidad con total desparpajo.

Cámara Canón EOS DS MARK II. Objetivo Canón 24- 80 2,8. Sensibilidad 400 ASA. Balance automático

La última luz
Parque Natural Aigüestortes y Estanys de Sant Maurici
RODRIGO HERNÁNDEZ CHACÓN

Canon 50E, Canon 24-85, f/22, 1/30 seg., trípode Manfroto 055PRO, Fuji Velvia 100

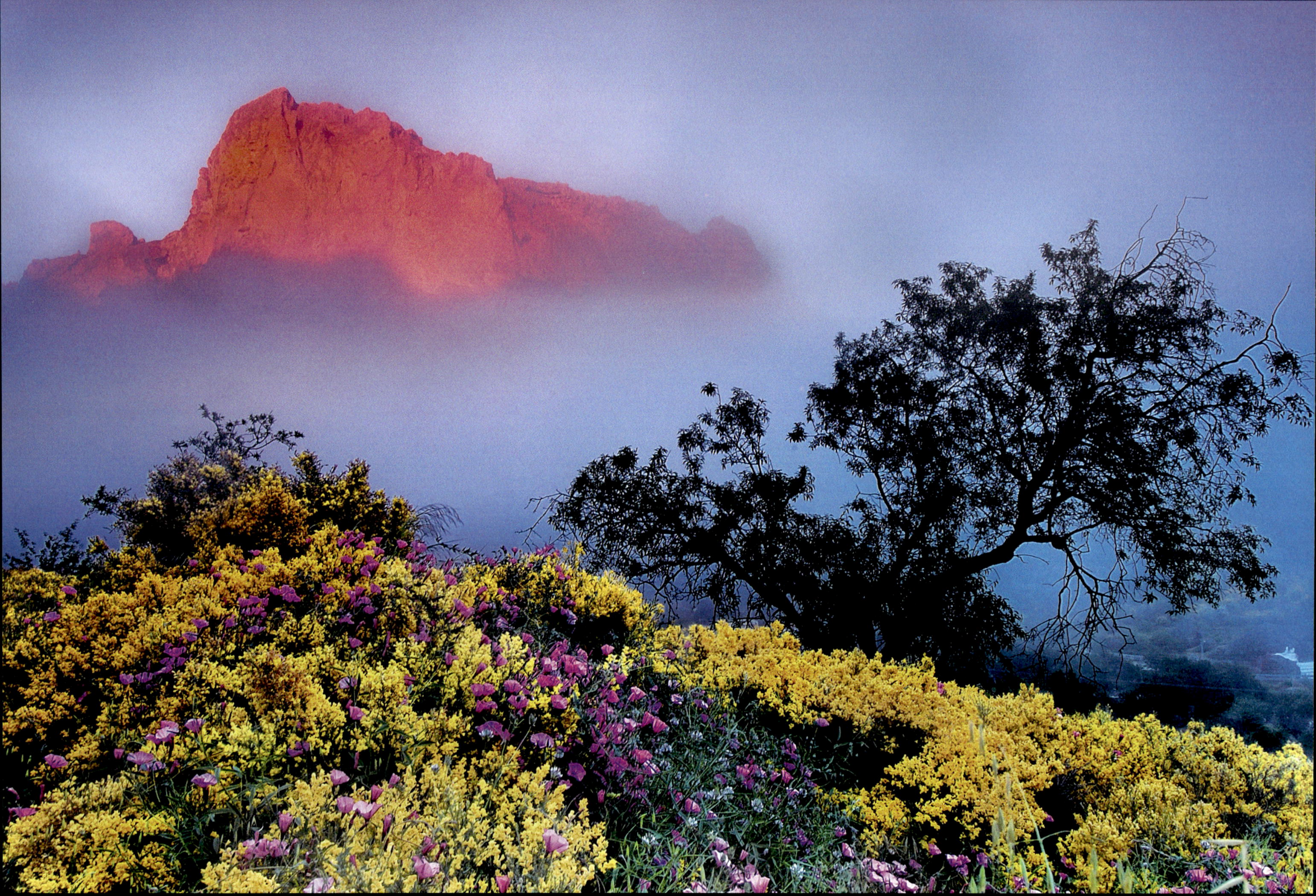

Ayacata
DANIEL MONTERO

Primavera bajo el mar de nubes, Ayacata, Gran Canaria.
Nikon D100. Nikon 12-24 VS. Trípode Manfrotto. 1s, F22. Medición puntual. Balance de blancos nublado -1.

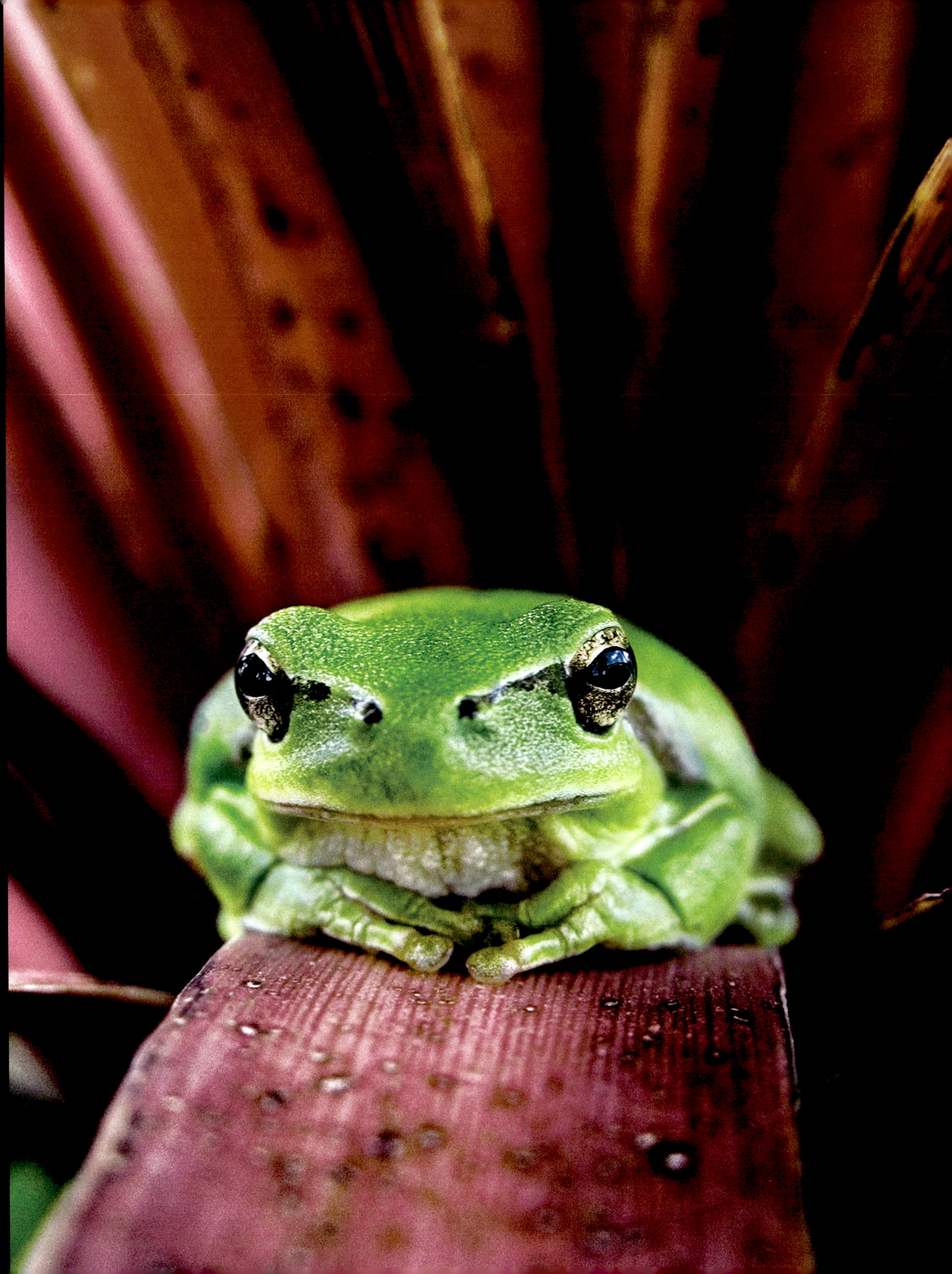

Ranita, La Vera, Cáceres
BEATRIZ MORENO

La modelo de la foto creo no nos olvidará nunca, aguantó cientos de disparos de todos los fotógrafos que allí nos encontrábamos, menudo stress!!!!... CoolPix 5700. Modo macro. ISO 100. 1/60 sg - f.5.

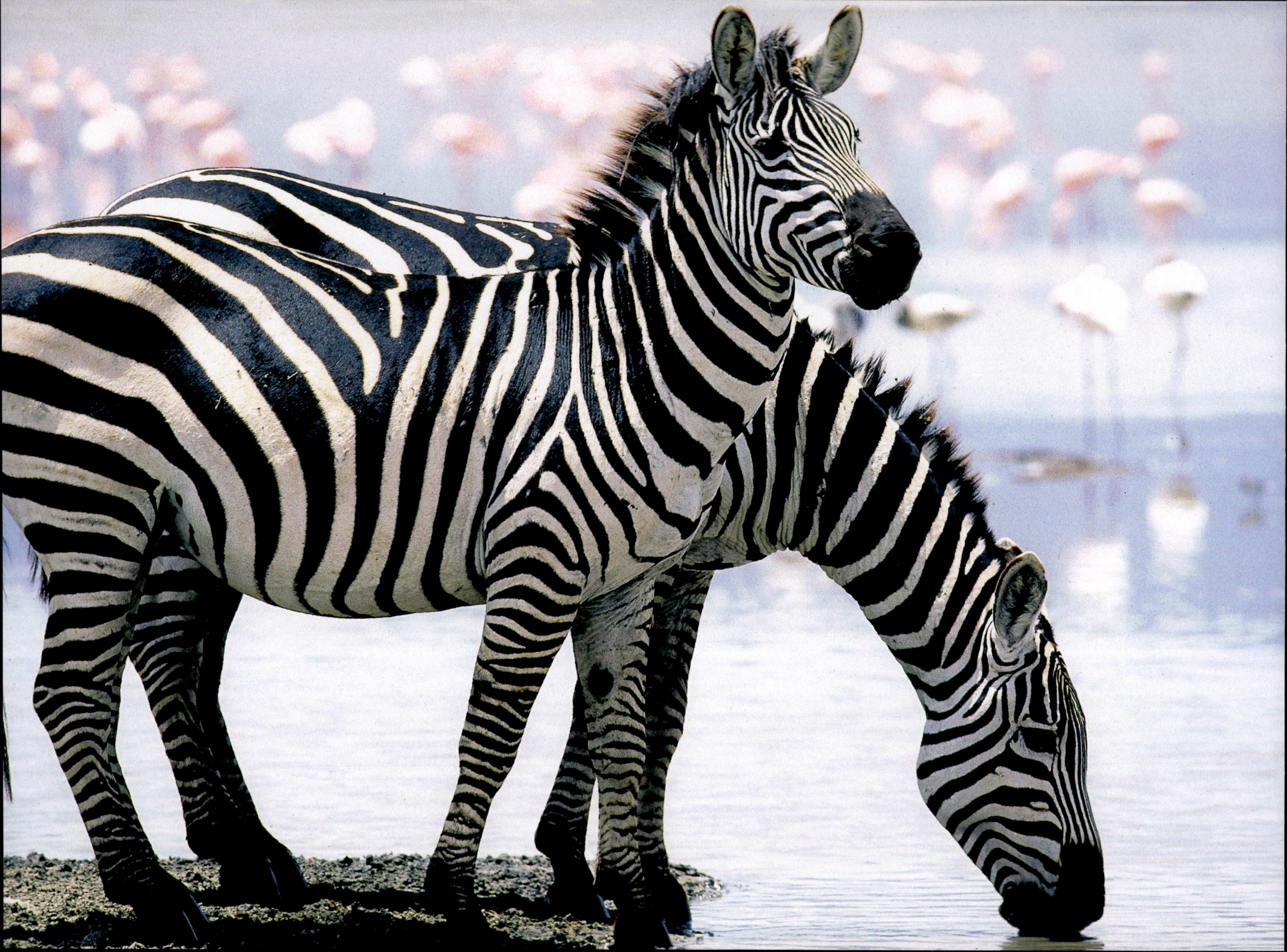

Lago Natron

ÁNGEL GONZALEZ (FOTONATUR)

El lago Natrón es uno de los lugares más hermosos que he tenido la suerte de fotografiar. Miles de flamencos se alimentan de sus aguas que a pesar de su salinidad sirven de líquido vital para la fauna del lugar. Las cebras de la imagen beben desconfiadas por mi presencia a pesar de agazaparme tras un arbusto.
Canon Eos 1 N. Objetivo Sigma 400 mm. 5,6. Velocidad 1/125. f5,6. formato 35 mm diapositiva.
Película Velvia 50.

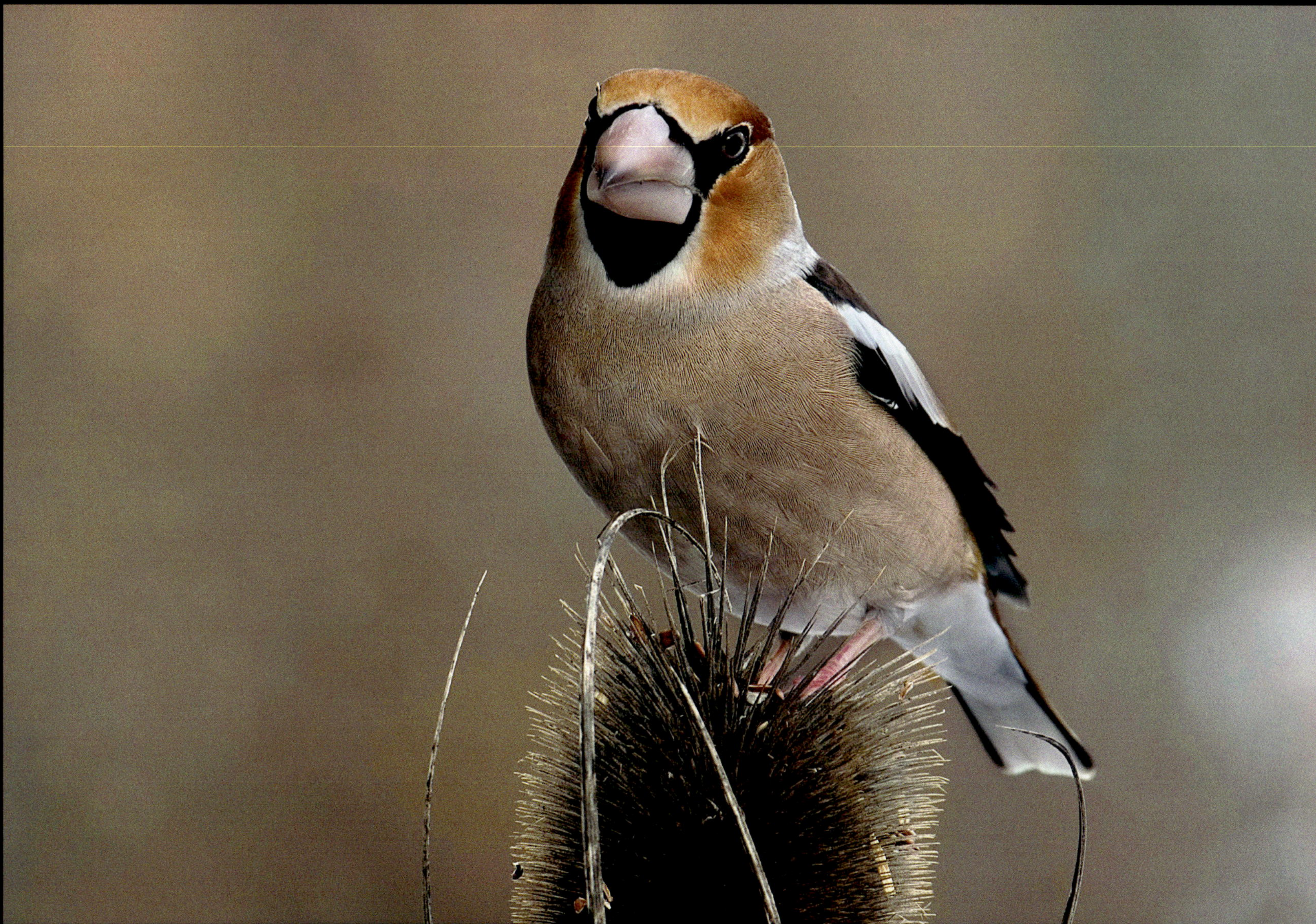

Picogordo
ANIBAL FERRON MOHEDANO

Con la intención de fotografiar en su ambiente, a los jilgueros que entraban en el comedero, decid rellenar de alpiste un cardo, después de recortarlo ligeramente su parte posterior. Mi sorpresa fue cuando el nuevo posadero fue acogido por un picogordo, que lo utilizaba antes de entrar en e comedero

Nikon D-100, Nikkor 80-400 vr., vel. 1/60 seg., F10, ISO 200

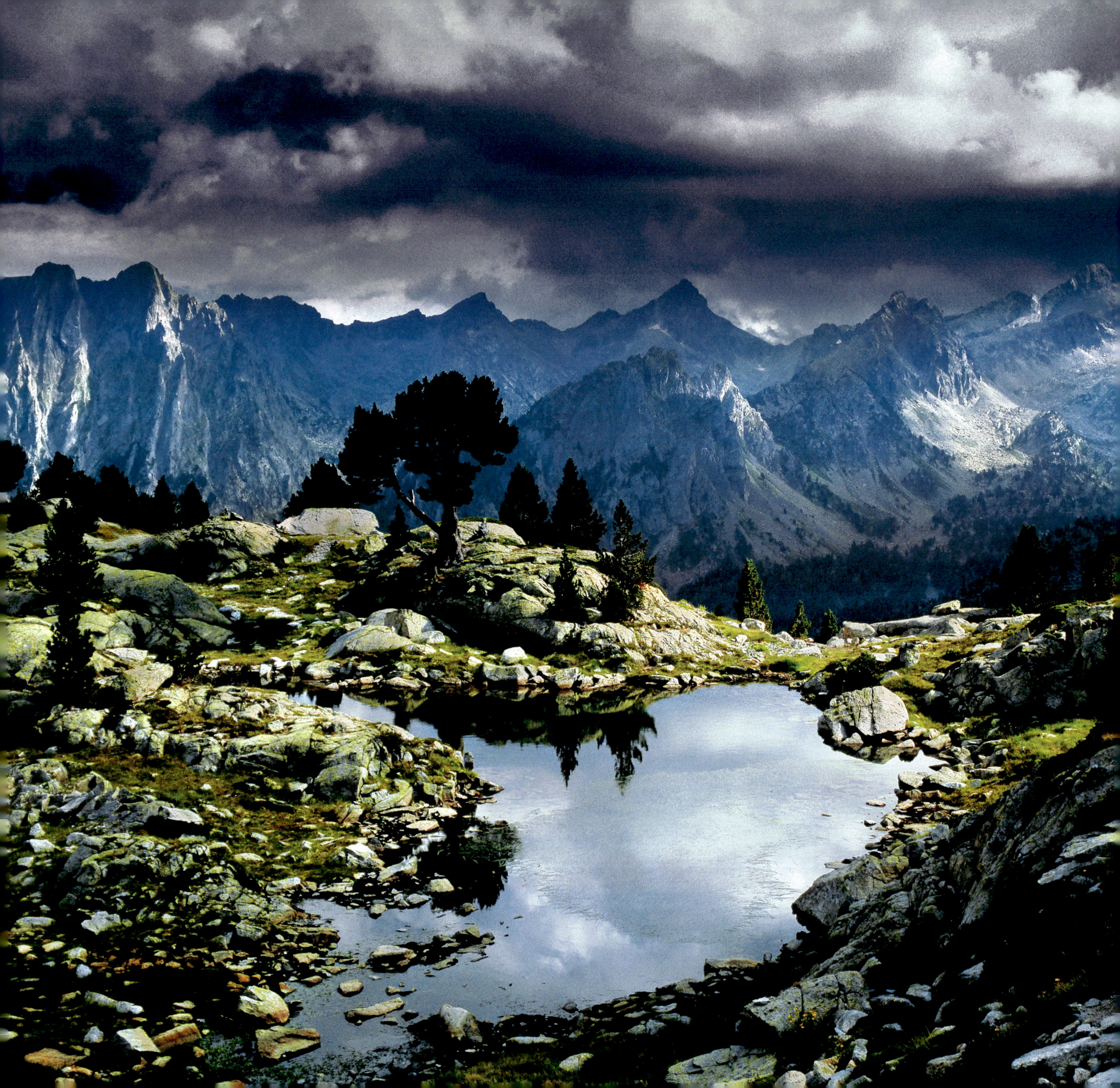

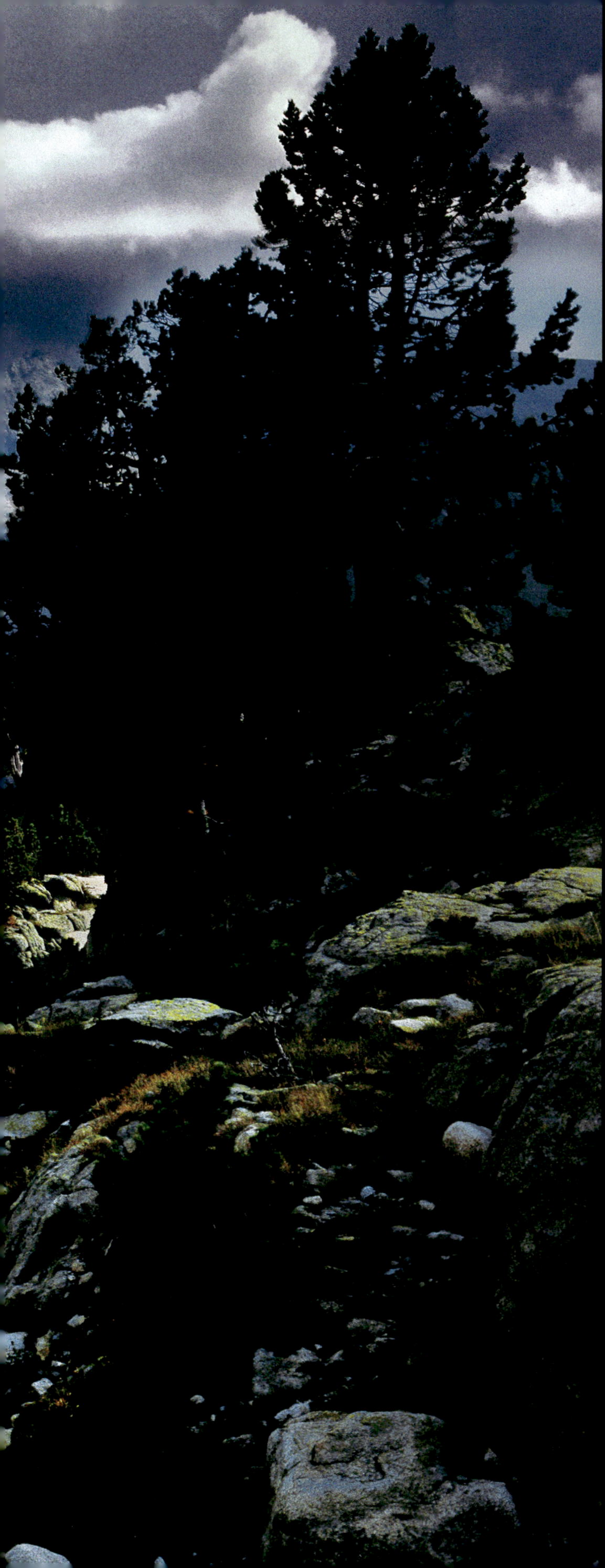

Tormenta inminente
Parque Nacional Aigüestortes y Estany de Sant Maurici
RODRIGO HERNÁNDEZ CABOS

Mamiya 645, Hoya 58mm, PL-CR, f/22, 1/30 seg., trípode
Manfroto 055PRO, Fuji Velvia 100, filro polarizador

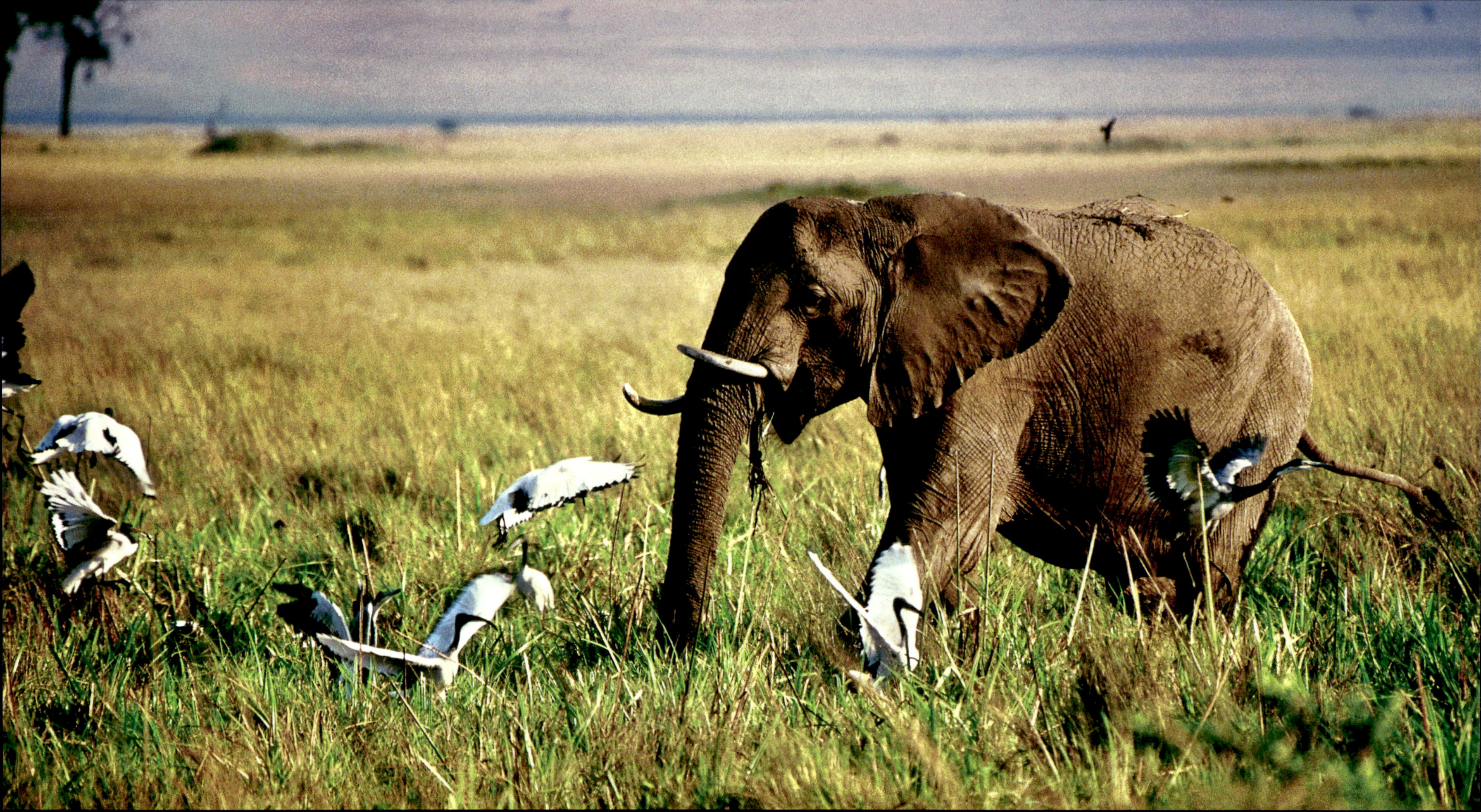

Elefante, ibis y garzas en las marismas de Musiara
Reserva Nacional de Masai Mara (Kenia)
JOSÉ PUY GALLEGO

Nikon F-100, Sigma 50-500, Ektachrome 100 (forzado a 200 ISO)

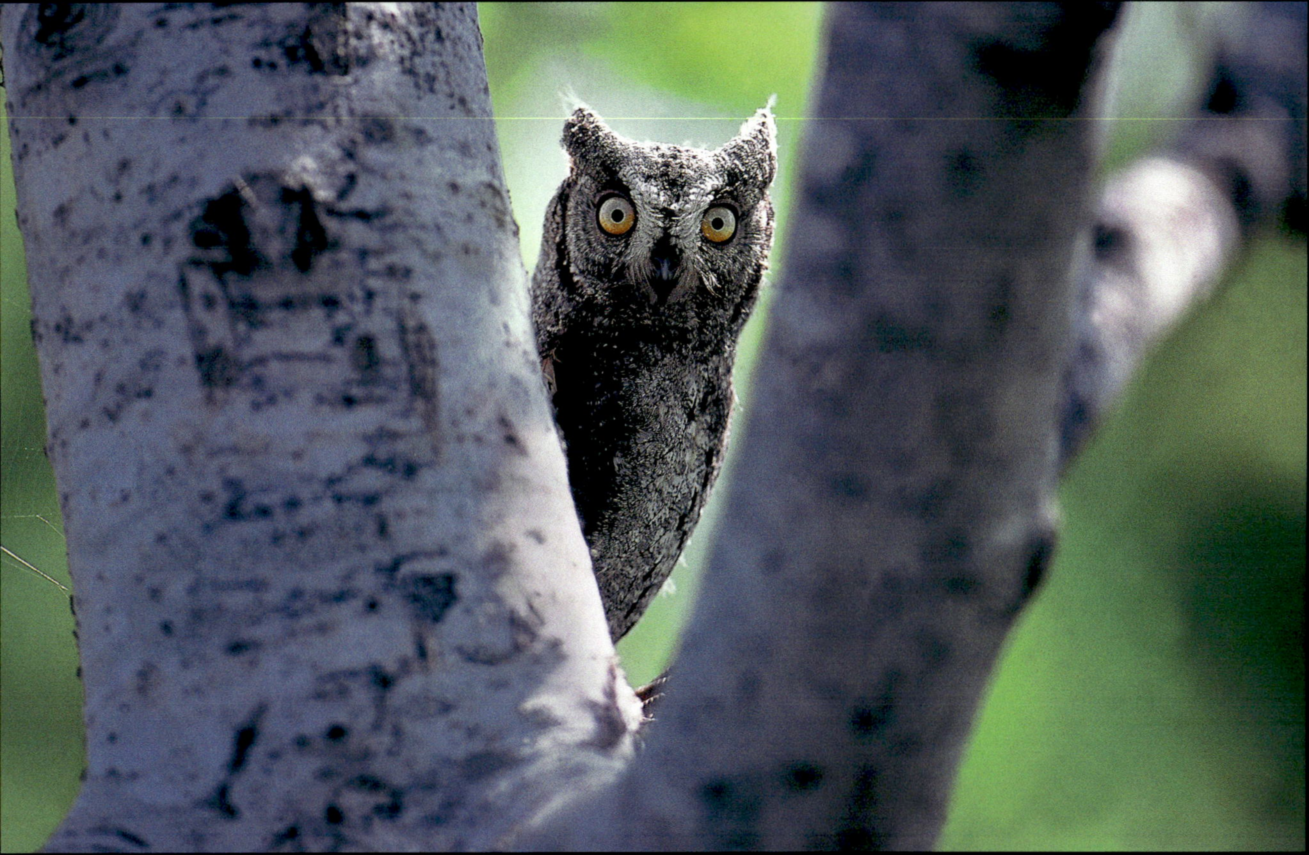

Autillo
Parque Natural del Delta del Ebro
MARIANO CEBOLLA

Joven autillo (Otus scops) fotografiado en las inmediaciones del Centro de Recuperación de Fauna Salvaje del Parque Natural del Delta del Ebro, en condiciones controladas. Es decir, tras su recuperación en el centro se procedía a su liberación , y se hizo en los álamos que tiene el mismo centro, lo dejamos colocado sobre una rama mientras esperamos a que se habitué y salga volando. Tuve la suerte de que el animal estuvo mucho tiempo mirando alrededor antes de volar y pude fotografiarlo mientras me observaba.
Canon EOS 1N HS, Canon 70-200 f:2.8 USM L a 200mm, película Fuji Velvia 50. A mano alzada.

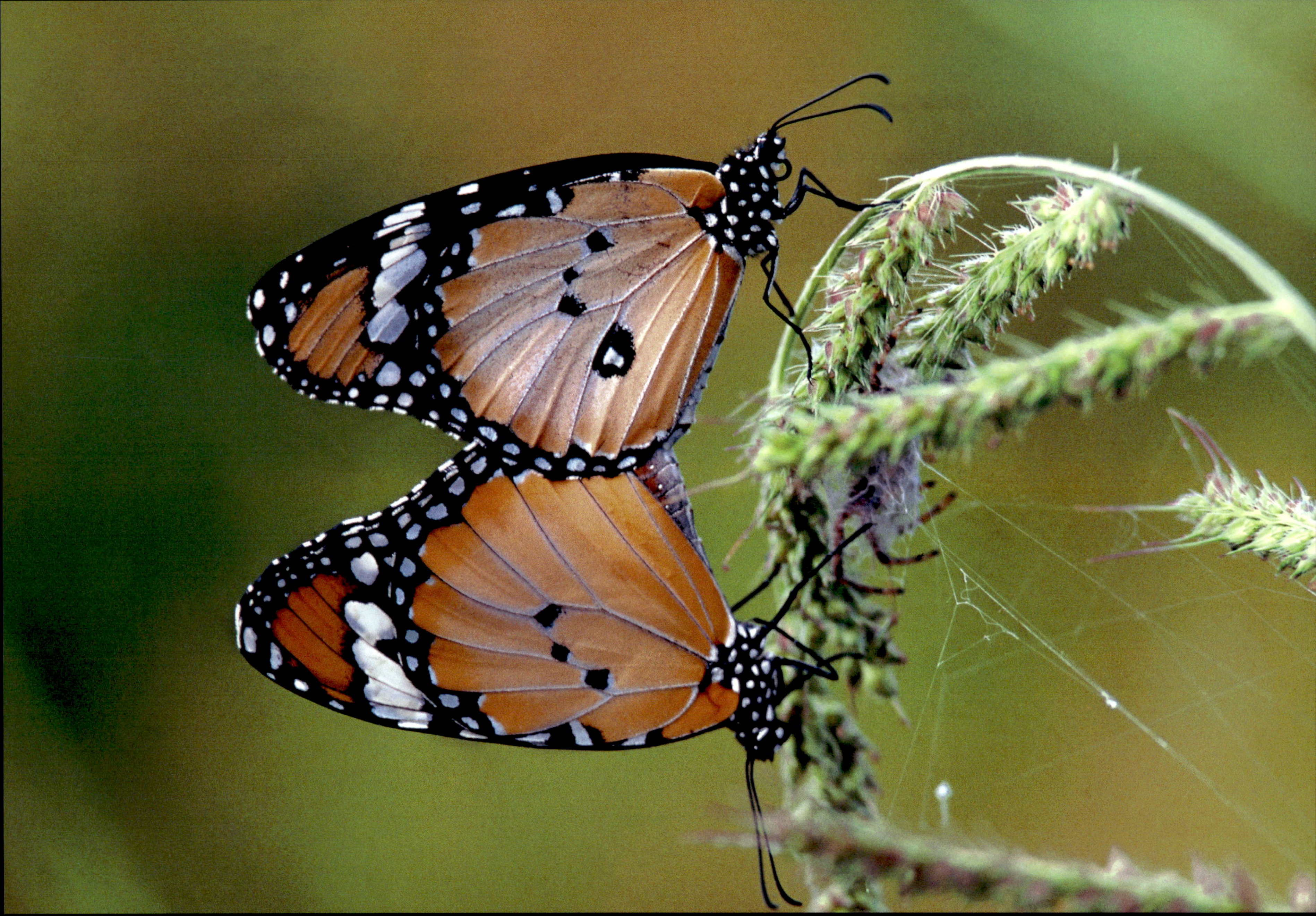

Parque Natural del Delta del Ebro
MARIANO CEBOLLA

Cópula de Mariposa Tigre (Danaus chrysippus) durante una incursión en la Reserva Natural de la Isla de Buda en el Parque Natural del Delta del Ebro. Fue el verano más caluroso en muchos años y se contabilizó una de las mayores llegadas de estas mariposas migradoras.
Canon EOS D30, Canon 300 f:4 USM L IS, Teleconverter Canon 1.4x, 100 ISO. A mano alzada.

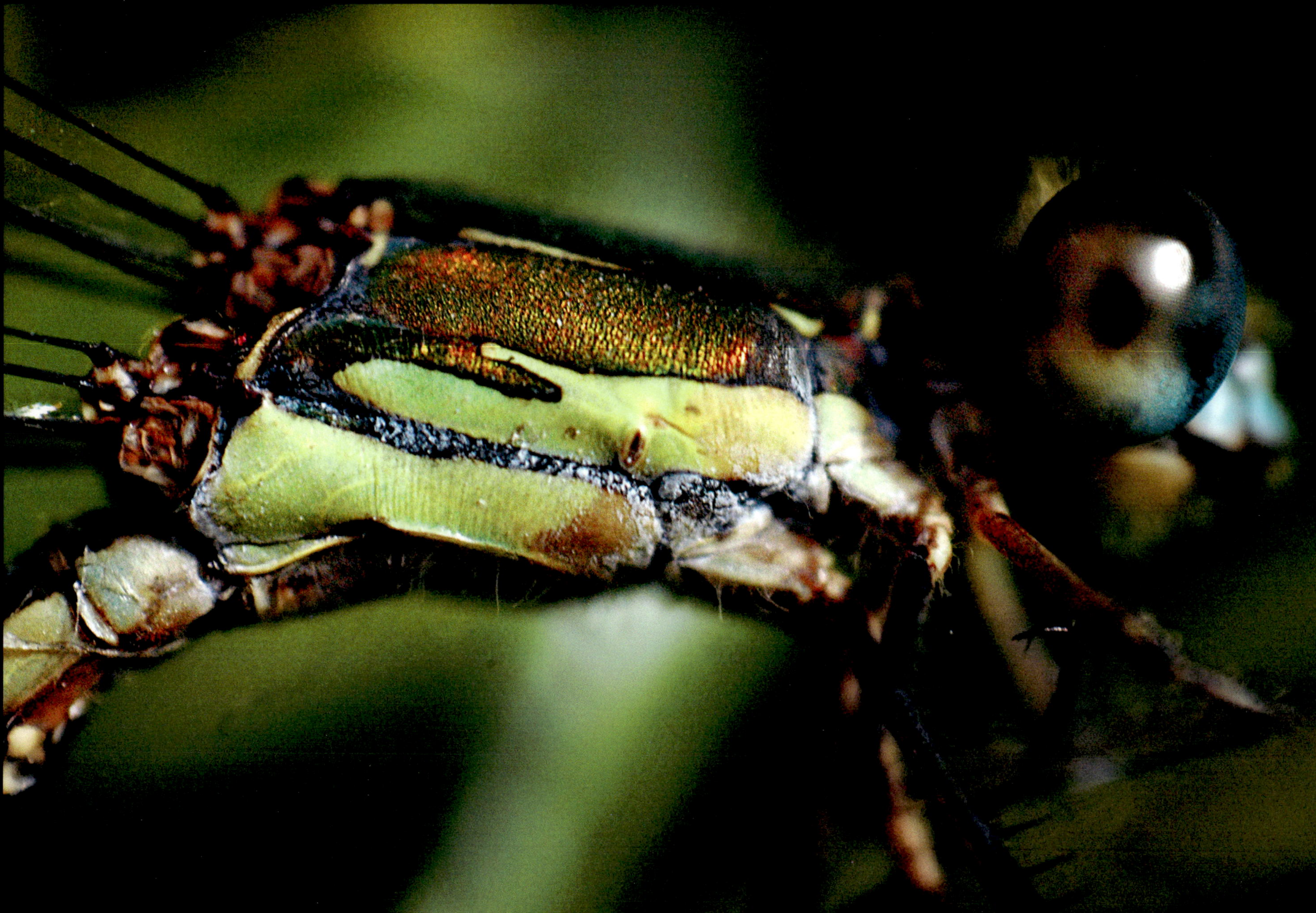

Langreo (Asturias)
JOSE IGNACIO PEREZ LOZANO

Para realizar esta fotografía con escasa luz utilicé un objetivo invertido sin adaptador (sujección manual). Tuve que armarme de paciencia, evitar cualquier movimiento brusco y efectuar bastantes disparos. Mientras tanto, el caballito del diablo me miraba de reojo medio aletargado, lo que supuso un gran ayuda por su parte, ya que estos insectos se asustan con sólo notar que te aproximas a ellos.
Nikon: D70. Objetivo: nikkor 35/70 invertido. Velocidad: 1/160. Abertura: 11. Modo exposición: manual

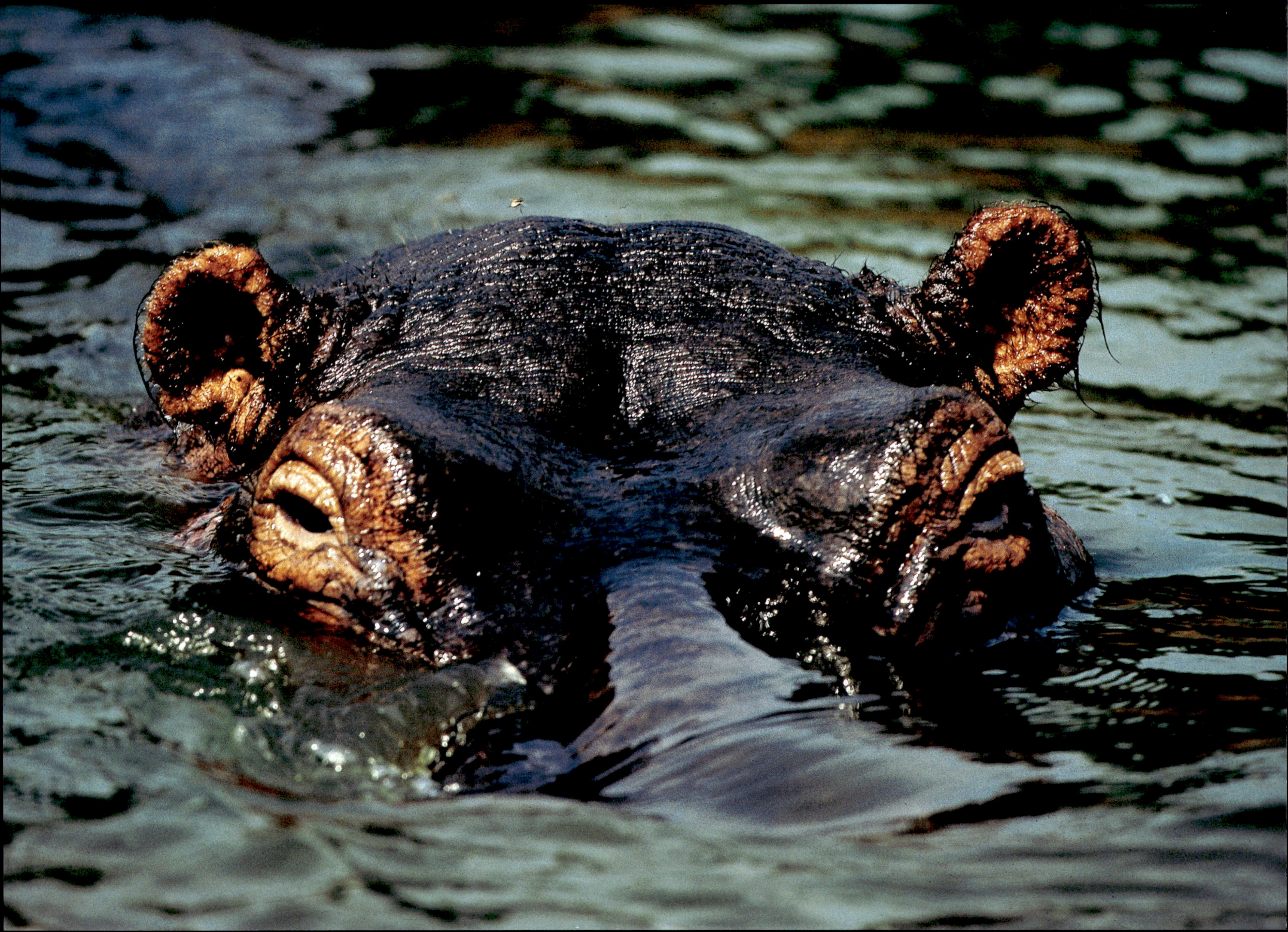

Hipopótamo sumergido en el río Níger
ÁNGEL GONZALEZ (FOTONATUR)

Después de recorrer cientos de kilómetros por tierras desérticas en Malí, rumbo a Tombuctú, llegué al río Níger y el paraíso se hizo realidad. Extensiones de hierba verdísima protegían al gran río de las arenas del desierto mientras grupos de hipopótamos desaparecían entre las aguas profundas. La temporada de lluvias convertía cada año a este curso fluvial en un mar interior.
Cámara Canón EOS 1N, Objetivo sigma 400 5,6., Fujifilm Velvia 50.

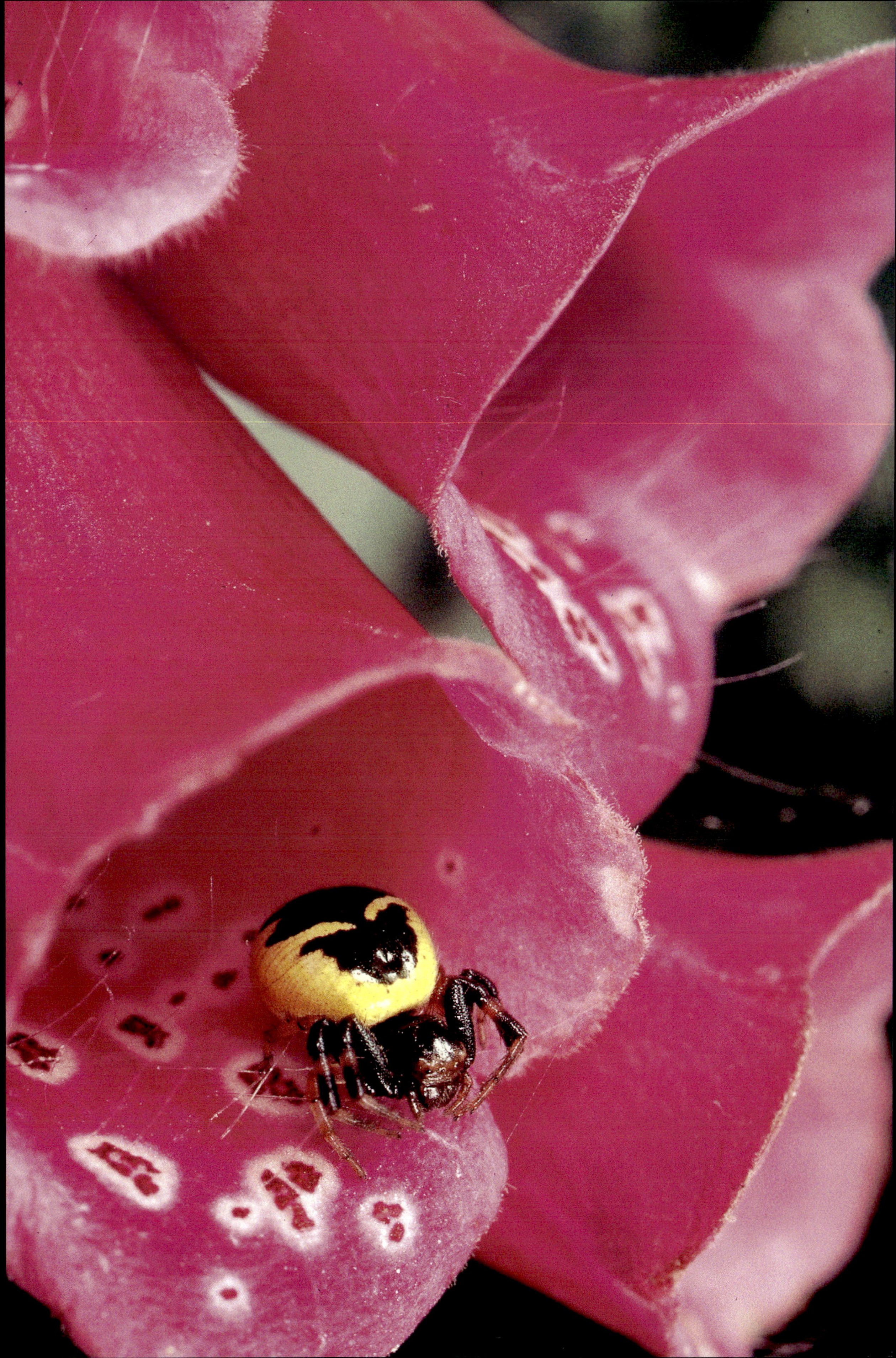

Synaema globosum
LUIS M. IGLESIAS

La realización de esta toma fue posible gracias la ausencia de brisa, el flash de relleno contribuyo a aportar el máximo de calidad.
Canon EOS 1n, 105mm Sigma, 50 velvia, Tripode, plato micrométrico, cable disparador, flash de relleno y bloqueo de espejo. F11 vel 1/8

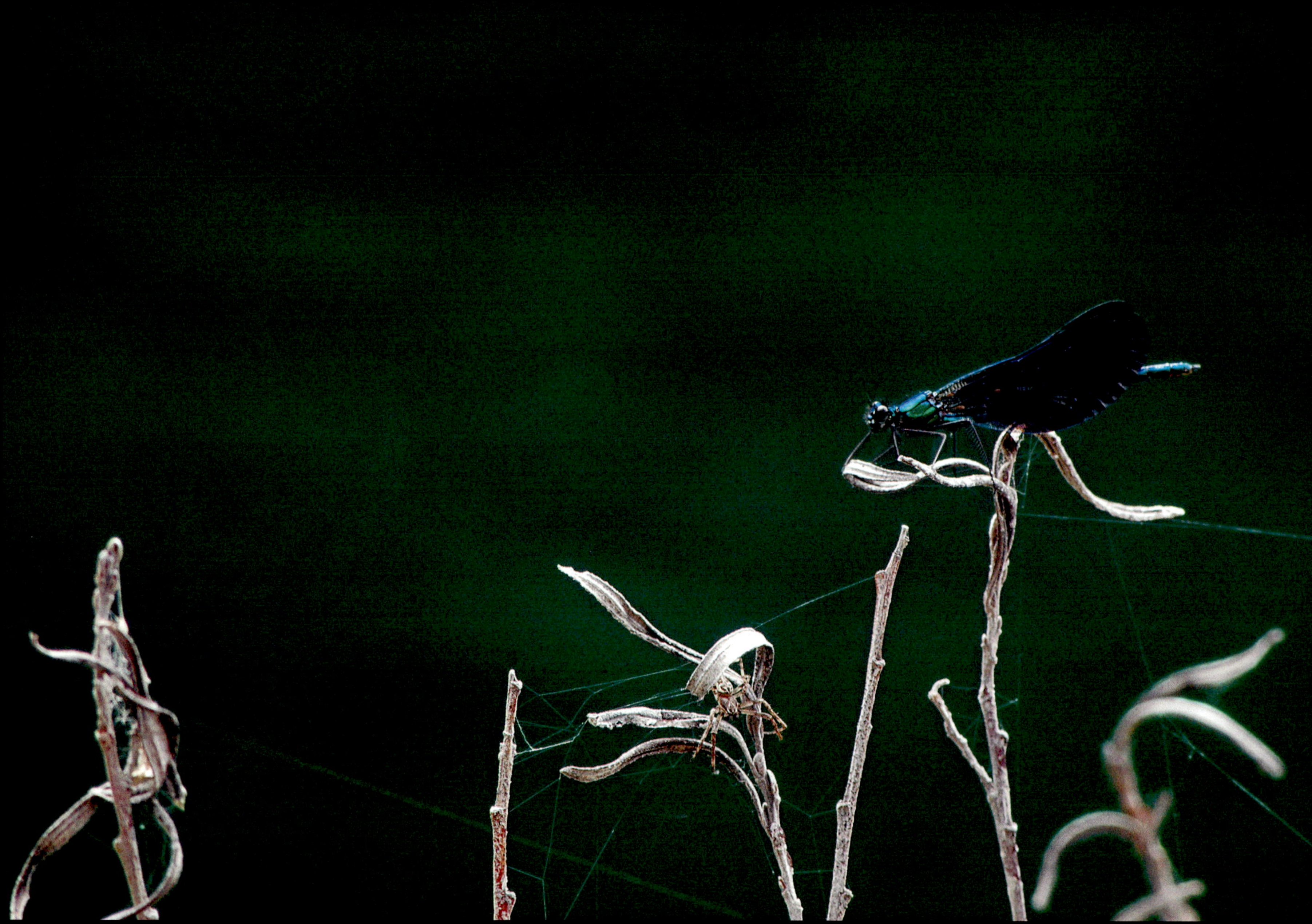

Parque Natural del Alto Tajo (Guadalajara)
OSE IGNACIO PEREZ LOZANO

Siempre me ha fascinado el mundo de los insectos, especialmente los caballitos del diablo (*Calopteryx virgo*), los cuales se pueden encontrar en casi todos los ríos y lagos. Captar unas buenas imágenes de estos insectos no es sólo cuestión de buscar, también hay que analizar los elementos del entorno y tener algo de paciencia.
Para hacer esta fotografía utilicé como fondo el agua de un lago; hice varios disparos con zoom y ángulos diferentes. La escena cambió cuando el arácnido que se camufla tras las hojas secas atacó cubriendo de seda y dajando inmovilizado al caballito del diablo. De todas las imágenes que tomé aquel día elegí ésta por su equilibrio.
Nikon: D70. Objetivo: nikkor 70/210. Distancia focal: 210 mm. Velocidad: 1/160. Abertura: 5,7. Modo exposición: manual

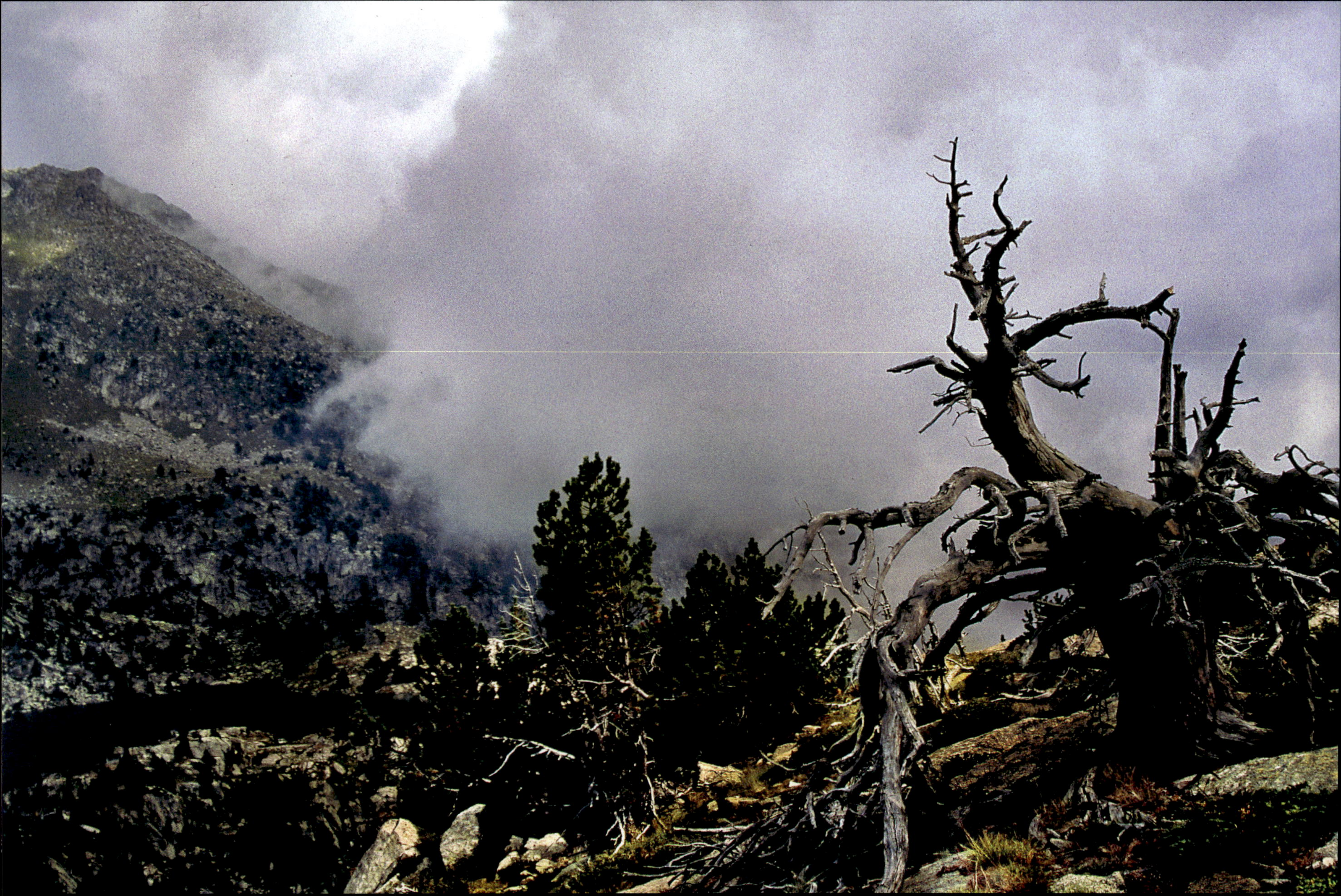

Cumbres borrascosas

Parque Natural Aigüestortes y Estany Sant Maurici

RODRIGO HERNÁNDEZ CHACÓN

Canon 50E, Canon 24-85, f-22, seg. 1/8, trípo de Manfrotto Carbono, polarizador, Fuji Velai 100

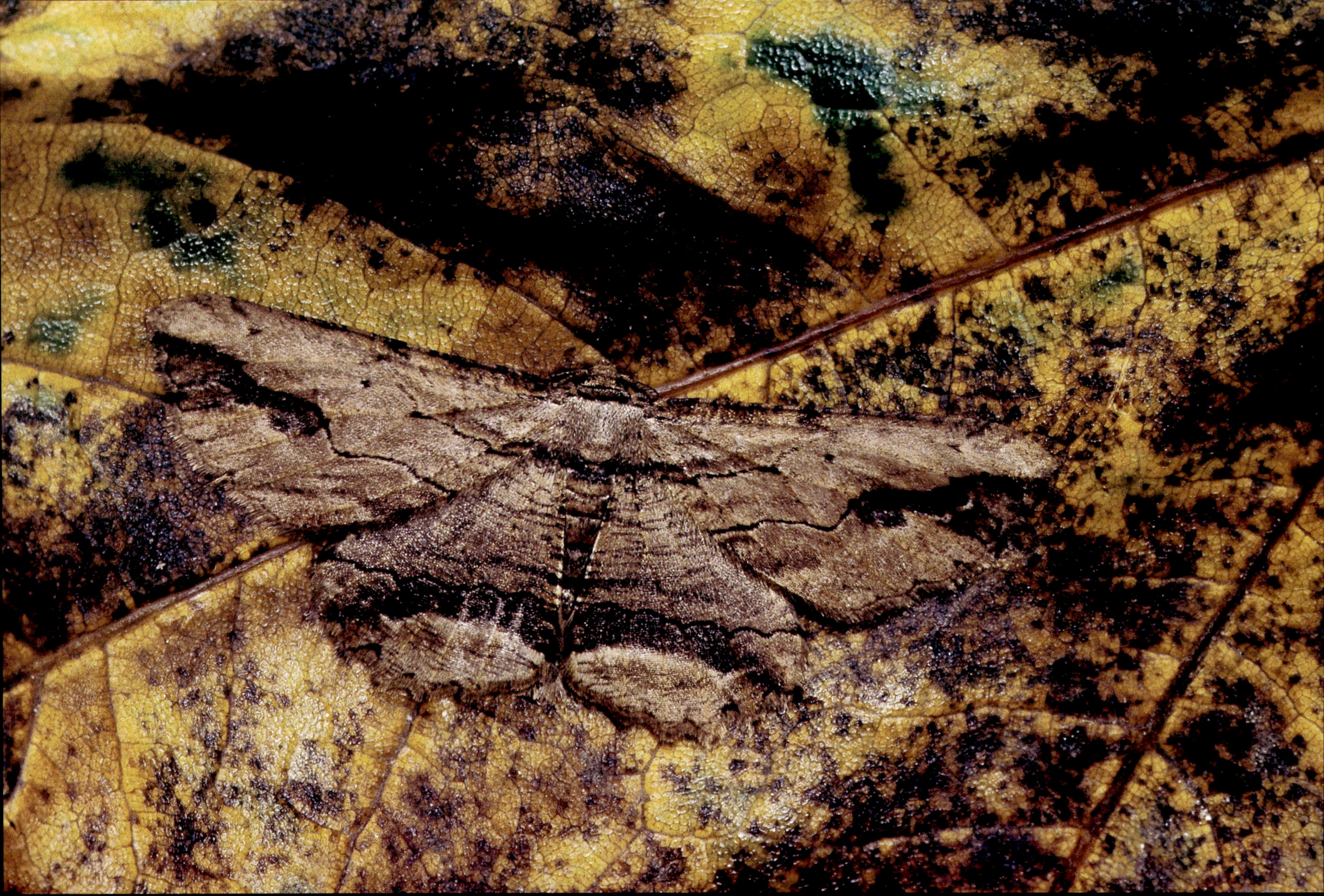

Menophra abruptaria
LUIS M. IGLESIAS

Encontrar mariposas geómetra no siempre resulta fácil, en la de la imagen el uso de los dos flashes, facilitó por un lado enfatizar las texturas y por el otro eliminar las sombras.
Canon EOS 50E, 105mm Sigma, E 100vs, 2 flashes, trípode, plato micrométrico y

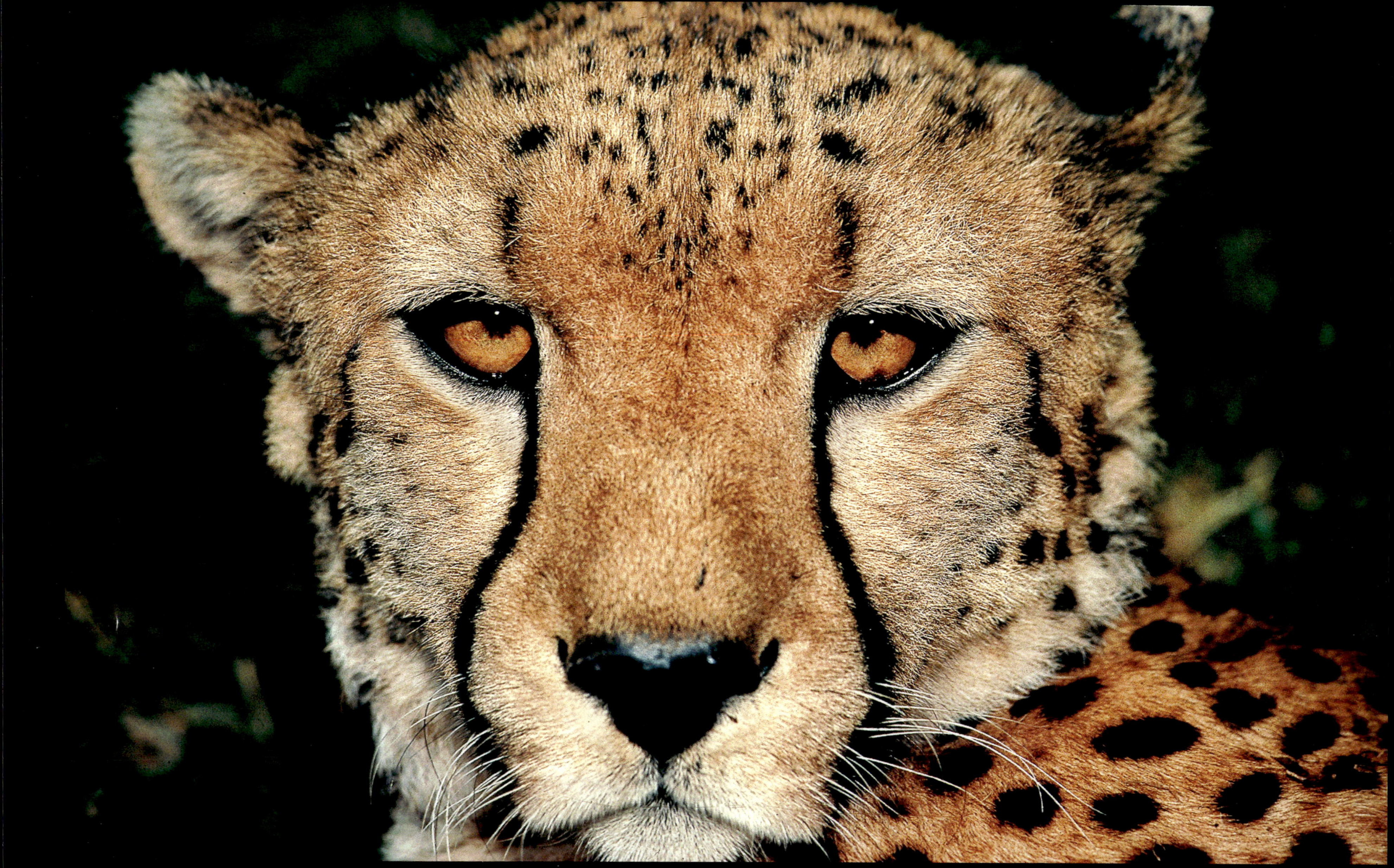

Guepardo en el Serengueti
ÁNGEL GONZALEZ (FOTONATUR)
La sabana del Serengueti es uno de los paraísos de la fauna mundial. Al atardecer, los felinos encuentran las mejores horas para la caza al descender las altas temperaturas diurnas. De mirada penetrante, este guepardo escruta la vegetación uniforme de la llanura a la espera del momento idóneo para emprender la carrera más veloz que ningún ser alcanza sobre la tierra.
Canon Eos 1 N. Objetivo Sigma 400 mm. 5,6. Velocidad 1/125. f5,6, formato 35mm diapositiva. Película Fuji Velvia 50.

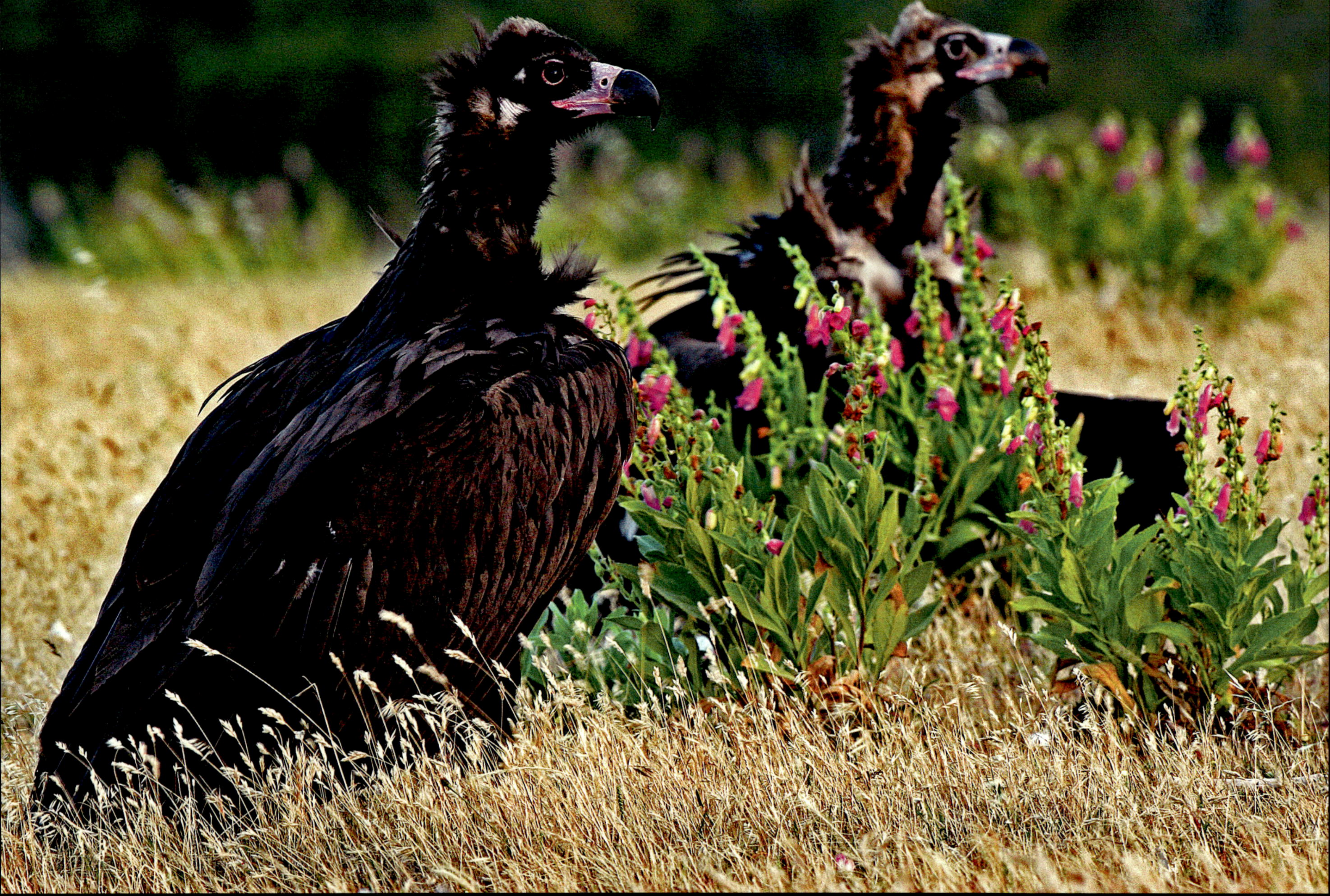

Buitre Negro
Parque Nacional de Monfragüe, Cáceres.
FRANCISCO MINGORANCE

Canon EOS 1 Mk II N, 500 f4, trípode, hide, ISO 400, 1/60, f8

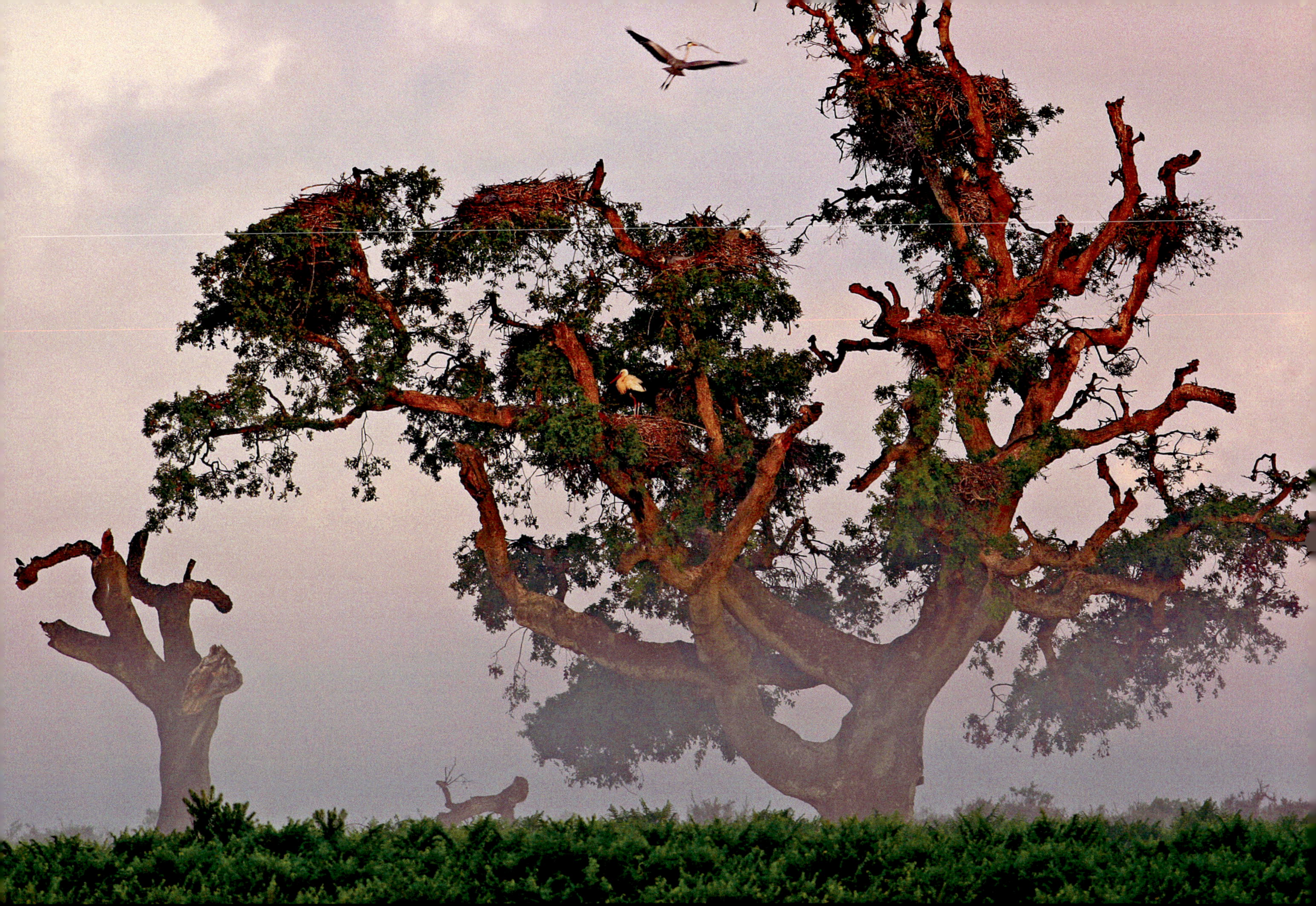

Pajareras
Parque Nacional de Doñana.
FRANCISCO MINGORANCE

Canon EOS 1 Mk II N, 500 f4, trípode, hide, ISO 100, vel 1/250, f8

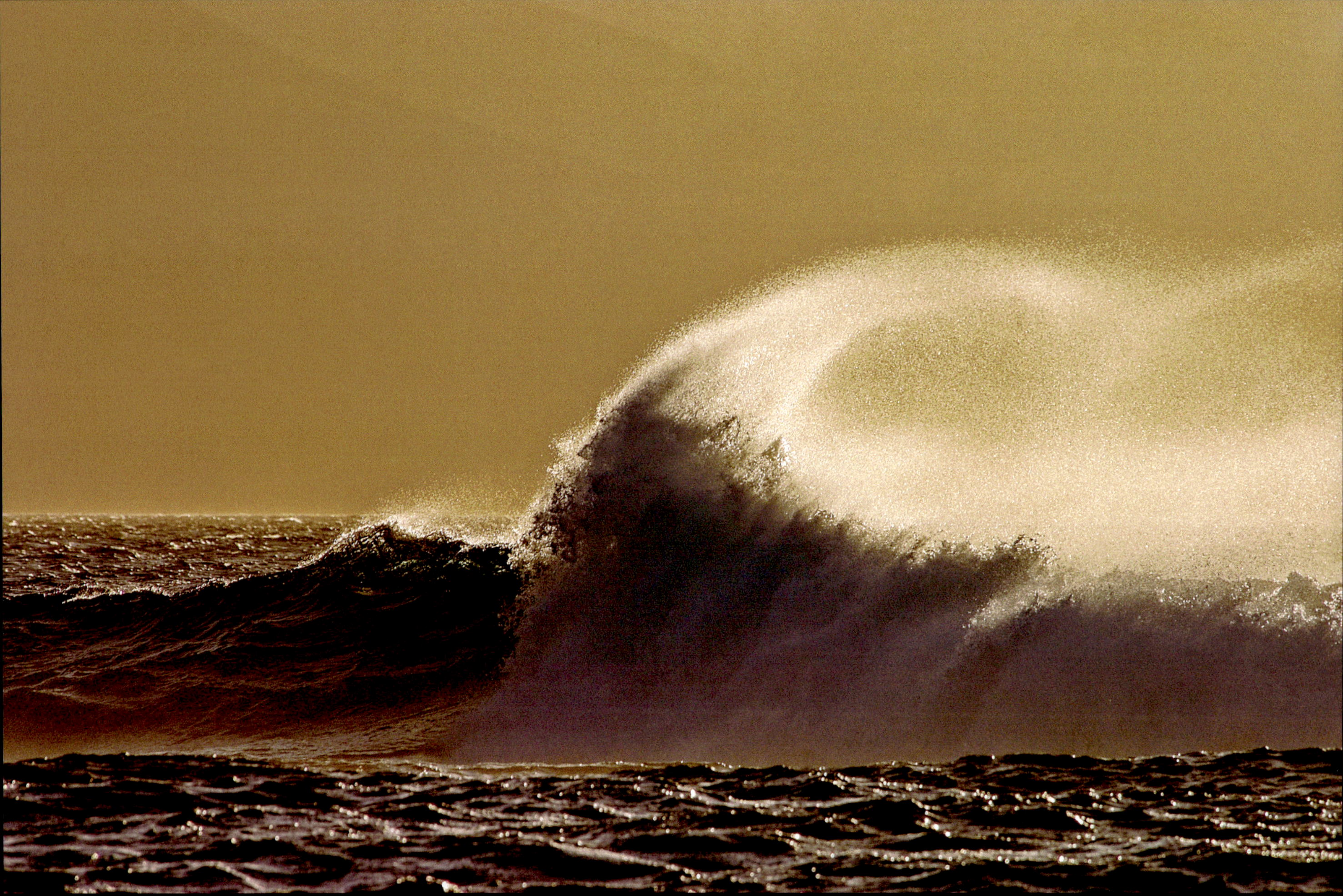

Peinada con el viento
DANIEL MONTERO

Pablo Neruda escribió: "…y cuánto mar se sale de sí mismo a cada rato, dice que sí, que no, que no, que no, que no, dice que si, en azul, en espuma, en galope, dice que no, que no. No puede estarse quieto, me llamo mar, repite pegando en una piedra sin lograr convencerla…". Las olas son caprichosas (…que no, que no, dice que si, que no…), imprevisibles, (…en espuma, en galope…), con carácter, inquietas, arrogantes, seductoras, serenas, con edad, con locura juvenil, con violencia…
Nikon D100. Nikon 12-24 VS , Trípode Manfrotto, 1/400, F9. Medición puntual. Balance de blancos nublado -1.

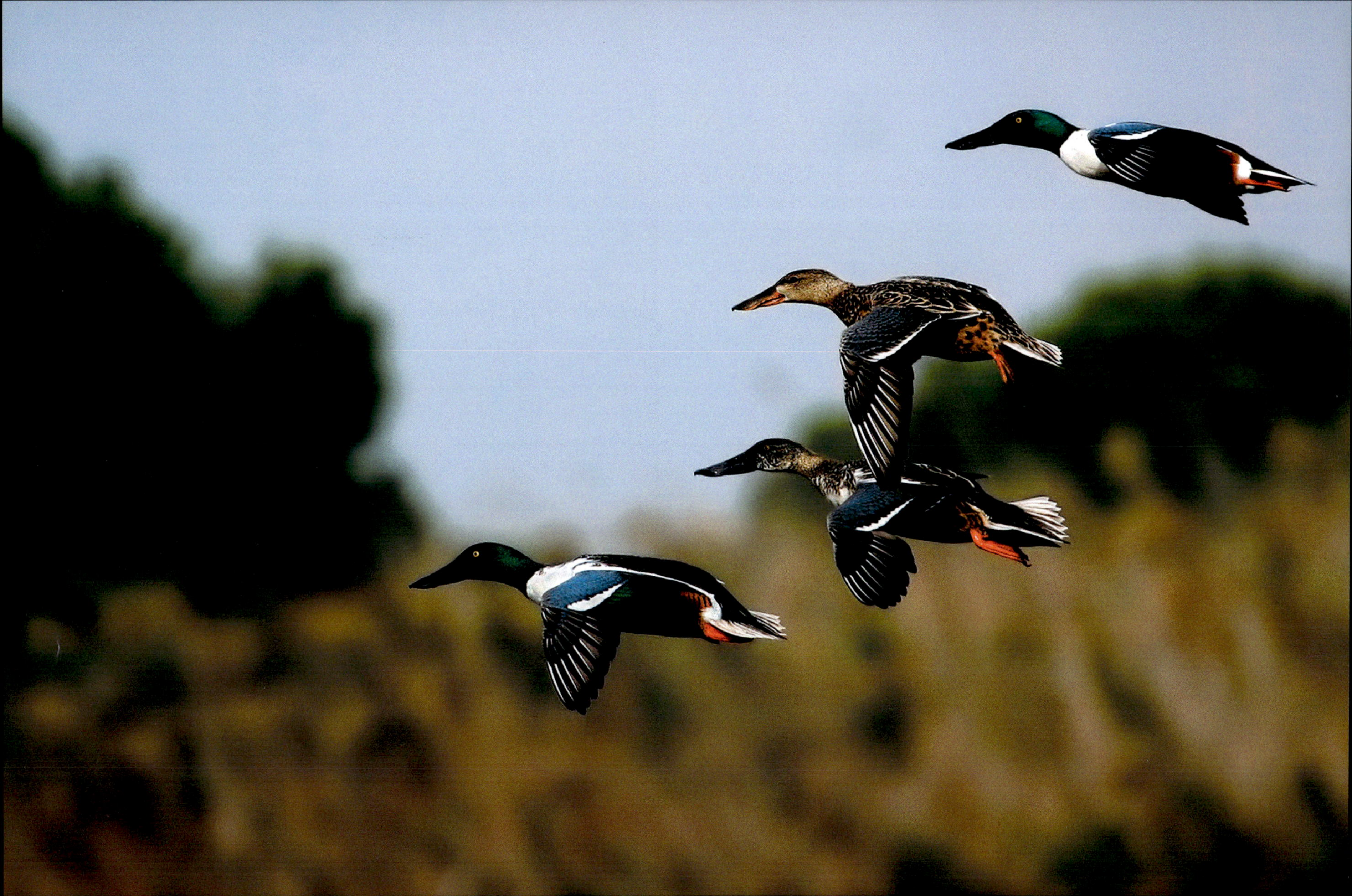

Cuchasras en vuelo
Delta del Llobregat (Barcelona)
XAVIER MARTÍNEZ

Canon 300D, Canon 100-400 L IS USM a 400mm, ISO 200, F6,3, 1/2000s

SECCIÓN

PARTICIPA

revista VISIÓN SALVAJE 2005 nº 1, 2 y 3

Pollos de flamenco, Delta del Ebro
JUAN GIL RAGA

Realizada durante el anillamiento de los mismos el pasado cuatro de julio en el Delta del Ebro.
Canon EOS 300D, Canon 70-200 f2.8, vel.1/8 seg., f32, ISO 200, -1/3 EV

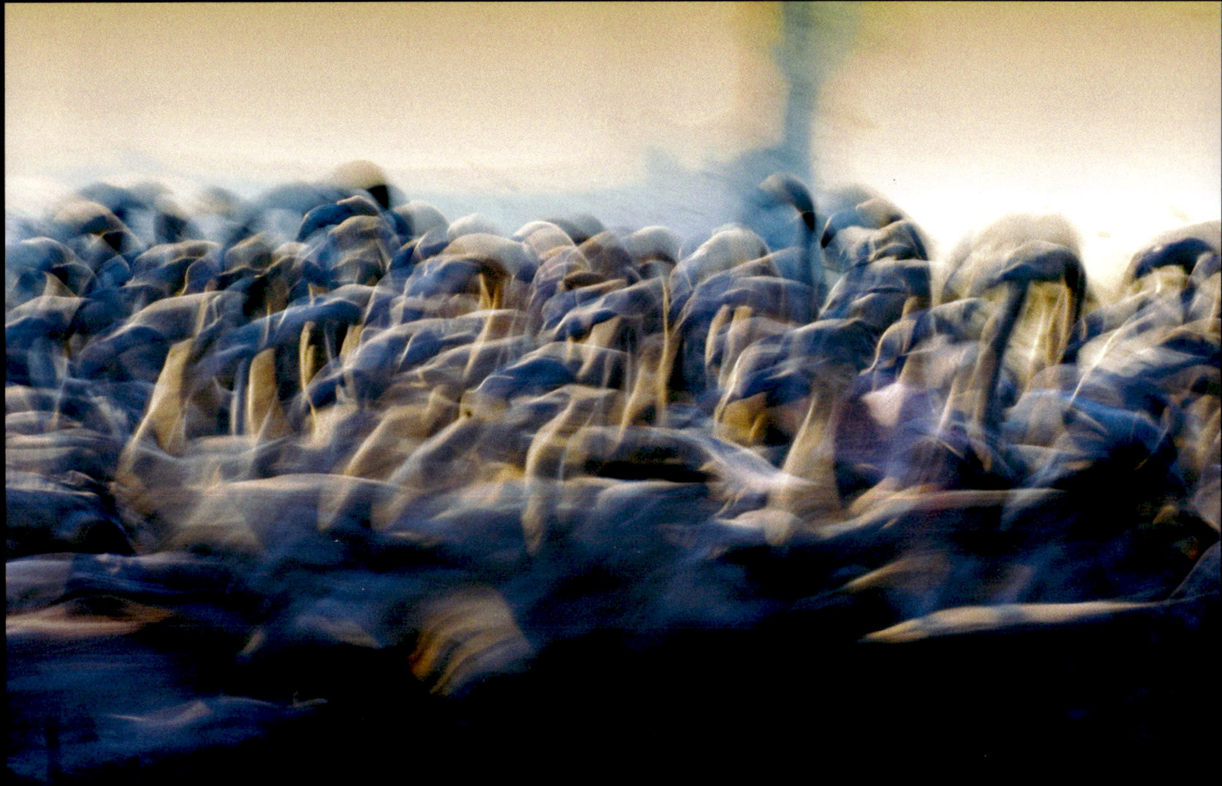

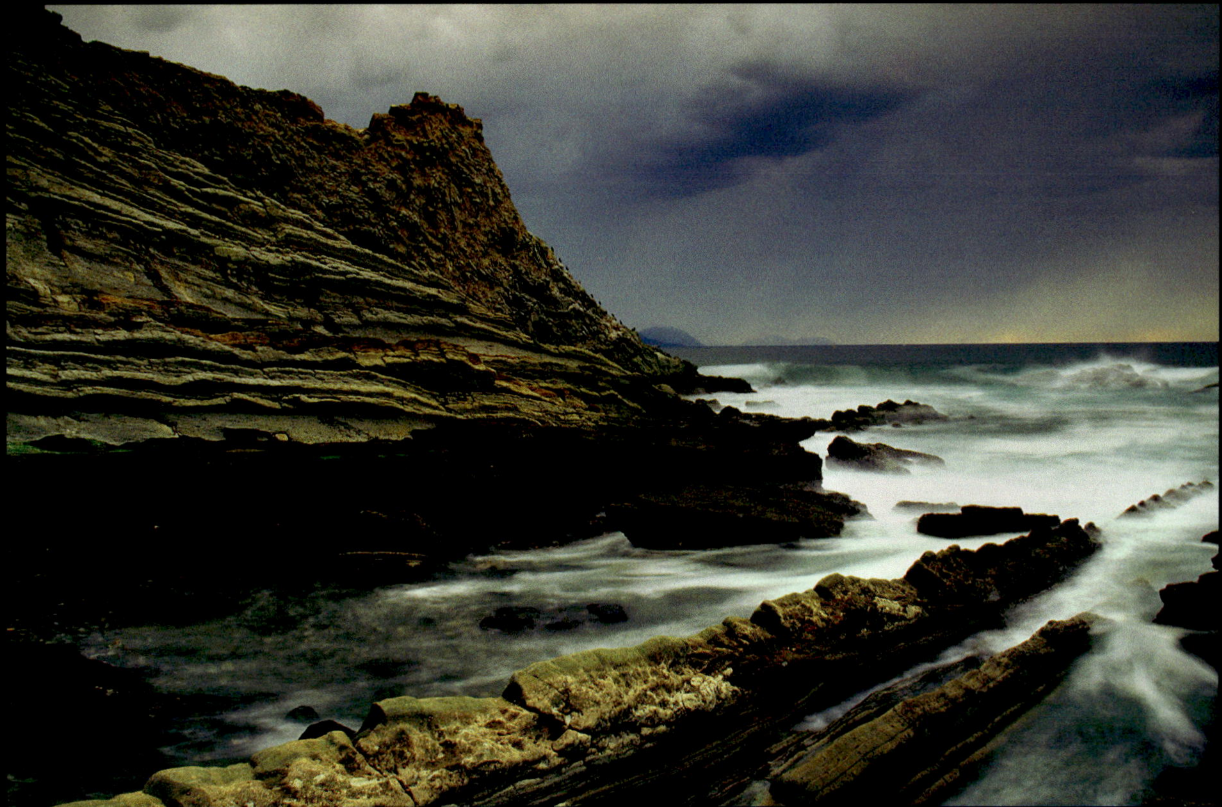

Luces de tormenta,
Acantilados de la Galea, Getxo (Bizkaia).
ISABEL DIEZ

Toma realizada unos minutos antes de que comenzara la tormenta. Se levantó un fuerte viento que me obligó a sujetar el trípode con la mano. Utilizé el filtro polarizador para saturar los colores y coloqué un filtro cálido 81B para acentuar el tono naranja que veía en el horizonte. Realizé medición evaluativa y compensé +2/3 puntos por el color blanco del agua y otros tonos claros.
Canon EOS3, Canon 28-70 f2.8L, filtro polarizador B+W, filtro cálido 81B, trípode, Velvia50, ISO 40

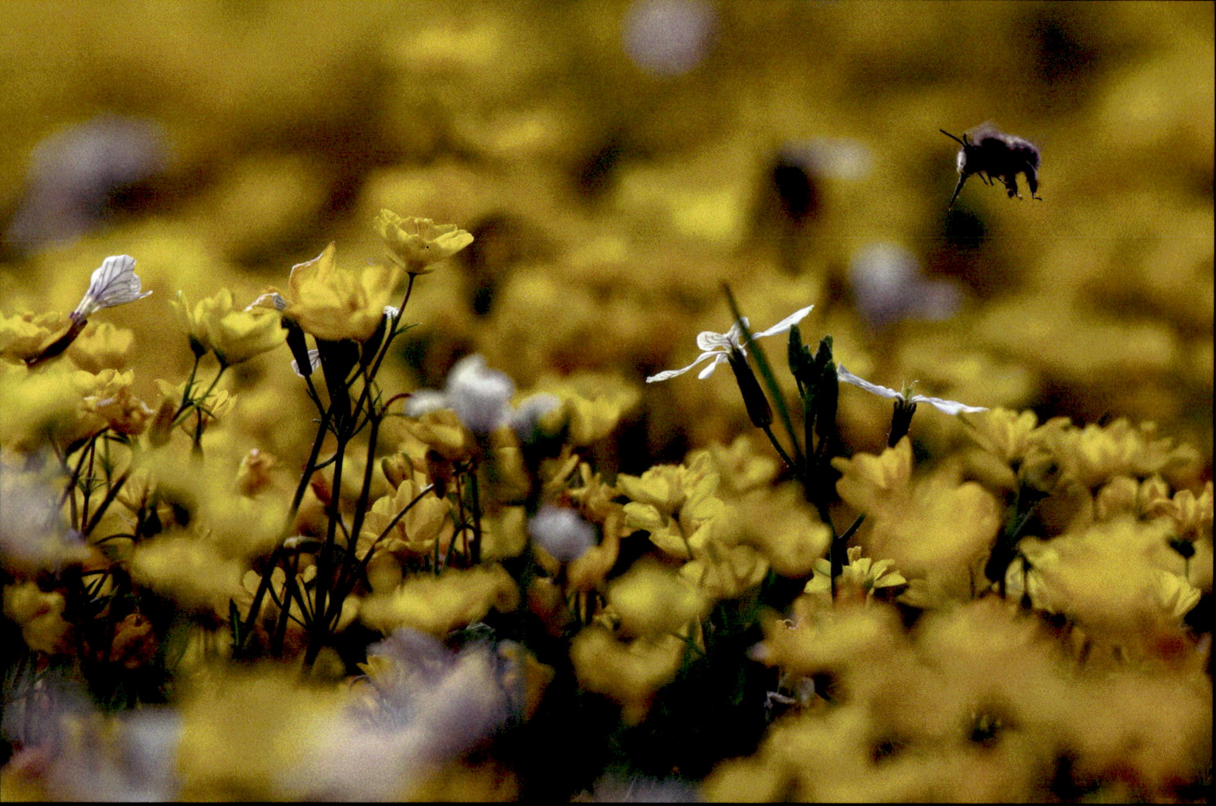

Vuelo sobre las flores, Las Barracas (Toledo)
FERNANDO ORTEGA

Me disponía a fotografiar estas flores a ras del suelo cuando inesperadamente apareció esta abeja volando, pude reaccionar a tiempo para captarla en pleno vuelo antes de que aterrizara.
Canon EOS 10D, Canon 300 IS, f4, vel.1/1200 seg., f5,6, ISO 100

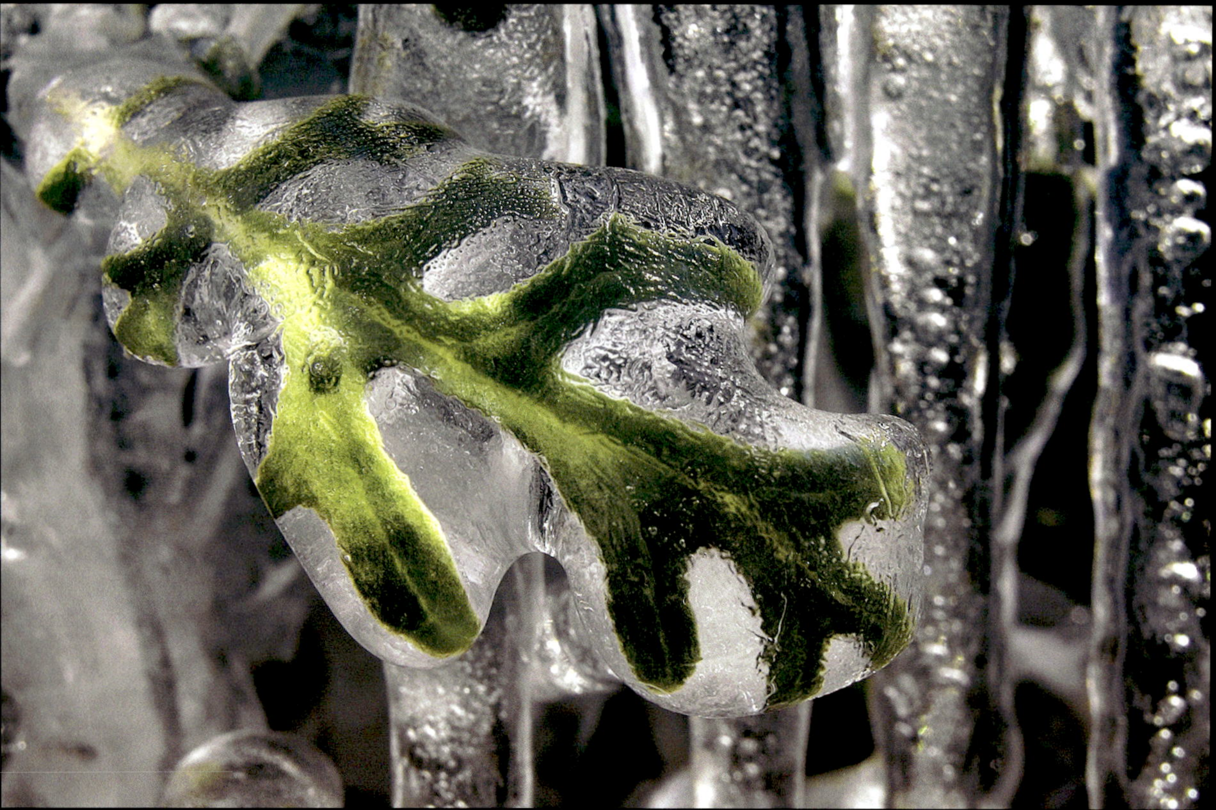

Hoja de hielo, Sendero del río Tajo (Toledo).
BEATRIZ MORENO

El agua de unos aspersores funcionando toda una noche, más la helada que cayó, fueron la causa de éste fenómeno. Las líneas verticales de los carámbanos del fondo y la diagonal que dibuja la hoja me parecierón una buena composición, y no sólo eso, me encantaba el contraste entre los verdes de la hoja y los neutros del hielo.
Nikon Coolpix 5700, vel. 1/60 seg., f7.6, ISO 100, medición puntual

Zorro, Lérida
ANIBAL FERRON

Fotografiaba en un mulada, una mañana que aparentaba una tormenta inmediata, mientras esperaba la llegada de los buitres, apareció este zorro. Tras la inminente llegada de estos prefirió retirarse.
Nikon F100, Nikkor VR 80-400, vel.1/60 seg., f8, Provia 100

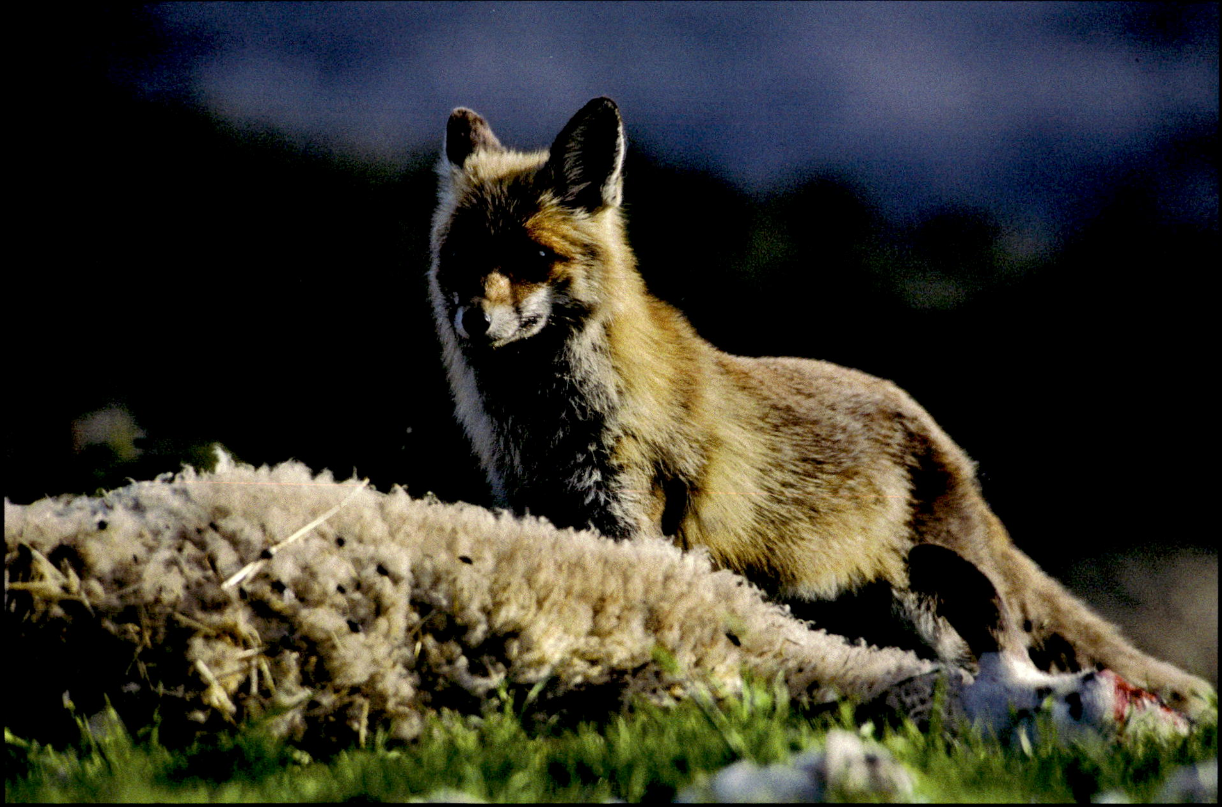

Herrerillo capuchino.
ANTONIO LIEBANA

La nieve cubría todo el monte mediterráneo y los mas pequeños buscaban incesantemente el aporte energético para poder subsistir en aquellos días, conscientes de mi presencia se disponían a conseguir ese preciado y vital bocado.
Canon EOS 20D, Sigma 50-500, vel. 1/90 seg., f9, ISO 100, flash, trípode, hide

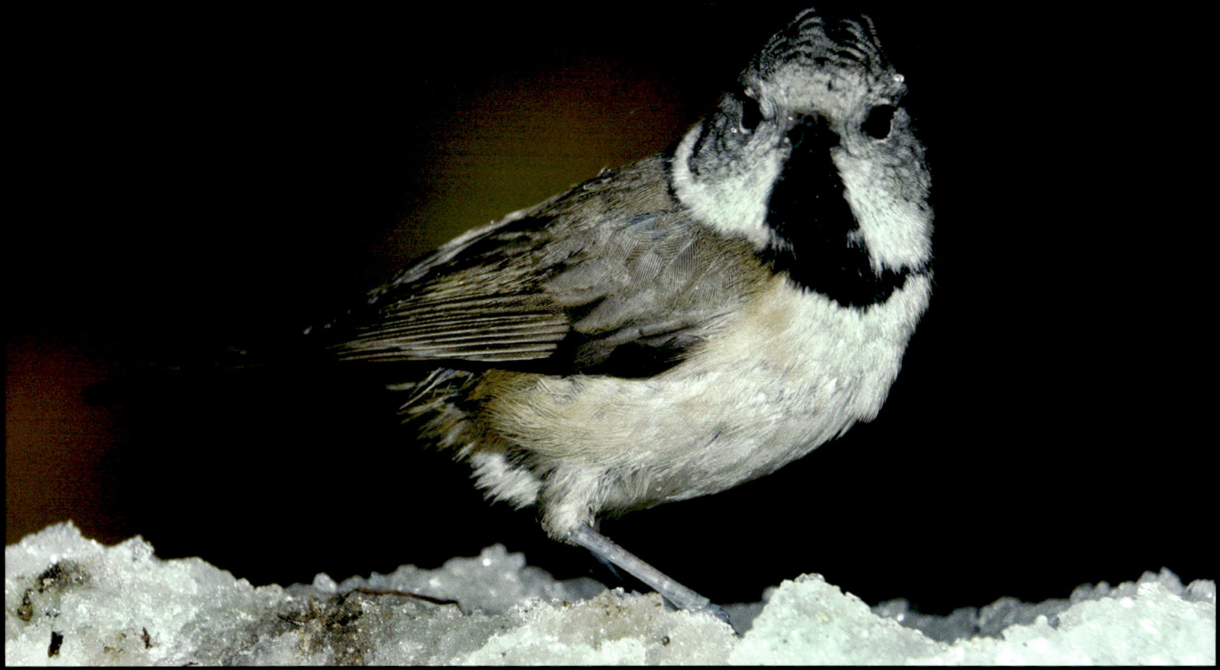

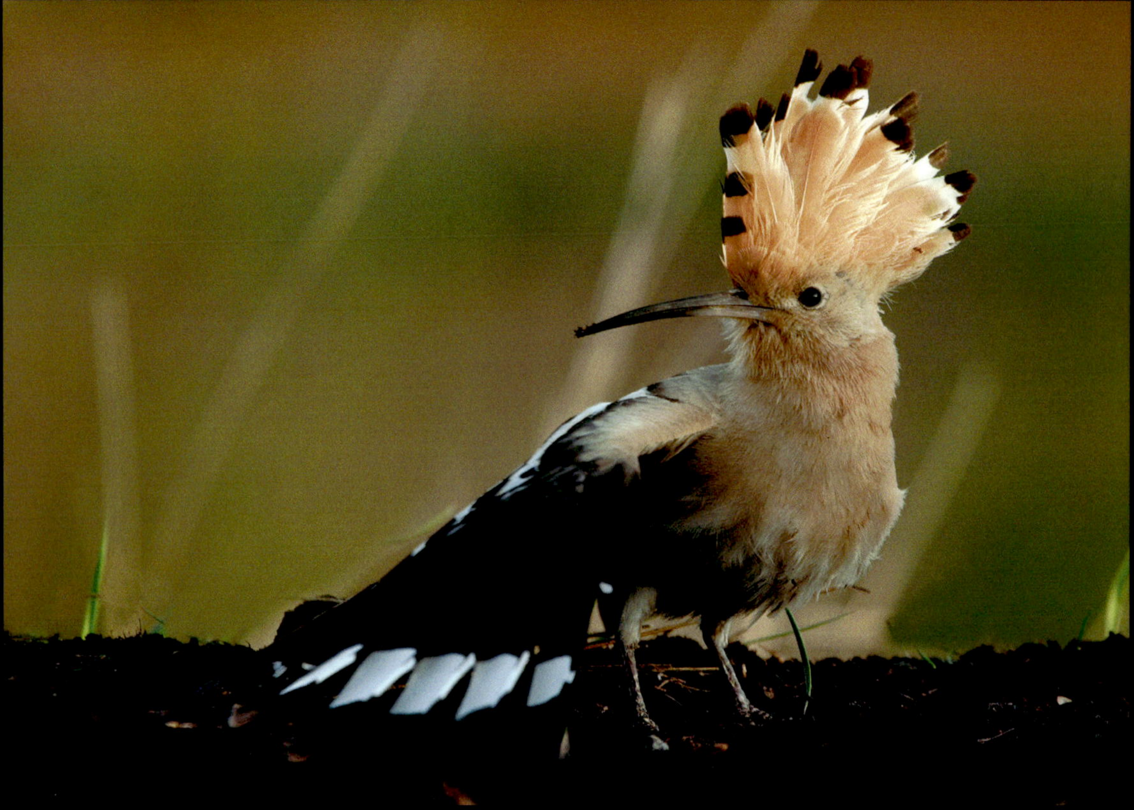

Abubilla

RUBEN MARTINEZ FRAGA

Aún no llegaba la luz completamente al comedero, pero ésta Upupa no quiso esperar, después de saciar rápidamente su hambre se detuvo un momento alertada por el ruido del obturador, para entonces la luz ya iluminaba su cresta.
Canon EOS 20D, Canon 100-400, vel.1/60 seg., f8, ISO 400, trípode, hide

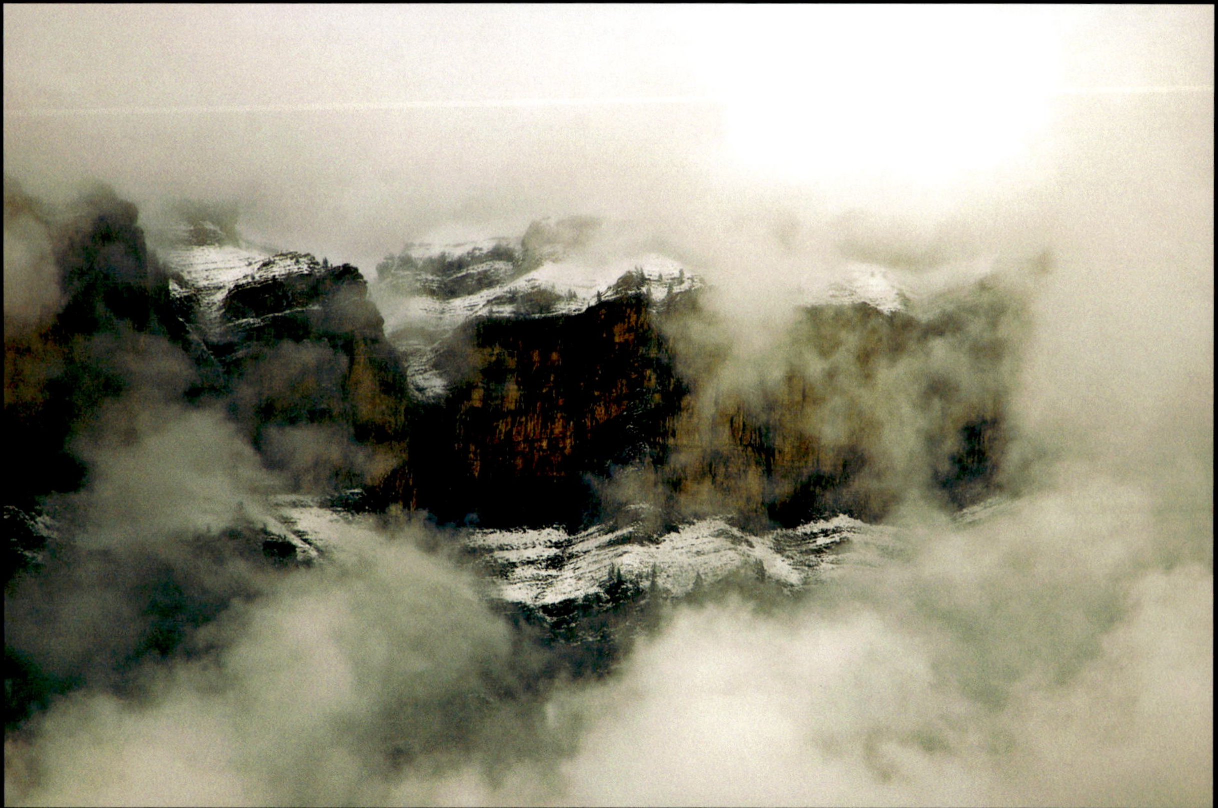

Belleza en las alturas, El Mondaruego, Ordesa, Torla

JUAN JESUS VICENTE

Con el Mondareugo enfrente, sus majestuosos farallones se presentaban insultántemente bellos y desafiantes, la niebla los envolvía queriendo ocultar su extraordinaria belleza. En un momento las nubes dejaron entrever las paredes verticales, el instánte fué mágico, con el tiempo justo para encuadrar, exponer y... "clic". Este momento de inusitada belleza era mío.
Nikon D70, objetivo 24-120mm, f/5.6, vel. 1/180 sg., trípode, polarizador, filtro cálido 81B, ISO 200

Aguila, Santa Fé de Montseny
MERTXE ALARCON

No llevaba trípode, así que me puse la mochila del revés y apoyé mi cámara fuertemente contra ella. Disparé a dos segundos que se hicieron eternos... Cuando revelé el negativo me encontré con la grata sorpresa de ver la forma que había tomado el agua al disparar a esa velocidad.
Nikon F90X, Nikkor 35-135, Fuji Reala 100

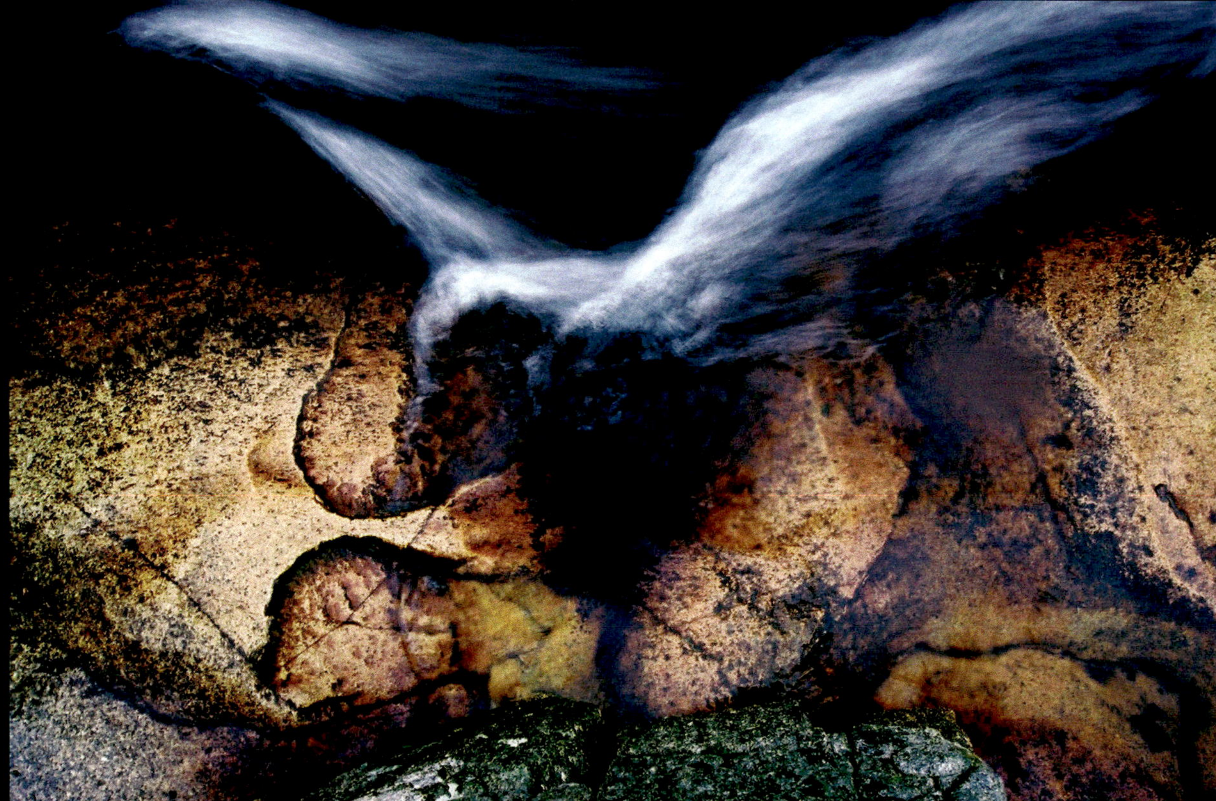

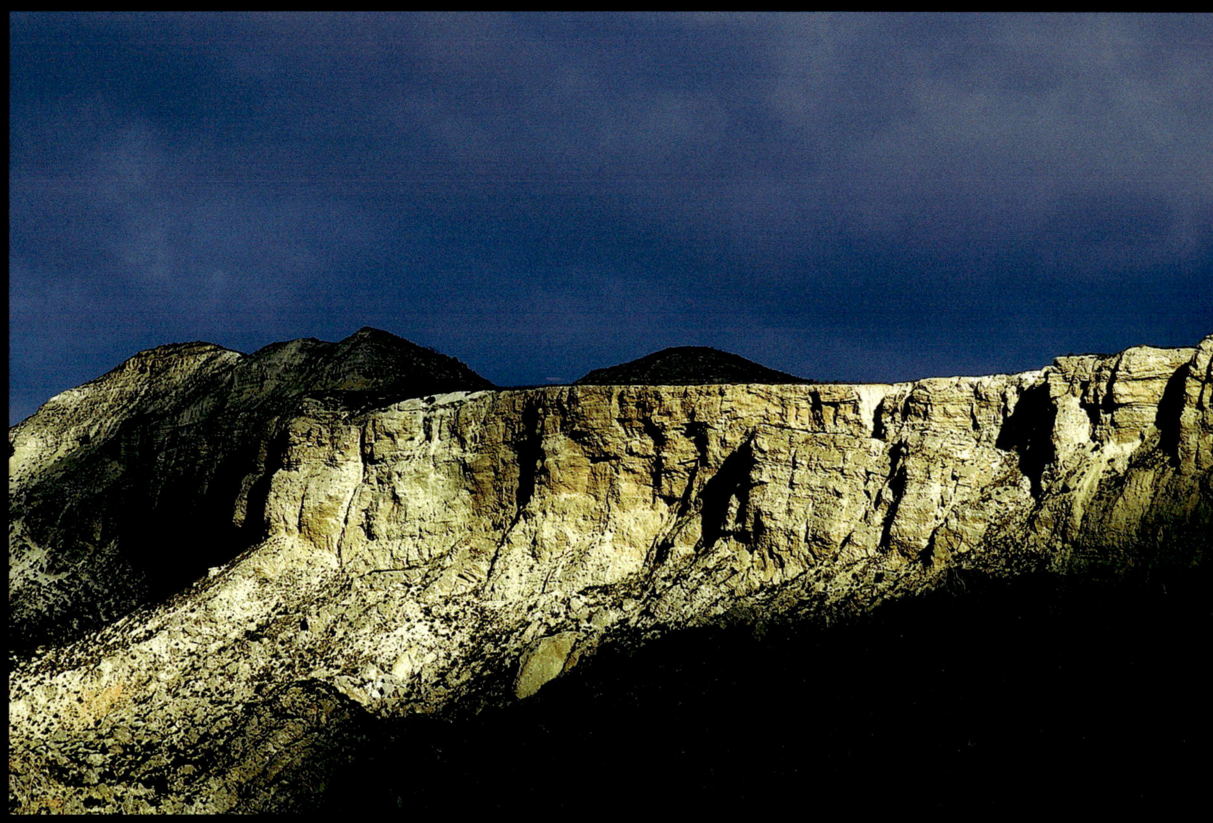

Al filo de la tormenta, Montes de Alfocea (Zaragoza)
JESUS CHUECA

Amaneció despejado, pero poco a poco las nubes fueron haciendo acto de presencia. En unos instántes el cielo quedó cubierto de un gris plomizo. Sólo unos rayos de sol pudieron escapar e iluminaron la tierra caliza de estos montes creando un espectáculo de luces y sombras difícil de olvidar.
Nikon D70, Sigma 70-300, ISO 200, f/16, vel. 1/60 seg., trípode, polarizador

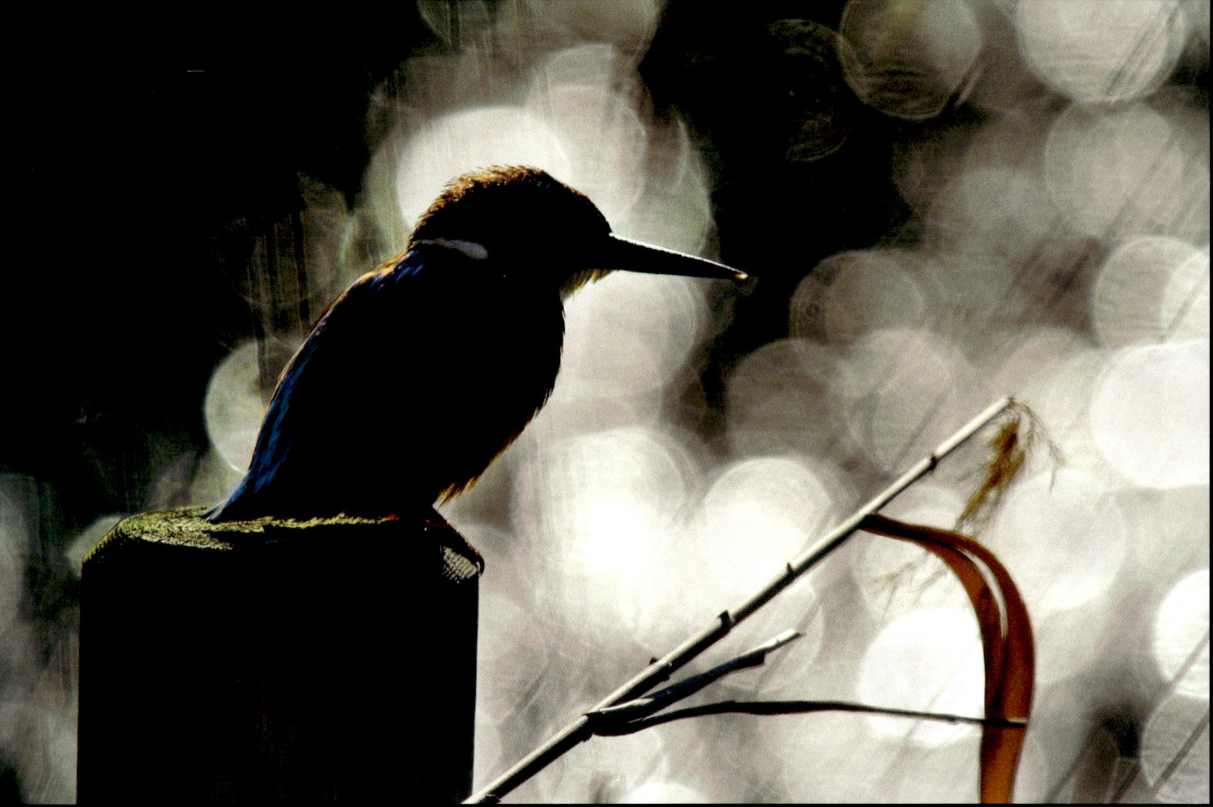

Silueta de martín pescador, Delta del Llobregat (Barcelona)
JUAN CORREDERA

No lo esperaba a él y, además, se posó en el peor lugar posible, a contraluz. Opté por medir la zona más iluminada y destacar su silueta, el inconfundible contorno de un gran especialista.
Konica - Minolta Dynax 7D, Sigma 400 f5.6, ISO 100, f/5.6 vel. 1/500 seg.

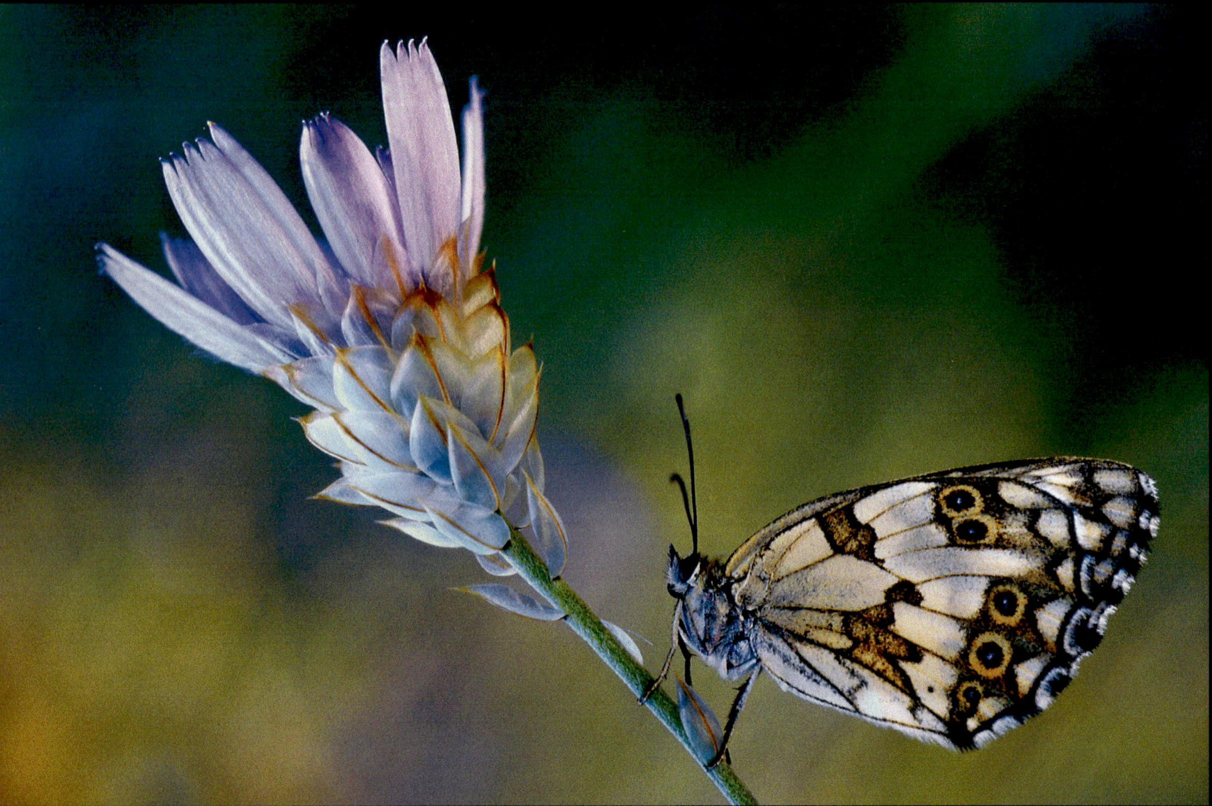

Melanargia Lachensis.
JOSE RAMON SALAS

A mediados de mayo en algunas zonas del prepirineo de Lleida es posible encontrar esta mariposa.
A primera hora de la mañana, cuando la temperatura no es la suficiente para iniciar su actividad, pude fotografiar a este adulto en reposo sobre una planta del género Catananche.
Nikon F5, MicroNikkor 105 f2.8, vel. 1/4 sg., f8, trípode, pantalla reflectora, Velvia 50

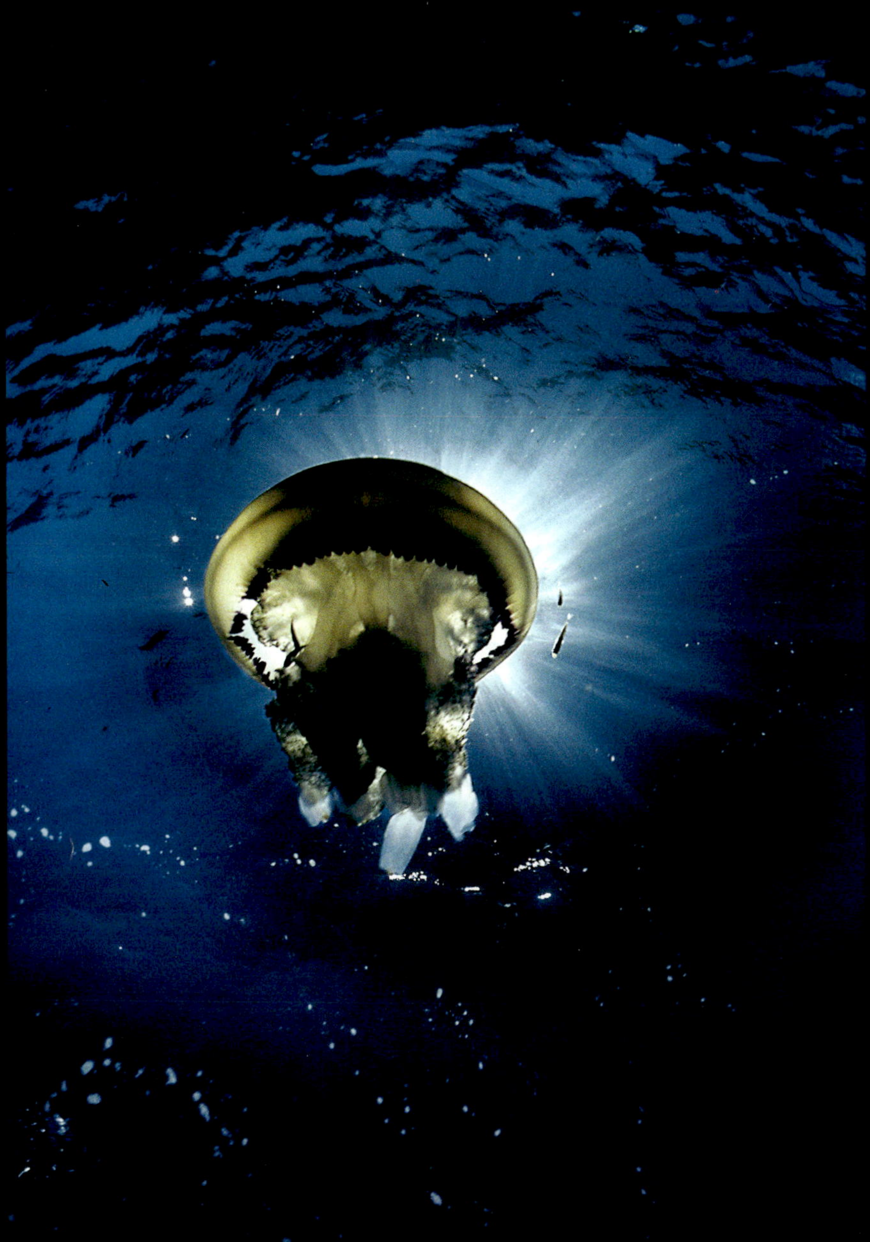

Aguacuajada, a levante del puerto de Garrucha (Almería)
JOSE ANTONIO RODRIGUEZ

Durante un buceo, al dirigir la mirada hacia la superficie, pude apreciar una medusa de buen tamaño acompañada de un grupo de jureles.
Al acercarnos desde abajo, me dejó absorto el juego de luces originador al interponerse la medusa entre el sol y mi vista.
Nikonos V, objetivo 15mm., película Sensia II, f/16, vel. 1/90 seg.

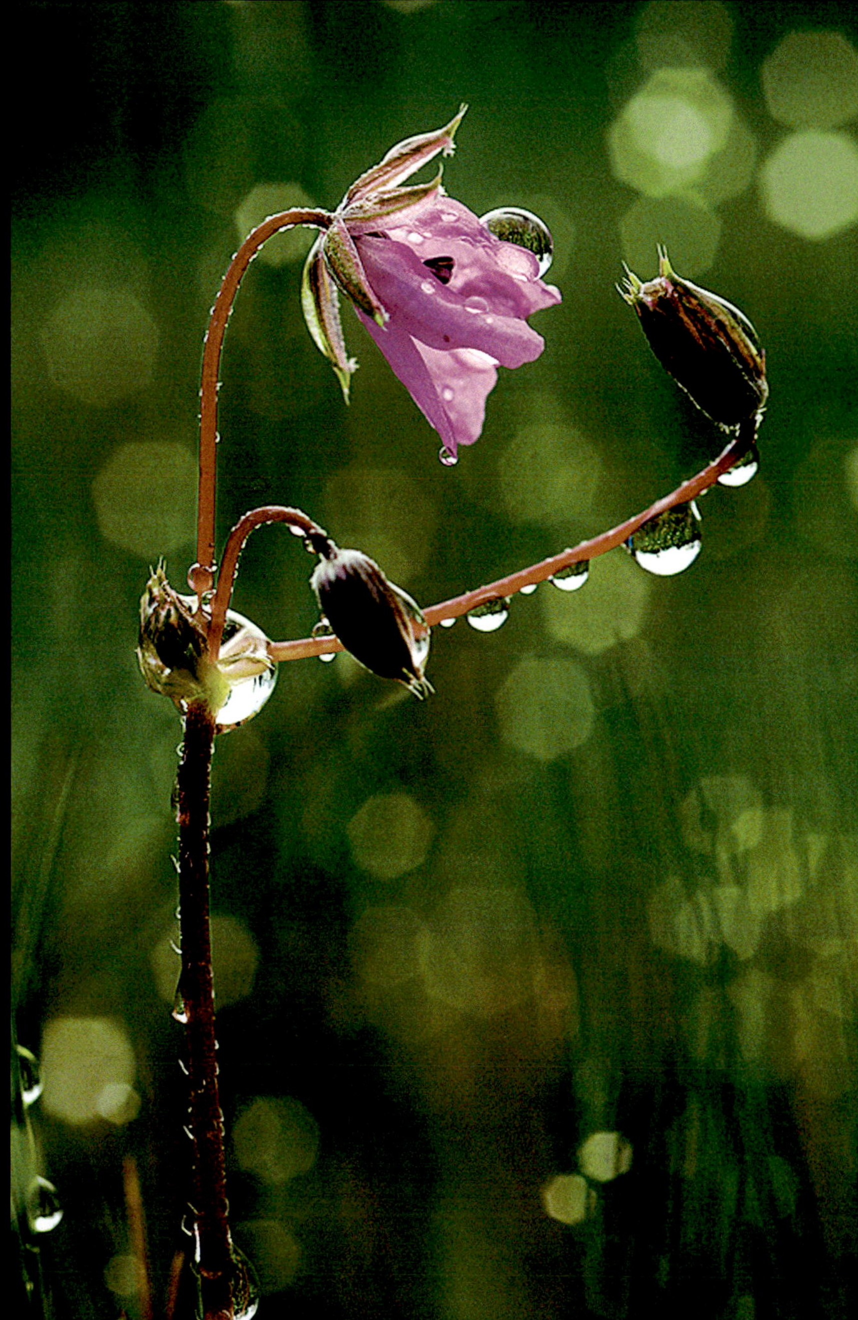

Alfilerillo de Pastor
A Limia (Ourense)
MARCOS VEIGA

Era una mañana de primavera, lluviosa y gris. La luminosidad era escasa pero el espectáculo primaveral estaba en todo su esplendor. Ésta flor aguantó el aguacero matutino para ofrecernos sus mejores, aunque húmedas, galas.
Nikon D70, objetivo Micro Nikor 60 mm., ISO 320, formato RAW, f/13, vel. 1/200 sg., compensación de exposición -0.3 EV, trípode

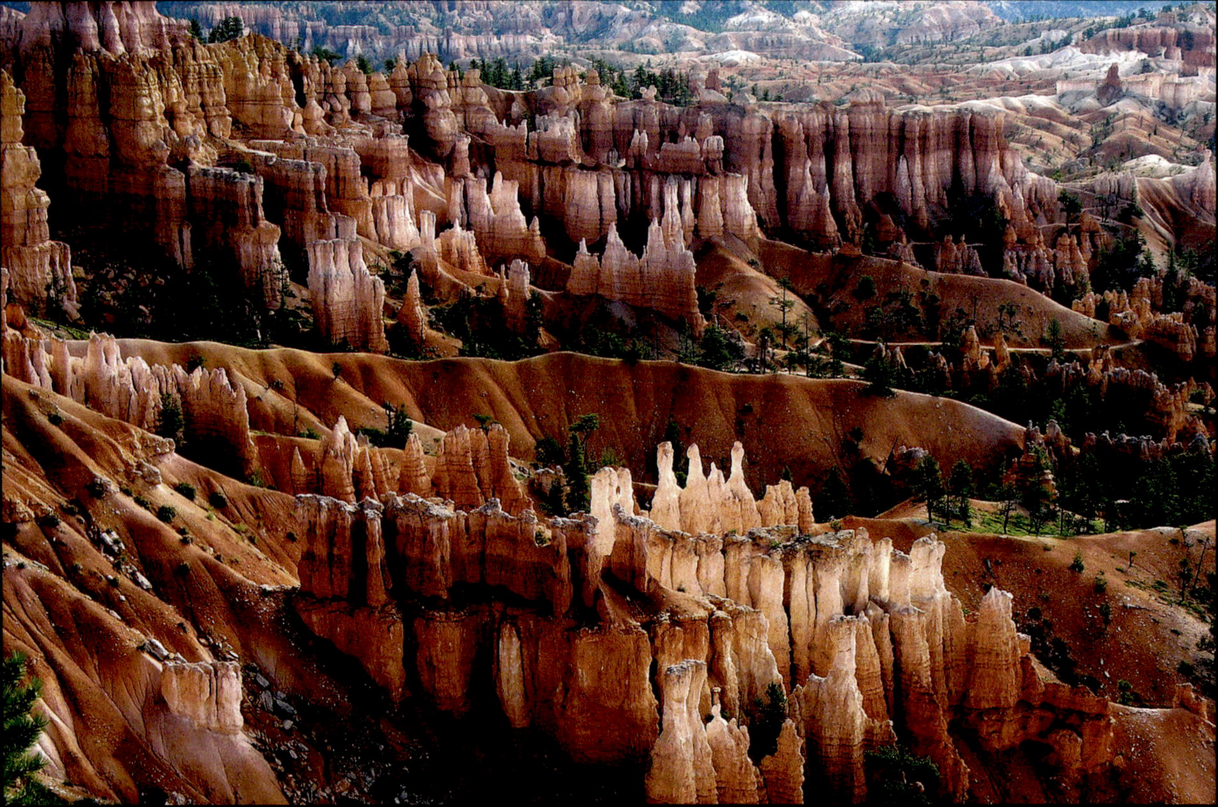

Cañon de Bryce,
Bryce Canyon National Park, Utha (EEUU)
DAVID PEREZ HENS

Tras una tarde lluviosa, amaneció un día casi radiante, el agua empapó el lugar, realzando el color exuberante de estos magníficos pináculos multicolores de arcilla, con sombrero de roca.
Leica Digilux 2, polarizador circular B+W, f9, vel. 1/100 seg., ISO 100

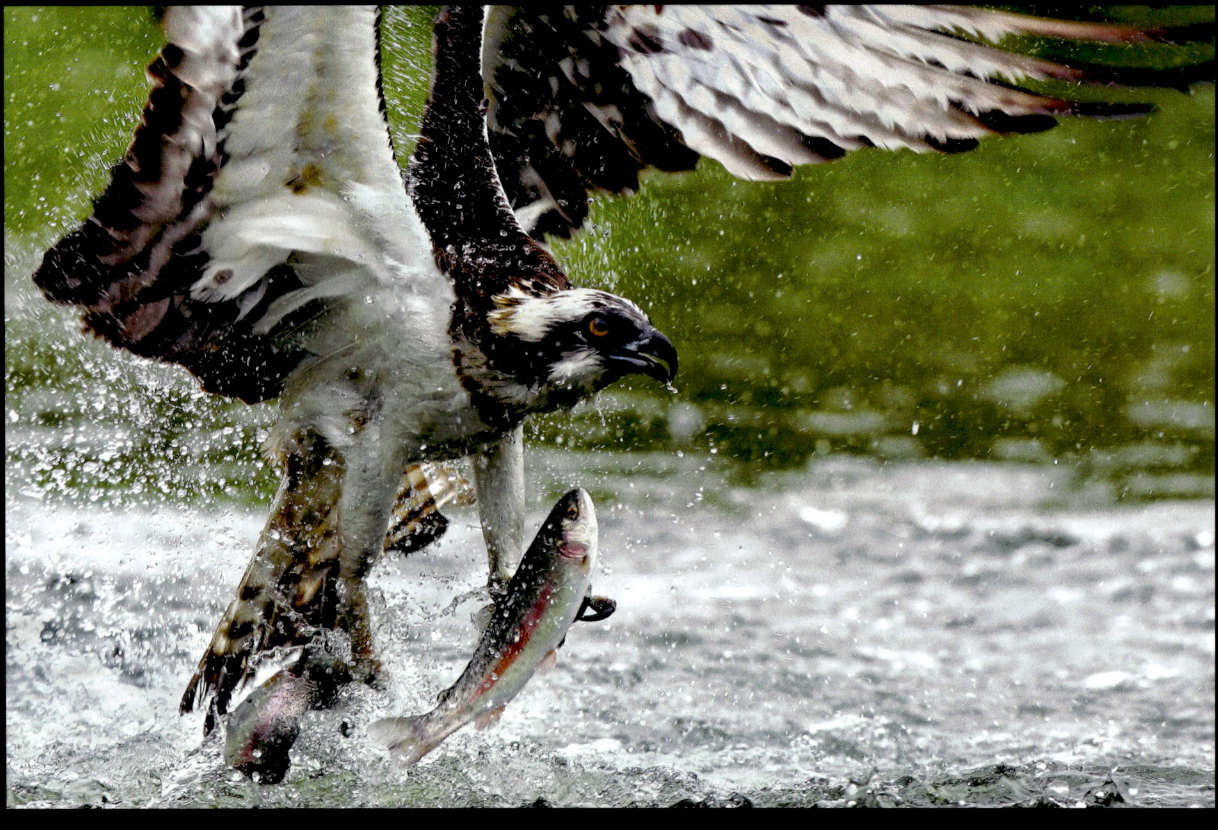

Águila Pescadora, Finlandia
MIGUEL LASA

Estas águilas se lanzan en picado para pescar las truchas con sus garras como arpones.
Me sorprendió la precisión, agilidad y belleza de estas águilas, que en ocasiones como muestra la foto, pescaban dos truchas a la vez.
El águila llega a sumergirse totalmente después del picado para emerger con la presa y volar.
Canon 1D Mark II, Canon EF 300 f2.8, f5, vel. 1/1000 seg., ISO 250, hide, -1/3 EV

Peña Telera, Pirineo Aragonés, Huesca
ALEJANDRO TREVIÑO

Primeras luces de una fría mañana de invierno sobre la Peña Telera, Monte insignia de la impresionante Sierra de Partacúa.
La nieve fresca caída la noche anterior junto a la calidez de la luz matinal parece darle una atmósfera mágica a la montaña.
Canon EOS 20D, Canon 70-200 f4 L, f4, vel. 1/2500 seg., ISO 200, trípode

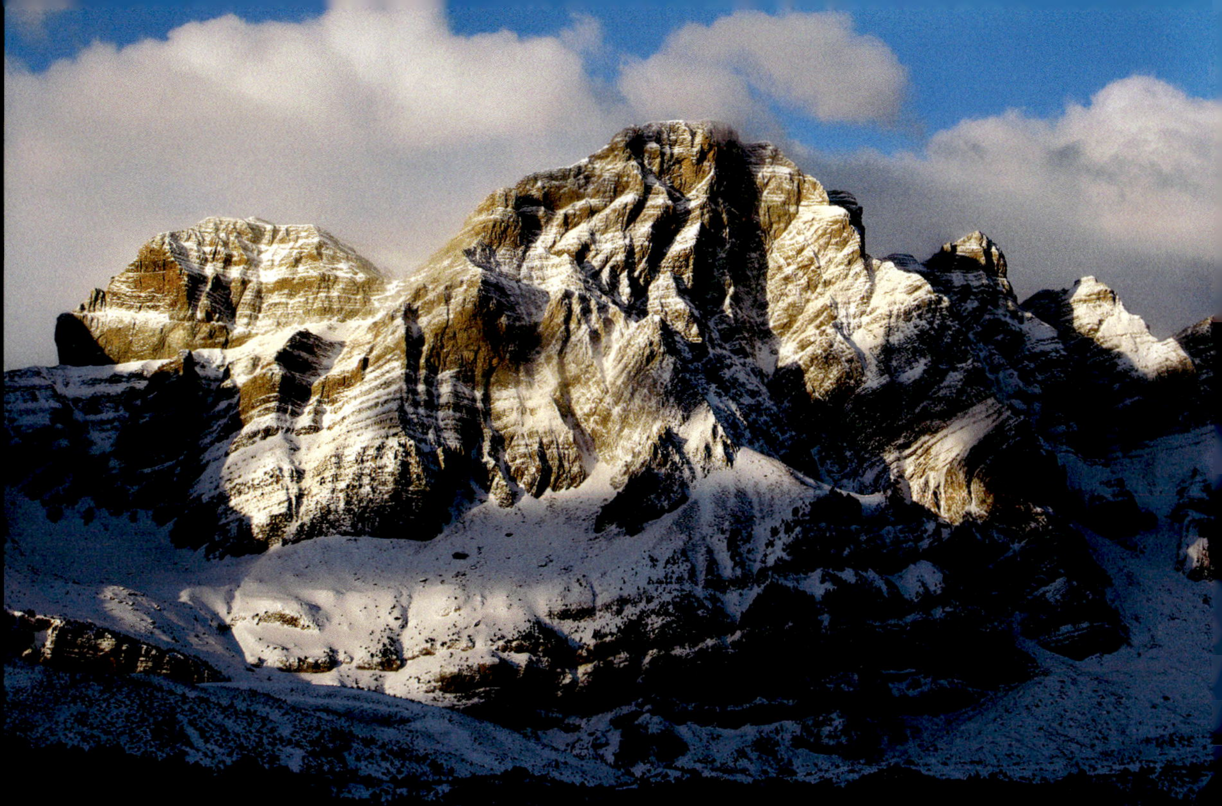

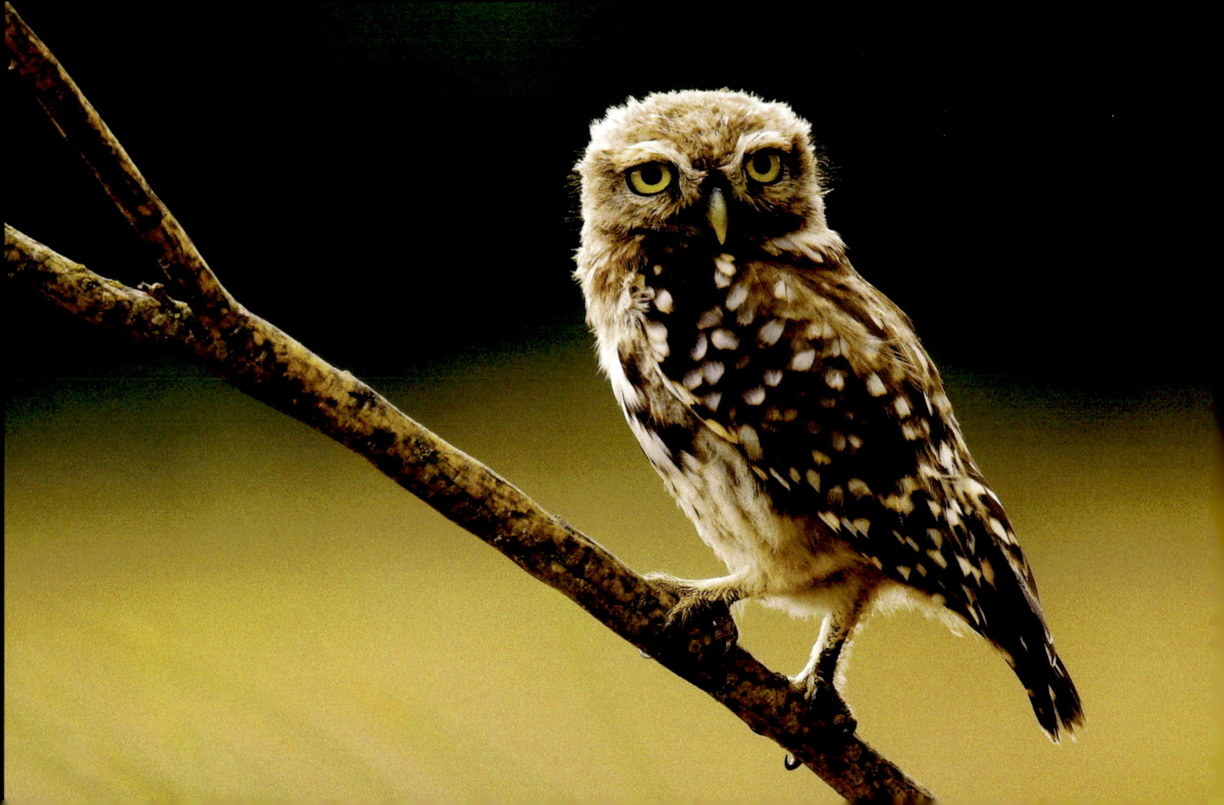

Athene diurna, La Granja d´Escarp, Lleida
JOAN MANEL PUIG

Junto a una masía abandonada en el secano de Lleida, donde crían cada año estos mochuelos se posó perchando de día, como muchas otras veces le había observado, en la rama de un tamariz cercano intentando librarse del tórrido sol que se escapaba entre los claros de un día medio nublado de verano.
Canon EOS 20D, Canon 500 + TCx1.4, f8, vel. 1/400 seg., -0,3 EV, ISO 400, trípode, hide

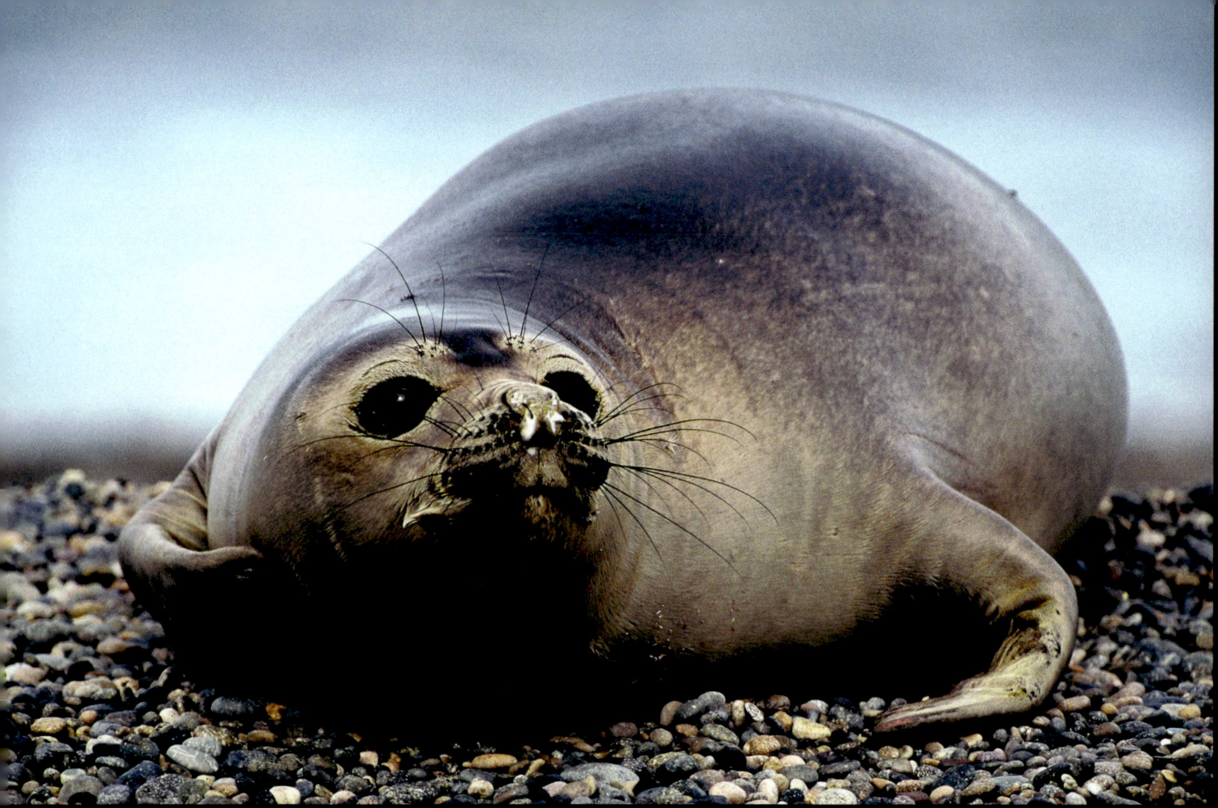

Hembra de Elefante Marino,
Punta Cantor, Península de Valdés, Patagonia Argentina
JESUS RODRIGUEZ-OSORIO

En mi viaje a Patagonia uno de mis objetivos era fotografiar los combates de los grandes machos de elefante marino, pero las hembras tenían un encanto especial que deseaba plasmar. Invertí tres días en fotografiarlos, esperando un gesto o una pose especial que los sacase de su cotidiana indolencia.
Nikon F100, Nikkor 500 f4, AFS-II, trípode, Fuji Velvia 100, f4, vel. 1/125 seg.

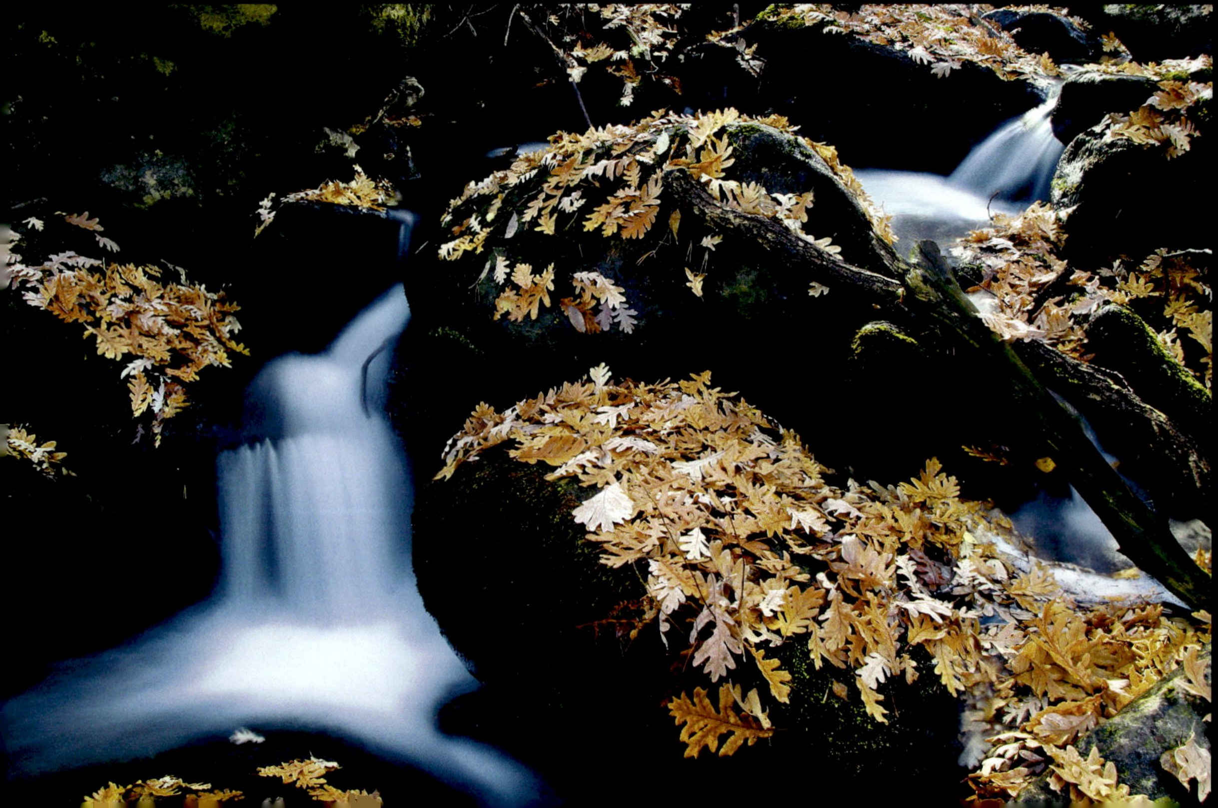

Arroyo de Otoño,
Puerto de Canencia, Sierra de Guadarrama (Madrid)
ANDRES LOPEZ

Madrid no es sólo una gran urbe fría, en su Comunidad existen varios e importantes enclaves naturales, que a lo largo del año ofrecen al fotógrafo de Naturaleza infinidad de bellas imágenes. Esta fotografía fue tomada el otoño del año pasado y claramente me atrajo el fuerte contraste entre las hojas de roble y el agua limpia del arroyo de montaña.
Canon EOS 10D, objetivo 19-35 mm., f19, vel. 1/3 seg., ISO 100, -0.5 EV, trípode, cable disparador.

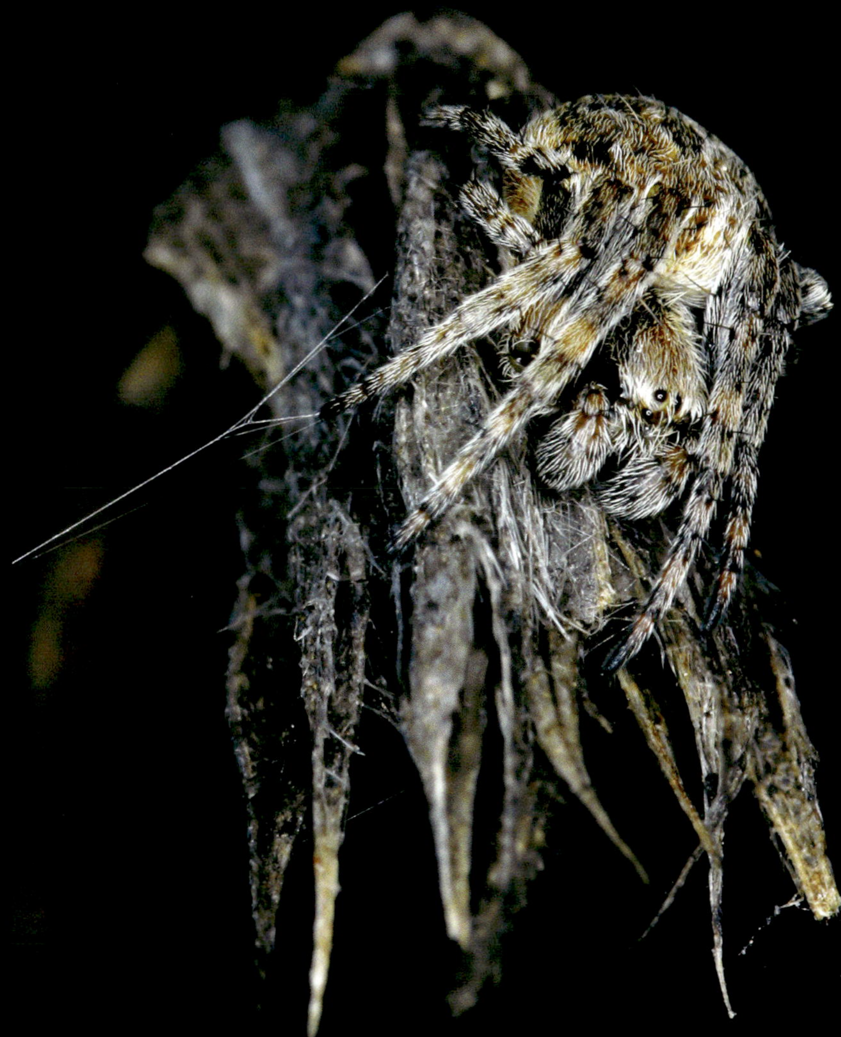

Milenaria Sabiduría, Puigpunyent, Palma de Mallorca
ANDRES BARQUIER

Penumbra entre las hojas... morador al acecho, frío el aire... cazador, milenaria sabiduría.
Canon EOS D60, Sigma 105 Macro f2.8, f16, vel. 1/180 seg., ISO 100, monopié, tubo de extensión de 36 mm., flash anular en automático, flash Metz de antorcha en automático rebotado en reflector dorado a la derecha ligeramente desde arriba

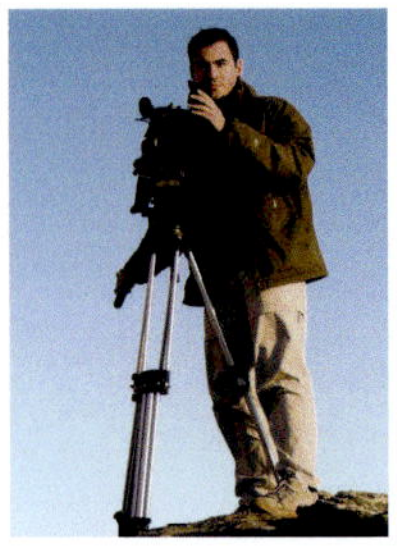

Alberto Saiz
c/ Atenas, 41
03009- Alicante
Tel. 696 79 16 57
videalica@telefonica.net

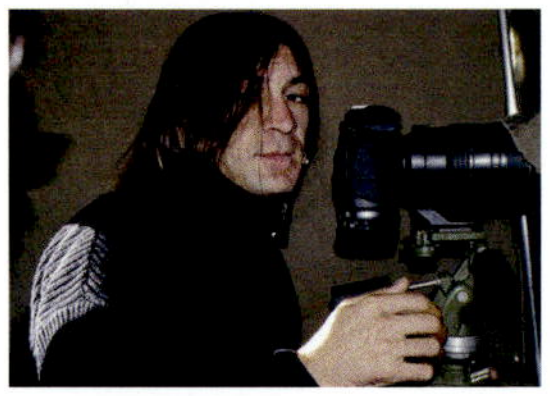

Aníbal Ferrón Mohedano
Viviendas Roser Bl. 4 1° D
25520 - El Pont de Suert (Lleida)
Tel. 658 64 76 85
Unak00@hotmail.com

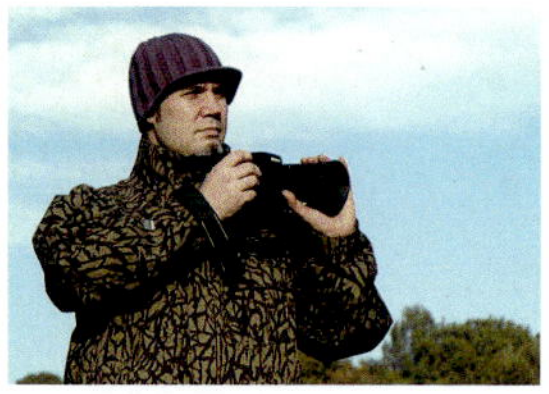

Carles Barés Llauradó
c/ Miguel Ángel 88, 3° 1ª
08028 BARCELONA
Tel. 666 23 26 51
sutil@elsutil.com

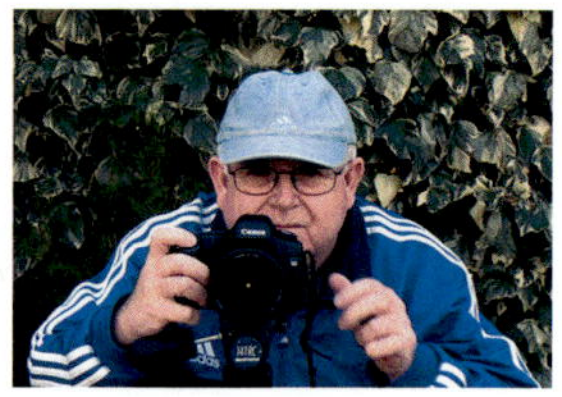

Daniel Moreno Moreno,
c/ Fraile Quintas, 8
28694 - Chapineria, Madrid
Tel. 918 65 24 43 - 656 30 64 72

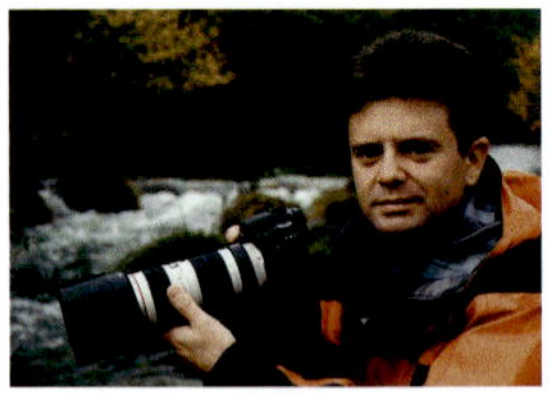

Alejandro Treviño López
c/ Conde Valle de Suchill, n° 20 - 4° Pta. G
Madrid – 28015
Tel. 609 94 64 03
atlopez@mixmail.com

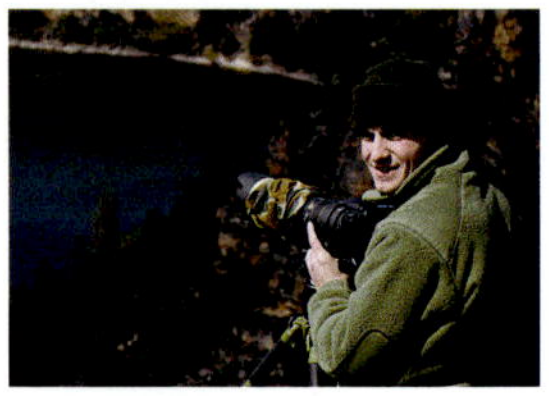

Antonio Liébana Navarro
Alcobendas - Madrid
Tel. 675 15 02 99
lienava@hotmail.com
www.fonamad.org/galeria_socios/galeria_antonioliebana.htm

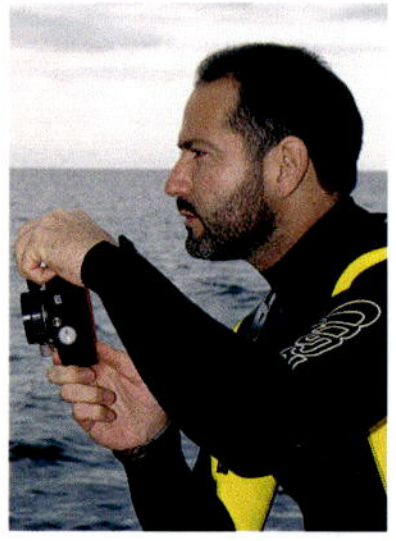

Carlos Minguell
c/ Gravina, Urb. Paraíso I,
Vivienda 10
38109 - El Rosario
Santa Cruz de Tenerife
Tel. 922 68 10 96
minguell@ocean-photos.com
www.ocean-photos.com

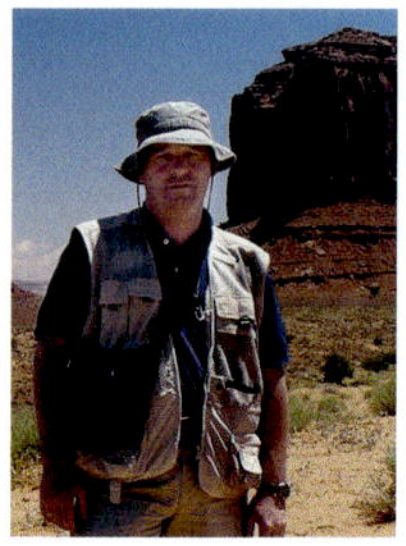

David Perez Hens
San Pedro y San Pablo,
Tarragona
Tlf. 608 88 40 54
pereje@terra.es

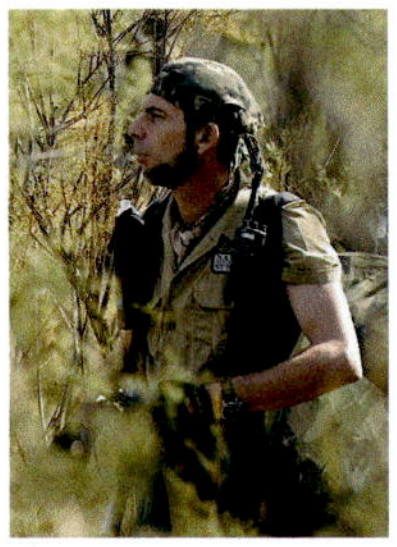

Andrés Barquier Rodríguez
c/ Alber, 64 B 2°C
Palma de Mallorca
07008 (Baleares)
Tel. 971 47 75 59
magellan@teleline.es
www.espacioblog.com/barquier

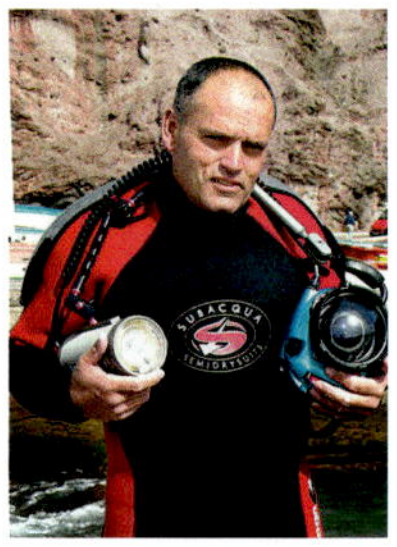

Antonio Santana Torres
Camino Lomo Grande 25
Arucas - 35411 Las Palmas
Tel. 928 60 54 51
Mov. 620 80 46 19
ansatorr@terra.es

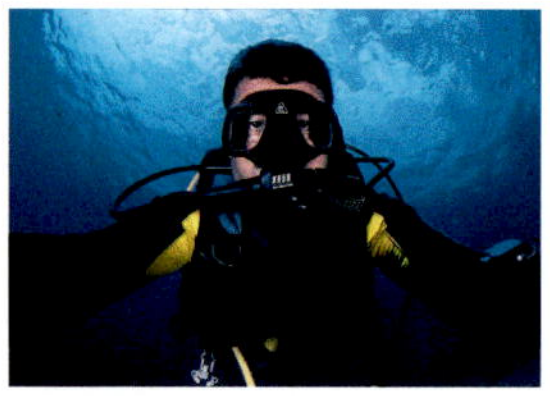

Carlos Suárez
c/ Las Arenas n° I
35560 Tinajo – Isla de Lanzarote, Canarias
Tel. 699 23 18 77
carlos@theoceanlife.com
www.TheOceanLife.com

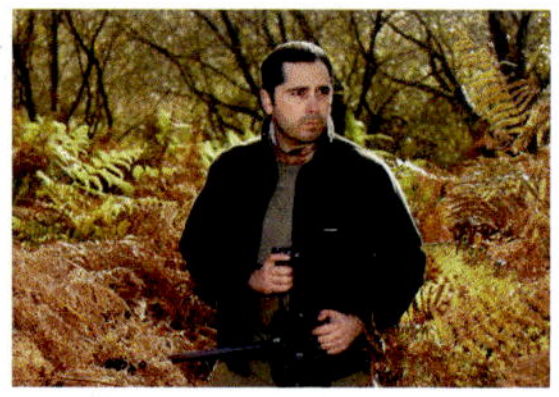

Diego López
Tel 600 42 42 95
diegolopez@visionsalvaje.com

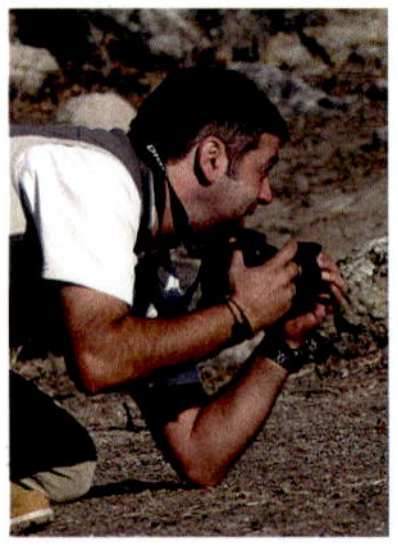

Andrés López
Avda. de la Albufera 149
Madrid - 28038
Tel. 627 50 85 17
andreslopez@refinter.jazztel.es
www.portfolionatural.com

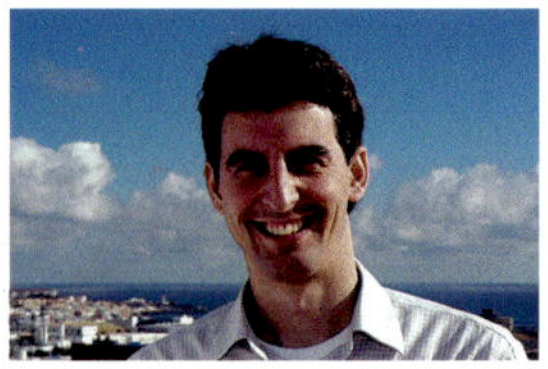

Arturo Boyra
Oceanográfica: Divulgación, Educación y Ciencia, S.L.L.
c/ Los Peregrinos, 30, 2ª Planta, Pol. Ind. del Goro
Telde, 35215, Las Palmas
Tel. 626 91 41 93 - 928 700 071 - Fax: 928 700 072
http://www.oceanografica.com / arturo@oceanografica.com

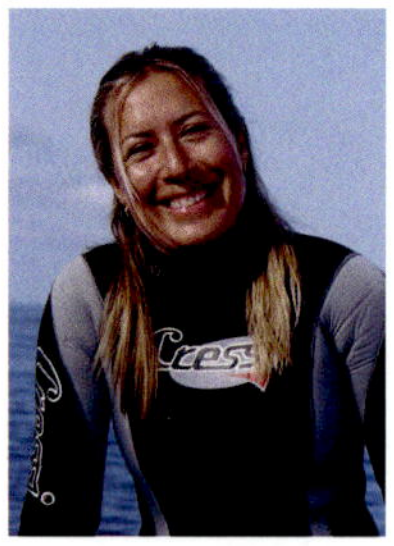

Caty Perales-Raya
c/ Gravina, Urb. Paraíso I,
Vivienda 10
38109 - El Rosario
Santa Cruz de Tenerife
Tel. 922 68 10 96
cpr@ocean-photos.com
www.ocean-photos.com

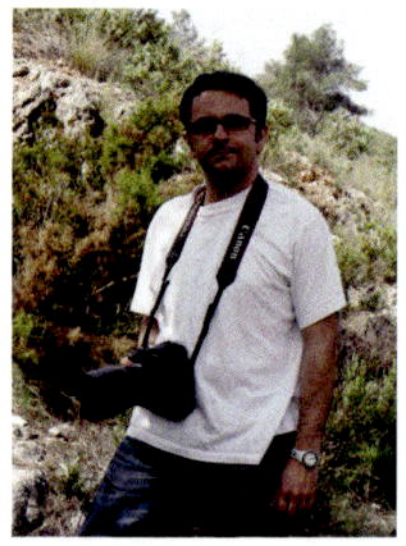

Eduardo Bernabeu Gil
Plaza Concepción, 14
46870 Onteniente
(Valencia)
Tel 962 38 17 46
edu@encarte.es

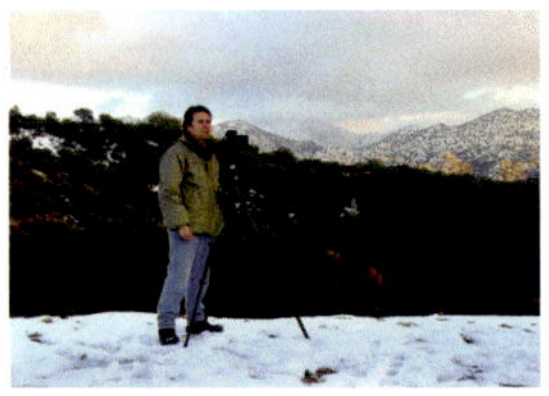

Andrés Miguel Domínguez
Ubrique - 11600 (Cádiz) España
Tel. 619 95 38 44
andres@dencrocopos.com
www.dendrocopos.com

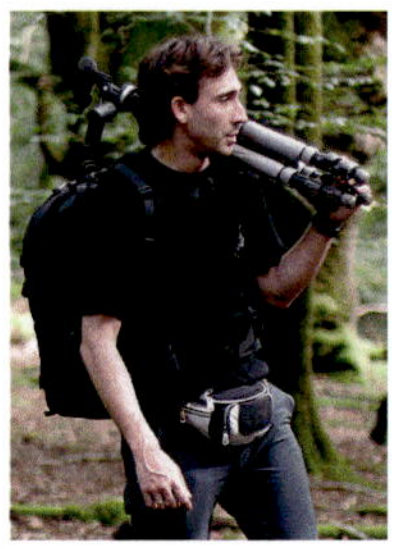

Asier Castro de la Fuente
c/ Marcelino Menéndez y
Pelayo n° 2 – 7° A
48004 - Bilbao(Bizkaia)
Tel. 649 545 955
asier@ikusibilbao.com
www.ikusibilbao.com

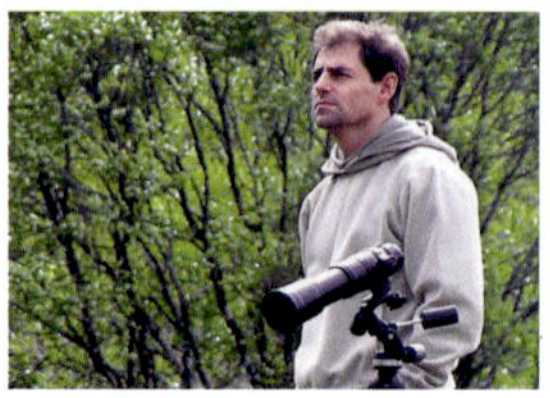

Daniel Montero
Apartado 56.
Telde, Gran Canaria
35200 Las Palmas
Tel. 639 24 36 85
dmontero@iccm.rcanaria.es
www.danielmontero.com

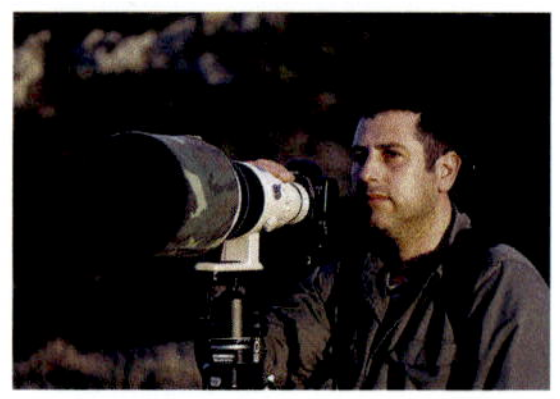

Eduardo Ruiz Baltanás
c/ Las Adelfas n° 7
26140 Lardero, La Rioja
Tel. 941 44 84 94 - 650 16 54 13

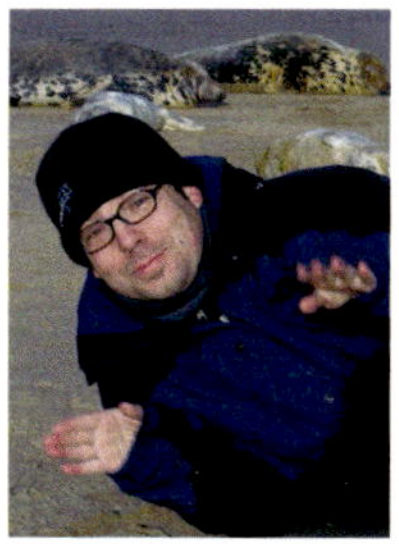

Enrique Aguirre
Marbella (Málaga)
Tel. 697 97 01 05
enriqueaguirre@terra.es
www.enrique-aguirre.com

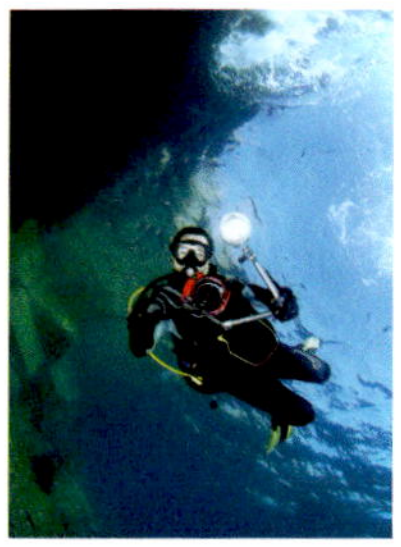

Francesc Fontanals Villazón
c/ Ventura Plaja, 14-16
ático-1ª
08028 Barcelona
Tel. 617 718 635
francesc@mundofoto.net
www.mundofoto.net
www.oceanos.es

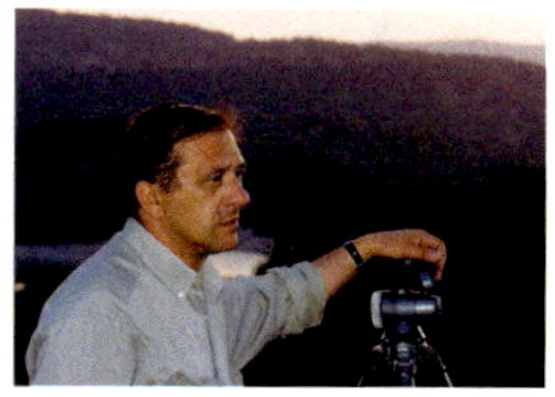

Herminio M. Muñiz
Tel. 609 58 80 49
herminio_m_m@hotmail.com

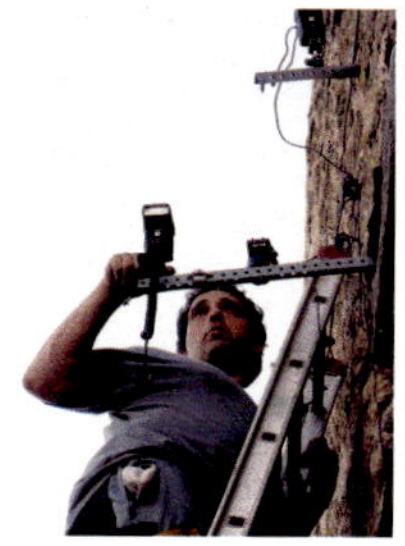

Javier Alonso Huerta
c/ Del Nuncio 7 bajo izqda
28005- Madrid
Tel. 659 36 63 85
j-alonsoh@telefonica.net

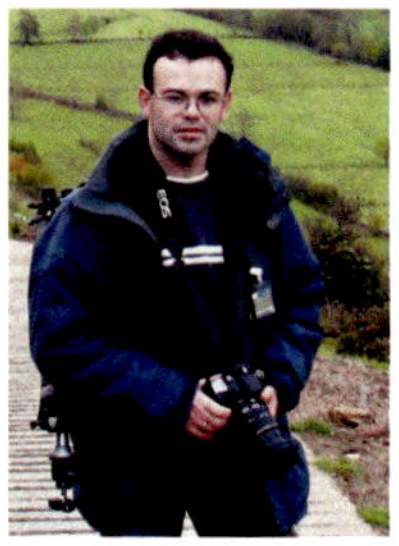

Enrique Fernández Ferrá
eff@telefonica.net
www.photo.net/photos/eff

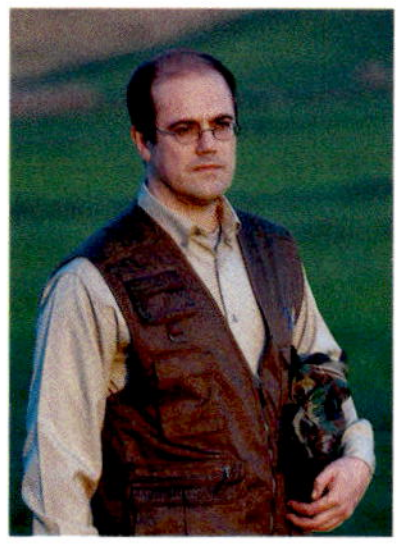

Francisco J. Hoyos Méndez
P.O. Box 759
Huelva - 21080 Huelva
Tel. 610 704 293
lyncina@eresmas.com

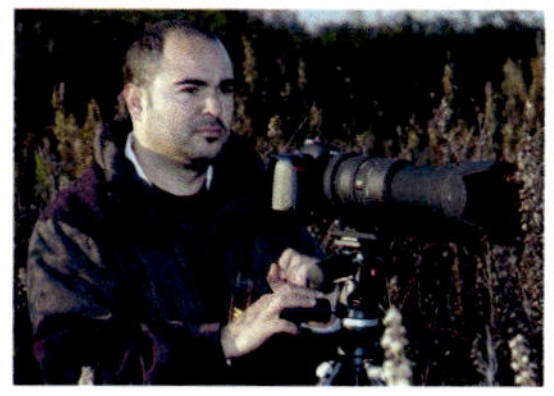

Ignacio López Vargas
c/ Molino 77 2º 1ª
Hospitalet de Llobregat - 08906 - Barcelona
Tel. 934 37 79 64 – 610 51 12 06
jose-1@auna.com

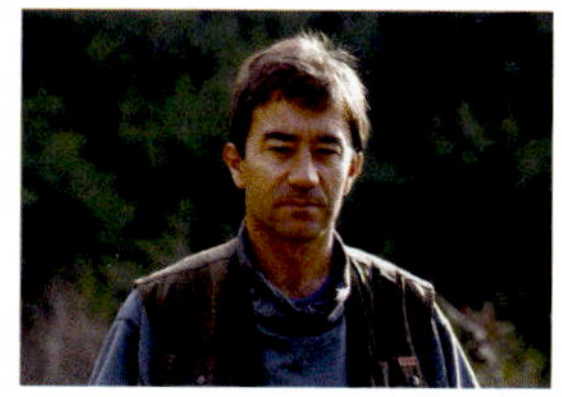

Javier Ara Cajal
c/ Santa Orosia nº 2,
22600 Sabiñanigo - Huesca
Tel. 610 66 43 84
aracajal@terra.es
www.javierara.com

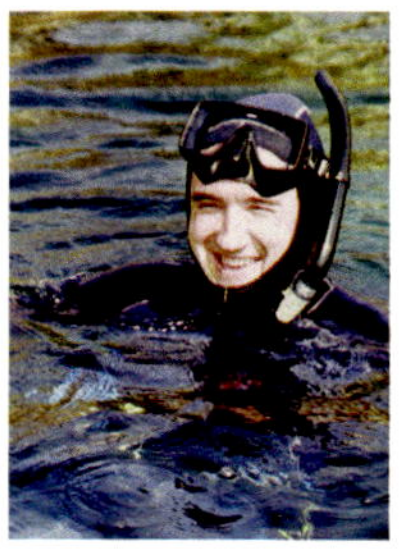

Félix Aguado
c/ Eskalantegi, 58 – 3º B
20017 San Sebastián -
Guipúzcoa - España
Tel. 943 51 77 48
629 81 75 53
PROTULA@terra.es

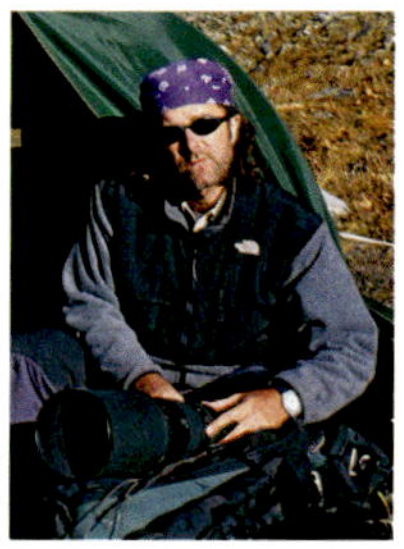

Francisco Márquez
c/ Prado, nº 11 – 9º E
41600 – Talavera de la
Reina, Toledo (España)
Telf. 925 82 41 22
info@franciscomarquez.com

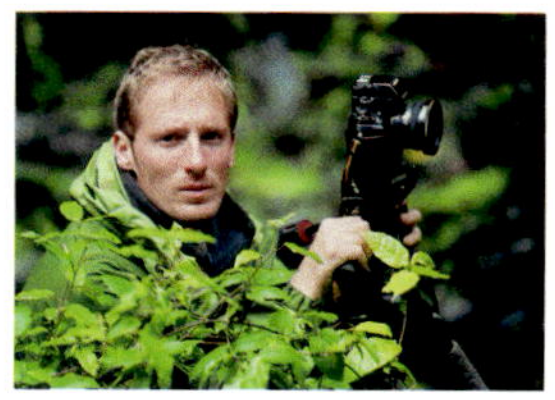

Iñaki Relanzón
Hortènsia 25
El Vendrell - 43700 - Tarragona
Tel. 977 66 14 13 - 630 28 00 54
relanzon@photosfera.com
www.photosfera.com

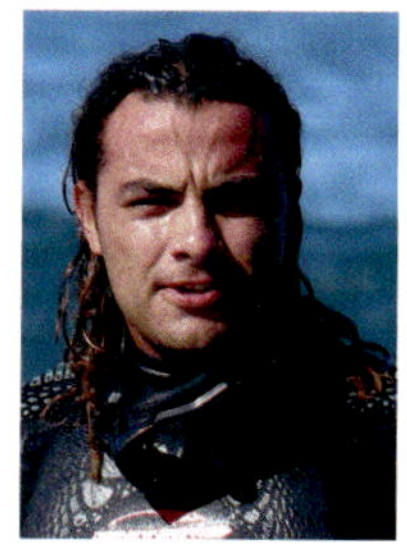

Javier Campos
Parque Santiago III L.44
Playa de las Américas
Arona - 38660
Sta. Cruz de Tenerife
Tel. 922 79 55 74
657 04 32 32
javier@lucesdeloceano.com
www.lucesdeloceano.com

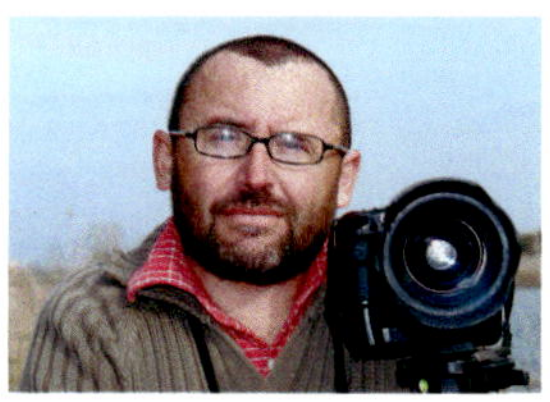

Félix Fernández Calvillo
Finca D. Jesús, afueras s/n
25111 Raimat- Lérida
Tel. 619 57 87 35
felixf@svt.es

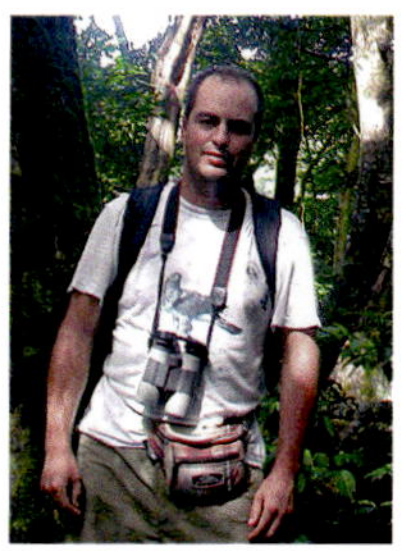

Gabriel Llorens Folgado
Ausias March 2 esc. 2 pta 2
Rocafort - 46111, Valencia
Tel. 655 80 88 34
gabillorensf@hotmail.com

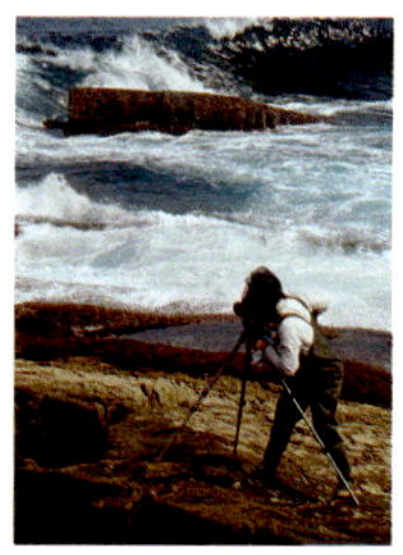

Isabel Díez San Vicente
Lab. Botánica.
Dpto. Biol. Veg. & Ecol.
Fac. Ciencia & Tecnología,
Universidad País
Vasco/EHU
Apdo. 644 Bilbao 48080
Tel. 946 01 53 55
Mov. 630 591 302
Fax 946 01 35 00
isabel.diez@ehu.es
www.isabeldiez.com

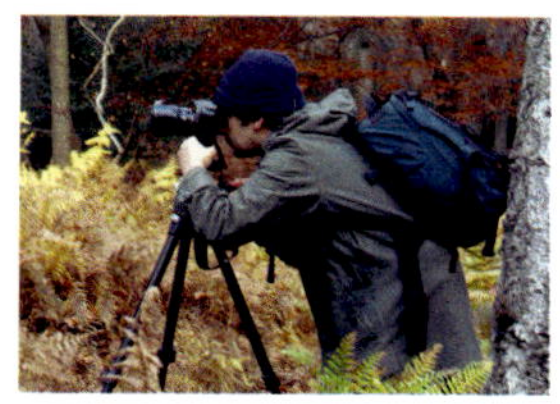

Javier Martín González
Oviedo (Asturias)
jmartin@nibsc.ac.uk

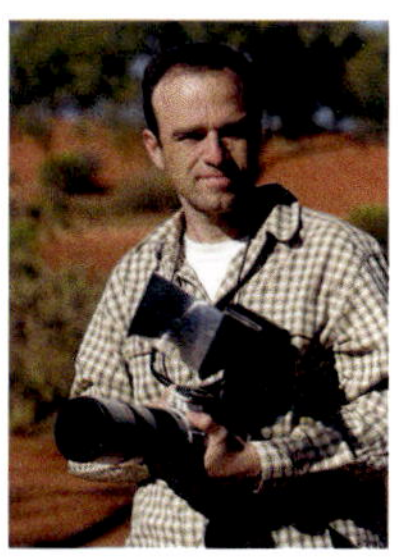

Fernando Ortega
Madrid - España

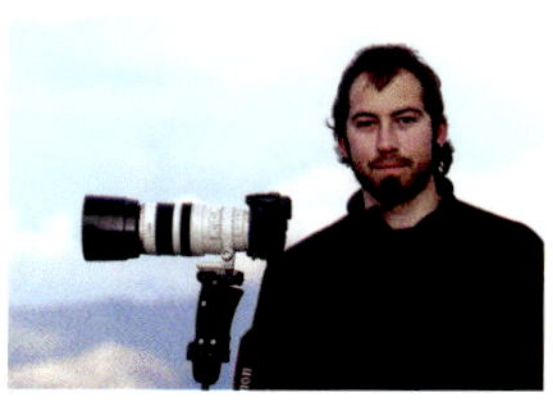

Gaizka Bilbao
Tel. 665 74 40 86
gaizkabv@hotmail.com

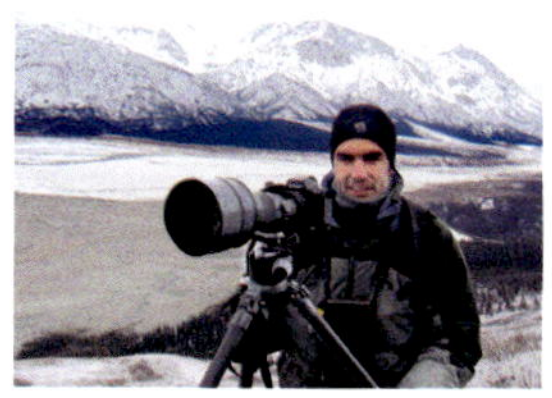

Jaime Rojo
Galileo 102, esc B 4º dcha. 28003 Madrid (España)

Av. Primero de Mayo 249
Col. San Pedro de los Pinos 03800 México D.F. (México)
jaime.rojo@gmail.com

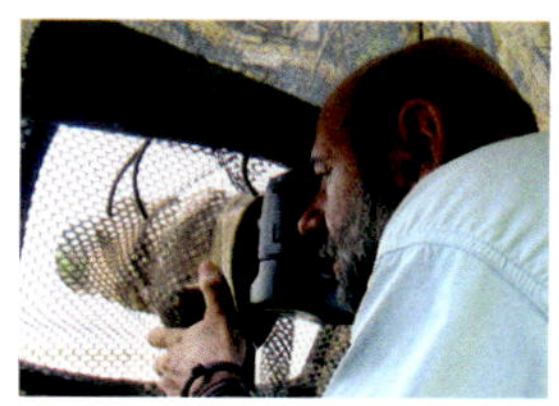

Javier Milla López
J.P.G. Higueras, 6. 5ºA
23005 Jaén
Tel- 953 29 55 23 / 670 65 67 70
esfera@i-esfera.com
http://www.i-esfera.com/foto/index.htm

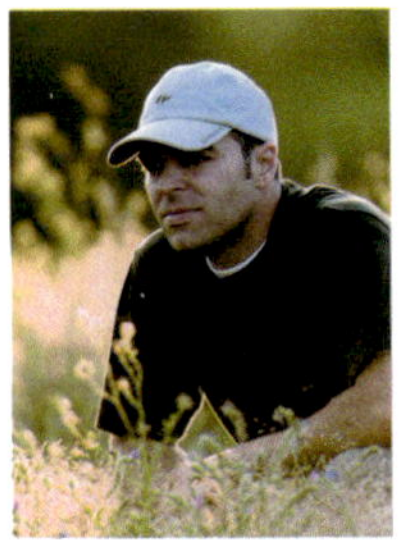

Javier Ramos
Tel. 626 48 66 76
stingj@terra.es

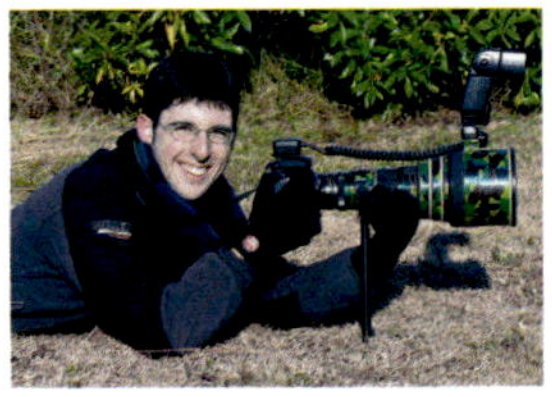

Joan Guillamat
c/ Fracesc Macià, nº 42
08970 – Sant Joan Despí, BARCELONA
Tel. 933 73 38 78 - 686 04 91 53
sgt_guillamat@yahoo.es
www.joanguillamat.com

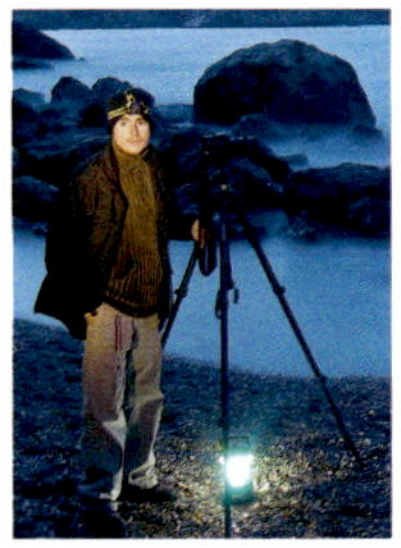

José A. Porras
c/ Bme Vte Ramón 17 B
07820 San Antonio - Ibiza
japorrasmolina@ya.com
www.ibizafotografia.com

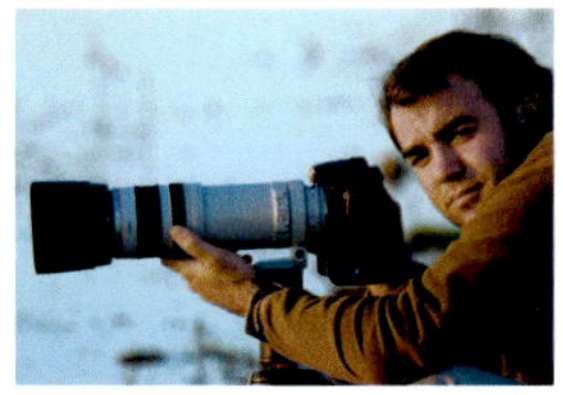

José Manuel Reyes
Tel. 600 49 80 63
alzacola@yahoo.es

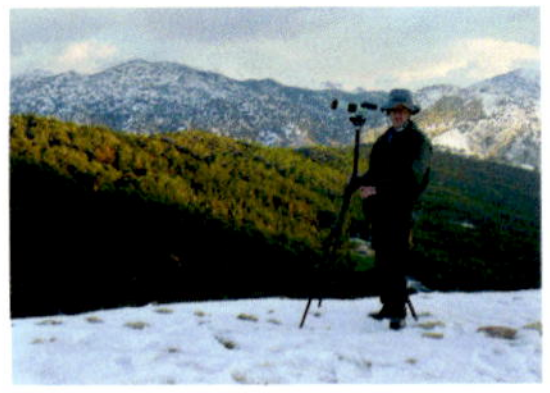

Javier Rodríguez Piñero
Algar, Cádiz
Tel. 652 63 94 74 - 956 71 01 50

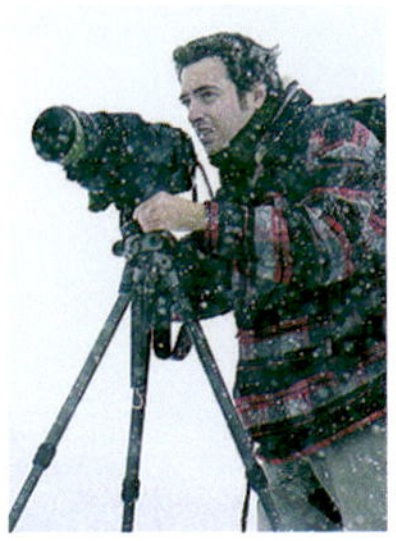

Joaquín Albaladejo
Murcia
Tel. 629 14 38 72
joaalba@ono.com

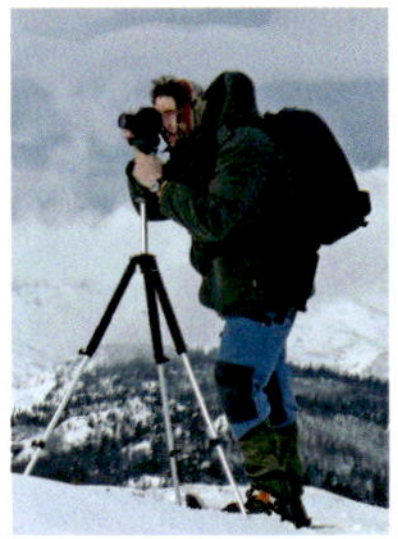

José Ardaiz
Monasterio Eunate 2, 8º H
31011 Pamplona, Navarra
Tel. 619 069 260
948 262 239
jose.ardaiz@wanadoo.es

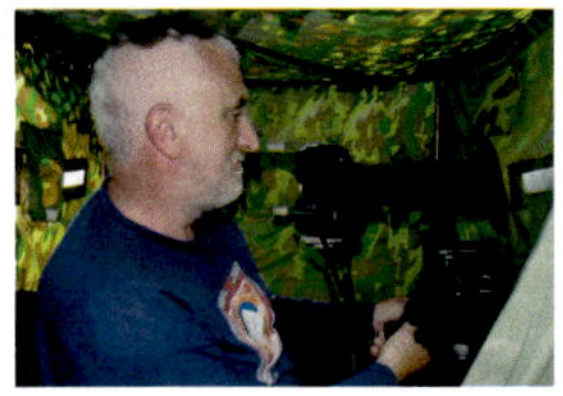

Jose Mª Llavori Romatet
Larretxo, 8 - 2º dcha
20750. Zumaia - Gipuzkoa
Tel. 943 86 03 51

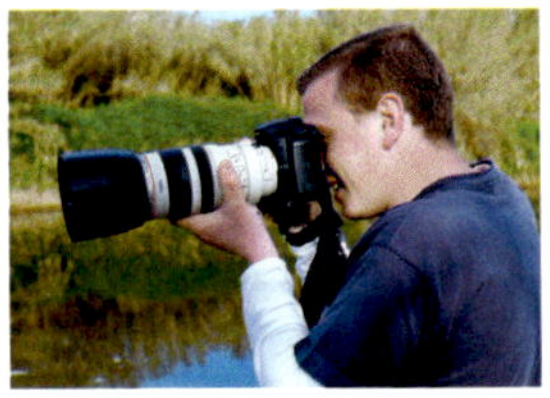

Jep Flaqué Ferrús
c/ Marina 313, 2º-1ª
08025 Barcelona.
Tel. 646 15 31 09 - 934 56 93 24
jepifly@menta.net

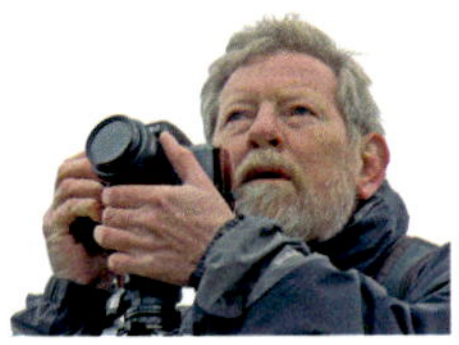

Jon Hyde
c/ Villar del Profeta, 1, 4ºF
37008, Salamanca
Tel. 923 19 02 27
Mov. 667 07 78 45
hyde@iponet.es

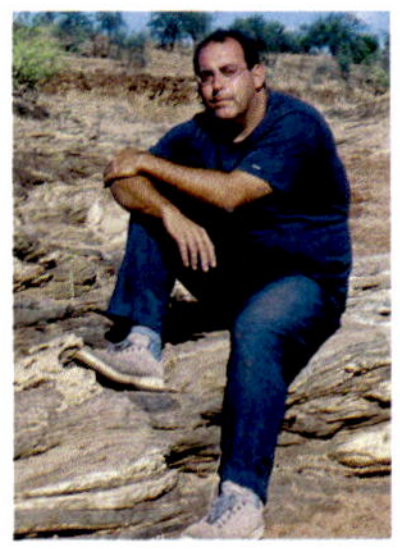

José B. Ruiz
Apdo. 58. 03080. Alicante.
josebruiz@josebruiz.com

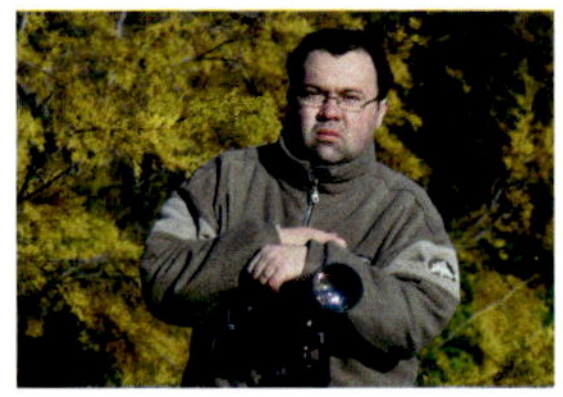

Jose Palací Hernández
Virgen de las Mercedes nº 96 2D
Mutxamel (ALICANTE)
Tel. 965 95 34 52 – 615 54 05 91
palaci @ ono.com

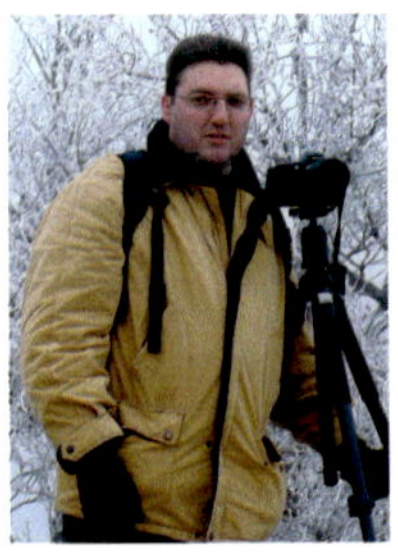

Jesús Chueca Aznar
c/ Miguel Servet nº 24 3ºC
50008 Zaragoza
Tel. 976 417 561
Mov. 658 98 00 95
jechuaz@yahoo.es

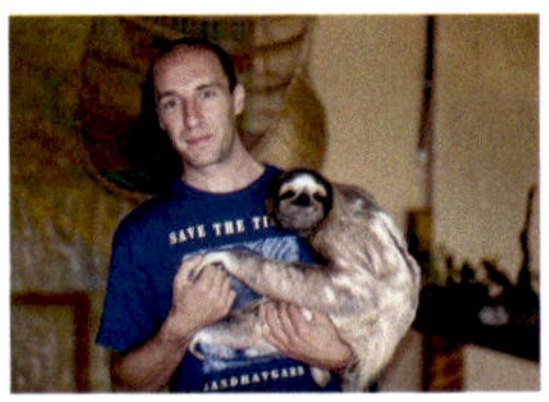

Jorge Sierra
Tel: 916 33 11 79
Mov. 676 24 05 06
jorgesierrafoto@ya.com
www.jorgesierra.net

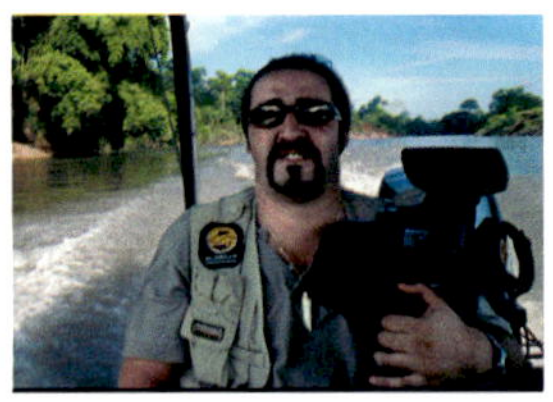

José Bergadá
Pasaje el Naranjo, nº 9
35412 Los Castillos- Arucas
Gran Canaria - Islas Canarias
Tel. 606 906 366
jose@algogar.com

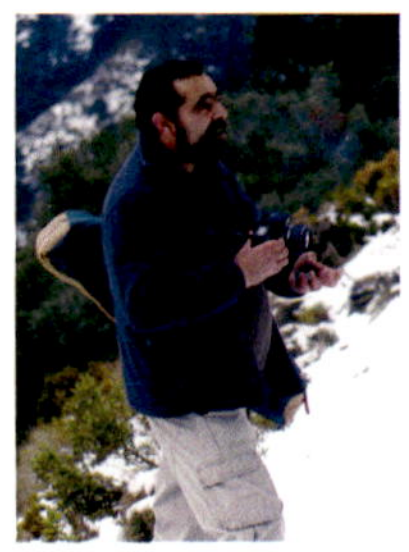

José Ramón Lora
Sevilla
joseramonlora@telefonica.net

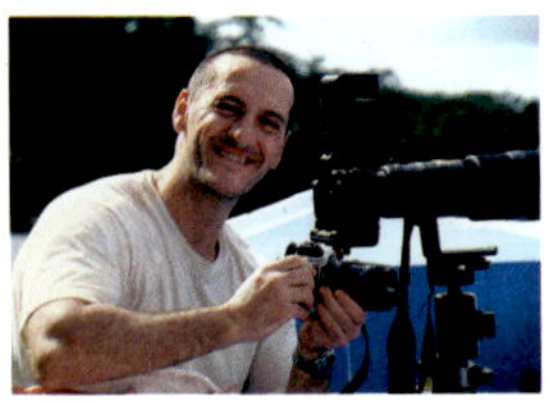

Jesús Rodriguez-Osorio Martín
c/ Tinamús, nº 10, 5º izq.
28019 Madrid.
Tel. 915 60 62 92 – 679 16 72 67
quebarbaridadgregoria@hotmail.com

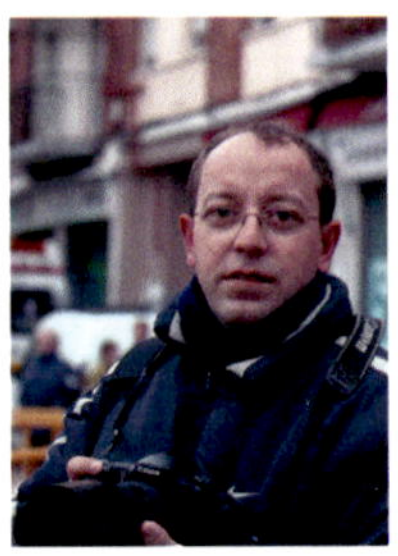

José Angel Barbero
Plaza de Castrotorafe
nº 29-31, 3º C
37006 – Salamanca
Tel. 637 73 04 43
jabarbero1971@hotmail.com

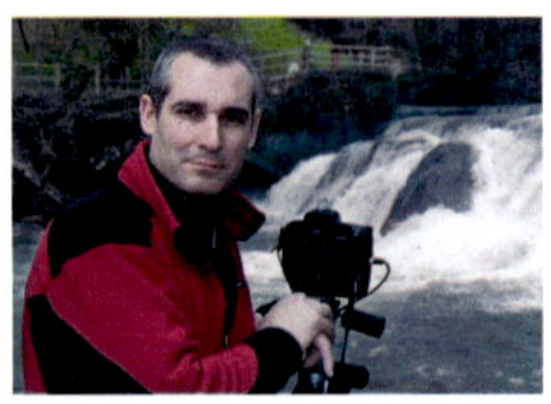

José Manuel Morillo
679 183 641
himalayatech@telefonica.net

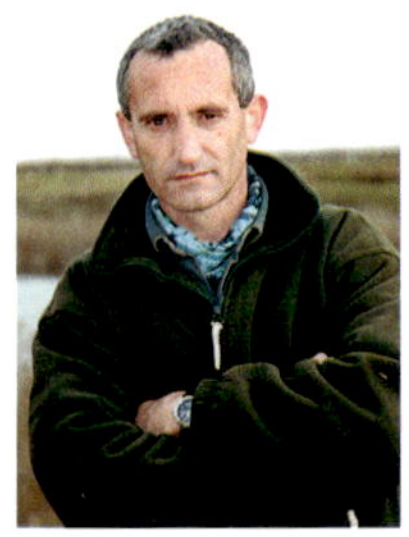

Josep Ramon Salas Arques
c/Canónigo Brugulat 25, 2º
25003 Lleida
jose.ramon.salas@gmail.com

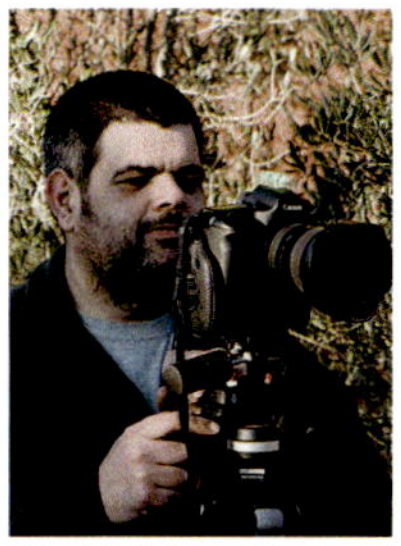

Juan Antonio Guerrero
Camino de Melilla s/n
11130 Chiclana, Cádiz
Tel. 670 49 82 99
www.lacoctelera.com/juananguerrero

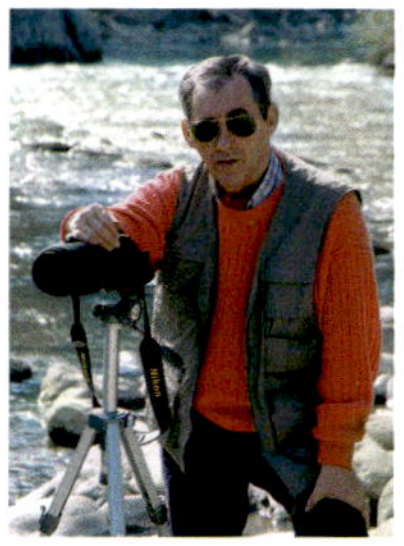

Juan J. Vicente y Domingo
c/ Alfonso I nº 20 1º dcha. B
50003 Zaragoza
Tel. 976 29 91 19
vidojj@terra.es

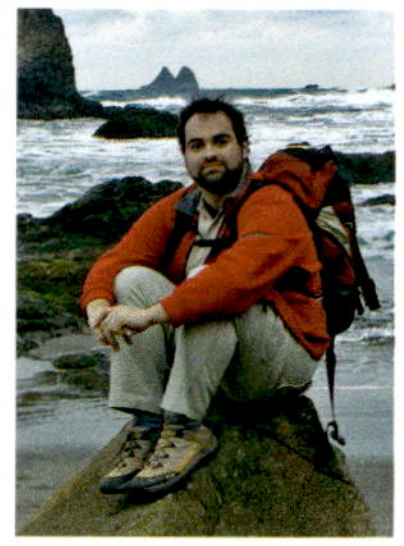

Luis Calvente Romero
Avd. Blasco Ibáñez 27, 3.
46920 Mislata, Valencia.
Tel. 600 69 71 55
963 83 72 51
luiscalvente@telefonica.net
www.luiscalvente.tk
MSN
elosodelamariola@hotmail.com

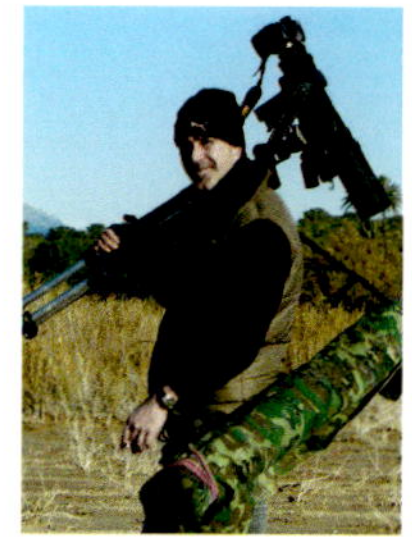

Paco Segarra
Tel. 651 68 94 59
grossa@ono.com
http://usuarios.lycos.es/psegarra/

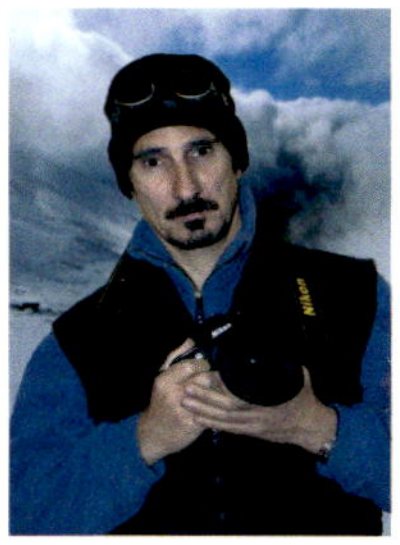

Juan Brioso Mairal
Avd. Los Danzantes, 4, 8º E
22005 Huesca
Tel. 974 22 15 82
974 24 13 61
contacto@juanbrioso.com
www.juanbrioso.com

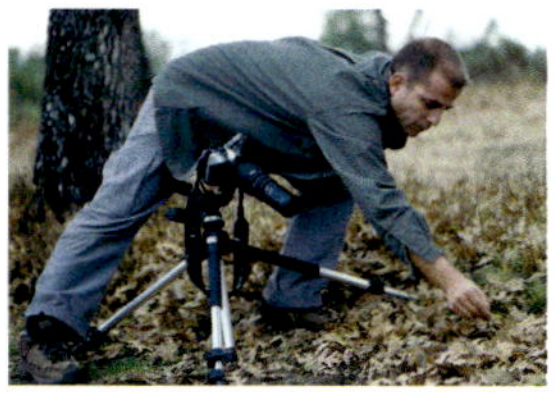

Juan Pavón Gudino
c/ Quero 71, 4 izq.
28024 Madrid
Tel. 656 45 27 26
juanpavon@telefonica.net

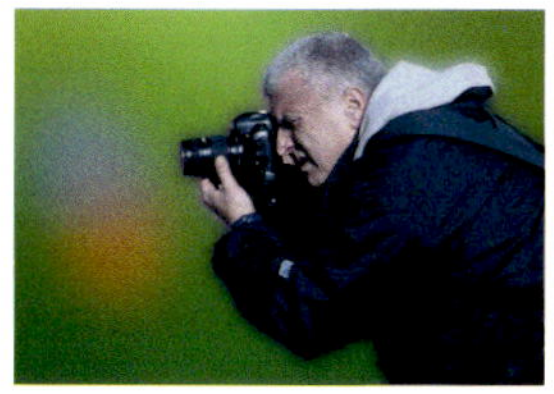

Luis Fco. Llavori Romatet
Aita Mari 9-4º Izq.
20750 Zumaia - Gipuzkoa
Tel. 699 12 26 82

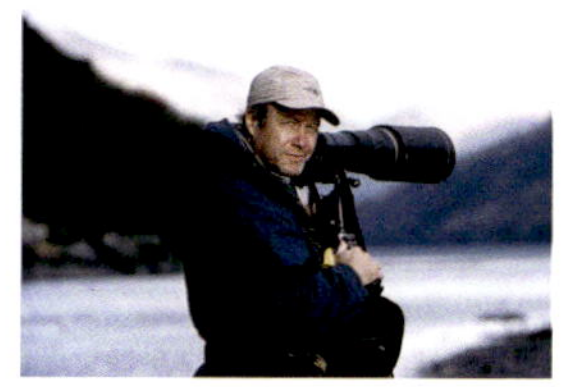

Patricio Robles Gil
Av. Primero de Mayo 249
Col. San Pedro de los Pinos
03800 México D.F. (MÉXICO)
problesgil@sierramadre.com.mx

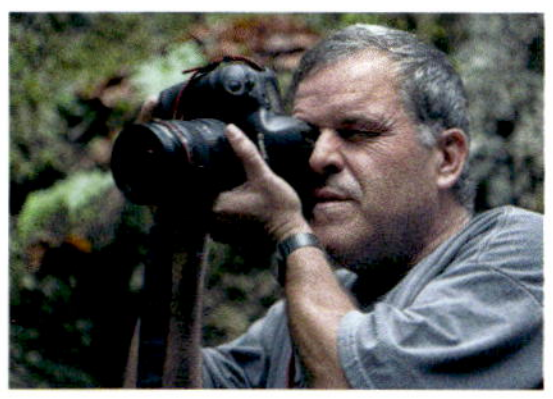

Juan Gil Raga
c/ Alcala Galiano 9 -1º - 2º
43569 Les Cases d'Alcanar - Tarragona
Tel. 696 60 10 97
juangil@deltadelebro.org

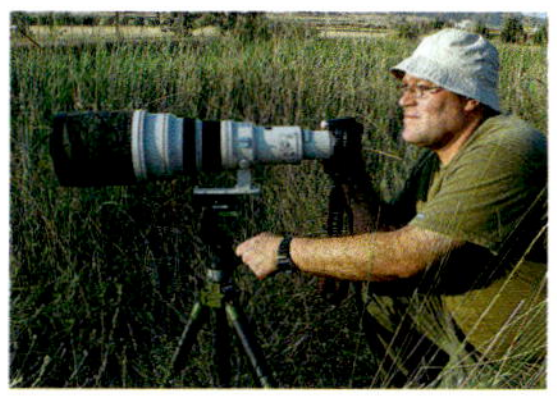

Juan Tébar
Cádiz
juantebar@vodafone.es
www.naturgallery.com

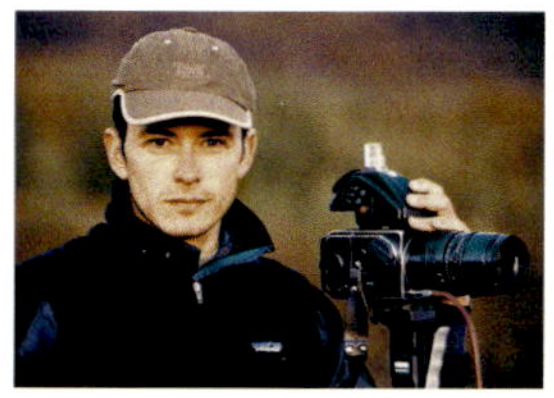

Luis Vilariño López
Dornas 21 A, Lubre
15166 Bergondo
(San Xoan) A Coruña
luisvilarinho@yahoo.es

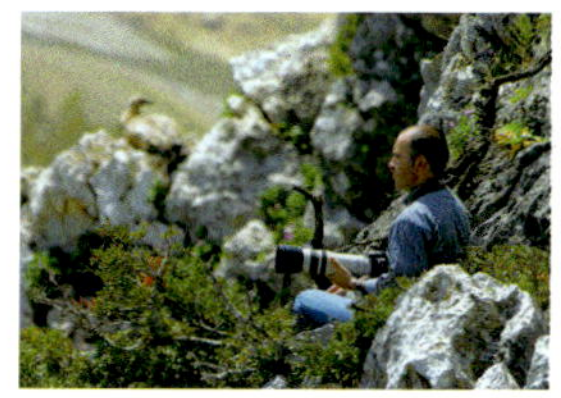

Pepe Beltrán
Cádiz
Tel. 627 87 24 50
ppebeltran@terra.es

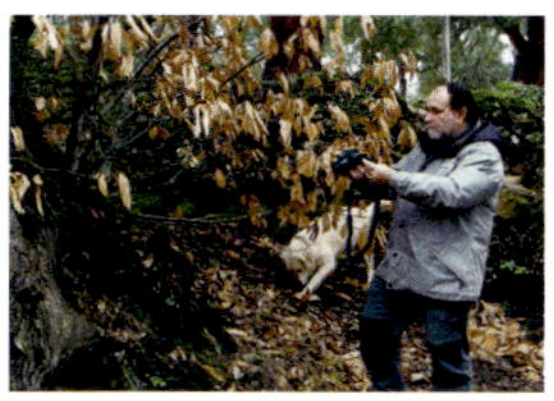

Juan C. Muñoz Rodríguez
Aptdo. de correos 148
21200 Aracena, Huelva
Tel. 696 64 77 19
med006728@nacom.es
www.personal.us.es/frodri/index.htm

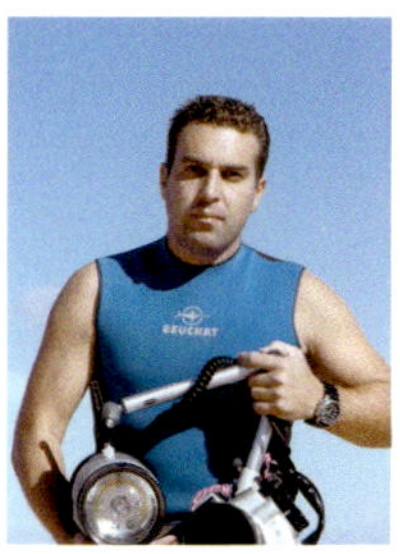

Juanmi Alemany
c/ Garajonay 2
38600 Granadilla
Tenerife, Islas Canarias
Tel. 649 50 39 62
922 17 68 97
juanmialemany@hotmail.com
www.mundosmarinos.com

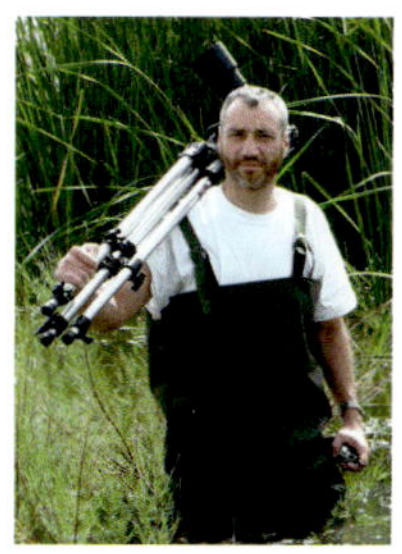

Marcos Veiga
Av. Atlántida 1-2º
36208 Vigo, Pontevedra
Tel. 986 24 12 33
contacto@marcosveiga.com
www.marcosveiga.com

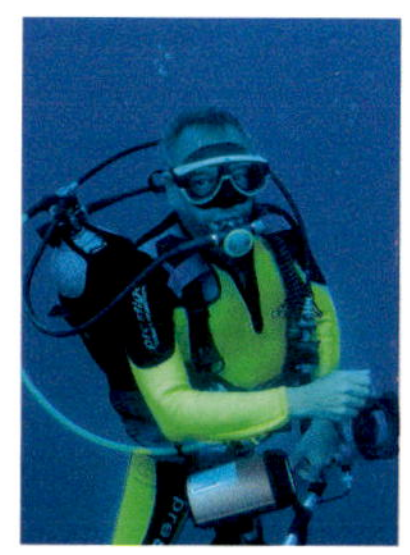

Pere Rubio Rocabert
Passeig Manresa, 20 ático
08202 – Sabadell (BCN)
Tel. 619 070 770
937 258 687
pererubio@longimanus.com
www.longimanus.com

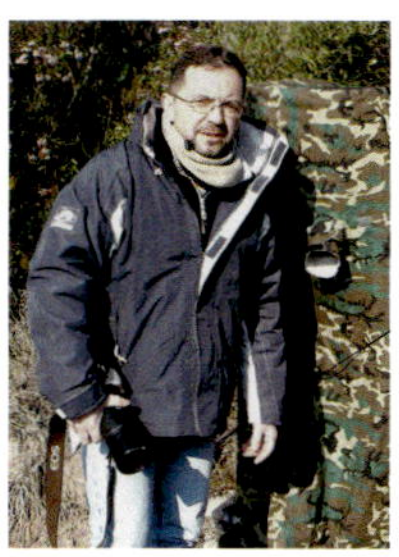

Juan Corredera
Avd. Meridiana 328-11º-3ª
080270 Barcelona
Tel. 933 49 93 11

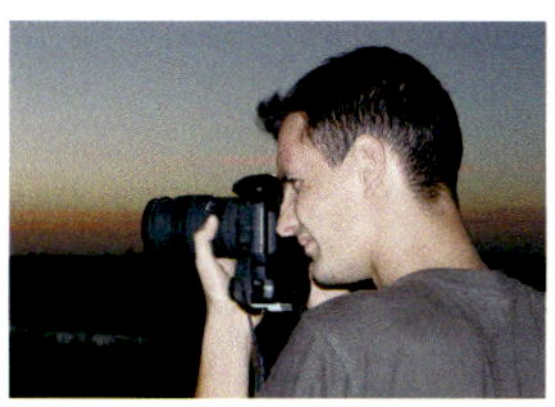

Kiko Arcas
Vigo, Pontevedra
kikoarcas@terra.es

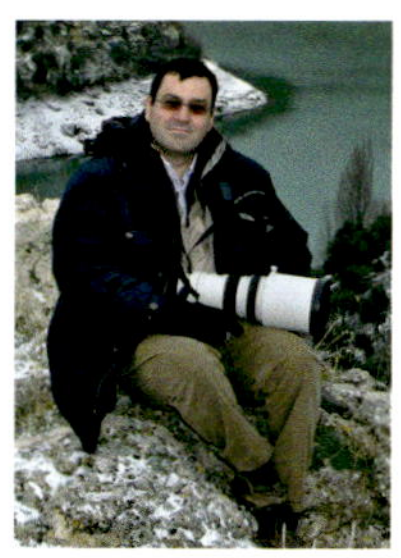

Miguel Lasa
General Medical Centre
Surgery Lane
Hartlepool
TS24 9DN
Tel. 01429 288064
miguel.lasa@btinternet.com

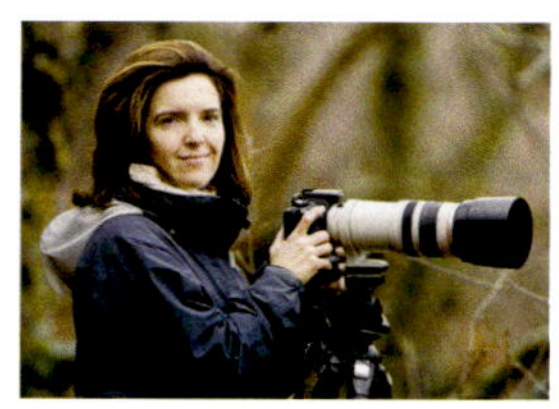

Pilar del Cañizo
Madrid - España
pilar.canizo@telefonica.net

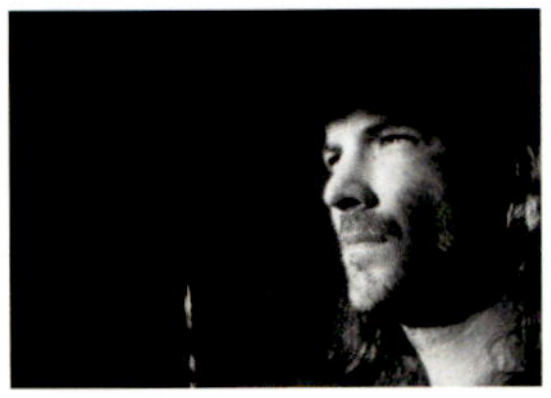

Rafael Ferrando Flores
Sierra De Guadarrama (Madrid)
Tel. 650 78 05 56
rafigan@teleline.es
photography.screamtabu.com

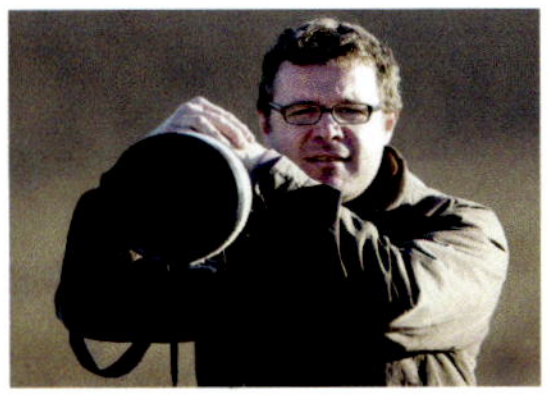

Ramón Navarro
Tel. 629 10 89 96
rnavarro@recoletos.es

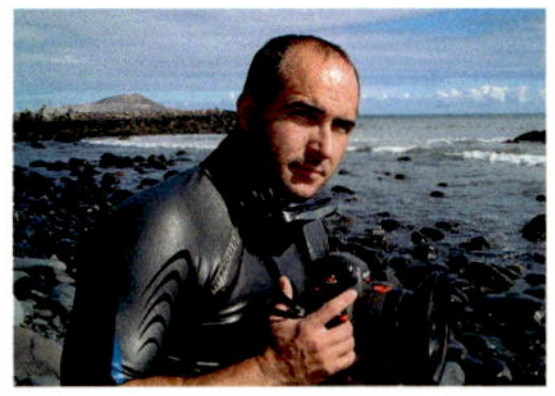

Rogelio Herrera Pérez
Urb. Mirador del Norte, Bloq. 8, 31-A
35400 – Tinocas, Arucas. Gran Canaria
Tel. 928 60 40 15 - 626 62 37 78
rogelio.herreraperez@gobiernodecanarias.org
rherrera@idecnet.com

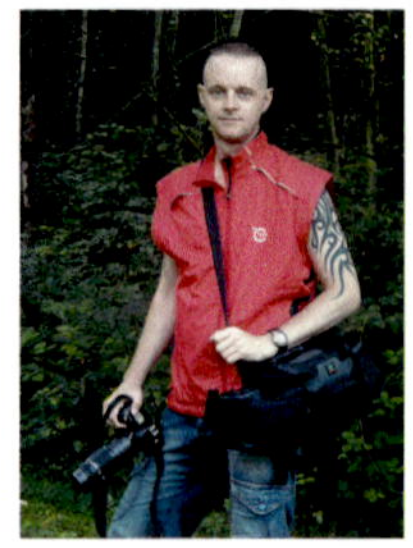

José Ignacio Pérez Lozano
bite19@hotmail.com
Tfno. 696 58 59 24

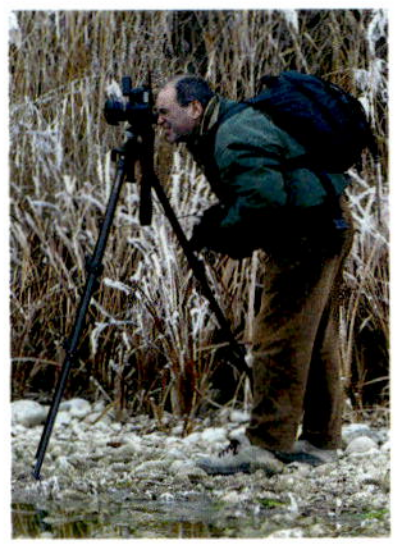

Rafael Marzal
c/ Tejar, 21 esc. 4ª 1º D
50007 Zaragoza
Tel. 976 38 13 92
656 89 67 39
rafamarzal@flavaquess.net

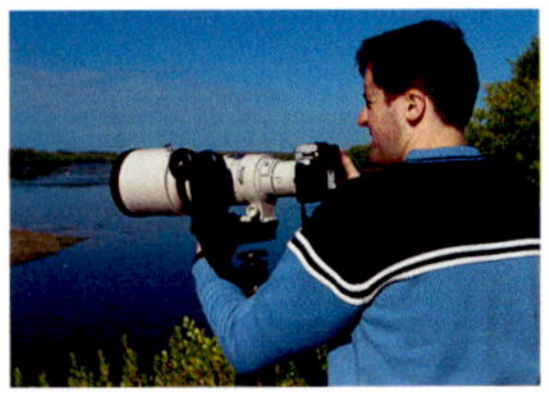

Raúl Esteban Lerma
c/ Telmo Zarra nº 23 bajo izq.
48100 Mungia, Vizcaya
Tel. 677 79 16 23
r.esteban.lerma@gmail.com
www.naturalimages.com.es

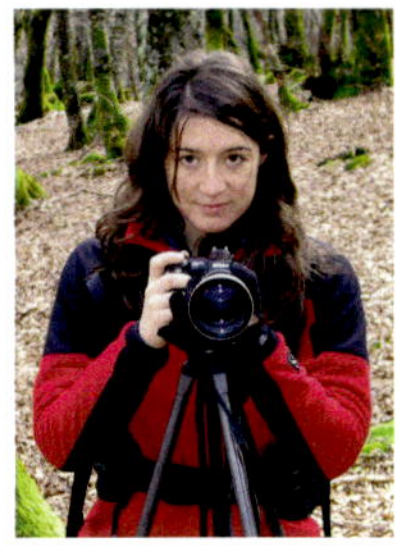

Rosa Basurto Casado
Carretera de Salas de Los
Infantes, km. 5,5 C.P. 09400
Aranda de Duero, Burgos
Tel. 679 40 60 29
947 50 38 65
mataranda@wanadoo.es

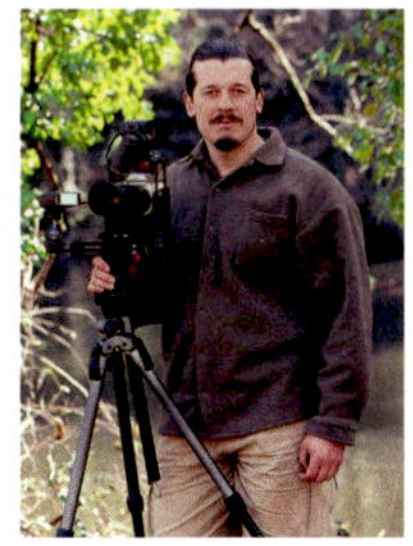

Luis Manuel Iglesias
Núñez
El Regueiro nº 62
A Coruña - Culleredo
15174
Tel: 670 616 095
981 660 023

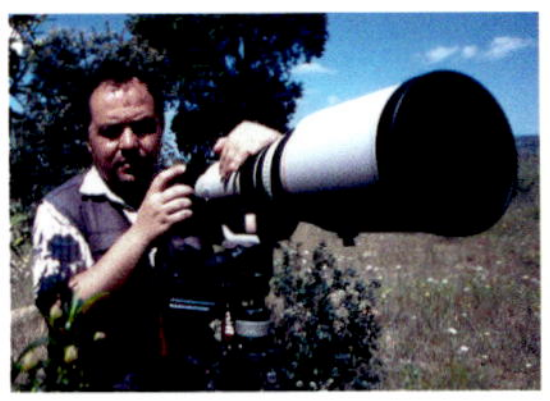

Rafael Palomo Santana
Avd. 1º de mayo nº 96 - 4ºE
13500 Puertollano - C. Real
Tel. 926 41 00 90 - 656 54 18 32
rpalomosantana@telefonica.net

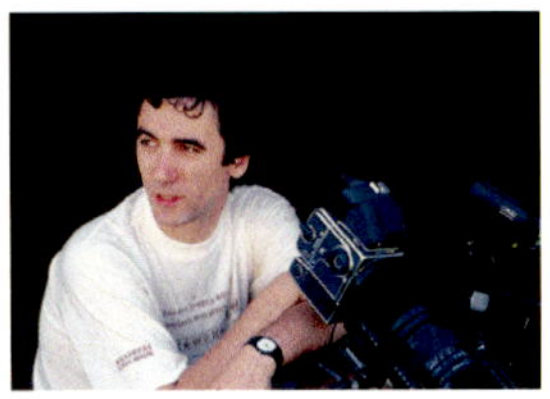

Ricardo Vila García
Tel. 976 22 72 53
ricardo@vilaeditorial.com

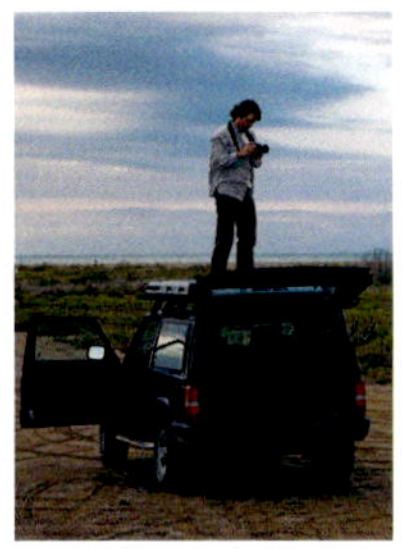

Santi Martorell Fabregat
c/ Romer, 3
43500 Tortosa
Tel. 686 95 90 34
santimarto@terra.es

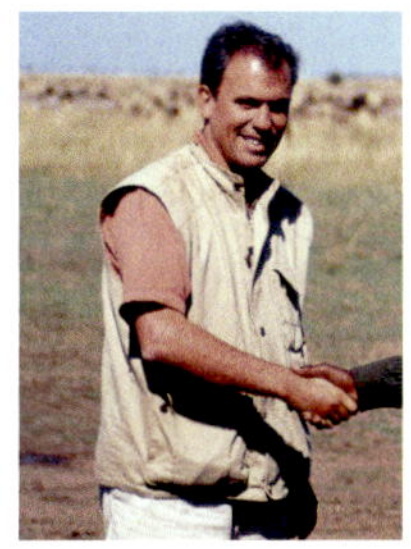

José Puy Gallego
Tel: 666 417 607

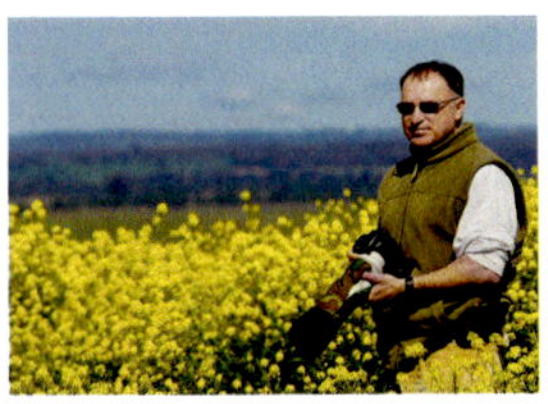

Rafael Ramos
Tel. 636 99 40 32
rainfama@terra.es

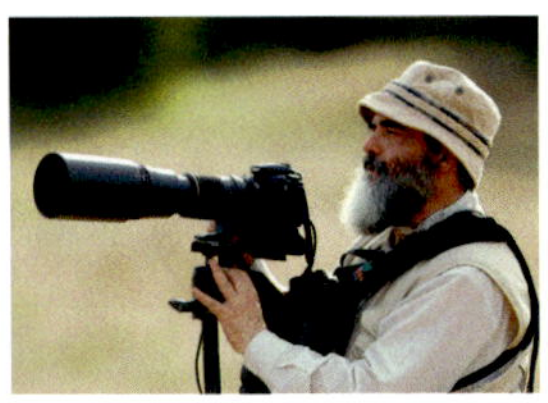

Rodrigo Hernández Cabos
Tel. 914 986 135
913 675 708
accionpress@euromodelismo.com

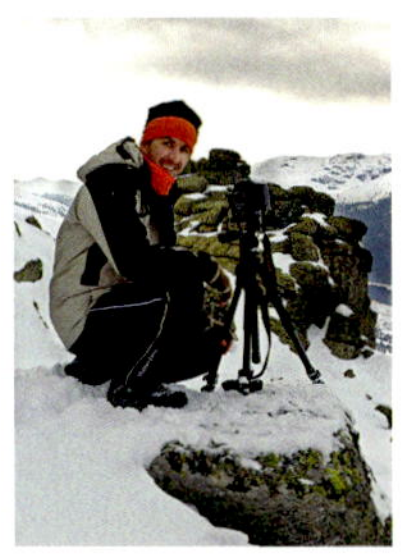

Saúl Santos Díaz
Fuencaliente, Islas Canarias
Tel. 922 44 40 82
699 66 09 89
saulsantosdiaz@hotmail.com

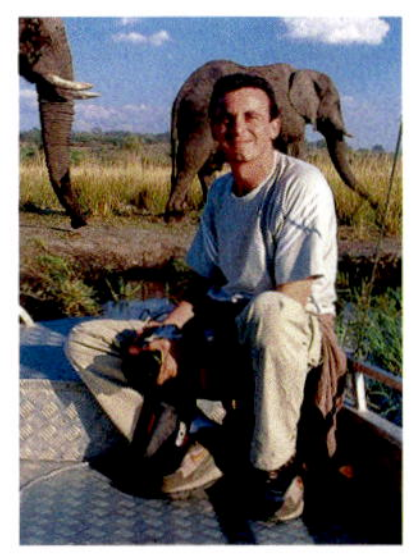

Ángel González Presa
Fotonatur&Image Planet
Castro Urdiales
Cantabria
Tel. 639 16 69 94
fotonatur@ono.com

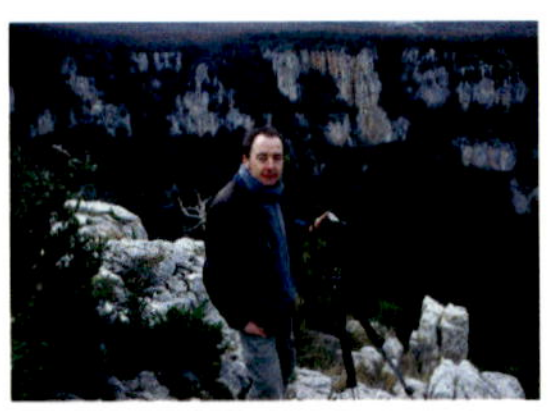

Ramón Arambarri
c/ Herminio Madinabeitia, 14 - 5º Izq.
01006 Vitoria - Gasteiz (Álava)
Tel. 945 14 42 67
r.arambarri@euskalnet.net

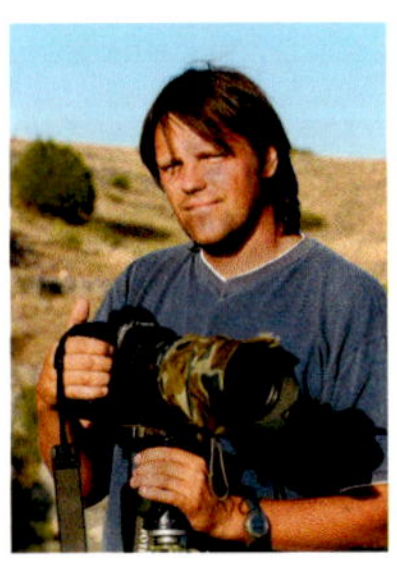

Rubén Martínez Fraga
Miajadas 28330 - Cáceres
chotopardo@wanadoo.es

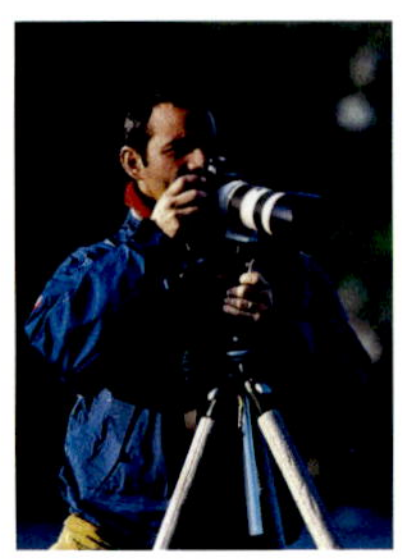

Ubaldo Moreno Moreno
Bizkaia
Tel. 615 76 35 47
modi@clientes.euskaltel.es

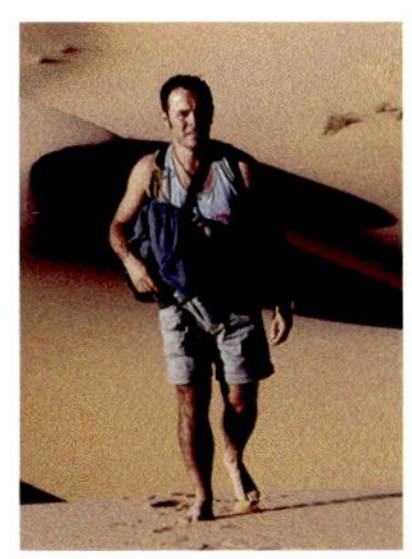

Javier Ibarra Zorrilla
Fotonatur&Image Planet
Castro Urdiales
Cantabria
Tel. 639 17 22 42
fotonatur@ono.com

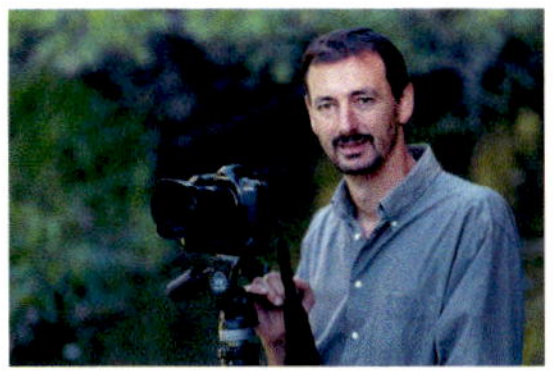

Mariano Cebolla
Riu Ebre 19
43580 Deltebre (Tarragona)
Tel: 630 645 087 - 977 489 338
www.marianocebolla.com
fotografia@marianocebolla.com

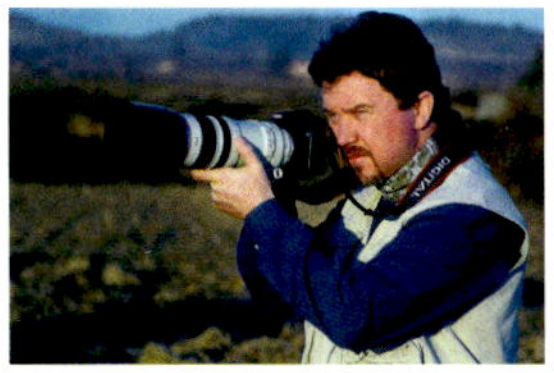

Joan Manel Puig
C/ Pompeu Fabra, 8
25337 - Bellcaier D'urgell (Lleida)
Telf. 973 586 598 – 609 716 981 - Fax 973 586 304

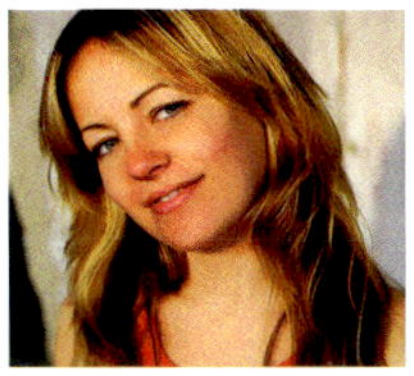

Mertxe Alarcón
Esparreguera, Barcelona.
mertxe@mertxealarcon.com
www.mertxealarcon.com

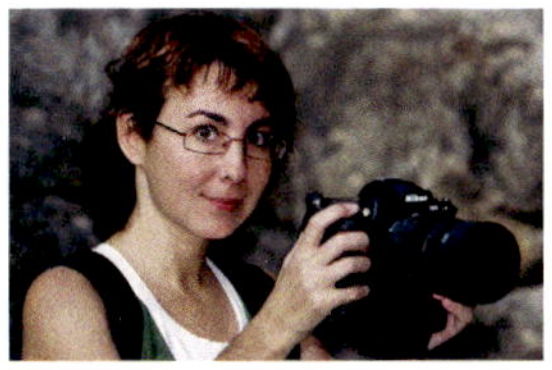

Beatriz Moreno Sánchez de Pedro
Mov: 620 990 353
E-mail: bym@telefonica.net

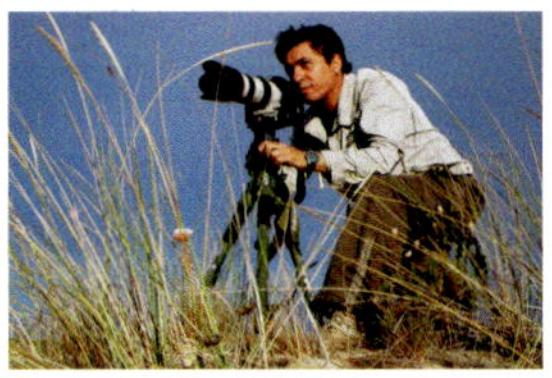

Francisco Mingorance
www.franciscomingorance.com
jfmingorance@terra.es

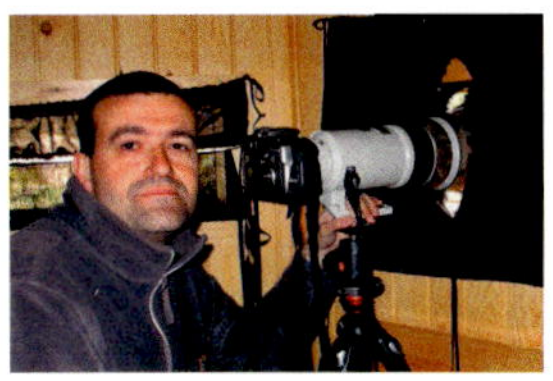

Xavier Martínez
Terrasa (Barcelona)
Tel. 646 275 745
info@xaviermartinez.com
www.xaviermartinez.com

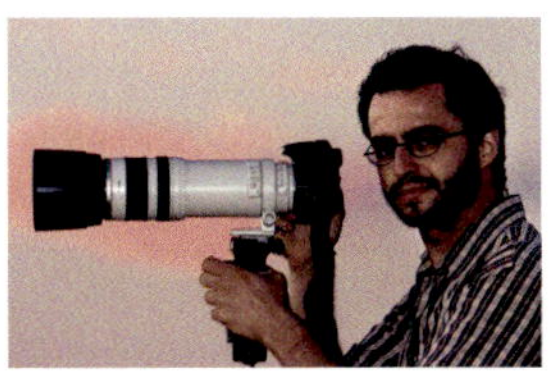

Rodrigo Hernández Chacón
Tel. 625 49 33 95
rodrigohern@hotmail.com

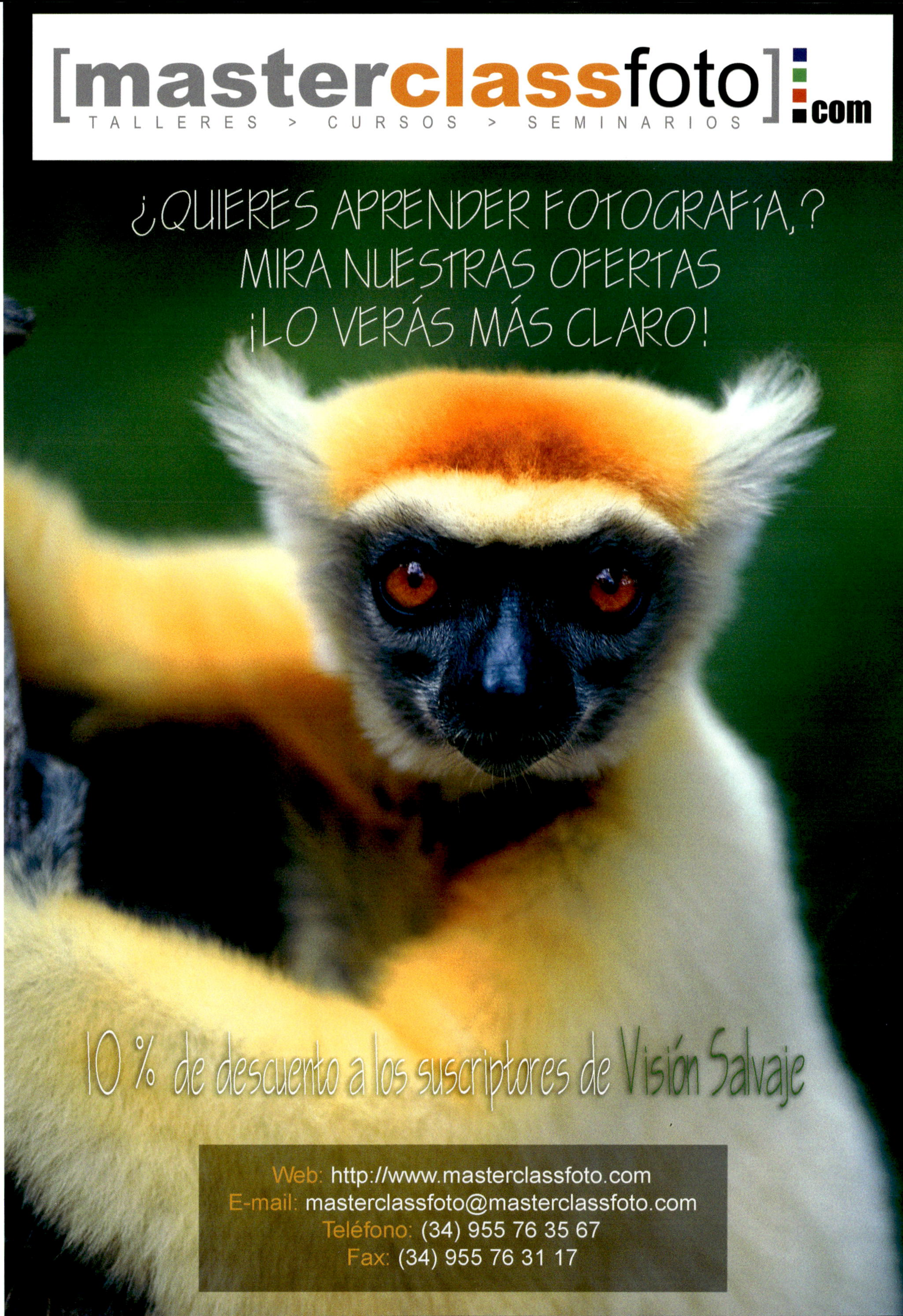

Pages 2-3
Daybreak in Frozen Lake, Tok, Alaska, USA
PATRICIO ROBLES
Panoramic Camera Fuji GX617, 180mm. f8, Fuji 120, carbon tripod Gitzo

Pages 4-5
Eagle. HERMINIO M. MUNIZ
In a hidden ravine in the core of Sierra Morena, in the mid hillside close to a clearing, the eagles have built their nest. Each time they reached it, they chose stopping in another tree where they alight.
Nikon F5, Nikkor 500mm f/4 AFI, IF-ED, tripod, hide

Between the Earth and the Sea, Conil, Cadiz. DIEGO LOPEZ
An only one rock, in the whole beach just in the border between the sand and the sea which remained me a traveler before leaving; a traveler in any case, who wants to take root in this part of the Earth.
Nikon D200, Sigma 12-24 EX DG, graduated filter, neutral gray filter, tripod, ISO 100.

Pages 6-7
Photographers 2006. RODRIGO HERNANDEZ CABOS
"There is a hawk nest just one meter far from my window. Since springtime the hawks are feeding two chicks. The quantity and variety of species hunted for feeding is incredible. I have made photographs of those birds since the very beginning although I have only got a compact digital camera. I'm sure you think the quality of those photographs is not good enough but I have really enjoyed taking these pictures".

This is the story a friend of mine told me once he knew I was the publisher of a Nature magazine. Taking nature photographs is so simple; opportunities can emerge in unexpected places.

Probably nature photography has become nowadays one of the most fascinating, comforting and satisfactory hobbies mainly due to the so many subjects the photographer can develop and probably because it is possible practicing in every season or in every place in the world; we only need to look for interesting subjects and challenges and we surely find them so close to us.

In the previous decades, a group of important Spanish photographers has emerged. At the beginning there were very few hobbyists although really prestigious artists; they worked really hard to take their photographs. With the passing of time this group is increased exponentially. As a matter of fact the Spanish participation in a large number of international contests has been really fruitful: the Spanish artists have won awards in the most prestigious contests.

This phenomenon is caused by the conceptual and technical skills. The intuitive photographer exists nowadays but, in the other hand, so numerous artists who can be counted per dozens or hundreds have also developed outstanding technical-artistic skills. Each day, a new, unknown photographer catches us with an outstanding work of art. Every day some new photographers arise with the same or even better quality and with a constant eagerness to better themselves; this is the mark of the new nature photographers.

The arising of the digital photography involves an initial outlay which is a matter of importance, but subsequently shows to be affordable and allows the hobbyists to solve any problems as they go along. We can conclude that the result is really positive.

As far as INTERNET platform is concerned, it shows to be so really helpful for all of us to know so many works and to read comments on these works. There are lessons about different photographic specialties which are organized and given nowadays in Internet and which gives all people interested in following these lessons the necessary qualification and improve the average quality of the photographers.

We finally need to mention the publishing of diverse artistic-technical-didactic books (where the authors, in a spirit of generosity explain their own work-systems, techniques, experiences and tricks) which are increasing the opportunities of the readers and giving them the right training.

We have though all this effort and knowledge should come to fruition in a solid guide-book where we have included the works of so many photographers. In any case, we need to point out that we are offering just a sample. We intend to publish the works of other outstanding artists in next publications.

From an editorial point of view we have made an effort and have employed the most advanced means in order to match up to the works of art contained in this book.

Pages 8-9
Photography Moments. DANIEL MONTERO
Recently, Art Wolfe wrote that "photography allows millions of people to discern the Nature as, unfortunately, they will never be able to personally see it". This outstanding artist also said "photographers need to feel free and take the shot that really matters, the shot which go beyond the previous vision of certain places and animals".

I was just talking yesterday to an environmental teacher about the value of the Nature Photography as a tool used to raise people consciousness about the importance of the environment, from the great protected spaces or the threatened species to the everyday sceneries or the smallest details that surround us. We'd like to emphasize the educative value of photographs that can pass on emotions and catch the attention of the viewer who choose it among thousand of pictures.

Art Wolfe points out that, being photographers, we are bound to enlarge the viewers' horizons. Fortunately, this task is not a heritage of only a few people any more, today it is a task shared by so many artists... more and more each time. The digital revolution has increased the number of promoters-photographers and the photographers have also become viewers and the spectators have become photographers. The capacity of sharing pictures has incredibly increased along with the informative capacity so, following Art Wolfe's advice, we should enlarge our photographic horizons and observe and carefully study the point of view of so many colleagues of us, especially if the chosen subjects are the same we have chosen. We need to share.

The photographs in the book give useful information which allow the readers to know new spaces, species and unique locations but also tell the story of the artist who though about a precise photograph and worked hard to catch this picture. Not only the Nature photography is the protagonist, the photographs have also been taken into consideration: all those photographers who have employed their own photos to show their personal artistic sensations. The photographer passes on his sensations, his experiences, his moments, shares, informs, enjoys... collects moments.

This group of photos has been selected among a huge quantity of pictures but this is also a meeting of photographers, friends sharing passionate moments, experiences, enjoying the small things that surround us. Photography and photographers united has allowed us to compile this collection of photography moments. Private moments captured delicately and passionately. Compositions that reflected nearly spiritual fusions of special places and special moments. The encounters through the viewfinders and the animals which become fascinating creatures with evolution almost magic designs. Nearly impossible vegetal shapes have been discovered. An intimate collection which passes on emotions, which informs and tells us a thousand stories.

Although the heroes are the photos and the photographers, sometimes the words accompany the pictures as a sort of discrete ornament. I have wanted to compile some of those moments described by the photographers, my friends which pass on the essence and the soul of this collection:

... I was looking for the fog as they have foreseen changeable weather in the area and, suddenly, once I passed a group of trees, I turned my head so my eyes were able to see this wonder. This was an unforgettable moment. The smile in my face did not disappear until I went to bed and tried to dream of the moment I had lived...

Asier Castro de la Fuente

... I was completely alone for three hours in this small beech wood (Barazar, Bizkaia). The weather dawned so dark, intense rains, fog... just what I was waiting for, when I went to that place. At the beginning, I was so concentrated on photography that I must confess I did not perceive the beautiful, the mystery, the atmosphere, the significance of the environment. Holding the umbrella, drying the filter, fixing the rusty legs of the filter that I couldn't insert or extract... All of those matters make me out of the surrounding spectacle. But suddenly I felt like a spirit has touched my hand. I looked at the beeches and I thought these were moving. The forest became intense, alive, and extraordinary. From this moment on my photographic inspiration got spent and a few minutes later, I came back home.

Isabel Díez San Vicente

... It was great to have it in the viewfinder for the first time, I was so impressed that I couldn't take the photograph. The next time, I began enjoying so much... Nowadays I have understood the hide vicious...

Myriam Fidalgo Hidalgo

... Thirty meters deep, everything becomes bluish, greenish, and gray. You can suppose we were really surprised because ten meters far from this place, our flash let us meeting the electrical orange shade of a gorgonia or the extreme red of a sponge. In this deepness, the slight narcosis due to the nitrogen fills us with a pleasant euphoria and the light of the flash breaks the dark and intensifies marvelously this delicious sensation of euphoria.

Pere Rubio Rocabert

... I had reached the site and the sun was still high up in the sky so I prepared my camera. I decided to take the polarizer off because I have decided to make photos against the sun, I selected the right gradation and I start to look for compositions. Slowly, the sea of clouds turns to gold, I felt nervous, everything was splendid but I didn't now which frame to use. I didn't like what I saw in the viewfinder, it did not compare to the environment; I took a thousand photos of the same frame exclusively varying the exposures, the filters... The hue of the clouds was changing from gold to orange then, the sun inexorably passed by and got hidden behind the mountains, the snow reflected its beautiful colors and I became more and more nervous. I couldn't stop taking photos and I felt the pain the cold causes to my hands. Everything was grandiose, solitude surrounded me, the wind blew around me but I was hypnotized by the light playing.

Enrique Fernández Ferrá

...It is really exciting to look at these beasts being so close, more concretely this lake eaglet and it is much more exciting when through the viewfinder some times I realized it is looking at me too. I perfectly remember this moment, a sort of magic; everything gets paralyzed and I can take a shot.

Rafael Ramos Pérez

... These tiny flies, scarce millimeters long, we can find in this period of the year or maybe for the second time each year, developing their much curious nuptial balls. Each one in a branch, on a leaf, everywhere, they climb up, they go down, their abdomen down too, moving the wings, turning, fighting. You need to be very calm and a bit silly to see them but I like them so much....

Juan A. Guerrero Escobar

It is not necessary to say a word, to say a comment. It is only necessary to read the fragments written by the photographers about photography, just smell their perfume, just feel their feelings, just admire this collection of photographs. ...and enjoy...

Pages 10-11
Fotonatura.org. The net of Nature Photographers
On 1st January 2000, www.fotonatura.org was born as a small website that collected the records of a scarce dozen of nature photographers, members of an e-mail list. Just a photo with the basic data for contacting them, a record of the work developed by each artist and a collection of links: these were all available contents.

Six years later Fotonatura.org has developed until becoming a great virtual community in which every day thousands of people share their passion for Nature photography, show their pictures and deal with other people that have not met before although they have developed a special relationship: all of them are a part of Fotonatura.

In the last few days so many people has contacted Fotonatura and each one has been able to find something different in this website. The new photographers have been able to discover and to learn from work developed by their more veteran mates, more experienced in showing their works, enriched with other people's experiences. In any case all of them, from every part of the world can meet other people and share their passion.

We are referring to people that have never met each other but are a part of other people lives, that are aware of the other people success and encourage them. For so many people, Fotonatura has been the origin of so many things, the Web has allowed so many people to meet other people and share their Nature experiences and these people have been able to grow and develop this much interesting activity. This is an important part of their lives

The thousand of pictures published in the Web have converted the galleries in an enormous display the artists can enjoy, share and learn. They can get surprised with the work of their closest mates. We have seen some unrepeatable moments, singular visions and unknown environments. We have lived seasonable changes, the evolution of the photographic work of so many people and the experiences of photographers with so many savage species they have photographed.

In any case, we absolutely need to emphasize the community sentiment, people being part of something that goes beyond the computer screen, something that has become the seeds of the friendship and a shared project. We have lived at Fotonatura.org dramatic moments that have united us such as the recent loss of our mate David Gómez or the experience of sharing a collective reportage during the oil slick after the disaster happened with the Prestige ship in the Galician coast and so many other stories and encounters shared by so many people that are a part of this website six-year travel.

The origin of the book you have in your hands is the work of a group of people that united by Fotonatura.org have started the journey of the magazine Visión Salvaje, an editorial project which was born of the pure website spirit.

The pictures that illustrate this book are a careful selection of the work carried by the photographers who are members of Fotonatura.org. Behind all pictures there is so much work, patience and effort to catch the private life of wild animals, immortalize the magical light which fall on the environment or record the beauty of a forest in the autumn.

I hope, dear readers, you will feel the passion and the dedication behind all those pictures taken by nature photographers.

Fernando Ortega
Founder of Fotonatura.org

Pages 12-13
Darkness, Gipuzkoa. ASIER CASTRO
Gipuzkoa is a community in which the early foggy days are so usual. I stayed very high so I could see the whole valley and see how the first rays of light lightened and turned the fog to gold.
Nikon D2x, Nikkor 80-400VR, speed 1/80 sec., f10, polarizer, ISO 100, tripod Manfrotto

Lammergeyer (Gypaetus barbatus), Ordesa, Aragon Pyrenees, Spain. JAVIER MARTIN
The lammergeyer is the only bone-eater bird of the world. This is a really impressive colorful bird which, by the end of the 19th century, could be seen in all mountains of the Iberian Peninsula. Nowadays, this bird can only be found in the Pyrenees where a stable population exists very close to the genetics viability limit.
Canon EOS 1D-Mark II, Canon EF 500mm L f/4, speed. 1/1000 sec., f/8, tripod Manfrotto, ISO 250

Pages 14-15
Verde que te quiero verde (green I want you green) Kalimantan (Borneo), Indonesia. CARLES BARES LLAURADO
Visiting the National Park TANJUNG PUTING I found this wonderful snake.
I have been informed by Fotonatura that it is an Ahaetulla nasuta. I have found it on some ferns making no move. My fellow girl and the guide passed very close to it, only two meters far. I had enough time to change the lens and to take a few photos, freehand, just with the early morning light and freehand focusing on.
Nikon D70, Nikkor 70-300mm 1.4 - 5.6 G, speed.1/160 sec., f5.6, ISO 200

At Dusk in Zumaia. ENRIQUE FERNANDEZ FERRA
When that afternoon, my mate and I went towards Zumaia and we couldn't imagine the gift the Mother Nature will give us. We were in the right place at the right time so we only had to wait the cloud above us turned to red adding a sort of drama to the scene.
Canon EOS 20D, Canon EF-S 10-22 f3.5 - 4.5 USM, inverted neutral gradation -3 Singh-Ray, tripod

Pages 16-17
The Atlantic Sea in autumn, Puerto del Carmen, Lanzarote Island. CARLOS SUAREZ
The autumn comes and the Atlantic Sea starts to get cold. Days are shorter and shorter but there is so much activity under the sea. The big groupers Epinephelus marginatus, are a real attraction in these dates. They are getting ready for passing the winter and the cold water won't ease their survival.
Nikon F90x in closed box Aquatica 90, AF-S Nikkor 17-35 f2.8 ED, 2 flashes Subtronic in TLC arms, speed. 1/10 sec., f11

Night Suns, Bizkaia, Natural Park in Urkiola. ASIER CASTRO
The fog was acting as a reflector-diffuser on the artificial lighting of the streetlamps and at the same time the background was totally homogeneous. So many times, the composition was reinforced by the streetlamps as these had to be hidden with the trunk and the branches of the beeches. It was just a little windy so I preferred taking risks and chose a long exposure in order not to increase the ISO.
Nikon D2x, Tamron 28-300, 28mm, f7.1, speed. 15 sec., -0.7 EV, ISO 100, tripod Manfrotto

Pages 18-19
Búho chico (small owl), Soria. JAVIER ALONSO HUERTA
At dawn the species that are hidden in the daylight and sleep the whole day, go out where the battle for the survival continues. Hidden in the dark and thanks to the accurate ear and its silent flight, the small owl is one of the biggest night hunters.
Nikon D100, Sigma 24mm, Flash Nikon Sb80 and 2 Mezt mz 40, infrared banner, speed. 1/60 sec., f18

Pages 20-21
Seal babies in Greenland (Phoca groenlandica), Gulf of San Lorenzo, Canada. ENRIQUE R. AGUIRRE
At the beginning of March the Greenland seals give birth onto the icefield in the Gulf of San Lorenzo. After being fed by their mothers, the babies have to wait in their ice cradles until the icefield go to pieces to be able to enter the sea and feed themselves. We have employed two helicopters to reach the ice fields; we looked for groups of seals in those areas where the ice was enough thick to step on. The tides, the sea currents and the wind change the ice almost every minute. The low temperatures around -20°C make this experience so astonishing and obviously dangerous.
Canon EOS 1Ds, Canon EF 17-40mm f4, speed 1/200 sec., f20 ISO100

Lastur Valley. GAIZKA BILBAO
Walking by the Valley of Lastur, I found this wonderful flower dwelled by a photogenic grasshopper; the green background in contrast with the orange color of the flower creates a touch of color.
Canon 20D, Sigma 105 macro, speed. 1/200 sec., f4, ISO 100,

tripod, cable of shutter release.

Pages 22-23
Salamander, beech woods of the Cantabrian Mountains, Alava. **EDUARDO RUIZ BALTANAS**
A rainy day that allowed me to find this wonderful animal. The dark and wet areas of the beech woods, the streams and the sources of clean water are the right environment for this Iberian fauna's stone.
Canon EOS 3, Canon 100 macro 2.8, f11, speed. 1/25 sec., ISO 100, -1/3EV, tripod, supporting flash.

Royal Owl. **JAVIER RODRIGUEZ PINERO**
To catch the picture of the male Royal Owl in its landing area with the west sky still lightened by a wonderful orange light, it was necessary to prepare a hideout a few weeks before and to be sure that the branch was still in use. After a fruitless wait, I got my reward and the bird endured the flash sparkle.
Nikon F5, Nikkor ED 80-400 f4.5-5.6, speed. 1/125sec., f/8, flash Metz CL4 auto 5.6 (Open-flash decreasing/reducing a diaphragm)

Pages 24-25
Velas De Pizarra, Valley of Ordesa. **JAVIER ARA**
Propelled by the powerful winds of the mountains, a lammergeyer adult is flying through the air surrounded by the rough orography of its territory.
Canon EOS 20D, Canon 400mm f5,6, speed. 1/500 sec., f8, tripod, hide, 400 ASA

Pages 26-27
Mountain dressed in silk, Izaña, Tenerife. **ASIER CASTRO**
This was my last dawn in the island of Tenerife. The seas of clouds were not so many as expected during the whole week. In any case the island offered me this ball of clouds the last day before leaving. The clouds moved at a vertiginous speed and reflected the first colors of the day.
Nikon D100, Tamron 28-300 a 300mm, speed. 8 sec., f/11, compensation +1.3 EV + polarizer, ISO 100, tripod Manfrotto

Deers in wetlands. National Park Doñana, Huelva.
DIEGO LÓPEZ ALVAREZ
At dawn, while we were taking photos in the wetlands, we got caught by a group of deers. I feel so really attracted by this natural environment as one never knows...
Nikon D200, 300 f2.8 +1.4x, f4, speed 1/40, ISO 400, tripod Manfrotto

Pages 28-29
Rabbit on alert. **ANDRES M. DOMINGUEZ**
Although so often the hide is our best gun for taking pictures of wild animals, some times photographers like to use other methods. This time we have taken photos of these rodents always against the wind and in sandy places for the beasts not to hear a sound. Nevertheless, this specimen detected eight meters far from it a danger which could break its peace.
Canon EOS 20D, Canon 100-400 IS, speed. 1/320 sec., f/8, ISO 200

Fighting. **JAVIER MILLA LOPEZ**
A photograph taken in a colony close to Jaen, with all necessary permissions during the spring 2005.
Canon EOS 10D, EF 100-400L IS, speed. 1/1000, sec., f5.6, ISO 200, tripod, hide

Pages 30-31
Breaking the night, Raimat- Lleida. **FELIX FERNANDEZ CALVILLO**
One of the most unknown and spectacular animals which enjoys the night is the genet, tireless and so agile. In four months, every night, this male has kept its date; I have never seen it but it has been filling my camera with its picture and my soul with feelings and experiences that I will never forget.
Canon EOS 10D, Canon 28-90 a 32 de focal, speed. 200 sec., f16, ISO 100, tripod Manfrotto, home made banner and three flashes 1 Metz 44AF-4c and 2 Starbliz 200ª

Newborn, Macaón, Sant Joan Despí. **JOAN GUILLAMAT CASTELL**
I found this caterpillar track near my house in a fennel plant. After feeding it during a few days and realized its size had got increased, it shut itself in its cocoon. After 14 days this precious butterfly went out. I took good profit of the moment to take a few pictures as it was cleaning its wings and it couldn't still fly.
Canon 10D + BG-ED3, Canon 100mm f2.8 USM Macro, f/11, priority to the opening -1.3EV, two flashes, speed. 1.3 sec, tripod Manfrotto, ISO 200

Pages 32-33
The river of Life, Natural Park Saja-Besaya. **ENRIQUE FERNANDEZ FERRA**
This afternoon it was raining so persistently so this was the last photo I took because the lighting was poor. To make this photograph I was forced to use my watch to calculate three minutes exposure while with the other hand I was trying to cover the lens for it not to get wet. A real challenge!

Canon EOS 20D, Canon EF-S 10-22 f3,5 - 4,5 USM, polarizer, tripod

Pages 34-35
Defiant sight. Comarca de los Alcores (Alcalá de Guadaíra). **JAVIER RAMOS**
Lightened by the warm light of an evening by the end of the winter, this European little owl was getting warm in one of its usual landing areas. The sudden noise of the shutter caught its attention and he pointed its defiant sight to the lens.
Canon EOS 20D, Canon 100-400mm L IS USM, speed. 1/60 sec., f5.6 -1/3 , ISO 200, natural light, tripod, hide.

When I was in the sky, Guipúzcoa, Monte Txindoki in the background. **ASIER CASTRO**
I was looking for the fog as they have foreseen bad weather in the area. Passing the trees, I turn my head and my eyes look at this wonder. The light was extremely hard (turning the environment into a B&W picture). In a few minutes a cloud hid the sun and created an unforgettable idyllic environment.
Nikon D100, Tamron 28-300 a 28mm, f/13, speed. 1/160 sec., gradation 121 compensation +2.7 EV, ISO 100,

Pages 36-37
The night does not get me wrong. **ANTONIO SANTANA**
Sunday before the daybreak: I think it is nearly impossible taking this kind of daily picture because of this fish is a typical Canary one but does not allow us to get too close. At night we have found so many surprises. Greetings for all from the Island of Gran Canaria.
Nikon D100, Nikkor 60mm, duplicator, subtronic

King Penguin with a tempest sky, Falkland Islands.
INAKI RELANZON
This picture shows a couple of penguins with a threatening sky, typical of the Falkland Islands.
Nikon F5, optical 17-35 mm f/2.8. Fujichrome Velvia film.

Pages 38-39
Two frogs. **JOSE BERGADA**
Taken in Platanillo, Costa Rica. A hot night after a tempest.
Canon EOS-1D Mark II, macro lens EF 100mm USM f 1:2,8, priority Av F32, 100 ASA, Flash Canon Macro double MT-24EX, ratio A:B

Autumn, (Huesca). **ISABEL DIEZ**
Leaves of Fagus sylvatica in a pool of the river Ara in the Valley of Bujaruelo.
Camera EOS3, Canon 100-400 f4,5-5,6 IS L, Velvia 50, ISO 40, priority to the opening with a wide open diaphragm f4.5 to get an closing speed as high as possible, precise measuring in the central leaf (The picture is slightly sub-exposed because of the water shine in the area), the polarizing filter wasn't used for taking the metallic shine of the water surface.

Pages 40-41
Gigantic moray eel, Marsa Alam, south of the Red Sea.
FRANCESC FONTANALS VILLAZON
Gigantic moray eel (Gymnothorax javanicus) which can measure up to three meters.
Olympus 5060, flash subtronic, f 5,6 speed. 1/125 sec., ISO 80

Pink Dorsirrojo (red back). **ANDRES M. DOMINGUEZ**
One of my aims although not priory when I came to Poland was to take photographs an adult in one of these fields of flowers which are present in these areas even in the month of August. I didn't know I will find enormous pink meadows of salicaria, an extra reason to take photos.
Canon EOS 20D, Canon 100-400 IS, speed. 1/320 sec., f/8, ISO 200

Pages 42-43
Stretching a morning of May. The non-irrigated lands of Bellmunt-Lleida. **FELIX FERNANDEZ CALVILLO**
In the immensity of the cereal fields, the eaglet is the real master of the skies. It prepares its hunt day a few minutes after the sun lightens a wonderful morning of May, after the female moves him by giving him a good telling-off.
Canon EOS 10D, Sigma 100-300 HSM, f-4, multiplying Canon 1.4x and hide, speed. 1/500 sec., f6.7, ISO 100, compensated exposure -1/2

Curiosity, Mountains of Gredos. **ANTONIO LIEBANA**
The capacity of a shot to show feelings depends on the interpretation the photographer has made of the reality; in this shot a male goat grazing; when it heard the shutter it raised its head and looked at me for a while trying to know what was happening, showing a sort of curiosity.
Canon EOS 20D, Sigma 50-500, speed. 1/125, f8, tripod, hide

Pages 44-45
Aquatic blackbird, Omaña (León). **ANTONIO LIEBANA**
I was walking by the River Omaña, looking at this singular bird up and down; after a patient wait, I realized there were some rocks the bird seemed to specially like as it could see its own part of the river so I placed the hide and I could take a number of photos of this bio-sign of our rivers.
Canon EOS 20D, Sigma 50-500, speed. 1/30 sec., f6.7, tripod, hide, 12mm extension rings, ISO 100

Punta Santa Anna, Blanes (Girona). **JEP FLAQUE**
An afternoon where the clouds were the protagonists in this small cove in the Costa Brava. In a short while the cumulus seemed to burn...
Canon 10D, Canon 17-40mm, speed. 5 sec., f22, ISO 100, tripod Manfrotto, polarizer, neutral gradation -3

Pages 46-47
Soft Corals, Fiji Islands (Melanesia). **CARLOS MINGUELL**
Cat's Meow, as the dive is called, is a colorful explosion; I had only seen such a color and soft corals' concentration in very few places.
Nikon F90x with a 16mm fish eye lens in a closed box Subal, 2 amphibious flashes, speed. 1/90 sec., f8, Fuji Provia 100

Pages 48-49
Ophrys tenthredinifera, Delta del Llobregat (Barcelona).
JEP FLAQUE
A cloudy day and so much time to find an isolated sample and to take a photograph looking for a contrast of vivid colors.
Canon 10D, Sigma 105mm, speed. 1/15 sec., f13, 100 ISO, tripod Manfrotto, flash Canon Speedlite 550 sub-exposed -2/3

A wave breaking, Island of Yap (Micronesia).
CARLOS MINGUELL
Submarine view of a wave breaking onto the surface of a coral reef.
Nikon F100 with a zoom Nikon 17-35/2.8 lens in a closed box Subal and amphibious flash, speed. 1/125 sec., f8, Fuji Provia 100

Pages 50-51
Parallel, Southwestern area of Tenerife. **JAVIER CAMPOS**
The tropical pilot whale: it is frequent to see these mammalians aligned mainly due to their familiar links and the way they swim. These used to swim parallel looking for food. Their feeding is mainly based on squids.
Nikon F100, Nikkor 16mm, speed. 1/125 sec., Kodak VS100

Fighting for food… Comarca de la Vega del Guadalquivir, Sevilla. **JOSE MANUEL REYES**
Just back from a long trip, the hunger makes that even when the sun has not still risen in the horizon, the fights followed each other. In spite the female cernícalo primilla finally got the prey, the common kestrel ate it after a long fighting …
Canon 20D, Canon 17-40, tripod, two flash units, f4, speed. 1/250 sec., -1 EV, ISO 400, remote control

Pages 52-53
Nemopera Bipennis, Gredos Mountains, La Adrada (Ávila).
DANIEL MORENO MORENO
I looked for this insect for a while and I have finally found it.
Nikon D70, Tamron 180 macro, speed. 1/13 sec., f16, compensation. -0.3 EV, tripod

Fattening, Gulls' Colony in Audouin, Delta de l'Ebre.
JUAN GIL RAGA
The female was just in front of the hide and at very good distance. Suddenly the male appeared with some food and demonstrated to the female it was able to feed the young birds although these weren't still born.
This couple brought up three wonderful birds.
Canon EOS-1Ds Mark II, Canon 100-400mm a 260mm, speed. 1/3200 sec., f5.6

Pages 54-55
Collar snake, Sanderton, Dorset, England. **JAVIER MARTIN**
The collar snake is a species of large-sized reptile which is the most common in the United Kingdom. They prefer living in terrains with high herbs and they can be found close to rivers and streams as these are really good swimmers. In spite people frequently attacks them this species is not venomous or aggressive.
Canon EOS 1D-Mark II, Tamron 180mm f/3.5 DI, speed. 1/500 sec., f/8, tripod Manfrotto.

Pages 56-57
Rays in the horizon, Western Coast of the Island of Ibiza.
JOSE A. PORRAS
I could take a much interesting series during thirty minutes before the tempest started. The frequency and the intensiveness of the discharges eased my work like the lack of clouds.
Pentax me super, Lens: 50mm 2.8 , Provia 100, f4 , 3'

Flowers of the genus geranium, La Artiga de Lin, Valle de Aran, (Lleida). **JOSEP RAMON SALAS**
In the springtime, in the alpine fields of the Valle de Aran, it is feasible to find so many alpine species of flowers. Notice their profile: more than the color of the petals, the styles and stamens display drove me to take this picture.
Nikon F5, micro Nikkor 105 (2,8), speed. 2 sec., f11, tripod and reflecting screen, Velvia 50

Pages 58-59
Narnia, Ventas de Arraitz, Valle de la Ultzama, Navarra.
JOSE MANUEL MORILLO HABAS
Back from a discouraging day, through my viewfinder, when I passed the Ventas, I found that the spectacle was incredible, the fog, the trees and the frost and the sun trying to make its own way for a suggesting composition and the light playing; I parked my car, I began running hoping to be able to catch what I was seeing, posed the tripod, looked through the viewfinder and this time the Magic… appeared.
Canon EOS 300D, 18-55 mm, speed. 1/80 sec., f13, ISO 100, tripod

Pages 60-61
Tree at dawn I, Cabrerizos, Salamanca. **JON HYDE**
Sunday 4th January 2004, before sunrise.
Nikon 6006 (601), Sigma 17- 35mm f2.8, speed. 2 sec., f11, Velvia 50, ISO 50, no filter, tripod, cable.

Tree at dawn II, Cabrerizos, Salamanca. **JON HYDE**
Saturday 3rd January 2004, at the end of the night.
Nikon 6006 (601), Sigma 17-35mm f2.8, speed. 1/8 sec., f11, Velvia 50, ISO 50, no filter, tripod, cable

Tree at dawn III, Cabrerizos, Salamanca. **JON HYDE**
Sunday 4th January 2004, at sunrise.
Nikon 6006 (601), Sigma 17-35mm f2.8, details of the diaphragm and the speed of the shutter are not available, Velvia 50, ISO 50, no filter, tripod, cable.

Tree at dawn IV, Cabrerizos, Salamanca. **JON HYDE**
Saturday 17th January 2004, in the morning.
Nikon 6006 (601), Sigma 17-35mm f2.8, speed. 1/60 sec., f11, Velvia 50, ISO 50, polarizing filter (enough effect), tripod, cable.

Pages 62-63
In the dark of the forest. Natural Park, Atlantic Pyrenees (France). **RODRIGO HERNÁNDEZ**
Mamiya 645, Hoya 58mm, PL-CR, f22, 1/30 sec., tripod Monfroto Carbone, Fuji Velvia 50.

Blenio in coral, Island of Aruba (Caribbean Sea).
CARLOS MINGUELL
This small and expressive fish usually lives inside the corals.
Nikon F100 with NikKor lens 105 F2.8 macro in closed box Subal and amphibious flash, speed. 1/180 sec., f45, Fuji Velvia 50

Pages 64-65
Amanita Muscaria, Sierra de Gredos, Piedralaves (Avila).
JUAN PAVON
This picture has been taken a day of November and the beautiful autumn colors were the heroes, vivid because of the humidity.
Canon EOS 300D, Tamron 28-300 XR Di, polarizer, cable of shutter release, f8, speed. 2.5 sec., ISO 100, tripod Manfrotto 190 pro + 141 RC.

Observer, Guadalquivir Marismas. **JAVIER RAMOS**
After waiting for a long while and hidden in the hydro hide, I managed to approach to this slippery bird, the common "Avetorillo" (a wading bird), its shy and observant behavior allows me to catch the splendor of its piercing and suspicious sight I will never forget.
Canon EOS 20D, Canon 100-400mm L IS USM + 12mm extension ring, speed. 1/400 sec., f/8, 1/3, ISO 100, natural lighting, hydro hide.

Pages 66-67
Daurica, Monnegre, Mutxamel (Alicante).
JOSE PALACI HERNANDEZ
After controlling the passing of this daurica I made a staggered assembly through shams. Once it get used to them, I took the work equipment and got this result.
Nikon FM 2, engine MD-12, Sigma 180, hsm, Flashes 2 units, metz 40 mz3, barrier Jama, Velvia 50, speed. 250 sec., f 8

Pages 68-69
Forest Spirit, Natural Park, Los Alcornocales, Cádiz.
Juan Tébar
Canon EOS 1D Mark II, Canon 600 f4, speed. 1/250 sec., f4, Fuji Velvia 100

Winds in the Sea (Ceriantario). Punta Miradero, La Restinga, El Hierro. **JUANMI ALEMANY**
There are most beautiful beings living in the bottom disheveled by the winds, the only witnesses of the tides passing by.
Nikon F70, Nikkor 16mm, Flash Seacam 200, Kodak Vs100, speed. 1/60 sec., f11, power Flash 1/8

Pages 70-71
Lixus copulating, Public pine forest in la Barrosa, Chiclana de la Frontera, Cádiz. **JUAN A. GUERRERO ESCOBAR**
In the springtime the mallows (Malva sylvestris) are plenty of beetles (Lixus angustatus); see them copulating is quite easy: the male stays onto the female for hours in order to safeguard its genus.

Canos EOS 300D, Canon 100 macro 2.8, Flash Sigma EF 500 DG Super with diffuser, Lumiquest Softbox, speed. 1/200 sec., f13, one-foot Manfrotto, ISO 100

Asp, La Soledad, Canales de la Sierra, La Rioja.
Eduardo Ruiz Baltanás
Traveling an old forest in la Rioja, I notice something moving in the fallen leaves. Under the leaves I could take a photograph of this snake unfairly hated and feared.
Canon EOS 3, Canon 100 macro 2.8, speed. 1/60 sec., f11, ISO 100, Velvia, -1/3EV, tripod

Pages 72-73
Painting the Sea. Miguel Lasa
While I was waiting for the terns' arrival in a Norway fjord I could notice how these artic terns turned around the boat subtly touching the sea surface; a very subtle light lightened its wings and its reflect while the tern simply touched the Sea with its beak.
Canon EOS-1D Mark II, Canon 300 f2.8, speed. 1/1600 sec., f2.8, +0.3 EV, ISO 400

Namib Desert, Namibia. Luis Vilariño
A shade can tell so little, it is necessary to find a different color and to contrast both of them. When I traveled this desert for the first time I felt absolutely excited: everything seemed to me so interesting. The magical light escaped and then the creative process started.
Hasselblad H1, 35 mm. f3.5, Velvia 100, tripod, polarizer.

Pages 74-75
Iris. Valle Arrua-Erreka (Cestona-Gipuzkoa).
LUIS LLAVORI
Nikon F3, Nikkor 105 + extension rings, speed. 1/500 sec., f2.8, Velvia 50.

Smudged Hyena and flamingos. National Park Lago Nakuru. Kenya. FERNANDO ORTEGA
This hyena was patrolling by the lake bank looking for food among the flock of flamingos.
Canon EOS 10D, EF 100-400 mm, ISO 100

Pages 76-77
Bearded Scorpio Fish (Scorpaenopsis barbata). Island of Apo (Philipines). PERE RUBIO ROCABERT
Nikon F100, Nikkor 60 micro, Subal closed box, Flash Sea & Sea YS120, speed. 1/60 sec., f11, Kodak E100VS

Papua Scorpio Fish (Scorpaenopsis papuensis). Island of Gangga (North Sulawesi-Indonesia). PERE RUBIO ROCABERT
Nikon F100, Nikkor 24, Subal closed box, Flash Sea & Sea YS120, speed. 1/60 sec., f16, Kodak E100VS

Hunchbacked Scorpio Fish (Scorpaenopsis gibbosa). Island Teguise (North Sulawesi-Indonesia).
PERE RUBIO ROCABERT
Nikon F100, Nikkor 24, Subal closed box, Flash Sea & Sea YS120, speed. 1/60 sec., f11, Kodak E100VS

Devil Scorpio Fish (Scorpaenopsis diabolus). Island of Bangka (North Sulawesi-Indonesia). PERE RUBIO ROCABERT
Nikon F100, Nikkor 24, Subal closed box, Flash Sea & Sea YS120, speed. 1/60 sec., f16, Kodak E100VS

Pages 78-79
Wild Madonna Lily . Valle de Hecho, la Jacetania, Huesca.
RAFAEL MARZAL LAMANA
The Wild Madonna Lily is one of those flowers the people interested in photography expect to find in the summer because of its wonderful beauty. I was lucky to find a new place of the Pyrenees where I could enjoy these flowers. A peaceful day, with no wind and the darker area where the flowers had a uniform lighting. An unforgettable photographic séance.
Canon EOS 10D, Canon 400mm f5.6 L, extension ring Kenko, f11, speed. 1/3 sec., tripod Manfrotto 055, ISO 100

Goats in El Torcal. RAFAEL RAMOS
Canon EOS 20D, Canon 100-400 L IS USM, speed. 1/160 sec., f7.1, ISO 100, one-foot

Pages 80-81
Wooing, Guadalquivir wetland. JAVIER RAMOS
When in springtime the first wooing started. The males of Phoenicopterus roseus used to start the ritual; sometimes the scenes are really astonishing and beautiful.
Canon EOS 20D, Canon 100-400 mm L IS USM, speed. 1/640 sec., f/8, -1/3, ISO 100, natural lighting, tripod, hide

Argan In Red. Road Marrakesh to Essaouira, Morocco.
DANIEL MONTERO
Two simple elements, a tree and the red earth to get an astonishing environment. I was forced to stop although I was in a hurry. The texture, the loneliness of the Argan, the intense colors remain me these worlds which are not so far…
Nikon D100, Sigma 170-500, speed. 1/160 sec., f11, tripod Manfrotto, clouded balance of white -1

Pages 82-83
A family of eagles . Sierra del Coto, Pinoso (Alicante).
JOSE BENITO RUIZ
I was working on a video documentary but I also managed to take some photographs of this accessible and spectacular nest placed in an old pine tree. Unfortunately the marble quarries advancing threaten to destroy a great part of these mountains.
Nikon F5, 500mm P IF ED, speed. 1/250 sec., f4, tripod, hide, Fujichrome Velvia 50

Pages 84-85
Winter Spirits, Natural Park, Gorbeia, Bizkaia.
ISABEL DIEZ
The deepness of this scene is one of the most outstanding aspects. The beech tree in close-up, the size of the trunks which got reduced, the river path towards the interior of the forest and the fog which creates a gradation allow us to understand the picture in a three-dimensional way. From a chromatic point of view, the contrast between the warm colors in close up and the cold ones in the background seems quite interesting.
Canon EOS 3, Canon 28-70 mm f/2.8 L, Velvia 100, gradated neutral filter -2 ptos B+W, tripod, cable of shutter release.

Yubarta jumping, Hervey Bay, Australia. PILAR DEL CANIZO
Female of Yubarta jumping and photographed from an observation boat. This female and its young accompanied us for more than an hour jumping near our boat. The most difficult was finding the part of the sea where the whale is about to surface.
Canon EOS 350D, EF 300 mm, ISO 100

Pages 86-87
Koala, Southern Australia. JORGE SIERRA
Nikon F100, Nikkor 500mm. f4, tripod Gitzo, Kodak E100VS

The hunter, La campiña, Sevilla. DIEGO LOPEZ
The hunter made four shots, three wrong shots and a right one. We are lucky from time to time.
Nikon D100, 300 f4, speed. 1/1000 sec., f5.6, ISO 200, tripod Manfrotto, hide

Pages 88-89
Vertex, National Park Torres del Paine, Chili. LUIS VILARINO
All the elements seemed to go towards the Cuerno Grande, an enormous natural vertex that seemed to magnetically attract shreds of clouds.
Equipment 35mm, great angular 20mm., 3-point gradated filter, tripod, Velvia 100

Pages 90-91
A tale of bears, Kuusamo, Finland. Daniel Montero
I was looking at a group of bears for hours in the forest which is in the Russian frontier when this female appeared with the bear young. For a long while they were moving just in front of the hide. I could see the behavior of the female each time a bear approached, at lunch or when they were playing. It was like a tale of bears whispered in my ears, my imagination flew and, in the evening light, I could see what I was longing for: an unforgettable experience.
Nikon D100, Sigma 170-500 a 170, speed. 1/320 sec., f9, tripod Manfrotto, precise measuring, clouded balance of white -1

Valle de Alcudia. RAFAEL PALOMO SANTANA
In the winter, fog is usual in the Valle de Alcudia, that day the fog wasn't so intense and I could clearly see the holm oaks.
Canon EOS 20D, Canon 100-400, speed. 1/100 sec., f13, ISO 200, -0.3 EV, tripod GITZO

Pages 92-93
Cookeina speciosa. Baru, humid tropical forest, Costa Rica.
ROSA BASURTO CASADO
These sticking mushrooms that remain a goblet grow from May to December onto woody small remainders in state of decomposition which keep a constant humidity.
Nikon Coopix 5700, tripod Slik, speed. 2 sec., f7.4, ISO 100

Among the leaves. JOSE BERGADA
Taken in Costa Rica in the province of Limon, in the perimeter of a swampy area, by a rainy night.
Canon EOS-1D Mark II, Canon EF 100mm USM f2.8, f32, 50 ASA, Flash Canon Macro double MT-24EX, ratio A:B ?

Pages 94-95
Fox at dawn. PEPE BELTRAN
I have found a few earths through the years but I have also had always a problem to take the pictures, too much vegetation, too dark, no place to place the hide. Nevertheless, this time the imprudence of this fox fulfill my expectations.
Canon EOS 3, Canon 100-400 IS, speed. 1/60 sec., f8, Fuji Provia 100F

Female of common kestrel, La Vega del Guadalquivir.
JAVIER RAMOS
The confidence of this bird allows me to catch this particular moment I had been dreaming of for years.
Canon EOS 20D, Canon 17-40mm L USM, speed. 1/125 sec., f6.7, -2 points, master: Flash Canon 580 EX and slave: Flash 430 EX, ISO 100, tripod and remote control cable.

Pages 96-97
Chameleon hunting, Malaga, near the capital town.
RAMON NAVARRO
When this astonishing animal displays its sticking tongue in hundredth the prey can do just a little. Note the contrast between the speed of the attack and the stealth when it is lying in wait.
Canon EOS 1N, Canon EF 400mm f2.8, 2 Flashes Canon 550 EX working with partial powers of 1/16, Fuji Velvia 50 asa, speed. 1/250 sec., f8

Terrible Beauty, Bahamas. ROGELIO HERRERA PEREZ
Tiger shark, 3m long. This photo was taken in a diving expedition in a Bahamas' reef, onto a sandbank, at 5m deepness.
Nikon RS, Nikon 13 mm, double flash Nikon SB-104 and SB-105, speed. 1/60 sec., f16, Fuji Velvia 100, flashes at minimum power (1/16)

Pages 98-99
Lapp Tawny Owl, Finland at –20ºC. Miguel Lasa
I managed to follow it for hours while I was hunting rodents. It spent the most of its time looking for preys from the crown of a tree, and after a long wait it jumped, only helped by its ear and hunted a rodent which was hidden in the snow.
Canon EOS-1D Mark II, Canon 300 f2.8, speed. 1/1000 sec., f4, ISO 400

Uluru at dusk, PN Uluru-Kata Tjuta, Northern Territory, Australia FERNANDO ORTEGA
Uluru is the biggest monolith in the world, 3 kilometers long and 364 meters high, so really impressive. The red rock is a real spectacle at dusk, as the sun goes down the color changes until the last rays lighten it.
Panoramic sight of Uluru: made joining three digital pictures.
Canon EOS 20D, EF 16-35 mm, ISO 100, panoramic sight created using Photoshop

Pages 100-101
Fire worm, La Punta del Volcán - La Palma. FELIX AGUADO
Undoubtedly a great predator as it has, in the border of its hundred and twenty-five segments, bunches of poison to repel the aggressors.
Nikon F90X in box Seacam, 105 mm Micronikkor, flash Subtronic 200 W, f22 1/100, slide VS100 Kodak

Heron, Marismas del Guadalquivir. JAVIER RAMOS
Probably one of the most photographed birds as its behavior, its skills and beauty captivated everyone. Once found and after a few hours I could guess its movements and customs. Once alighted he can throw himself and look for food.
Canon EOS 20D, Canon 100-400mm L IS USM, speed. 1/250 sec., f10, -1/3, flash 550 EX, ISO 100, tripod, hide

Pages 102-103
Royal Heron in a golden river, River Guadiamar, Sanlúcar la Mayor (Sevilla). JOSE MANUEL REYES
I was walking some morning close to the river when I saw a group of herons feeding themselves in the pools caused by the drought. "And I saw it", the dry reeds lightened by the first rays of the sun and a heron reflected in the water, still in the dark but taking good profit of the quiet water to fish. I was in the hide trying to catch this particular moment.
Canon 20D, Canon 100-400, f8, speed. 1/160 sec., +2/3, ISO 200, hide

Caterpillar onto vegetable, Vigo, Pontevedra.
MARCOS VEIGA
It is not necessary to move far from home to catch pictures of great dramatic sense as the Nature offers outstanding sceneries. I was walking in my vegetable garden when I saw this caterpillar of heterocerus perfectly camouflaged onto a leaf of a vegetable.
Nikon D-70, Micro Nikkor 60mm, f2.8, speed. 1/16 sec., f13, ISO 200

Pages 104-105
An accomplished dream, Sierra de Guadarrama.
ENRIQUE FERNANDEZ FERRA
I had found the right place and I had the picture in my mind I was just waiting for the best weather conditions. After a forty-minute walk on the snow, I reached the place just at the sunrise with the golden lights in the horizon.
Canon EOS 20D, Canon EF-S 10-22 f3,5 - 4,5 USM, inverted neutral gradation -3 Singh-Ray, tripod

Cranes. JOSE MARI LLAVORI
In the last days of February, the cranes meet at the Aragon lake of Gallocanta, they seem so nervous; a few days before their long trip towards the Northern lands where they will start the reproduction stage. The constant exhibitions and dances will give way to a nuptial parade.
Nikon F5, Nikkor 500mm. f4 + Duplicator, Velvia 50

Pages 106-107
Seal, Low California (Cortes Sea). CATALINA PERALES
A seal (Zalophus californianus) expelling bubbles and defending its territory.
Nikon F100, Nikon 17-35/2.8 in closed box Subal, amphibious flash, f5.6, speed. 1/125 sec., Fuji Provia 100

Hell on heaven, Sierra de Guadarrama.
RAFAEL FERRANDO
The environment and the conditions were excellent, a fantastic snowfall covered the whole surface, it was nearly impossible to move without the skis or snowshoes. Near the abyss and because of the lighting conditions I drove the tripod into the snow and prepared the scenery. I was really surprised as the lighting conditions changed brusquely and there were so many clouds in the sky.
Fuji S2 Pro, tripod, speed. 1/15 sec., f22, 2-sec delayed shot.

Pages 108-109
Goizaldi, Endoia, Cestona, Deba (Gipuzkoa).
LUIS FRANCISCO LLAVORI
By the beginning of November, in the morning, the fog is really usual in the mountains near the coast because of the difference of temperatures.
Nikon F5, Nikkor 80-200 (150) f2.8, speed. 1/10 sec., f22, tripod, Velvia 50

Tiger, National Park of Bandhavgarh (in the center of India).
JORGE SIERRA
This photo was taken when climbed onto an elephant trained to follow the tigers.
Nikon F100, Nikkor 80-200 f2,8, ektachrome E100VS

Pages 110-111
Marmot on alert, Benasque (Huesca).
JOSE ARDAIZ GANUZA
The alarm shout of one of the members of the group makes the rest of the members to be on alert; these run to be safe in their sets. These shouts echo in the Pyrenees and let us know we are in the marmots' territory.
Canon EOS 20D, Canon 100-400, speed. 1/50 sec., f8, ISO 100, -0.3 EV, tripod

Mountain skin, Central Pyrinee, Huesca. View of the Canal Roya and surrounding area from the point of Espelunciecha, a height near the Pico de Anayet. JUAN BRIOSO MAIRAL
The look of the mountain changes as the seasons go by. The white winter gala are replaced with the colors of the spring, next parched by the hot dry winds of the summer. When in autumn, the valleys show their most saturated shades, in the heights the floors are brown, groovy and wait for the humidity of the first snows. This is the mountain skin.
Nikon D70, Nikkor 18-70 G, speed. 1/200 sec., f7.1, ISO 200

Pages 112-113
Purpurea, Murcia. Orchid Flower, Orchis Purpurea.
JOAQUIN ALBALADEJO
Canon 10D, Macro Canon 100mm. f2.8, speed 1/6 sec., f18, ISO 100, supporting flash, tripod

A very vain girl, Beas (Huelva), holm oaks and thicket meadow.
FRANCISCO JOSE HOYOS
Taking this photo meant uniting the techniques for photographing birds along with looking for the best frame to give a special touch to the composition. It wasn't an easy task but finally the effort and the wait were worthwhile.
Nikon D70, Sigma 50-500, speed 1/200 sec., f9, ISO 200, 2 flashes, tripod Manfrotto

Pages 114-115
Deer, Macizo de Gorbea, Alava.
RAMON ARAMBARRI BENGOA
By September in the Gorbea Mountains as in so many peninsular areas one of the most spectacular moments of the year: the bellowing. I was observing the males in the distance and I wasn't really lucky, it was a rainy foggy afternoon and suddenly this one approached to me and I could take the photograph.
Nikon F100, Nikkor 500mm F4, speed 1/60 sec., f4, Velvia 100, tripod, hide

Pages 116-117
Flying over the Delta. SANTI MARTORELL
Some virgin areas of the Ebro's delta seem so really astonishing because of their colors, their shapes and their textures, the mixture of water, earth and vegetation. An everyday changeable spectacle. Canon EOS 20D, Zoom 17-40mm, speed 1/250 sec., f5.6

Winter cranes, Laguna de Gallocanta (Teruel).
FRANCISCO MARQUEZ
Each year, tens of thousands cranes concentrate in this lake and then, go to the Western and Southern part of the Iberian Peninsula. So many of them in any case decide to pass the winter in Gallocanta, looking for food in the nearby crops, sleeping and taking refuge in the water. This photograph was taken at dawn, eight degrees below zero just as these striking birds

were leaving their refuge.
Nikon F5, Nikkor AF-I 500mm f4 D IF-ED, Kodak Panther 100, Tripod Gitzo, cable of shutter release.

Pages 118-119
From the Sea entrails. **SAUL SANTOS**
With a somehow diabolic look but showing arrogance, beauty and respect, the Sea is the most impressive element I like to catch. The Sea offers us moments that can go unnoticed, sensations which are able to isolate us from the whole environment. I sometimes realize there are interesting effects I can catch if I play with the lights, the shine and the water movements.
Nikon D70, Sigma 12-24, speed 1/4 sec., f22, ISO 200

Avutardas (Spanish wading birds), Villafáfila Reserve.
RAMON ARAMBARRI BENGOA
The reserve of Villafáfila is one of the best sanctuaries for "Avutardas" in the Iberian Peninsula and in the World. We waited for a few days and found a homeland area so we installed the hide after getting the owner's permission and ten days before the photographic session. We waited for a few days hidden and we were lucky as a few ones were just in front of us during some brief moments.
Nikon F100, Nikkor 500mm F4, speed 1/125 sec., f4, Velvia 50, tripod, hide

Pages 120-121
Spring, Alcalá de Guadaíra, Sevilla. **DIEGO LOPEZ**
After a rainy spring, the flowering period in the meadow of the Guadaira River was a mix of colors, perfect for housing a colony of bee-eaters. Certainly bee-eater is "the bird of the season".
Nikon D200, Nikkor 300 f4, speed 1/250 sec., f4, ISO 100, hide, tripod Manfrotto

Frozen Field, Campo Charro de Salamanca
JOSE ÁNGEL BARBERO
This picture was taken in the "campo charro" in Salamanca, the characteristic scenery is the meadow with a flat lightly undulated terrain, plenty of pools or small streams with pastures and holm oaks. In the winter the low temperatures and the fog create pictures like this one.
Canon 10D, Canon 28-105, speed 1/400sec., f9, ISO 200, tripod

Pages 122-123
Colony in the Araos of Brünnich, Island Spitbergen, Svalbard, Norway. **PATRICIO ROBLES**
Panoramic Camera Fuji GX617, 180 mm f8 lens, Fuji 120, Gitzo carbon tripod.

Pages 124-125
Metamundos, Protected biotope in San Juan de Gaztelugatxe, Vizcaya. **RAUL ESTEBAN**
Usually taking photos of the same habitat allows us to understand the energy of the environment. Everything changes and nothing is the same all the time. There are so many particular worlds in the general world in front of us. Worlds inside other worlds.
Canon 10D, Canon EF 17-40 f/4 L USM, distance shutter release Canon RS-80N3, filter Cokin P121 neutral gradation ND8 (3 steps), filter-carrier cokin series P, speed 10 sec., f/22, ISO 100, tripod Manfrotto, glass block.

Night spirit, countryside of Sanlúcar la Mayor (Sevilla).
JOSE MANUEL REYES
In the dark immensity of the countryside, in the silence and the loneliness, a ten-minute walk parts me from the night events. Only in the full moon evenings a sort of halo reflecting in the cereal fields accompanies me while I walk and sometimes the silence gets broken by the deep and melancholic shout of the small owls. Back home and loaded down and so full of illusions I think of the next night walk and about how to correct and to improve the takes.
Canon 20D, Canon 17-40, three units of flash, speed 1/250 sec., f13, ISO 100, barriers, tripod

Pages 126-127
Arden as boiras, Valle de Ordesa. **JAVIER ARA**
At the end of a gray day, rainy and snowy, some sun rays filtered between the mist creating strong and beautiful scenes.
Nikon F100, Nikon 80-200 mm f2.8, speed 1/30 sec., f8, Velvia 50, polarizer filter, tripod

Wild Cat. **HERMINIO M. MUNIZ**
A young cat was prowling in the nearby of a bait prepared for a different species.
Nikon F100, Nikkor 300mm f2.8 AFS, IF-ED, tripod, hide

Pages 128-129
La Sabina, El Hierro. **SAUL SANTOS**
The Hierro has always captured me, a tiny space which houses so much beauty and variety, the Savines with their shapes and textures show the ages passing by and the hardness of the inclemency.
Nikon F100, Nikon 24-120, speed 1/60 sec., f 16, polarizer filter, Velvia 50

Valle del Guadalquivir, Cazorla. **JOSE RAMON LORA**
Canon EOS 20D, Canon 28-70, speed 1/250 sec., f5, ISO 100

Pages 130-131
Bee-eaters hunting. **RAFAEL RAMOS**
I have photographed so many of them, carefully observing their behavior, their customs, the way they hunt, that day I was lucky and I managed to take a picture of one bee-eater catching an insect at flight.
Canon EOS 20D, Canon 100/400 L IS USM, speed 1/500 sec., f7.1, ISO 100, tripod, hide

Fox, Pyrenees Mountains. **RICARDO VILA**
The fox approached so many times the carrion prepared for vultures and lammergeyers.
Nikon F3, 500 mm. f4, Fuji Velvia 100 ASA

Pages 132-133
The Wave, Galicia. **KIKO ARCAS**
The passing of a tempest in the Galician Coast is a great opportunity to understand the strength of the Nature and for taking photos of spectacular waves.
Nikon D100, Sigma 120-300 f2.8, speed 1/250 sec., f5.6, tripod

Caterpillar. **JUAN CARLOS MUNOZ**
After consuming its inside, the caterpillar leaves the capsule of a papaver somniferum.

Pages 134-135
Royal heron at dawn. **HERMINIO M. MUNIZ**
The first sun rays of a cold daybreak of December slightly lighten the feathers of a royal heron in the old banks of water forming a pool in the River Guadalquivir wetlands.
Nikon F5, Nikkor 500mm f4 AFI, IF-ED, tripod, hide

Kestrels fighting. **RAFAEL RAMOS**
That day the kestrels were really hungry and were constantly fighting, the picture shows a fighting between a male "primilla" kestrel and a female common kestrel.
Canon EOS 20D, Canon 100-400 mm L IS USM, speed 1/500 sec., f7.1, ISO 100, tripod, hide

Pages 136-137
Flamingos in the wetland. **Rafael Ramos**
A wonderful day in the wetland plenty of flamingos.
Canon EOS 20D, Canon 100/400 mm L IS USM, speed 1/500 sec., f8, ISO 100, tripod

Autumn in Ordesa, N.P. of Ordesa and Monte Perdido, Huesca, Spain. **ALEJANDRO TREVINO LOPEZ**
There are some areas of the National Park of Ordesa where we can have the most spectacular sights of the Valley. Some of these are a bit dangerous; when we took the photograph we needed to avoid trunks and branches so the tripod was put in the very edge of the abyss, a very steep hillside. This secret area is a must every time I visit the park and especially by the autumn when the Valley "is wearing its best clothes".
Canon EOS 20D, Canon 17-40mm EF f:4L, speed 1/5 sec., f22, ISO 100, tripod, gradated neutral filter and polarizer

Pages 138-139
River Baias. **GAIZKA BILBAO**
For three years I had the picture in my head, that day I went to this place as the weather conditions were excellent; the tree had almost all its leaves, the wind did not blow and the level of the river was good. The autumn played its role.
Canon 20D, 17-40, f14, speed 3 sec., ISO 100, focal length 32mm, tripod 190, cable of shutter release.

Cotton Herb if the Alps, Zermatt (Switzerland), at about 2800 meters high. **IGNACIO LOPEZ VARGAS**
Since I planned my trip I only thought was taking photos of alpine flora. I looked for this area for a few days and after some trekking I found it. I was planning the photo for a few minutes and at the end I made up my mind and I chose the best frame. I threw myself into the floor wit my tripod at minimum level and I chose the Great Cervino as a background. The clouds helped me to give the photograph an alpine look.
Nikon D70, Sigma 18-50 F2.8, speed 1/200 sec., f11, ISO 200, +0,7EV, tripod Manfrotto, neutral gradated filter Cosin G2 Soft.

Pages 140-141
E la nave va, As Catedrais, Lugo. **UBALDO MORENO**
For an islander coast boy, spending the afternoons looking at the Sea was an invitation to imagine different places, different people, and different ways of living. And one day, the boat left and I had embarked…
Canon EOS3, Canon 20-35mm, f22, speed 8 sec., neutral density filter - 6 points BW, precise measuring in the rock with +1/3 EV correction.

Parus cristatus, Sierra de Guadarrama. **JAVIER RAMOS**
Unmistakable because of its trilling song and its characteristic head, this tit Capuchin caught my attention when I visited so frequently the wild rosetree in this area. I liked the result and I thought I also could show the autumn environment.
Canon EOS 20D, Canon 100-400mm L IS USM + extension ring 24mm, speed 1/125 sec., f8, -2/3, Flash Canon 420EX, ISO 100, Hydro hide

Pages 142-143
Hawk-eagles. **JOSE MARI LLAVORI**
In July the hot weather in La Serena is suffocating. The hawk-eagles have just finished their hazardous reproduction period and start a dispersion stage, prior to migration towards African areas. Water will be absolutely necessary for them during the very next months.
Nikon F5, Nikkor 500 mm f:4 + Duplicator, Velvia 50, tripod, hide

Ichneumon. **HERMINIO M. MUNIZ**
The only European mongoose: an increasing number of them live in Andalusia.
Nikon F5, Nikkor 80-200 f2,8 , IF-ED, tripod, hide

Pages 144-145
The Last Lights. **ALBERTO SAIZ**
Through a powerful blizzard, the dusk light filtered through the mountains and lightens this hill of Lerida's Pyrenean Mounts.
Canon EOS 10D, Sigma APO MACRO 400mm, speed 1/100 sec., f18, ISO 100, tripod

Strobo. **PACO SEGARRA**
Nikon F-70, Zoom 35-80mm, infrared banner Hama, flash Metz 40Mzi, stroboscopic mode, twinkles' frequency at 10 Hz, number of twinkles 3-N, Fuji Sensia II, ISO 100

Pages 146-147
Wheat fields, Tablas de Daimiel.
RAFAEL PALOMO SANTANA
This photo was taken from the hide of the permanent lake during the afternoon while I was waiting for the cranes' arrival in the wheat fields.
Canon EOS 20D, Canon 500 + 1.4X, speed 1/8000 sec., f6.3, ISO 200, -0.3 EV, opening priority, evaluative measuring, tripod Gitzo

Toad running, Natural Park, Sierra Norte, Sevilla.
JOSE RAMON LORA
Canon EOS 20D, Canon 70-200 f2.8 + extension tube, speed 1/25 sec., f7.1, ISO 200, tripod GITZO

Pages 148-149
Big-eared Bat. **RICARDO VILA**
This Big-eared Bat lived in an abandoned house of Aragon's Pre-Pyrenees. The photo-electric cellule is placed close to a window through which the bats exited at night.
Hasselblad 553, 120 mm f4, Fuji Velvia 50

Mortal Embrace, Night in Sardina de Galdar (Gran Canaria, Canary Islands). **FRANCESC FONTANALS VILLAZON**
This sepia officinalis was patrolling the bottom looking for a prey; with a quick movement it caught a small scorpion fish.
Olympus 5060, flash sub-tronic, f7.1, speed 200 sec., 80 ASA

Pages 150-151
Black Lake, White Lake
Natural Park Laguna Negra, Sinuesa, Soria
RODRIGO HERNANDEZ CABOS
Mamiya 645, Hoya 58mm, PL-CR, f/22, 1/14 sec., tripod Manfroto Carbone, Fuji Velvia 100, polarizing filter.

Pages 152-153
Hot Colors, Protected biotope in San Juan de Gaztelugatxe, Vizcaya. **ARTURO BOYRA**
The anemones are animals characterized by their urticaria cellules used for both defense and hunting and which caused a certain itch when touching them. This species, Anemonia sulcata, has in the end of the tentacles some microscopic weeds that feed them when the food is scarce. This is the reason of their vivid phosphorescent colors.
Nikon D100, Nikkor 60 mm, speed 1/60 sec., f11

Pages 154-155
Hoopoe, Alcalá de Guadaira, Sevilla. **DIEGO LOPEZ**
Looking for the right background is one of the most interesting parts of the Nature photography. The most complicated stage is adjusting the frame; in this case the photograph was taken by remote control.
Nikon D200, Nikkor 300 f4, speed 1/320 sec., f8, ISO 100, +0.3 EV, flash SB800, 100m home-made remote control cable.

Yucca in the Sierra del Carmen,
Area of Protection of both the flora and the fauna of Maderas del Carmen, Coahuila, México. **JAIME ROJO**
Nikon F90x, Nikkor 20 mm., Fujifilm Provia 100F, carbon tripod Gitzo.

Pages 156-157
White-faced terns, Marismas del Guadalquivir, Sevilla.
DIEGO LOPEZ
Taking photographs of the reproduction cycle of the terns is a much interesting experience, the wooing, the territorial behavior, the fattening give us so many photographic possibilities. In any case acting cautiously is a must.
Left picture: Nikon D100, Nikkor 300 f4, speed 1/1000 sec., f4.5, ISO 200, -0.3 EV, hydro hide. Right picture: Nikon D100, Nikkor 300 F4 + 1.4x, speed 1/1250 sec., f5.6, ISO 200, -0.5 EV

Pages 158-159
Bengal Tiger, India. **JUAN CARLOS MUNOZ**
This species causes the death of so many people every year so taking pictures of the tigers in their natural environment is a serious challenge for Western photographers.

Embalse del Pintado, Natural Park, Sierra Norte, Sevilla.
JOSE RAMON LORA
Canon EOS 20D, Canon 70-200 f2.8, speed 1/4 sec., f8, ISO 100, tripod Gitzo

Pages 160-161
Common swallow, Los Palacios & Villafranca, Sevilla.
RAFAEL RAMOS
Canon EOS 20D, Canon 100-400, speed 1/500 sec., f8, tripod, hide, ISO 100

Bald Eagle, Alaska. **EDUARDO BERNABEU GIL**
Taking good profit of the last afternoon sunrays in Homer (Alaska), certainly the best place to observe and take photographs of this species.
Canon EOS 5D, Canon EF 500 f4L, speed 1/800 sec., f4, ISO 200, tripod Manfrotto.

Pages 162-163
Cormorants and rainbow. **KIKO ARCAS**
I was taking photographs of cormorants in the middle of a cloudburst when, in only a few seconds the sun appeared and next a spectacular rainbow. I quickly changed the lens and could take this picture.
Nikon D100, Sigma 28-70 f2, 8, speed 1/250 sec., f10, tripod Manfrotto

A particular sparkle. Natural Park Parea, Geres, Portugal.
RODRIGO HERNANDEZ CABOS
Canon 50E, Canon 24-85, f-16, 1/30 sec., tripod Manfroto 055PRO, Fuji Velvia 50

Pages 164-165
Stauropus Fagi. **LUIS M. IGLESIAS**
The Warrior of the beech tree is one of the most extraordinary European caterpillars. When I approached it adopted a characteristic defensive pose and as the weather conditions were good I chose to use the natural lighting.
Canon EOS 1n, 105mm Sigma, E 100vs, tripod, micrometric plate, shutter release cable, blocking glass. F11 speed 1/10.

Natural Park, Sierra de Cazorla (Jaén)
JOSE IGNACIO PEREZ LOZANO
The spot employed for the framing is a faraway corner of the world, really remote. It is undoubtedly a virgin, little devastated place. As there is enough water I only had to choose the best moment and the best day lighting: an irresistible temptation for my camera.
Nikon D70. Lens: nikkor 70/210. Focal distance: 116mm
Speed: 0.5. Opening: 4.3. Tripod: Manfrotto. Manual exposure.

Pages 166-167
The creature in the fog. Madeira.
RODRIGO HERNANDEZ CHACON
Canon-EOS 20D, speed. 4.0, f-22, Focal distance 17mm, ISO-100, tripod Manfrotto.

Crocodile hunting a gazelle of Thomson. Natural Reserve in Masai Mara. **JOSE PUY GALLEGO**
Nikon F-100, Sigma 50-500, Ektachrome 100.

Pages 168-169
Chobe's National Park. **FOTONATUR**
Entering the River Chobe in a boat is an unforgettable experience. The wild fauna goes close to the banks in order to mitigate the implacable African hottest weather. The herds of elephants cross the water looking for the vegetation of the fertile grazing. The fishing eagle in the picture is fishing among water lilies before the nightfall when the sun disappears in the horizon.
Canon Eos 1 N. Lens: 24mm. 2.8 Speed 1/250.f8. format 35mm, slide. Film: Fuji Velvia 50

Tarangire National Park. **FOTONATUR**
A confident green monkey is playing in a cavity of a tree in the Northern Tanzania and is giving me a splendid and much particular frame: a sort of natural window in the middle of the nature.
Canon Eos 1 N. Lens: Sigma 400mm. 5.6 Speed 1/125. f5.6. format 35mm slide. Film: Fuji Velvia 50.

Pages 170-171
Amazonian rainforest turkey. FOTONATUR
I flew over the Ecuador's Amazonian rainforest till the Peruvian frontier to meet the Quechua community in Yanayacu. The River Tigre and the surrounding trees protected so many species, the most of them in danger of extinction. This young turkey had been always fed by humans and some times visited the community places with absolute self-confidence.
Camera: Canon EOS DS MARK II. Lens: Canon 24- 80 2.8. Sensitivity 400 ASA. Automatic Balance.

The last light. Natural Park, Aiguestortes and San Mauricio. RODRIGO HERNANDEZ CHACON
Canon 50E, Canon 24-85, f/22, 1/30 sec., tripod Manfroto 055PRO, Fuji Velvia 100

Pages 172-173
Ayacata. DANIEL MONTERO
Spring under a sea of clouds, Ayacata, Gran Canaria.
Nikon D100. Nikon 12-24VS. Tripod Manfrotto. 1s, F22. Precise measuring. Cloudy White Balance -1.

Frog, La Vera, Caceres. BEATRIZ MORENO
The model in the photograph won't ever forget us as she endured hundred of shots and was surrounded by so many photographers; it was under a lot of stress!
CoolPix 5700. Mode macro. ISO 100. 1/60 sec. - f:5.

Pages 174-175
Lake Natron. FOTONATUR
The lake Natron is one of the most wonderful places I have photographed. Thousands of flamingos and a varied fauna feed in these waters in spite of its saltiness. The zebras in the picture are drinking distrustful because they have noticed I was there (although I was hidden behind a bush).
Canon Eos 1 N. Lens: Sigma 400mm. 5.6. Speed 1/125. f5.6. format: 35mm slide. Film: Velvia 50.

"Picogordo" (great peak). ANIBAL FERRON MOHEDANO
I intended to photograph the goldfinches entering the feeder in their own environment so I decided to fill a thistle with some birdseed and carefully cut the rear part. I was really surprised when a "picogordo" entered the new landing area.
Nikon D-100, Nikkor 80-400 vr., speed. 1/60 sec., F10, ISO 200

Pages 176-177
Imminent Tempest. National Park San Mauricio and Aiguestortes. RODRIGO HERNANDEZ CABOS
Mamiya 645, Hoya 58mm, PL-CR, f/22, 1/30 sec., tripod Manfroto 055PRO, Fuji Velvia 100, polarizing filter.

Pages 178-179
Elephant, ibis and herons in the Musiara wetlands. National Reserve in Masai Mara (Kenya). JOSE PUY GALLEGO
Nikon F-100, Sigma 50-500, Ektachrome 100 (strained to 200 ISO)

Natural Park, Delta del Ebro. MARIANO CEBOLLA
A young Otus Scops photographed in the area close to the Wild Fauna Recovering Center in this Natural Park and in controlled conditions: once the animals have been recovered these were released. As far as this Otus Scops was concerned, it was released by the poplars present in the own recovering center, put on a branch while we wait until it started to fly. I was really lucky as the animal stayed for a long while before it started to fly so I could take the photograph as it was looking at me.
Canon EOS 1N HS, Canon 70-200 f.2.8 USM L 200mm. Film: Fuji Velvia 50. Free hand.

Pages 180-181
Natural Park, Delta del Ebro. MARIANO CEBOLLA
I found this Tiger Butterfly or (Danaus chrysippus) copulating when I went to the Natural Reserve of the Buddha Island in the Delta del Ebro's Natural Park. It was the hottest summer in so many years and a large number of migratory butterflies was countered.
Canon EOS D30, Canon 300 f:4 USM L IS, Tele-converter Canon 1.4x, 100 ISO. Free hand.

Langreo (Asturias). JOSE IGNACIO PEREZ LOZANO
I employed an inverted lens with no adaptor to take this photograph with very poor lighting (handled free hand). I had to be so really patient in order to avoid sudden movements and to take enough photographs. In the meanwhile, the Calopteryx virgo was looking at me out of the corner of its eye, it seemed lethargic which was so really helpful as these insects get afraid just noticing the viewer is getting closer.
Nikon: D70. Lens: nikkor 35/70 inverted. Speed: 1/160. Opening: 11. Manual exposure.

Pages 182-183
Hippopotamus dipped in the River Niger. FOTONATUR
After going all over hundreds of kilometers in the desert area of Mali in my way to Timbuktu, I reached the river Niger and I felt as I had entered the Paradise. Large stretches of land and of bright green grass protected the great river from the desert sand and groups of hippopotamus disappeared under the deep water. The rain season transform this river in an inside sea every year.
Camera Canon EOS 1N, Lens: sigma 400 5,6., Fujifilm Velvia 50.

Synaema globosum. LUIS M. IGLESIAS
I could take this photograph as there was no breeze. The supporting flash added an extra quality to the picture.
Canon EOS 1n, 105mm Sigma, 50 Velvia, Tripod, micrometric plate, shutter release cable, supporting flash and blocking glass. F11 speed 1/8

Pages 184-185
Natural Park Alto Tajo (Guadalajara). JOSE IGNACIO PEREZ LOZANO
The insects' world has always fascinated me and more particularly the Calopteryx virgo or Devil's horses, a species that can be found in nearly all rivers and lakes. To take a good photograph of these insects requires patience, it is also necessary to analyze the elements of the environment. To make this photograph I used the water of the lake as a background, I took diverse shots using the zoom and worked on different angles. The scene changed when the arachnid that was camouflaged behind the fallen leaves attacked covering the calopteryx virgo with its spider web and immobilizing it. I have chosen this picture among many others taken that day mainly because of the equilibrium.
Nikon: D70. Lens: nikkor 70/210. Focal distance: 210mm. Speed: 1/160. Opening: 5.7. Manual exposure.

Stormy heights. Natural Park Aiguestortes and San Mauricio. RODRIGO HERNANDEZ CHACON
Canon 50E, Canon 24-85, f-22, sec. 1/8, tripod Manfroto Carbon, polarizing filter, Fuji Velai 100

Pages 186-187
Menophra abruptaria. LUIS M. IGLESIAS
Finding butterflies geometra is not always so easy: to take this picture I employed two flashes so I could emphasize the textures and remove the shadows.
Canon EOS 50E, 105mm Sigma, E 100vs, 2 flashes, tripod, micrometric plate and shutter release cable. F16 speed 1/125.

Cheetah in the Serengeti. FOTONATUR
The Serengeti savanna is one of the paradises of the world fauna. At dusk the felines find the best hours for the hunting as the temperature is not so high. With its piercing sight the cheetah scans the uniform vegetation of the plain waiting for the best moment to take its quickest run reaching a speed that no other living being is able to reach.
Canon Eos 1 N. Lens: Sigma 400mm. 5.6. Speed: 1/125. f5.6, format: 35mm slide. Film: Fuji Velvia 50.

Pages 188-189
Black vulture. National Park Monfragüe, Cáceres. FRANCISCO MINGORANCE
Canon EOS 1 Mk II N, 500 f4, tripod, hide, ISO 400, 1/60, f8

Aviaries. National Park Doñana. FRANCISCO MINGORANCE
Canon EOS 1 Mk II N, 500 f4, tripod, hide. ISO 100, speed 1/250, f8

Pages 190-191
Combed by the wind. DANIEL MONTERO
Pablo Neruda wrote: "...and when the Sea overflows constantly, it says yes, no, no, no, oh yes, blue-colored, with its foam, at a gallop, it says no, no. The sea cannot keep still; My name is Sea, it repeats while it bangs on a stone with a scarcely convincing move...". The waves are so really changeable (no, no and they say yes, no... , unforeseeable, (...with their foam, at a gallop...), with a lot of character, restless, arrogant, charming, calm, aged, with a touch of youthful folly, violent...
Nikon D100. Nikon 12-24 VS , Tripod Manfrotto, 1/400, F9. Precise measuring. Clouded balance of white -1.

Flying cockroaches. Delta of Llobregat (Barcelona). XAVIER MARTÍNEZ
Canon 300D, Canon 100-400 L IS USM to 400mm, ISO 200, F6.3, 1/2000s

SECTION "PARTICIPA"
Pages 192-193
Flamingo Chicks, Ebro Delta. JUAN GIL RAGA
Photo taken during the ring stage the last 4th July in the Ebro Delta.
Canon EOS 300D, Canon 70-200 f2.8, speed.1/8 sec., f32, ISO 200, -1/3 EV

Tempest lights, Cliffs in la Galea, Getxo (Bizkaia). ISABEL DIEZ
This picture was taken a few minutes before the tempest started. The strong wind forced me to hold the tripod with my hand. I used the polarizing filter in order to saturate the colors and I placed the warm filter 81B to enhance the orange shade that I was seeing in the horizon. I took some evaluation measurements and I compensated +2/3 points due to the white color of the water and some other light shades.
Canon EOS3, Canon 28-70 f2.8L, polarizing filter B+W, warm filter 81B, tripod, Velvia 50, ISO 40

Pages 194-195
Flying over the flowers, Las Barracas (Toledo). FERNANDO ORTEGA
I was about taking a photo of these flowers when suddenly a bee appeared; I had just enough time to taken a picture of the bee flying before it landed.
Canon EOS 10D, Canon 300 IS, f4, speed.1/1200 sec., f5,6, ISO 100

Ice leaf, path in the River Tajo (Toledo). BEATRIZ MORENO
The sprays working the whole night along with the frost caused this phenomenon. The vertical lines of the icicles in the background and the diagonal drawn by the leaf seemed to me an excellent composition; I also loved the contrasts between the green color of the leaf and the neutral shade of the ice.
Nikon Coolpix 5700, speed. 1/60 sec., f7.6, ISO 100, precise measuring.

Fox, Lerida. ANIBAL FERRON
I was taking photographs of those mules, this morning the tempest seemed to be about breaking, while I was waiting for the vultures, this fox appeared. Once the fox noticed the arrival of the vultures it preferred to leave.
Nikon F100, Nikkor VR 80-400, speed.1/60 sec., f8, Provia 100

Tit Capuchin. ANTONIO LIEBANA
The snow covered the whole Mediterranean mount and the smallest birds looked incessantly for the food they needed to survive; when they noticed me, they were about taking this precious and vital bite.
Canon EOS 20D, Sigma 50-500, speed. 1/90 sec., f9, ISO 100, flash, tripod, hide

Pages 196-197
Hoopoe. RUBEN MARTINEZ FRAGA
The light did not still reach the feeder but this hoopoe didn't want to wait, after satisfying quickly its hunger it stopped when it heard the noise of the shutter, at this moment the light lightened its crest.
Canon EOS 20D, Canon 100-400, speed.1/60 sec., f8, ISO 400, tripod, hide

Beauty in the heights, El Mondaruego, Ordesa, Torla. JUAN JESUS VICENTE
The Mondareugo was just opposite me; its majestic crags seemed so beautiful and defiant, surrounded by the fog trying to hide its outstanding beauty. In a moment the clouds allow to see the vertical walls, it was magic, I had just the time to frame, to expose, and… "Click". This moment of unexpected beauty was mine.
Nikon D70, lens 24-120mm, f/5.6, speed. 1/180 sec., tripod, polarizer, warm filter 81B, ISO 200

Eagle, Santa Fe de Montseny. MERTXE ALARCON
I hadn't got my tripod, so I put my rucksack the other way round and rested my camera strongly onto it. I took a 2-sec photograph, time didn't seem to fly… when I developed the negative I was so happily surprised noticing the curious shape of the water taking the shoot at this slow speed.
Nikon F90X, Nikkor 35-135, Fuji Reala 100

On the dot of the tempest, Alfocea Mounts (Zaragoza). JESUS CHUECA
At dawn, the sky was clear but slowly the clouds appeared. After a while the sky became gray. Only the sun rays could escape and lighten the limestone earth of these mounts creating a light-shadow spectacle so difficult to forget.
Nikon D70, Sigma 70-300, ISO 200, f/16, speed. 1/60 sec., tripod, polarizer

Pages 198-199
The shape of a kingfisher, Llobregat Delta (Barcelona). JUAN CORREDERA
I really did not wait this from it and it landed in the worst place, against the light. I chose measuring the most lightened area and emphasizing its shape, the unmistakable shape of a grand expert.
Konica - Minolta Dynax 7D, Sigma 400 f5.6, ISO 100, f/5.6, speed. 1/500 sec.

Melanargia Lachensis. JOSEP RAMON SALAS
By the mid May, in some areas of Lleida's pre-Pyrenees, we can find this butterfly. In the early morning when the temperature is not enough high for this butterfly to start working I was able to take a photograph of this adult resting onto a plant belonging to genus Catananche.
Nikon F5, MicroNikkor 105 f2.8, speed. 1/4 sec., f8, tripod, reflecting screen, Velvia 50

Aguacuajada, east of the harbor of Garrucha (Almeria). JOSE ANTONIO RODRIGUEZ
During a diving I was looking towards the surface and I could notice a large-sized jellyfish surrounded by a group of horse mackerels. When we approached from the bottom, I was engrossed because of the light playing as the jellyfish was just hiding the sun.
Nikonos V, lens 15mm., film Sensia II, f/16, speed. 1/90 sec.

Alfilerillo de Pastor (tiny shepherd's pin) A Limia (Ourense) ANTONIO LIEBANA
It was a spring summer, rainy and grey. There was very little lighting but the spring spectacle was marvelous. This flower endured the morning rain to show its best clothes to us.
Nikon D70, lens: Micro Nikor 60mm., ISO 320, format: RAW, f/13, speed. 1/200 sec., balanced exposure -0.3 EV, tripod

Pages 200-201
Bryce Canyon National Park, Utah (USA). DAVID PEREZ HENSO
After a rainy afternoon, the next day was nearly radiant, the water which had soaked the area enhanced the astonishing color of this wonderful multicolored clay pinnacles with their hats made of rock.
Leica Digilux 2, circular polarizer B+W, f9, speed. 1/100 sec., ISO 100

Fishing Eagle, Finland. MIGUEL LASA
These eagles are plunging to fish trouts with their talons like harpoons. I was so really surprised by their beauty and their skills as some times these were able to fish two trouts at the same time. The eagle dives completely after the plunging and emerges with its prey and starts to fly again.
Canon 1D Mark II, Canon EF 300 f2.8, f5, speed. 1/1000 sec., ISO 250, hide, -1/3 EV

Peña Telera, Aragon Pyrenees, Huesca. ALEJANDRO TREVINO
The first lights of a cold winter morning on the Peña Telera, a Mount of the astonishing mountains of Partacúa, the fresh snow had fallen the night before along with the warmness of the daylight seemed to give the mountain a magical atmosphere.
Canon EOS 20D, Canon 70-200 f4 L, f4, speed. 1/2500 sec., ISO 200, tripod

Athene diurna, La Granja d´Escarp, Lleida. JOAN MANEL PUIG
Close to an abandoned country house in Lleida, where these little owls breed every year, it landed as I had sawn it so many times, on the branch of a close tamarisk trying to escape the burning sun that escaped from the sunny spells of a medium cloudy summer day.
Canon EOS 20D, Canon 500 + TCx1.4, f8, speed. 1/400 sec., -0.3 EV, ISO 400, tripod, hide

Pages 202-203
Sea elephant female, Punta Cantor, Valdés Peninsula, Patagonia Argentina. JESUS RODRIGUEZ-OSORIO
When I went to the Patagonia, I intended to photograph the combats between the grand sea elephants males but I found that the females had a special charm. I made photographs during three days waiting for a gesture or a special pose different from their usual laziness.
Nikon F100, Nikkor 500 f4, AFS-II, tripod, Fuji Velvia 100, f4, speed. 1/125 sec.

Autumn stream, Canencia, Sierra de Guadarrama (Madrid). ANDRES LOPEZ
Madrid is not only a grand cold town. In the province of Madrid there are a few natural enclaves. All photographers will find so many beautiful pictures. This photo was taken in autumn, last year; I was attracted by the contrast between the rover leaves and the clean water of this stream.
Canon EOS 10D, lens 19-35 mm., f19, speed. 1/3 sec., ISO 100, -0.5 EV, tripod, cable of the shutter release.

Thousand-year-old knowledge, Palma de Mallorca. ANDRES BARQUIER
The semidarkness among the leaves… an inhabitant lying in wait, the cold wind… hunter, thousand-year-old knowledge.
Canon EOS D60, Sigma 105 Macro f2.8, f16, speed. 1/180 sec., ISO 100, mono-foot, 36mm extension tubing, automatic annular flash, torch flash Metz automatic, ricocheting in golden reflector, to the right and slightly from above.

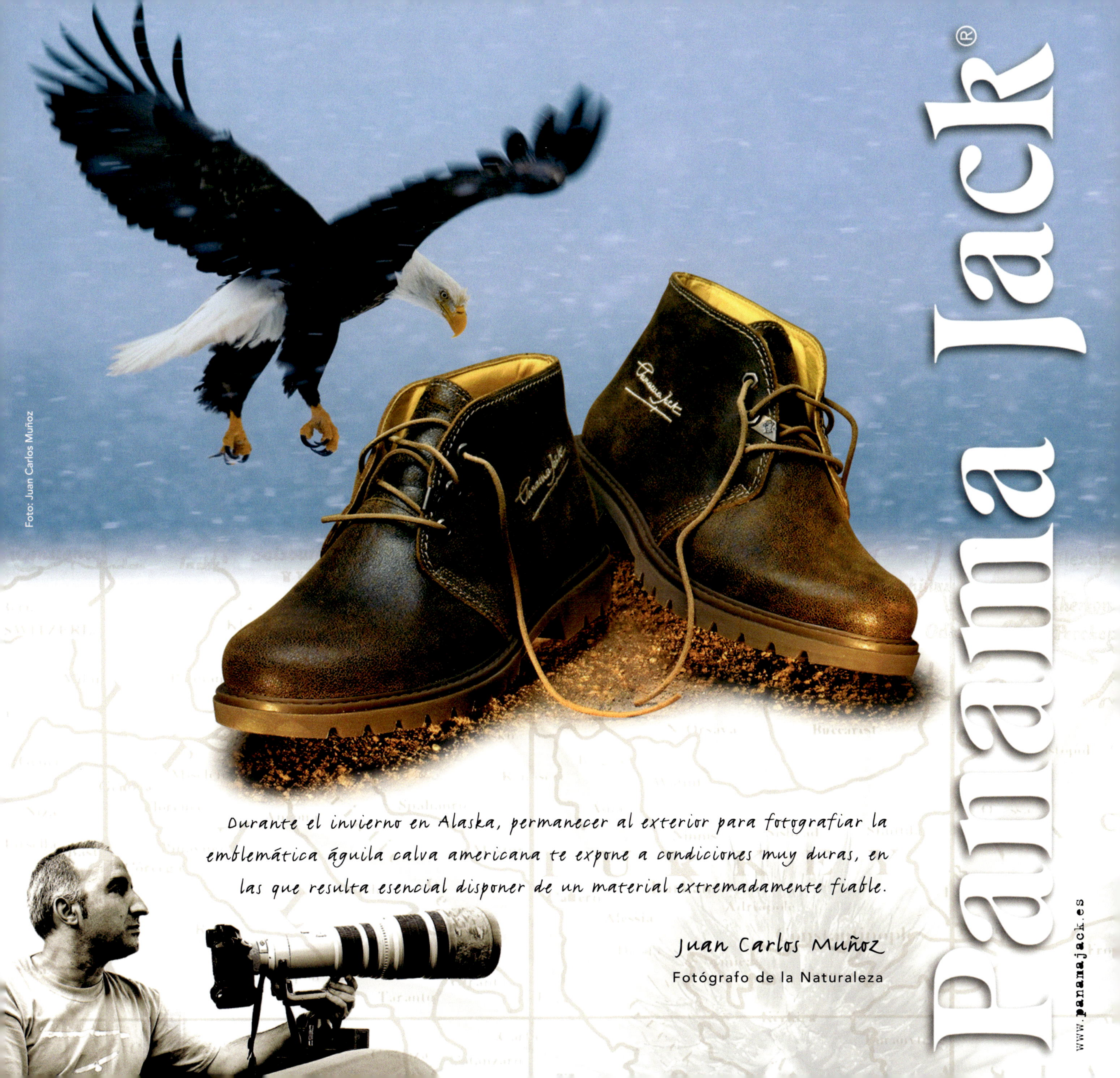
Panama Jack®
Durante el invierno en Alaska, permanecer al exterior para fotografiar la emblemática águila calva americana te expone a condiciones muy duras, en las que resulta esencial disponer de un material extremadamente fiable.
Juan Carlos Muñoz
Fotógrafo de la Naturaleza
Foto: Juan Carlos Muñoz
www.panamajack.es

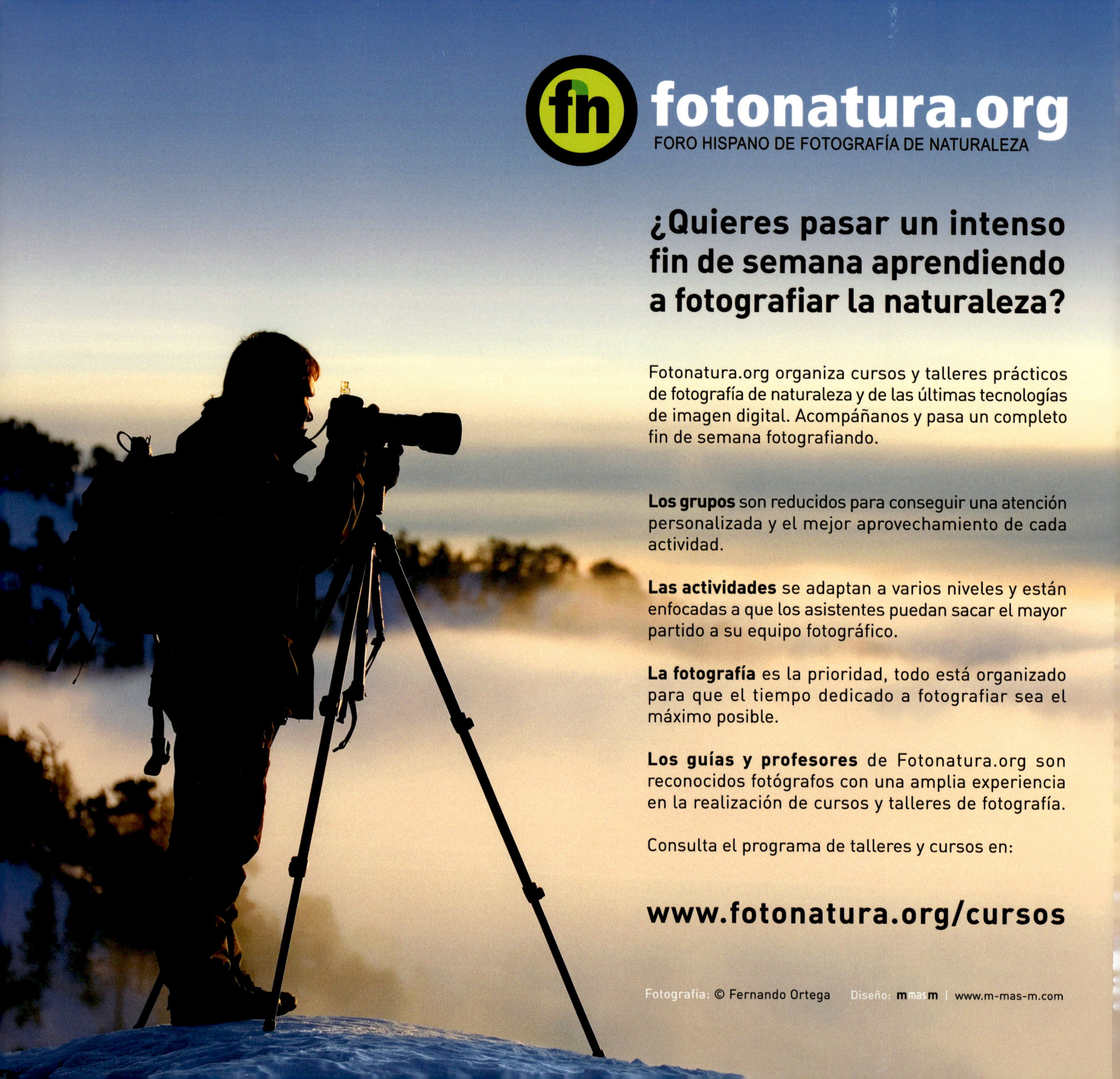
fotonatura.org
FORO HISPANO DE FOTOGRAFÍA DE NATURALEZA
¿Quieres pasar un intenso fin de semana aprendiendo a fotografiar la naturaleza?
Fotonatura.org organiza cursos y talleres prácticos de fotografía de naturaleza y de las últimas tecnologías de imagen digital. Acompáñanos y pasa un completo fin de semana fotografiando.
Los grupos son reducidos para conseguir una atención personalizada y el mejor aprovechamiento de cada actividad.
Las actividades se adaptan a varios niveles y están enfocadas a que los asistentes puedan sacar el mayor partido a su equipo fotográfico.
La fotografía es la prioridad, todo está organizado para que el tiempo dedicado a fotografiar sea el máximo posible.
Los guías y profesores de Fotonatura.org son reconocidos fotógrafos con una amplia experiencia en la realización de cursos y talleres de fotografía.
Consulta el programa de talleres y cursos en:
www.fotonatura.org/cursos
Fotografía: © Fernando Ortega
Diseño: mmasm | www.m-mas-m.com